唐顺之研究

张慧琼 著

凤凰出版社

图书在版编目（CIP）数据

唐顺之研究 / 张慧琼著. -- 南京 : 凤凰出版社, 2016.12（2024.10重印）
ISBN 978-7-5506-2504-4

Ⅰ. ①唐… Ⅱ. ①张… Ⅲ. ①唐顺之（1507-1560）—人物研究 Ⅳ. ①K825.6

中国版本图书馆CIP数据核字(2016)第271079号

书　　名	唐顺之研究
著　　者	张慧琼
责任编辑	吴　琼
责任监制	程明娇
出版发行	凤凰出版社(原江苏古籍出版社) 发行部电话025-83223462
出版社地址	江苏省南京市中央路165号,邮编:210009
照　　排	南京凯建文化发展有限公司
印　　刷	唐山楠萍印务有限公司 河北省唐山市芦台经济开发区场部
开　　本	652毫米×960毫米　1/16
印　　张	22.25
字　　数	331千字
版　　次	2016年12月第1版
印　　次	2024年10月第2次印刷
标准书号	ISBN 978-7-5506-2504-4
定　　价	89.00元 (本书凡印装错误可向承印厂调换,电话:022-69381996)

目　　录

前 言

明代文学的研究[1]，较之其他时代，是不平衡、不充分的。明代文学中，小说研究最充分，其次是戏曲，再次是散曲，诗文研究最为薄弱。且不说《全明诗》《全明文》此类规模宏大的基础文献整理本尚未完整问世，即便是明代文人诗文别集，今人整理本也不算多。笔者曾到上海图书馆查阅资料，于馆藏图书检索卡片上见到数百种明代文人诗文别集，它们皆以刻本的原生形态藏于上海图书馆，没有整理。若要对明代文学进行全面深入的研究，明代作家及其诗文的研究应是至为重要的部分。对于明代作家研究，一方面应从宏观上整体把握，另一方面应分层次进行个案研究。只有通过对密集的个案研究成果的连缀综合，才有可能全面深刻展示明代文学的整体面貌。

近几年，学界对明代作家的研究有升温的态势，不少学者和硕、博士皆选取明代作家个案作为研究选题。据笔者目前视野所及，已经问世或即将问世的明代作家个案研究专著，不下几十种。但是，这相对于数以万计的明代作家总数量来说，仍然是森林之一木，明代作家研究仍然是薄弱的。许多在明代文学史上甚至是整个中国文学史上有贡献、有争议的作家，还没有广泛进入研究者的视野，明代中期作家唐顺之便是其中的一个。

唐顺之是明中叶有重大影响的文学家、思想家、军事家，诗文创作自成一家，尤以古文著称。《明史・唐顺之传》称其"为古文，洸洋纡折，有大家风"，《四库全书总目・荆川集提要》谓其"在有明中叶，屹然为一大宗"。

① 关于明代文学研究状况，参见邓绍基、史铁良主编的《明代文学研究》，北京：北京出版社，2001年版。

首创“以古文为时文”改造八股文，开创八股文创作的新局面，为明代“八股文四大家”之一。《明史·胡友信传》谓“明代举子业最擅名者，前则王鏊、唐顺之，后则震川、思泉”。唐顺之是明中期反复古文学思潮的中坚人物，文学思想有独到之处，“本色论”在当时及后世均有重大影响。以“天机说”为核心的“心学”思想自成体系，黄宗羲《明儒学案》将其列入“南中王门学案”。于学无所不窥，对历史、地理、数学、历法、兵法及乐律皆有研究，著述宏富。一生三仕三隐，交游广泛，晚年北出塞、南抗倭建立壮烈功业，是一位富有传奇色彩的罕见的奇才，现行文学史上所谓“唐宋派”的重要领袖，非常值得研究。

自明迄今，唐顺之一直倍受后世文人和学者的关注。明清时期，诗文别集《荆川集》经过数次刊刻，形成 9 个独立的版本和众多附属的批校本、点评本等，八股文集《唐荆川传稿》有 5 个刻本存世，诗文选本流存 9 种，选录唐顺之诗文作品的诗文总集、方志、类书等文献多达 36 种。明顾起纶《国雅》、清钱谦益《列朝诗集小传》、清陈田《明诗纪事》等均对唐顺之的诗歌创作给予较高的评价，《明史·唐顺之传》《四库全书总目·荆川集提要》对其古文极其推誉。20 世纪上半叶，有代表性的文学史如宋佩韦《明文学史》、谢无量《中国大文学史》、郑振铎《插图本中国文学史》、钱基博《中国文学史》、朱东润《中国文学批评史大纲》、刘大杰《中国文学发展史》、郭绍虞《中国文学批评史》等均充分肯定唐顺之作为“唐宋派”领袖在文坛上的重要作用。20 世纪下半叶以来，探讨进一步深入，研究成果大为增加。陈书录《明代诗文的演变》、左东岭《明代心学与诗学》、廖可斌《明代文学复古运动研究》、黄卓越《佛教与晚明文学思潮》、周群《儒释道与晚明文学思潮》等著作均设专章探讨唐顺之的文学思想、心学思想、佛学思想及其关联，肯定其文学史价值。台湾吴金娥女士 1986 年出版的《唐荆川先生研究》从历史名人的角度对唐顺之作了较为系统的研究，尤其对其融通三教的心学思想的探讨很有见地，然文献材料运用不足是一大缺陷。另有数十篇文章及硕、博士论文涉及唐顺之的实学思想、军事、人格心态等多个领域。学界从各个领域切入研究唐顺之，已取得可观成果，初显繁荣，唐顺之研究在明代文学与学术思想研究界成为一个新的研究热点。然而，至今未见全面、深刻、系统地研究唐顺之的学术专著面世。

本书《唐顺之研究》即是一部全面研究唐顺之的学术专著，在总结、提升前人研究成果的基础上，对唐顺之展开全面、深入、系统的综合研究，力求做到以下几点：

一、运用第一手材料多方考证。根据上海图书馆藏唐肯总纂《毗陵唐氏家谱》考证唐顺之的家世。搜罗唐顺之的传记资料，考证其生平。查阅大量明人别集，根据赠酬诗文，考证唐顺之的多种交游。查阅古今各种官私目录及各大图书馆馆藏目录，查找唐顺之的著述，遍谒各大图书馆，多方搜求，亲阅不同版本，考证其著述。尤其详考其集类著述，考证诗文集的版本，梳理源流，筛选出别集《荆川集》的最佳版本为明万历元年(1573)纯白斋刻本，作为本书研究唐顺之诗文的依据本。

二、在文献考索的基础上，进行理论探讨。在上述翔实考证的基础上，详细剖析唐顺之以“本色论”为主要内容的文学思想、以“天机说”为核心的哲学思想及其关联，深入研究其诗文创作，分析其诗文作品的思想、艺术特色及文学史意义。

三、考辨文学史公案。现行多种文学史与文学批评史讲到明代文学，均论及“唐宋派”，唐顺之是该派领袖成员。20世纪以来，这种论断逐渐成为定论。然近年学界围绕“唐宋派”的一系列争议进行质疑，形成一个有争议的学术公案。本书围绕“唐宋派”的一系列问题进行考辩，梳理称名由来，论证称名缺陷，为该作家派别正名为“本色派”并辨析其成员等。

四、对研究对象作出客观公允的文学史地位的评价。本书多个章节从不同角度，本着忠实于文学史的审慎原则，对唐顺之的文学史地位作出客观公允的评价。

本书所做的研究工作，特别要说明的一点，是对全面研究唐顺之最终落脚点所持的观点以及所采取的方法。陈向春《中国古典诗歌主题研究·前言》(高等教育出版社2008年版)中有一段话：“日本学者中岛敏夫主持整理并出版影印本《唐诗类苑》，在其前言里面，有一段很平常，很容易被读者轻轻放过的文字：‘无论研究有多么高深，也不问直接还是间接，所有工作最终总会归结到诗的鉴赏上。’”陈向春注意到中岛敏夫的观点并受到启示，而笔者是受到两位前贤的影响并认同其观点，将中岛敏夫的观点推广并变通。笔者认为，以一个作家为研究对象，无论研究有多全面，对其创作的研究应该是最重要、最核心的。然而，截至目前，学界对唐顺之创作的研究非常薄弱。唐顺之的创作有诗歌和散文两部分，学界对其诗歌的研究几乎是空白，对其散文的研究是点染式的，没有系统深入地探讨过唐顺之的散文创作。本书重心是对唐顺之创作的研究，系统、深入、具体地对其诗文创作作细致的分析论证。在对唐顺之创作的论述中，大量引用作品原文。郭预衡先生在他的《中国散文史·序言》（上海古籍出版社 1986 年版）中讲到："我却比较注意列举作品，结合作品进行论断。我曾觉得，有些文学史著作，关于散文的论述，举例太少。有时只见评语而不见原文。著者虽然强聒不舍，读者却无从具体领会。其所以产生这种情况，大概是因为散文和诗歌不同。诗歌短小，便于征引，而散文长大，征引为难。但是，鹤胫虽长，实不可断，更不可缺。有的前辈学者大概鉴于此，所以刘师培的《中国中古文学史》，便于论述之外，专门附录文章；陈柱的《中国散文史》，每逢重点，也是附录全文。在我看，他们这些作法，都是有些道理的。"笔者认同并遵循郭预衡先生的观点，在论述唐顺之诗歌创作和散文创作的章节中，征引大量的诗歌和散文作品，作为论断的佐证。

第一章　唐顺之的家世与生平

明代南直隶常州府，有二千多年的久远历史。据《江南通志》所载，春秋时常州为吴公子季札的采邑，秦置延陵县，隋开始称常州，后改毗陵郡，明为常州府，直隶南京，西北距南京三百六十里。后多有人以毗陵称常州。常州北靠长江，南衔太湖，境内河川纵横，湖泊密布，山丘平圩兼有。常年气候温和，雨量充沛，季节分明。《江南通志》绘常州曰："常州府……其地东临吴会，西拱润州，南抵建平，北距泰兴。唐李华所谓'当楚越之襟束，居三吴之爽垲'，望高地剧，江外名邦者也。山回水匝，环为都会，外奥而内旷，舟车四达，物产阜繁，擅沃衍之宜，兼水陆之利。"①常州山明水秀，风物清嘉，是典型的鱼米之乡，物产丰饶，素有"三吴重镇、八邑名都"之称。如此自然形胜之地，亦是人文荟萃。自古以来，此地涌现出为数众多的文人高士、英杰名流，著名者如春秋时期的政治外交家季札、《昭明文选》的编纂者萧统、主持编纂《永乐大典》的陈济等。发展到明代，常州的经济文化在全国范围内位居前列。财富甲于天下，时谚曰"苏常熟，天下足"。文教昌盛，江东苏、常一带刻书业兴盛，藏书宏富，人文艺术饮誉遐迩。明代科举盛于吴地，中吴常州进士代有人出，灿若繁星。不少家族诗礼传家，科举入仕，簪缨联翩，形成文化型的名门望族。清代龚自珍赋诗曰"天下名士有部落，东南无与常匹俦"，称颂常州学风炽盛，人才出众。

据《明史·地理志》知明代常州府领县五：武进、无锡、宜兴、江阴、靖江。武进县，即是明中期重要作家唐顺之的家乡。

---

① 《江南通志》卷一，《文渊阁四库全书》本，上海：上海古籍出版社，1987 年版。

第一节　家　世[①]

一、唐顺之六世祖　五世祖　高祖

唐顺之家族之常州武进始祖为其六世祖唐华甫。唐华甫为宋末人，曾为宋末翰林检讨，始居江苏高邮，后迁至武进。明唐鹤征《唐氏族谱序》云："吾唐自余小子(鹤征)而上所可知者，凡七世。云七世祖讳华甫，为高邮人，仕宋，为翰林院检讨。时其姑适于夏家武进之白鹤溪，检讨公渡江依其姑居焉，唐氏遂为武进人。"[②]唐鹤征，顺之子，其七世祖华甫即为唐顺之六世祖。唐华甫定居武进，娶妻陈氏，生二子唐汝文、唐汝章，《唐氏族谱序》云："七世祖生二子，长曰汝文，次曰汝章，有子俊民，首登洪武进士榜，丽谪籍，绝矣。凡为唐，皆汝文府君后也。"唐汝文，顺之五世祖，做过元筠州提举，娶妻陈氏，一云夏氏，生二子唐诚、唐子祥。唐诚一支人丁兴旺，史载甚详，而唐子祥一支则没落无可考。诚，字伯成，人称伯成公，唐顺之高祖。伯成公娶妻张氏，继巢氏，生五子：唐衡、唐复、唐律、唐衢、唐衍，五子唐衍即顺之曾祖。伯成公次子唐复建文己卯中举，庚辰举进士三甲，曾为零陵县(属湖南)令，宣德十年仕至广西平乐府知府。唐复，顺之伯曾祖，字复亨，号素斋，因做过广西平乐府知府，人称"平乐公"。顺之对平乐公甚为仰慕，以其为荣，有诗《题伯祖平乐守素斋翁像》[③]：

> 国史已收循吏名，蛮方犹忆使君清。祀留桐县如朱邑，文论南夷比陆生。湘江又见棠花发，漓浦还闻俎豆成。清白传家自公始，高门大纛岂为荣。

诗后跋：

> 吾乡自国初以来，中科第为达官者几何人！而以名宦见录于国志如平乐公者不数人焉，何其鲜也！呜呼！非其诚心爱民洁己，何以

---

① 唐顺之家世资料俱见唐肯总纂《毗陵唐氏家谱》，1948年铅印本(下同，不注)。

② (明)唐鹤征撰《唐氏族谱序》，《毗陵唐氏家谱》"礼"册。

③ (明)唐顺之《唐荆川先生文集》卷一，明万历元年(1573)纯白斋刻本(下同，不注)。

及此！今其子孙虽淡泊，然清白吏子孙也，固有余荣焉。使公当时亦与众同污，其子孙纨绮骄侈如他仕宦之家则有之矣，安能垂名皦日如今日也哉！此孔子所以致辨于齐景、夷齐之间，有志者必不以彼易此，而吾唐百世子孙所宜鉴也。既题公祠，因志所感于后。

二、唐顺之曾祖 祖父

顺之曾祖唐衍，排行五，字仲远，号友兰，娶妻左氏，继徐氏。徐氏生四子：唐贵、唐世显、唐世美、唐世宁，长子唐贵即顺之祖父。贵，字用思，一字勉仁，号曾可："太孺人谨甚，扁其居为'曾可'，盖其意曰：'事亲若曾子，可也。'"[①]人称"曾可公"。曾可公弘治二年(1489)中举，三年(1490)会试第三名，廷试二甲第五名，仕为户科给事中。贵幼时"天质颖迈"[②]，博闻强记，"日记千言"[③]，"自为庠生有名声，已能尽致数邑"。时贵"以文雄于世"，二弟世显善画，"尤以草虫名"，三弟世美善草书，"上逼怀素，诗歌有唐人风骨"，堂弟世良正德八年(1529)进士及第，"一时言文章字画，尽归唐氏"[④]。贵年少时家境贫寒，父友兰翁卧病多年，不能治产，家中米盐医药、婚嫁百费全赖贵筹措，生计重任落其肩。时科举盛，举子皆习制艺，文本骤贵。贵看多方搜求制艺文章，精择而手录，刻印成册，奔波各地兜售，贴补家用。饥困艰难，甚为辛酸，贵叹曰："吾不以文发身，父母终沟壑耳。"[⑤]或许生活之艰辛激发了贵之功名进取心，他苦学求进，终于弘治三年举进士第。贵为官之后，行事素小心谨慎，以"谦下"教导诸弟："毋辄入州县门，即入必伛偻。不得骑闾巷往来戢，族属僮奴不得闹街市中。"唐氏子弟谨遵曾可公之教，因此"唐氏虽世宦，然未尝有子弟为乡里所苦者"[⑥]。贵亦"以权利为戒"，"毋急急营营也"，为官数年，珠玑珍玩，一无

① (明)王鏊撰《明故征事户科给事中曾可唐君墓志铭》，《毗陵唐氏家谱》"宗"册(下同，不注)。

② (明)王鏊撰《明故征事户科给事中曾可唐君墓志铭》。

③ (明)王鏊撰《明故征事户科给事中曾可唐君墓志铭》。

④ 《唐荆川先生文集》卷十五《月楼唐翁行状》。

⑤ 谋生养家事见明唐钦《唐氏家传》，唐鼎元《明唐荆川先生年谱》，1939 年铅印本(下同，不注)。

⑥ 《唐荆川先生文集》卷十五《月楼唐翁行状》。

所携,"卒之日,犹诸生时所置田三百亩而已"[1],是以传平乐公清白淡泊家风。

三、唐顺之父亲

唐贵生一子两女[2]。子唐琉,娶宜兴任端之女任氏为妻,即顺之父母亲。两女一嫁曾可公同年友杨溢(晋斋公)之子太学生杨墉(东墅)[3],一嫁榆林卫经历吴静夫(南墩公)[4]。琉,字国秀,号有怀,人称"有怀公",正德五年(1510)举人。有怀公早孤,十三岁,父逝,母教子严慈兼有,"公始孤,母慈之甚而教之特严。公虽幼,已知感克,自奋发。夜读书,或倦假寐,母怒唾之曰:'儿不思嗣父之业而昏聩若此耶?'唾垂垂如缨络,公不敢拭,后不复倦也。母没,读书时辄泫然曰:'今日欲得母唾,安可得耶?'因此唐琉取《诗》'有怀二人'之义以自伤,因号'有怀'",以示怀念父母亲。琉居官十七年,颇有政声。嘉靖九年(1530)授河南信阳州知州,廉明仁厚之声雀起远扬。时信阳州为驿道所经之处,设有驿馆,"馆遇过客,供帐使费不赀"。琉到任后裁减费用,以不失礼节为度,以致过往人员难以忍受俭约。琉廉洁奉公之事传到行部,行部派遣官员暗中查访,至信阳捉住里甲一人,诱问他州官如何霍费钱财,若如实禀告,则将霍费的财物予以追回,且给予之。此人无事可禀,行部官员遂以毒刑恐吓,然里甲愤曰即便死亦不可污蔑州官。又捉他人问讯,所言同。行部官员遂信琉果真廉洁。琉"断狱务在生之",不失明查,果有命案在身者,决难逃律裁。前信阳有司断案,滥用刑罚,多有屈冤,或量刑太重,"公曲为求情,得其可生者诤之"。然"货郎被妇谋杀"一案,琉竭虑查办,揭谜除雾,终"毙罪人于狱"。嘉靖二十年(1541),琉授湖广永州(今湖南零陵县)府知府,与伯祖平乐公同仕一处,顺之诗《题伯祖平乐守素斋翁像》有"湘江又见棠花发"之句,即指此事。永州任上,琉爱民务实,兴利除弊。时永州有一恶俗,即强行入赘新孀,当地民众深以为苦,"其最为苦者,强赘也。当室有妇新孀,游民

---

① (明)唐钦《唐氏家传》。

② (明)王鏊撰《明故征事户科给事中曾可唐君公墓志铭》。

③ 《唐荆川先生文集》卷十五《杨母唐孺人墓志铭》。

④ 《唐荆川先生文集》卷十五《吴母唐孺人墓志铭》。

辄推一人为夫，而孰为媒孰为主婚，皆游民自相推择，拥之入室，不问婺肯不肯也。婿其妇，则子其子，而有其财，久则鬻而他之”。珤深恶痛绝，决心革除此民患，“公访其魁杰久恣者，置之死，弊以顿息，永民手加额相贺道”。永州另一民患为“徭患”，即永民与徭獞之间多有纠纷。珤“以恩抚循熟徭以致徭”，而“痛禁民之欺愚徭者，使相安全，永以无徭患”。嘉靖二十一年(1542)秋，“瘴大作，气起处如飞绛云，触者一缕辄死，死者数万人”，珤自制方药，营救永民，亲身护视，不惮劳瘁。瘴灾过后，及时令什伍相收掩葬难死者，抚恤死者家属。“是时麻巾半城市，公出不及避，往往脱巾。公垂涕挥手止之，作《莫脱巾》谣，永民德之传诵，一日遍诸邑”。嘉靖二十四年(1545)，珤致仕归家，“寄兴于酒，并以花鸟自娱”，朴质自然，俭甘淡素，“未尝妄取一钱于人，有钱在手，则馈遗旧戚，周振贫乏”。珤自鉴曰：“诀吾平生无他长，惟不忮不求二字可以无愧。”王慎中赞曰：“居官而忧民，去乡而思亲。”①

四、唐顺之　兄弟　儿子

唐珤生三子：顺之、正之、立之，一女，顺之妹，嫁无锡王立道②。珤身为人父，言行风范深陶其子，王慎中感慨曰：“人知应德之进道不懈，而不知由公教之而后有以成其学也；知应德之遁世无闷，而不知由公安之而后有以乐其天也。公未尝言学，而家庭刑范陶成之。”③顺之人格熔铸、立身行事之则，深受其父影响，在《祭有怀府君文》中，顺之不无深情地写道：“……先考殒没，终天之痛，无所复言。每一哀至，恨不即死，早侍先考于地下。……苟时有可为，不敢不竭驽钝之才；时遇多艰，不敢忘致身之义；时或可退，不敢昧保身之几。此先考之所以垂教而顺之之所以自立者也。”④明李开先撰《荆川唐都御史传》亦论及顺之父子：“呜呼！人徒知唐子之进道匪懈，不知由其父教之而后有以成其学也；知唐子之遁世无闷，

---

① 唐珤事迹及本段引文俱见明王慎中《遵岩集》卷十七《中顺大夫永州府知府唐有怀公行状》，《文渊阁四库全书》本，上海：上海古籍出版社，1987年版(下同，不注)。

② 见《唐荆川先生文集》卷十五《王冢妇唐孺人墓志铭》。

③ (明)王慎中《遵岩集》卷十七《中顺大夫永州府知府唐有怀公行状》。

④ 《唐荆川先生文集》卷十三《祭有怀府君文》。

不知由其父安之而后有以乐其天也；知唐子之应用无穷，不知由其父作之而后有以善其政也。非是父不能生是子，非是子不能承是父。唐氏世胄，其永昌矣！”身为长子，顺之亲侍父亲，不惜违拗自己归隐山林的夙愿，“山林之士，终是入山深、入林密，乃是安稳地面。而日侍老父，必须居城中”①。身为长兄，顺之对两弟关爱有加，兄弟情谊，有诗文为证：

偶因今日送行处，尚忆当年听鹿鸣。马氏白眉占仲子，吴门霜鬓愧难兄。秋来一雁寒江影，天外三山古帝城。此去骞腾非所羡，期无温饱负平生。

——《癸卯送仲弟正之赴试》②

秋水芙蓉映绿衫，殷勤送尔到江潭。人能鸣世惭三凤，家有遗经是二南。文入妙来无过熟，书从疑处更须参。远游他日看之子，下泽款段吾已堪。

——《己酉送两弟正之立之赴试》③

“偶因今日送行处，尚忆当年听鹿鸣”，送弟赴试，忆起儿时与弟同诵《诗经》；“马氏白眉占仲子，吴门霜鬓愧难兄”，以占卜吉言勉弟勇于赴试；“此去骞腾非所羡，期无温饱负平生”，劝弟淡泊平和，不必汲汲于功名。“家有遗经是二南”以示唐氏世代以诗礼传家，“文入妙来无过熟，书从疑处更须参”实为顺之读书治学之切实心得，以此教弟。两首诗字里行间传达出顺之对两弟勉励、劝慰、期待、教诲的多重用心。顺之居山中，寄书《与二弟正之》④云：“汝兄在山中，若不能谢遣世缘，澄彻此心，或止游玩山水，笑傲度日，是以有限日力作却无益靡费，即与在家何异？汝在家，若能忍节嗜欲，痛割俗情，振起十数年懒散气习，将精神归并一路，使读书务为心得，则与在山中何异？”“读书做人，须苦切点检自家病痛。”教导二弟如何读书做人，颇有长兄风范。两弟推崇兄长的人品学问，顺之去世后，正之、立之整理其经学遗著《左氏始末》，嘉靖四十一年(1562)刊刻行世，曾侄孙唐一麐作序。

---

① 《唐荆川先生文集》卷五《与薛方山郎中》。

②③ 《唐荆川先生文集》卷三。

④ 《唐荆川先生文集》卷五。

唐顺之，字应德，一字义修，号荆川。生于正德二年(1507)，明李开先撰《荆川唐都御史传》云"(顺之)生则正德丁卯十月初五日"①，正德丁卯即正德二年。卒于嘉靖三十九年(1560)，《明史·唐顺之传》云："(嘉靖)三十九年春，汛期至。力疾泛海，度焦山，至通州卒，年五十四。"②嘉靖八年(1529)会试第一，官翰林编修，后调兵部主事。当时倭寇屡犯沿海，唐顺之以兵部郎中督师浙江，曾亲率兵船于崇明破倭寇于海上。升右佥都御史，巡抚凤阳，至通州(今南通)去世。崇祯时追谥"襄文"。因曾讲学于荆溪，"雅意荆溪山水，学者称荆川先生"③。《明史·唐顺之传》云："顺之于学无所不窥，自天文、乐律、地理、兵法、弧矢、勾股、壬奇、禽乙，莫不究极原委。尽取古今载籍剖裂补缀，区分部居，为左、右、文、武、儒、稗六编传于世，学者不能测其奥也。为古文，洸洋纡折，有大家风。"④顺之娶妻庄氏，生一子鹤征，《荆川唐都御史传》云："子一鹤征，庠生，能读书，肖其父。"鹤征，字符卿，号凝庵，隆庆五年(1571)进士，仕至南京太常寺少卿，曾与同郡顾宪成等讲学东林书院。鹤征学识渊博，精于鉴赏，著述有《周易象义》《周易合义》《三关象》《皇明辅世编》《(万历)重修常州府志》《(万历)武进县志》《南华正训》《桃溪札记》《元卿三稿》《太常遗著》《宪世编》《南游记》《南游稿》等。鹤征自觉传承家风，宏扬家学。父顺之卒后，他极力搜集父亲散佚的文稿，补刊了《唐荆川先生续文集》六卷，《奉使集》二卷，《续文集》卷二首页镌："先人本不敢以文章名家，故诸文皆不及留稿而书柬更多散失，今据所存者梓之。倘诸老先生向曾辱交先人而书问犹有在者，不惜录示如默林翁，实不肖之幸也，亦诸老先生生死之交情也。不肖孤唐鹤征谨启。"⑤嘉靖安如石本《荆川集》刊刻后，顺之诗文又若干卷得以传世。万历元年(1573)鹤征取《正续集》《奉使集》合编为诗文集十七卷，《外集》三卷，重刊于纯白斋，即今上海商务印书馆照印入《四部丛刊》

---

① (明)赵时春撰《佥都御使荆川唐君墓志铭》载："……宝中乡举，仕志永州知府，配赠宜人任氏，正德丙寅生先生。"赵时春所言生于正德丙寅为误。《佥都御使荆川唐君墓志铭》，赵时春《浚谷先生集》卷十三，明万历八年(1580)周鉴刻本(下同，不注)。

② (清)张廷玉等《明史》卷二百五，北京：中华书局，1974年版(下同，不注)，第5424页。

③ (明)王升撰《宜兴县志·寓贤传·唐顺之传》，《毗陵唐氏家谱》"宗"册(下同，不注)。

④ (清)张廷玉等《明史》卷二百五，第5424页。

⑤ 《唐荆川先生续文集》六卷《奉使集》二卷，唐鹤征刻本。

所据本[①]。为使父亲流芳后世，顺之卒后，鹤征遍求父亲故交旧友为其撰写传状表铭。鹤征《陈渡阡表》[②]云："……尝乞铭于吉水罗文恭公，又尝乞之蜀郡赵文肃公，又尝乞之荆溪万文恭公。"《荆川唐都御史传》云："鹤征以行状求洪芳洲，以墓志求赵大州，传则罗念庵而表则予，予以少洲之意亦惟作传。"顺之卒后四十年，子鹤征作《陈渡阡表》以示纪念："呜呼！惟我先考荆川府君殁垂四十年，开阡于陈渡，亦三十有五年矣。……谨抚所见闻，以示子孙。"

五、武进唐氏

唐鹤征以降，唐氏后人多方缅怀顺之：外孙孙慎行为《唐荆川传稿》(即《四书文》四册)作序；清康熙五十一年(1712)，六世孙唐执玉重编《荆川集》正集十八卷，《外集》三卷，刊之，为之序；1948 年，武进唐氏后裔重修《毗陵唐氏家谱》，十二世孙唐肯为总纂修，顺之一脉在文册，唐肯另为唐鼎元撰《明唐荆川先生年谱》作序；十四世孙唐鼎元于 1931 年著《唐氏先世著述目录》，详考顺之著述，1939 年撰《明唐荆川先生年谱》，自序两篇，1948 年著《唐荆川公著述考》《唐荆川公弟子考》《荆川学脉》《荆川公佚文》《重撰荆川公传》，皆收入《毗陵唐氏家谱》。唐氏家族以宗法人文为核心的衍生，于此可窥一斑。

武进唐氏自始祖唐华甫至唐顺之，历七世，三百余年，繁衍五大世系，数百口人丁。世代耕读传家，逐渐兴旺，唐鹤征《唐氏族谱序》云："祖宗以务本力穑起家，以诗书弦诵立教；以礼义廉耻范其行而不骛为说也，以孝弟雍睦施于家而不私乎己也；以坦夷逊让行于乡而不争其利也，以忠荩直亮效于朝廷而不鬻其名也。故有闻于天下者，天下称之为君子；有闻于一乡者，一乡称之为善人。"人口盛夥繁衍，系以宗法文教精神意识的凝聚，至唐鹤征一代，武进唐氏家族发展成中国中世纪典型的宗法制名门望族，时计有八人进士及第：唐复(建文二年)、唐衡之子唐世良(正德八年)、唐贵(弘治三年)、唐世良弟唐世隆之子唐钦(弘治九年)、唐顺之(嘉靖八

---

① 唐鼎元辑《唐荆川公著述考》,《毗陵唐氏家谱》"懿"册。

② 《唐荆川先生文集·附录》(下同,不注)。

年)、唐世良第五世孙唐一麐(嘉靖四十四年)、唐鹤征(隆庆五年)、唐鹤征之子唐效纯(万历十七年),顺之直系一支就有唐贵、唐顺之、唐鹤征、唐效纯四位进士①,加上族中中举者,为官人数更多,是武进显赫的"文献之族"和官宦世家。

附一　武进唐氏世系简表(唐顺之一支)②

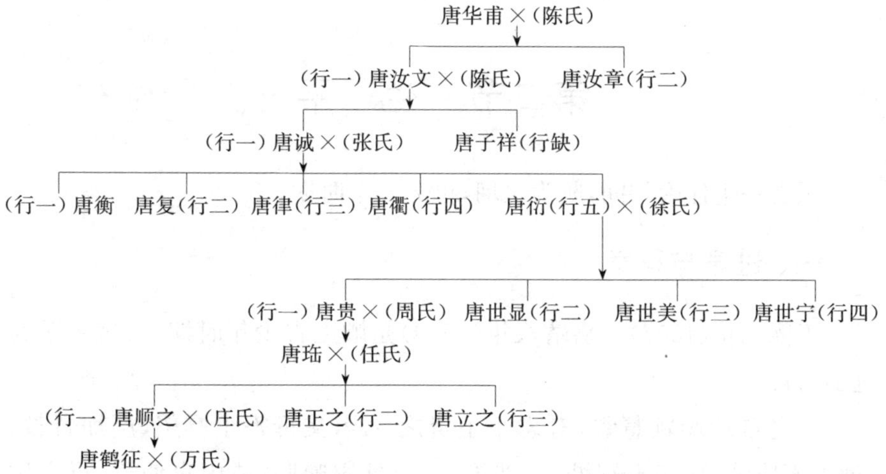

附二　《毗陵唐氏家谱》叙录

《毗陵唐氏家谱》二十六册

唐肯总纂。1948年铅印本,藏上海图书馆家谱室。

据上海图书馆藏本录其版本特征:

每半页十五行,行四十五字,竖排,繁体小字。四周双边,单黑鱼尾,象鼻内镌"唐氏家谱"。鱼尾下镌所录史料名目如"诰命、敕命、敕谕""唐氏先世著述考、荆川公佚文"等及页码。

凡二十六册,总目曰:"礼、乐、衣、冠、绳、其、祖、武、文、章、道、义、贻、厥、孙、谋、丕、衍、大、宗、克、承、世、德、懿、钦。""礼"册是首本,录唐氏"世表总系"。武进唐氏凡五大世系,唐顺之一支载于"礼、文、大、宗、德、懿、

---

① 见《毗陵唐氏家谱》。

② 此简表根据《毗陵唐氏家谱》绘制。

玖”诸册。“文”册为“世表五分”，始于唐顺之父亲唐珤。

所录唐氏家史久远，自宋末武进唐氏始祖唐华甫始，至1948年，凡七百余年。资料丰富翔实，涉及历代武进唐氏族人所属世系、字号爵里、科考封赠、生平大略、妻子家况等，附载历代族人所涉诰命、敕命、敕谕、部文等公文史料，历代族人墓志、传、碑文、表、状、事略、年谱等传记资料，以及唐氏先世著述、学脉考索等学术、文艺史料。

第二节 生 平

顺之一生仕隐相间，颇为坎坷，可分六个时期。

一、进学与科举

正德二年(1507)至嘉靖八年(1529)是顺之青少年时期，人生主题为进学与科举。

顺之自幼聪颖慧毅，有志于圣贤之学①，父母寄于厚望，严加督教。“诵书不成熟，写字不端楷，父即挞之；或外嬉晚归，或内言使气，母必厉曰：‘汝尚有童心乎？将为宕子乎？’唐子由是勤励书写得其父心，出入得其母心矣”②。少年发奋，常读书至深夜甚至通宵，明冯时可撰《中丞荆川唐先生传》云：

> (顺之)读书常彻夕。母任宜人怜其稚弱，辄吹灯令寝。先生椟其灯，俟母寝熟，始发以为常。甫髫已遍经史。十六入庠，戊子举于

① (明)顾宪成撰《郡志传·唐顺之传》载“唐顺之，字应得，武进人。生而颖异，潜心圣贤之学”；明王升撰《宜兴县志·寓贤传·唐顺之传》载“唐顺之，字应得，武进人。……先生生而颖异，少有圣贤之志”；明冯时可撰《中丞荆川唐先生传》载“先生讳顺之，字应得，生而甚颖，童时即以圣贤自许，耻为小儒”；明欧阳东风撰《晋陵先贤传·明都御史唐荆川先生传》载“先生名顺之，字应得，武进人。生而颖异，潜心圣贤之学”；明唐鹤征撰《陈渡阡表》载“先考生而颖异，童时志已必为圣贤”；《明史·唐顺之传》载“顺之生有异禀，稍长洽贯群集”。《郡志传·唐顺之传》《晋陵先贤传·明都御史唐荆川先生传》均载于《毗陵唐氏家谱》“宗”册，下同，不注。《中丞荆川唐先生传》载于《唐荆川先生文集·附录》，下同，不注。

② (明)李开先《李中麓闲居集》传十《荆川唐都御史传》，明嘉靖至隆庆刻本(下同，不注)。

乡，书第六，己丑举礼闱第一。

《陈渡阡表》云：

(顺之)读书常彻旦，大母任太宜人怜其稚也，起灭其灯，自是篝灯椟之。俟大母寝熟，始发焉，率以为常，无间寒暑。弗垂髫已遍读诸经史矣。年十六为郡诸生，戊子中应天乡试第六，己丑中会试第一，制义冠昭代。

如此勤勉，未及弱冠，即遍读经史诸书。十六岁入庠，嘉靖七年(1528)乡试第六，八年会试第一，名声大震，同郡镇江杨一清激赏之。时杨一清为内阁大学士，实居相职，位高权重，拟置顺之于廷试第一，遣人夜索廷策。顺之断然拒绝，所遣之人一夜之间往返五次，无果而归。杨一清怒，曰："其少者无知故若是，老举人亦为此乎?"[①]少者顺之，老举人即顺之父。此话传至顺之父有怀公，有怀公素来谨小慎微，畏惧权贵，劝顺之将策文呈于杨一清。然顺之意念坚定，坚辞不予，其父无法勉其难。杨一清博访其卷，置于一甲第三，后易于二甲第一[②]。《荆川唐公行状》载此事甚详：

……明年中礼部会试第一……时镇江邃庵杨公一清为相公。既首会试，名遂大显，即欲以公为廷试最。遣一乡人夜半来索公策，公与有怀公皆辞之，一夜数往返。杨公怒曰："其少者无知故若是，老举人亦为此乎?"少者指公也。乡人复以语有怀翁，翁素畏慎，欲与之。公曰："一殿元何足为人轻重？如进身之初，而即若此，后悔何及?"翁竟弗之强也。杨公于是博访其卷，置之第三，已而为人所易，置之第四。

① (明)洪朝选撰《明都察院右佥都御史巡抚凤阳等处地方提督军务前右春坊右司谏兼翰林院编修荆川唐公行状》，收录于《毗陵唐氏家谱》"宗"册(下同，不注)。以下简称《荆川唐公行状》。

② 唐顺之廷试事亦见于以下诸文献：明顾宪成撰《郡志传》载"……弱冠举省试第一。杨公一清奇其才，将以魁廷试。遣客索所对策，不应也"；明李贽撰《佥都御史唐公传》载"……嘉靖己丑中礼部试第一，及廷试，邃庵内阁使乡人索试策，欲首擢之。而公以年少筮仕，守己当严，竟不与通，置二甲首"；明唐鹤征撰《陈渡阡表》载"……初举礼闱，润州杨公一清为相，奇其才，将以魁甲榜，令人索所对策，一夕五返。润州怒曰：'我何私？为国求才耳。'时永州翁亦与计偕，因语之曰：'孺子遽与贵人左？毋乃不可乎?'先考曰：'进即拜恩私门，胡以自立?'竟不答"。

杨一清系明朝名臣，历侍成化、弘治、正德、嘉靖四朝，官至兵部、户部、吏部尚书，武英殿、谨身殿、华盖殿大学士，左柱国，太子太傅，太子太师，两次入阁，后为首辅，官居一品，位极人臣，多有建树，《明史·杨一清传》云："一清于时政最通练，而性阔大。爱乐贤士大夫，与共功名。"[①]因激赏顺之才学，意欲提携，虽不乏有笼络同郡新贵之嫌，然其言"我何私？为国求才耳！"[②]则为中肯。然顺之以气节自许，只期直取功名，不愿曲附权要，曰："一殿元何足为人轻重？如进身之初，而即若此，后悔何及？"[③]《陈渡阡表》云："时永州翁亦与计偕，因语之曰：'孺子遽与贵人左，毋乃不可乎？'先考曰：'进即拜恩私门，胡以自立？'竟不答。"刚介卓立之行颇得时人敬重称许，明洪朝选曰："公是时才二十三，其制行之严，能不以高下得失动其心，盖自少然矣。"[④]明李贽曰："公以年少筮仕，守己当严。"[⑤]初入仕途，顺之严以律己，不阿权要，从而定下了一生处世处事的基调，声名自此远扬。顺之嘉靖八年廷试二甲第一，下陈束、任瀚，一甲为罗洪先、杨名、欧阳德。嘉靖帝亲阅六人廷试卷，各御批[⑥]，于顺之策文批曰"条论精详殆尽"[⑦]，故"公虽首二甲，而二甲之有御批自公始"[⑧]。

二、首出仕

嘉靖八年(1529)至十四年(1535)春，顺之首出仕。

嘉靖八年春闱，顺之中二甲进士，四月选顺之、陈束、任瀚、胡经等共二十人为庶吉士。未入翰林，皇帝突降旨，尽除所选庶吉士，皆改选他部。《明史·选举志二》载：

> 嘉靖八年己丑，帝亲阅廷试卷，手批一甲罗洪先、杨名、欧阳德，二甲唐顺之、陈束、任瀚六人对策，各加评奖。大学士杨一清等遂选顺之、束、瀚及胡经等共二十人为庶吉士，疏其名上，请命官教习。忽

---

① (清)张廷玉等《明史》卷一百九十八，第5228页。

② (明)唐鹤征撰《陈渡阡表》。

③④⑧ (明)洪朝选撰《荆川唐公行状》。

⑤ (明)李贽撰《荆川唐公传》，《毗陵唐氏家谱》"宗"册(下同，不注)。

⑥ (清)张廷玉等《明史》卷七十《选举志二》，第1706页。

⑦ (明)王世贞《弇山堂别集》卷八十二，《文渊阁四库全书》本(下同，不注)。

> 降谕云："吉士之选，祖宗旧制，诚善。迩来大臣徇私选取，市恩立党，于国无益，自今不必选留。唐顺之等一切除授，吏、礼二部及翰林院会议以闻。"尚书方献夫等遂阿旨，谓顺之等不必留，并限翰林之额，侍读、侍讲、修撰各三员，编修、检讨各六员，著为令。盖顺之等出张璁、霍韬门，而心以大礼之议为非，不肯趋附，璁心恶之。璁又方欲中一清，故以立党之说进，而故事由此废迨。①

实为权臣斗争倾轧所致。深得嘉靖皇帝宠信的宰臣张璁忌恨实居相位的杨一清，以选庶吉士之事发难，实为排挤弹压杨一清。张璁是嘉靖八年会试主考官，顺之等人以大礼之议为非，虽出其门下，却不肯附趋，张璁恨之，遂挟皇帝废选庶吉士。张璁亦赏顺之，欲留其于翰林院。顺之固辞不就，选兵部武选司主事②。

因科考、入仕，顺之结识了罗洪先、赵时春、陈束、任瀚等人，《荆川唐公传》云："……首则江西罗念庵洪先也。自与罗公见，知其人品甚高，因定为石交。"赵时春《荆川唐君墓志铭》云"冬腊，余自刑部主事调武库，与先生朝夕讲习。先生能弈，而余能酒"，而"时有'嘉靖八才子'之称，谓束及王慎中、唐顺之、赵时春、熊过、任瀚、李开先、吕高也"③。嘉靖九年(1530)春，顺之上疏，因病告归④。此年夏六月，母任宜人随父有怀公出任信阳知州，出天津，因病卒于中途舟中⑤，顺之丁母忧。十一年(1532)

---

① (清)张廷玉等《明史》卷七十，第1706页。

② (明)赵时春撰《荆川唐君墓志铭》载"……改翰林庶吉士。柄臣方忌诸吉士，奏罢之。而以主先生会试，欲特留先生。先生坚不可遂，例授兵部武选主事"；明洪朝选撰《荆川唐公行状》载"……其年考庶吉士，公以御批，故不预考而亦改庶吉士。会阁臣有言诸吉士考选不公，尽出之。而宰臣罗峰张公孚敬以公有御批，独欲留公，公义不可。于是，并授部官，为兵部武选司主事"；明唐鹤征撰《陈渡阡表》载"……永嘉张公孚敬实主己丑试事，尤器重焉。诸吉士之出也，拟独留之，先考固执不可"；《明史·唐顺之传》载"唐顺之，字应得，武进人……年二十三，举嘉靖八年会试第一，改庶吉士。座主张璁疾翰林，出诸吉士为他曹，独欲留顺之。固辞，乃调兵部主事"。

③ (清)张廷玉等《明史》卷二百八十七《陈束传》，第7370页。

④ 关于唐顺之此次告归的原因，有两种说法：一是明李贽撰《荆川唐公传》云"以幼时尝竭精神于举业，几成瘵疾，而学问文章未成，恐碌碌仕途无以为终身自立之地。庚寅春，疏病得归"；明李开先撰《荆川唐都御史传》云"……选除兵部主事，未久，以僚长卢襄难处，因病告归"。

⑤ (明)李开先撰《荆川唐都御史传》载："母随父之任信阳路，出天津，卒于舟中。"

服除，赴官，改吏部稽勋主事，寻升迁考功。于京师结识对他文学与学术影响最大的两位密友——王慎中和王畿①。

在吏部考功任上，顺之清苦自守，荐贤纳才，劾退不肖。时吏部官场有一不成文规矩，初到官员要送吏曹"折帕礼"，曹官欣然接受，习以为常。顺之到任，不遵此规。一知县德才兼备，由于无力打通官场关节，且得罪了乡里显贵，故仕途淹蹇，不得升迁。顺之居家时即知此情，任吏部考功，特称许此人，使其得以升迁。另一人虽居显位，顺之知其并非贤官治吏，大胆预言黜免之。未几，此人果被黜免。顺之所称许者正为当道所不容，而不贤者却是当道私亲厚交。由是吏部同僚多与之不洽，顺之亦感到官场行走之艰难，"日日尘沙里，深愁行路难"，难以"孤亭自超旷"②。

嘉靖十二年(1533)，翰林院选贤，调顺之为翰林编修，校累朝实录③。实录校完，不受升赏，有归隐之念，"岩栖庶可希，从兹谢尘辙"④。一则不阿权贵，不与官场龌龊同流，为同僚所不容，"不阿流俗，独任风裁，重清议，吏部弗堪也"⑤，"一适万事毕，栖栖何所营"⑥；再则属意于学问文章，恐碌碌仕途误了终身而无自立之地，"端居滞文翰"(《游西山碧云寺作得悦字》)。十四年再次上疏⑦，称病告归。时张璁握权执国，赏顺之，欲笼

① 《唐荆川先生文集》卷五《答王南江提学》载："仆自入官，得请见于当世大夫，盖三年，而后见兄。一见则骇然异之，而兄亦过以仆为知己。夫兄雄俊之文，博辩之才，迈往之气，无一人不知之，而独谓仆为知己者，岂仆之知兄止于世人所知而已也？抑亦有不止于世人所知而已也。"明李贽撰《荆川唐公传》云："罗峰(张璁)相公改各属官为翰林，部中首举公为编修，校对累朝实录。……时则王龙溪以阳明先生高第寓京师，公一见之，尽叩阳明之说，始得圣贤中庸之道矣。"

② 《唐荆川先生文集》卷一《息中山亭子》，作于官翰林时。

③ (清)张廷玉等《明史》卷二百五《唐顺之传》载："十二年秋，诏选朝官为翰林，乃改顺之编修，校累朝实录。"第5422页。

④ 《唐荆川先生文集》卷一《游西山碧云寺作得悦字》，作于官翰林时。

⑤ (明)赵时春撰《荆川唐君墓志铭》。

⑥ 《唐荆川先生文集》卷一《秋夜》，作于官翰林时。

⑦ (明)洪朝选撰《荆川唐公行状》载："会同校累朝宝训，将完，心不欲受升赏，族子音会试期近，意避考官，复上章告病。"可知顺之上疏告病正逢会试；嘉靖八年顺之参加会试，以后的会试每隔三年举行一次，在十二年至十八年间有两次，即十四年与十七年；明赵时春撰《荆川唐君墓志铭》云："先生以主事致仕……盖年未三十也。"顺之在嘉靖十四年二十九岁，嘉靖十七年已三十二岁，上疏告病只能在嘉靖十四年。据《明史》卷二百五《唐顺之传》载，唐顺之嘉靖十二年官翰林，嘉靖十八年起故官，他上疏告病当在此期间。

络。顺之持节甚严，以直道自任，耻出权柄之门，不附张璁。“罗峰张国老虽会试举主，恶其不相亲近，有庆贺事，远投拜简，跃马径过其门”①。顺之上疏，璁持疏不下，犹豫不决，欲留之。时有衔恨顺之者告于璁，言其执意逆附。璁怒，即刻拟旨，以吏部主事罢归，永不录用。顺之坦然受之，浩然南归②。

除去母丧丁忧，顺之在任时间不足三年，结交缙绅之士数十人，“嘉靖八才子”同会京师，诗酬唱和。“戊子举乡试，壬辰举会试第一，登进士第，选户部广西司主事，调礼部主客司主事，又自礼部调吏部文选司主事。……是时缙绅之士以讲学会京师者数十人，其聪明解悟能发挥师说者，则多推山阴王君汝中，其志行愊实，则多推君与吉水罗君达夫”③。《明史·王慎中传》云：“王慎中……十八举嘉靖五年进士，授户部主事，寻改礼部祠祭司。时四方名士，唐顺之、陈束、李开先、赵时春、任瀚、熊过、屠应埈、华察、陆铨、江以达、曾忭辈，咸在曹部，慎中与之讲习，学大进。”④顺之结识王慎中、王畿、罗洪先等，文学思想因之转变。官翰林时创作的诗歌，《唐荆川先生文集》收录九十五首，题材涉及应制、送别、赠答、纪游、怀古、咏物、述怀等，体裁有古体歌行、近体五七言律绝。

三、前家居

嘉靖十四年(1535)春至十七年(1538)为前家居时期。

嘉靖十四年春，顺之告病归乡，因就医客居宜兴，开馆授徒。《普安州判杭君墓表》⑤云：“乙未岁，余罢官归，客宜兴。”乙未岁即嘉靖十四年。《答王南江提学》⑥云：“仆今年寓居阳羡⑦，挈妻子以行，有一二童子相与讲章句。”宜兴程朱学者万古斋仰慕顺之，专程拜访，与之订交，其子士安、

---

① (明)李开先撰《荆川唐都御史传》。
② 首出仕时期事迹见于：明赵时春撰《荆川唐君墓志铭》、明洪朝选撰《荆川唐公行状》、明李贽撰《荆川唐公传》、《明史·唐顺之传》等。
③ 《唐荆川先生文集》卷十四《吏部郎中林东城墓志铭》。
④ (清)张廷玉等《明史》卷二百八十七《王慎中传》，第7367页。
⑤ 《唐荆川先生文集》卷十六。
⑥ 《唐荆川先生文集》卷五。
⑦ 阳羡是宜兴的旧称。

士和从顺之游。万士和《先考古斋翁行略》[①]云："(万古斋)素慕荆川先生为人，时先生方以少年拔出流俗……先考将就见之。先生适养疴来荆溪，即踵门求谒，不觉警服，率安、和从学焉。"顺之亦云："嘉靖丙申，余始识公(万古斋)于宜兴，公因遣二子从余游。"[②]居宜兴两年。十八年(1539)朝廷选宫僚，顺之起为故官兼春坊右司谏，赶赴京师上任，"至十八年选宫僚，乃起故官兼春坊右司谏"[③]。《普安州判杭君墓表》云："余居宜兴两年，会有春坊司谏之命，去如京师。"

家居三年有余，顺之诗文创作风格为之一变。李开先《荆川唐都御史传》云："唐子既抵墟里，鸡犬柴门，依依桑梓，谢却业缘，便有终焉之计矣。诗文更进一格，以其侍从庆成朝堂雍容之作，而为村樵渔父歌咏太平之词。"《唐荆川先生文集》收录此时期诗歌七十七首，主要是述怀、纪游、赠答诗，多为近体律绝。

四、再出仕

嘉靖十八年(1539)至十九年(1540)，顺之再出仕。十八年春，册立太子东宫[④]，妙选宫僚，顺之被起为故官翰林院编修兼右春坊右司谏，同被起用的有罗洪先为赞善、徐阶为洗马、邹守益为洗马、黄佐为左司谏、赵时春为校书郎、华察为谕德等[⑤]。

嘉靖皇帝长期深居内宫，不受朝贺，不见外臣，顺之一干人忧虑朝政，俱思尽其职守。十八年冬十二月，顺之与罗洪先、赵时春等联名疏请来岁

---

① (明)万士和《万文恭公摘集》卷九，明万历二十年(1592)万氏素履斋刻本(下同，不注)。

② 《唐荆川先生文集》卷十六《万古斋公传》。

③ (清)张廷玉等《明史》卷二百五《唐顺之传》，第 5423 页。

④ (清)张廷玉等《明史》卷五十四《礼志八》载："嘉靖十八年二月册东宫，帝诣南郊告上帝，诣太庙告皇祖，自北郊及列圣宗庙以下皆遣官。"第 1373 页。

⑤ (明)洪朝选撰《荆川唐公行状》载："庚子东宫建，有旨选僚属，而宰臣徇私意受请寄为奸，一时预选者皆其私人，物论大哗。于是吏科给事中周珫等、南京广东道杨逢等论罢之，再选，乃得公。而一时知名士如洗马今宰相存斋徐公阶、司直郎黄公佐、赞善罗公洪先、洗马邹公守益、校书郎赵公时春、清纪郎周公鈇咸被登进，而公为右春坊右司谏兼翰林院编修。士大夫相贺以为得人。"明赵时春撰《荆川唐君墓志铭》载："庚子立东宫，召为编修兼右春坊司谏，江西吉水罗念庵为赞善。"太子册立在嘉靖十八年己亥，洪朝选与赵时春俱言在庚子(嘉靖十九年)，皆误。

朝正后，皇太子出御文华殿，受群臣朝贺。嘉靖帝大怒，疑其心怀觊望，下诏黜免之。《明史·罗洪先传》云："十八年简宫僚，召拜春坊左赞善。明年冬，与司谏唐顺之、校书赵时春疏请来岁朝正后皇太子出御文华殿，受群臣朝贺。时帝数称疾不视朝，讳言储贰临朝事。见洪先等疏大怒，曰：'是料朕必不起也。'降手诏百余言切责之，遂除三人名。"[①]前因言获罪的阁臣有身首异处者，顺之等人的处境难以预测。幸李开先等人多方营救，唐顺之、罗洪先、赵时春等俱夺职为民。顺之自谓："庚子冬，余以狂谬俟罪者二十七日。"[②]《荆川唐都御史传》云："（唐顺之）名既高而心愈下，年渐长而操更严。同罗念庵、赵浚谷上封章请朝东宫，因以激上之怒，以为意在刺朕。阁臣又有身首异处不足偿责，揭帖事势似不可测矣。予为之多方求救，如崔京山等不遗余力。因召见，言及之圣心，本无他意。留二十余日，始批下，俱夺职为民。"

顺之因言获罪，短暂的二次为官时期终结。官场沉浮，吉凶叵测，顺之意志愈加消沉，遂携妻买舟南归，绝意仕进。此次仕居京师，交游大不如前，"至京师，则向所交游者多半凋散，世所指'八才子'独少二人，仍相与绎旧业正新知，与诸友俱有益"[③]。顺之伤叹曰："可那看花伴，年年渐觉稀。"[④]《唐荆川先生文集》收录此期诗作二十六首。

五、后家居

嘉靖二十年(1541)至三十六年(1557)为顺之后家居时期。

归家，顺之曾于城购一宅院，因喧嚣而弃置，多居宜兴山中，后移居陈渡庄。《宜兴县志·寓贤传·唐顺之传》云："多寓居阳羡山中，尝买一廛于城西，竟以迩市嚣，弃去。"《荆川唐公行状》云："始居宜兴山中，继居陈渡庄，僻远城市。"早在嘉靖八年冠举高第荣登翰苑时，顺之即以文章声震天下而为人称誉，但他不以为然："此儒者一技耳，然古人殚一生精力称大

① (清)张廷玉等《明史》卷二百八十三《罗洪先传》，第7279页。
② 《唐荆川先生文集》卷十五《封孺人庄氏墓志铭》。
③ (明)李开先撰《荆川唐都御史传》。
④ 《唐荆川先生文集》卷二《庚子岁海印寺再举同年会纪事四首》其三。

家者才数人,吾才不逮古人,又有精神别有用处,敢望以是成名耶?"[①]顺之清醒,认为八股制义不过是科举扣门砖,并不能作为安身立命之基。归家后,闭门谢客,苦修性命之义,着意经史经济致用之学。《宜兴县志·寓贤传·唐顺之传》云:"其家居与来山中也,每趺坐,辄竟日穷夜无倦。寒不附炎,暑不举扇,食不肉,寝不内,衣不帛,雨不盖,备尝苦淡,无非磨洗此心、求净欲根以完其本初而已。积力余二十年,始超然有见乎此心天机之流行,寂感任其自然,而一毫人力不得而与焉。殆欲根净静,天机不斡而自运耶。"《荆川唐公传》云:"公喜静坐,乐与方外之士游,曰:'方外之学,虽与吾儒不同,而其苦行坚守洗净心缘知自求之身者,固贤于今之儒也。'居恒,于书无所不读,无不精究其妙,而于历算尤精。文章可以窥班马,诗可以追李杜。"《荆川唐公行状》云:"(顺之)杜门扫轨,昼夜讲究,忘寝废食。于其时,学射、学算、学天文律历、学山川地志、学兵法战阵,下至兵家小技,一一学习。"钻研经济学问,间以诗文创作,结晶为宏富的著述[②]。"先考著有文集二十卷,所纂集有《诸儒语录》十卷、《儒编》三十卷、《左编》一百四十二卷、《右编》五十卷、《文编》六十四卷、《稗编》一百二十卷,五编皆自为序。《左氏始末》八卷,《批选周汉文》十二卷"[③]。

顺之以砥节甚严、才学精博而名重当时,问业弟子络绎不绝。"游塘荆溪之馆,从游者众,得皮得髓亦有人焉"[④]。"自是御一布袍,尝居宜兴山中,与诸生讲学。宦于其地者欲以见之无从也,四方之行过是邑者必先礼于其庐,以得见为荣"[⑤]。据唐鼎元撰《荆川弟子考序》,顺之弟子一二百人,《荆川弟子考》录六十二人,著名者有万士和、姜宝、杨允绳、冯行可等人。

此次家居近二十年,朝中大夫相继举荐顺之复官,"家居几二十年,先后膺荐五十余疏"[⑥]。《陈渡阡表》云:"家居几二十年,力得荐士者,辙藉

①④ (明)王升撰《宜兴县志·寓贤传·唐顺之传》。

② 详见第四章《唐顺之的著述》。

③ (明)唐鹤征撰《陈渡阡表》。

⑤ (明)李贽撰《荆川唐公传》。

⑥ (明)冯时可撰《中丞荆川唐先生传》。

为荐剡光，前后积至五十余疏。”嘉靖二十年(1541)，御史赵炳然疏荐唐顺之[①]。二十一年，巡按舒汀出按江南，特疏荐顺之于朝，疏曰：“学以圣贤为本，道以经济自期，立朝著謇谔正直之风，居乡有廉静无求之节。乾坤不可无此正气，天地不可无此正人。”[②]二十九年，徐阶力荐唐顺之及聂豹、赵时春[③]。三十六年，赵文华以边材荐举顺之。然顺之矢志山林，坚守不出，明其志曰：“深谢故人推毂意，莫将阳羡比终南。”[④]

嘉靖二十六年(1547)七月倭寇入侵闽浙，荼毒甚惨。五六年来，当政者竟未能遏制倭寇的侵犯，顺之为此满腹愤懑[⑤]，在苏州亲眼目睹倭寇用刀挑刺婴儿戏耍，更是痛心疾首[⑥]。东南倭乱，北方边界自二十九年起，屡受俺答侵犯。“庚戌，虏薄都城，人情汹汹”[⑦]。《陈渡阡表》云：“庚戌，虏寇阑入古北口，一夕薄都城，远近震骇。”南倭北虏，家国飘摇，顺之忧心忡忡，终日彷徨不食，终老林岩之志开始动摇了，“屡欲奋身勤王”[⑧]。三十四年七月，父卒[⑨]。顺之居家服丧，三十六年服阕。

此次家居十六年，是顺之创作的丰收期，绝大部分诗文及学术著作，皆著于这个时期。《唐荆川先生文集》收录此期诗歌三百一十五首，古文数百篇。

六、晚岁复出

嘉靖三十七年(1558)至三十九年(1560)为顺之晚岁复出时期，是他人生历程的最后一个阶段。此时南倭北虏，兵祸尤惨。工部侍郎赵文华

---

① 《唐一庵年谱》。

② (明)徐阶《世经堂集》，明万历徐氏刻本(下同，不注)。

③ (明)唐鹤征撰《陈渡阡表》载：“庚戌虏寇阑入古北口，一夕薄都城，远近震骇。副相华亭徐公阶力荐先考与平凉。”

④ 《唐荆川先生文集》卷一《闻复官报寄京师友人》。

⑤ (明)顾宪成撰《郡志传·唐顺之传》载：“庚戌虏薄都城……已而倭人犯东南，骚动蹂躏特甚，惨不忍言，历五六岁无能一创。顺之愤懑废食。”明欧阳东凤撰《晋陵先贤传·明都御史唐荆川先生传》载：“庚戌之变，虏内讧，先生闻之愤懑废食。倭夷剧侵东南，人情汹汹，当路计无所出。”

⑥ (明)焦竑所作《荆川公传论》，唐鼎元《明唐荆川先生年谱·附录》。

⑦⑧ (明)顾宪成撰《郡志传·唐顺之传》。

⑨ (明)王慎中撰《中顺大夫永州府知府唐有怀公行状》：“(有怀公)以疾终，嘉靖三十四年七月初一日也，年七十三。”

与顺之为年谊，知之甚深，向朝廷举荐顺之，起为南京兵部主事，顺之坚辞不出，改职方员外郎，仍坚卧如初①。时顺之丁父忧未阙，又因赵文华为奸相严嵩党羽，顺之刻意避嫌。父丧服阙，提学御史周如斗、巡按御史尚维持上疏奉旨催促顺之赴任，亲友亦相劝。顺之犹豫不决，因罪被黜，不同于其他山林处士行藏在己，若应召起官，实有违气节。然国势危难，顺之无法安处林下："海上倭方急，云中虏又侵。缨冠本非分，抱膝复何心。"②遂与挚友罗洪先商议，《明史·唐顺之传》云："晚由文华荐，商出处于罗洪先，洪先曰：'向已隶名仕籍，此身非我有，安得侔处士。'顺之遂出。"③《明儒学案》云："先生(顺之)晚年之出，由于分宜，故人多议之。先生固尝谋之念庵，念庵谓：'向尝隶名仕籍，此身已非己有，当军旅不得辞难之日，与征士出士论进止，是私其身也。兄之学力安在?'于是遂决。"④

三十七年春三月，顺之赴京师就任，升协司郎中⑤。因丁父忧哀戚过甚，到任即病，肚脐突出，面部肿胀。时朝议已定，差其赴蓟镇查勘边务。秋七月，抱病前往蓟镇⑥，历经两月余，查清兵籍蓟镇缺额、羸弱等实情，如实条写，上奏朝廷，蓟镇诸官因此俱遭贬秩。《明史·唐顺之传》云："(顺之)出核蓟镇兵籍，还奏缺伍三万有奇，见兵亦不任战，因条上便宜九事。总督王忬以下俱贬秩。"⑦蓟镇核兵之事载于《北奉使集》。蓟镇之

---

① (明)洪朝选撰《荆川唐公行状》载："工部侍郎赵公文华……与公又同年进士也，素知公。荐公及今侍郎胡公松于朝，奉旨起公为南京兵部主事。公以有怀翁服未阙，辞不就。又改职方员外郎，坚卧如初。"明李贽撰《荆川唐公传》载："适居有怀公丧，而赵文华者以上命视师海上，来访公，与陈机略，且言非专任梅林胡公不能平此寇。赵归朝，首荐公，以南部车驾主事起之，寻升北部职方员外，坚卧不起。"《明史·唐顺之传》载："倭蹦江南北。赵文华出视师，疏荐顺之。起南京兵部主事。父忧未终，不果出。"

② 《唐荆川先生文集》卷二《荆溪上塘庵述怀》。

③ (清)张廷玉等《明史》卷二百五《唐顺之传》，第5424页。

④ (清)黄宗羲《明儒学案》卷二十六《南中王门学案·襄文唐荆川先生顺之》，沈芝盈点校，北京：中华书局，2008年版(下同，不注)，第598页。

⑤ 唐顺之父亲唐珤嘉靖三十七年四月去世，唐顺之丁忧至嘉靖三十六年，嘉靖三十七年起复，唐顺之在《祭有怀府君文》(《唐荆川先生文集》卷十三)中云："丧期内外，两承朝命。臣子之义，不敢逡巡，谨于三月间赴京。"可见，唐顺之于嘉靖三十七年春三月赴京就任。明洪朝选撰《荆川唐公行状》："罗公复劝之行，于是勉强就道。至京师，未及，升协司郎中。时嘉靖戊午也。"

⑥ 唐鼎元《明唐荆川先生年谱》卷四"三十七年戊午五十二岁"条下"秋七月奉敕往核蓟镇兵额"，引有差唐顺之往蓟镇核兵的敕书，时间落为"嘉靖三十七年七月十九日"。

⑦ (清)张廷玉等《明史》卷二百五《唐顺之传》，第5423页。

行，顺之作边塞诗，收于《唐荆川先生文集》卷四。

顺之自蓟镇还京后，旋奉命前往浙江视师，与胡宗宪协谋抗倭。顺之抗倭体现为经略与实战两个方面。其经略思想几乎涉及抗倭战争的所有方面，据《筹海图编》卷十一、卷十二载，顺之在“定庙谟”“实军伍”“精教练”“足兵饷”“清屯种”“慎募调”“收图籍”“鼓军气”“公赏罚”“处首级”“御海洋”“固海岸”“散贼党”“严城守”“降宣谕”“用间谍”“通贡道”“开户市”等诸多方面均有独到的见解，用来指导抗倭战争，起到重要作用。顺之并非纸上谈兵，而是亲临海防，下海视察，自江阴泛海至刘家河渡，又自嘉兴下海抵蛟门大洋，一昼夜行六七百里，出没惊涛骇浪之中。随行者皆惊愕呕吐，而顺之意气风发，谈笑自如。此次海上视察，将所有险要会哨绘制成图，以备歼敌之用。明胡直有诗二首纪其视师海上事：

> 翩翩瑶节下烟霄，岁晏关河朔气饶。兵法久传黄石略，使旌遥指赤城标。雪中鲸海销氛祲，春后鲛宫贡薄绡。蓟北越南均报主，勋名那羡汉嫖姚。
>
> ——《唐荆川先生视师海上奉赠二首》[①]其一
>
> 军师强起白云扉，海上还知卧翠微。日护貔貅仍习静，营开鱼鸟试忘机。丝纶早已推黄阁，去住身看着白衣。行过荆溪栖隐处，莫因萝薜系骖騑。
>
> ——其二

三十八年三月，升太仆寺少卿。胡宗宪奏称顺之权太轻，寻迁通政司右通政。四月，倭寇侵至崇明，贼船停泊在三沙。顺之率领兵将将敌人诱至海外，奋力击杀，于海上斩敌首一百二十颗，沉敌船三十余艘，缴获敌人衣物兵器无数，倭寇无一人登岸，余敌向江北逃跑。时人称“自苏松用兵以来，未有此捷也”[②]。不久，倭寇骚乱江北，凤阳巡抚李遂告急请援。顺之命令总兵官卢镗拒守三沙，自己率领副总兵刘显前往增援，在姚家荡痛击敌寇。倭寇败退庙湾，顺之再率兵击杀，战斗惨烈，敌我伤亡相当。三十八年夏，顺之率领卢镗、刘显进攻盘踞在三沙的倭敌，久攻不克，卢镗、

① (明)胡直撰《衡庐精舍藏稿》卷六，《文渊阁四库全书》本(下同，不注)。

② (明)洪朝选撰《荆川唐公行状》。

刘显进击失利，劝顺之退兵。顺之愤恨异常，亲自跃马布阵，冲至阵前。倭寇见顺之军阵严整，于是坚壁不出。顺之持刀奋身前往，冲到距离倭营百余步的地方，逼敌出战。卢镗、刘显恐怕损失更大，力劝顺之退兵。时盛夏，天气炎热，顺之海上漂泊两三月，卤侵炎蒸，劳愤颠顿，“暑月盐潮蒸热，积劳久之，吐血几至殒生”①，旧疾亦复发加重，不得不返回太仓。李遂调往南京，顺之升任右佥都御史，代李遂巡抚凤阳。

三十九年春，顺之巡抚凤阳。淮安、扬州等地因天灾兵祸而闹饥荒，顺之请于朝廷，又于地方奔波，带头捐献俸金，命令大小各级官员依次捐俸，极力筹措钱粮赈灾，赈济灾民数十万人。时顺之已病入膏肓，“竟力疾振凶荒，治戎伍。四月朔舟巡泰州，犹操笔散赈粟七千石”②。三十九年春三月，顺之再次泛海巡历，行至通州，病情严重。四月一日，端坐而逝，终年五十四岁。临终，言于身边将士，曰：平生志向即为国而死，今无憾也。唯有憾者是学问尚无成就，犹缺少山中十年功夫。遗言竟没有只言片语涉及家中私事③。

顺之晚年由赵文华荐出，世人视为污点。《明史·唐顺之传》云：“晚由文华荐，商出处于罗洪先……顺之遂出，然闻望颇由此损。”④王畿、罗洪先撰写祭文竭力为之辩护，顾宪成所撰传、赵时春所撰墓志铭讳言缘何人而出，足见晚出之事遭受非议的严重程度。古代士人讲究文行出处，系于名节，倘若举荐非人，其人之“出”，即便理由正当磊落，亦未免成为人生污点，难以擦拭。前有大儒薛瑄固辞王振举荐几被杀戮之事，顺之不会不知，罗洪先《祭唐荆川文》⑤云：“知之而蹈，中必有由。”顺之决定复出是三思而后行，早预见复出后世人的议论，其精神支撑见于《答喻吴皋中丞》⑥

---

① 《唐荆川先生文集》卷八《与杨朋石祠祭》。

② （明）赵时春撰《荆川唐君墓志铭》。

③ 唐顺之抗倭事见于明顾宪成撰《郡志传·唐顺之传》、明王升撰《宜兴县志·寓贤传·唐顺之传》、明欧阳东风撰《晋陵先贤传·明都御史唐荆川先生传》、明赵时春撰《荆川唐君墓志铭》、明冯时可撰《中丞荆川唐先生传》、明李开先撰《荆川唐都御史传》、明洪朝选撰《荆川唐公行状》、明李贽撰《荆川唐公传》、明唐鹤征撰《陈渡阡表》、《明史·唐顺之传》等文献。

④ （清）张廷玉等《明史》卷二百五《唐顺之传》，第5424页。

⑤ （明）罗洪先《念庵文集》卷十七，明嘉靖四十二年（1563）刘玠刻本（下同，不注）。

⑥ 《唐荆川先生文集》卷八。

一书:“承示出处一节,深荷于同心相知。但世间眼孔甚小,其卑者既恋恋以保惜富贵为生涯,其高者则又兢兢守护名节为大事。而古人‘饥溺由己,沟中之推由己’,此一段学问,漫然不复知矣。平生此心不敢求信于流俗,而敢求信于豪杰。纵不敢求信于人,而天日炯然在也。草衣木食,已过一生,果哉? 末难亦何哉?”感慨“只少一宁武子之愚”[①]。顺之身居林壑,一直关怀国事民生,尤其关注东北边患与东南海寇,清初王士禛谓“不能忘情于用世”[②]。东北俺答犯边,倭寇在苏常等地烧杀掳掠、涂炭乡邦,顺之内心的愤懑如决堤之水。“及东南遭倭变以来,备见生灵涂炭之苦,日夜痛心,奔告无所欲,亟图见敌忾戡乱之人”[③]。家国之忧超越了道德重压,顺之无法安居山林,不屑横世非议,毅然“受命于危难之际”。复出之举源于道德自律的责任感与使命感,“骄世避人,洁己明迹,其足以贾誉而全名,此不待两先生(指罗洪先与唐顺之)而知也。而先生宁为此不为彼,此其志可谅也。‘天下有道,丘不与易’,‘当今之世,舍我其谁?’此孔门家法,固未可与曲士抱咫尺之议以为奇者道也”[④]。顺之基于“孔门家法”,知其不可为而为之,铁肩担道义,岂顾身后名? 坚守名节而不囿于名节,比只知沽名钓誉、全节保身而忘怀家国之人更令人敬重,这也许正是其人格魅力所在。

顺之一生三隐三仕。三次为官凡六年,一生四十八年家居。二十三岁以前专注于制艺文,为场屋圭臬。“明代举子业最擅名者,前则王鏊、唐顺之,后则震川、思泉”[⑤]。二十五岁开始诗文创作,且研习甲兵、钱谷、象纬、历算、击剑、挽强[⑥],杂学博收。受理学名士王畿、罗洪先、邹守益等王门弟子影响,四十岁以后,专心于理学,身体力行,闭门兀坐,澄心除欲。

---

① 《唐荆川先生文集》卷八《与白伯论仪部二》。宁武子,春秋卫大夫宁俞,谥武子。《论语·公冶长》谓:“子曰:宁武子,邦有道,则知;邦无道,则愚。”邢昺疏:“若遇邦国有道,则显其知谋;若遇无道,则韬藏其知而佯愚。”后以宁武子为国家有道则进用其智能、无道则佯愚以全身的政治家的典型。

② (清)王士禛著《邵子湘青门集序》。

③ 《唐荆川先生文集》卷八《与俞总兵虚江》。

④ (明)欧阳东风撰《晋陵先贤传·明都御史唐荆川先生传》。

⑤ (清)张廷玉等《明史》卷二百八十七《胡友信传》,第7384页。

⑥ (明)冯时可撰《中丞荆川唐先生传》:“古今名物、甲兵、钱谷、象纬、历算、击剑、挽强,无不绝诣。”

早年以气节自许，拒杨一清、逆张璁、触龙颜，多次辞归，狷介孑特，其父谓不近人情，亦自谓："早年驰骋于文辞技艺之域，而所恃以立身者，又不过强自努力于气节行义之间。"①中年归隐山林，闭门谢客，幽居村野，清苦自修。晚年抗倭，以重病之躯亲泛大海，跃马布阵，逐杀倭寇，保乡邦免于涂炭，"苏、松、嘉、湖千里宁谧，实荆川之功也"②。

顺之是明代中期有多重身份的文学家，"嘉靖八才子"之一，以文章传世，《明史·唐顺之传》曰"为古文，洸洋纡折，有大家风"③，《钦定四库全书总目提要》谓其"在有明中叶，屹然为一大宗"④。

① 《唐荆川先生文集》卷五《寄刘南坦》。

② (明)郑若曾《郑开阳杂著》卷二，《文渊阁四库全书》本。

③ (清)张廷玉等《明史》卷二百五《唐顺之传》，第5424页。

④ (清)纪昀《钦定四库全书总目·荆川集提要》，北京：中华书局，1997年版(下同，不注)，第2321页。

第二章　唐顺之的交游

顺之一生仕隐交错，经历坎坷，交游广泛，上至台阁宰辅、文臣武将，下至布衣平民、医卜僧道。既有以文相会的文学之友，亦有谈心论道的道学之友，既有少年问学的业师，又有成年从游的弟子，还有晚年抗倭的战友，以及闾里乡邻、方外医卜、砥节忘年等其他交游。“独学无友，则昔人所以深病于孤陋也”①，交游广泛，顺之受益非浅，尝曰：“吾制义德方山，诗文德遵岩，学问德龙溪甚矣。友之不可不择，而从与改之。”②《唐荆川先生文集》收录诗文大多是顺之与人的书信往来、诗文唱和、赠别作答等应酬之作。

第一节　文学交游

顺之以文会友，与王慎中、茅坤、洪朝选等人切磋文艺，声气相通，与陈束、孟洋、熊过、李开先等其他文友诗酬唱和，互贻文墨，结下深厚情谊。

一、“嘉靖八才子”

嘉靖十二年(1533)，顺之官翰林编修，同会京师缙绅文士数十人，文翰兴会，一时称盛。同声应气交往繁密者，首推“嘉靖八才子”。“八才子”名出明李开先《吕江峰集叙》③：

---

① 《唐荆川先生文集》卷五《与田巨山提学》。

② （明）张汝瑚《明八大家集·唐荆川集序》，清康熙刻本(下同，不注)。

③ （明）李开先《李中麓闲居集》“序文五”。

古有建安七子，大历十才子，今嘉靖十年后更有“八才子”之称。八人者，迁转忧居，聚散不常，而相间不过数年，其久者亦止八九年而已，不知天下何以同有此称。详其所作，任忠斋以奇警，熊南沙以简古，唐荆川以明畅，而陈后冈之精细，王遵岩之委曲，赵浚谷之雄浑，各随其材力。吕江峰独以雅致擅名，七子所长果是不可及。但任失之靡丽，熊失之悭涩，唐失之软弱，而失之深晦者陈，失之疏荡与缠纠者乃赵与王也。吕亦自谓有方板之失，其短处自不可掩。……惟余兼有七病素无一长，亦幸得厕名于其间。

《明史·陈束传》云：

时有“嘉靖八才子”之称，谓束及王慎中、唐顺之、赵时春、熊过、任瀚、李开先、吕高也。①

“嘉靖八才子”：王慎中、唐顺之、赵时春、陈束、任瀚、熊过、李开先、吕高。王慎中、赵时春嘉靖五年(1526)举进士第，唐顺之、陈束、任瀚、熊过、李开先、吕高八年举进士第，均才高气盛。

王慎中②，字道思，初号遵岩居士，后号南江，福建晋江人，生于正德四年(1509)，卒于嘉靖三十八年(1559)，终年五十一。四岁能诵诗，十八岁举嘉靖五年(1526)进士，授户部主事，寻改礼部祠祭司。历官吏部考功员外郎、验封郎中、常州通判、户部主事、礼部员外郎、山东提学佥事、江西参议、河南参政等。李开先《游海甸诗序》③谓其“负时名，颇能违众自立，久为当国者所不悦”。嘉靖二十年(1541)落职归，家居几近二十年，问业者踵至，专力于古文。有《遵岩集》二十五卷、《玩芳堂摘稿》四卷。

嘉靖十一年(1532)，顺之初识王慎中于京师。时慎中以诗文名于世，两人互相钦服，引为知己。顺之云：“仆自入官，得请见于当世士大夫，盖三年，而后见兄。一见则骇然异之，而兄亦过以仆为知己。夫兄雄俊之文，博辩之才，迈往之气，无一人不知之，而独谓仆为知己者，岂仆之知兄

---

① (清)张廷玉等《明史》卷二百八十七《陈束传》，第7370页。

② 王慎中生平资料见明李开先《遵岩王参政传》、《明史·王慎中传》。

③ (明)李开先《李中麓闲居集》“序文六”。

止于世人所知而已也？抑亦有不止于世人所知而已也？”①《荆川唐公传》云：“罗峰②相公改各属官为翰林，部中首举公为编修，校对累朝实录。于时，王遵岩、陈后冈、高苏门皆以诗文名当世，一见公，心服之，而公未敢以为然也。”顺之结识王慎中，文学思想与创作均受影响。两人切磋文艺，观点较为接近，反对“前七子”的文学复古论，在文学史上并称“王唐”。明李开先《遵岩王参政传》③云：

(王慎中)升任户部主事，再升礼部员外，俱在留都闲简之区，益得肆力于问学，与龙溪王畿讲解王阳明遗说，参以己见，于圣贤奥旨微言，多所契合。曩唯好古，汉以下著作无取焉。至是始尽发宋儒之书读之，觉其味长，而曾、王、欧氏文尤可喜，眉山兄弟犹以为豪而失之放。以此自信，仍取旧所为文如汉人者，悉焚之。但有应酬之作，悉出入曾、王之间。唐荆川见之，以为头巾气。仲子(王慎中)言：“此大难事，君试举笔，自知之。”未久，唐亦变而随之矣。尝以书寄予：“新来独得为文之妙，兄虽海内极相契，而于此文有不能共其味者矣!”然不知其正相同矣。

明李开先《荆川唐都御史传》云：

(唐顺之)素爱崆峒诗文，篇篇成诵，且一一仿效之。及遇王遵岩，告以自有正法妙意，何必雄豪亢硬也。唐子已有将变之机，闻此如决江河，沛然莫之能御矣。故癸巳以后之作，别是一机轴。有高出今人者，有可比古人者，未尝不多遵岩之功也。

明李开先《康王王唐四子补传》④云：

(唐顺之)文则初学史、汉，后会王遵岩于南都，尽变其说，意颇讶之。王云：“此难以口舌争也，第归取七大家文读之，当自有得。”唐子犹不谓然，但素信其才识，如其言而读其书，数月后尽得其法，方知向之所谓学史、汉者，特得其皮毛，而七大家文，真得史、汉之骨髓也。

---

① 《唐荆川先生文集》卷五《答王南江提学》。

② 张璁，别号罗峰。

③④ (明)李开先《李中麓闲居集》传十。

后复见遵岩，意投语合，遂皆以文章擅天下。

《明史·王慎中传》云：

慎中为文，初主秦、汉，谓东京下无可取。已悟欧、曾作文之法，乃尽焚旧作，一意师仿，尤得力于曾巩。顺之初不服，久亦变而从之。壮年废弃，益肆力古文，演迤详赡，卓然成家，与顺之齐名，天下称之曰“王、唐”，又曰“晋江、毗陵”。李攀龙、王世贞后起，力排之，卒不能掩。①

顺之的文学理论主要是章法论、文道观与本色论，与茅坤、洪朝选的书牍及《文编序》《董中峰侍郎文集序》等文献阐述得很透彻，王慎中《寄道原弟书九》《再上顾未斋》《答邹一山书》《与林观顺》②等表达了基本相同的观点。两人声气相通，力主诗文创作从内容到形式都应出于“本色”，意出于己，情感真实，风格自然，与拾古人牙慧的文学复古主义针锋相对。顺之《与王遵岩参政》③一书表述了自己的文艺观点：

近来有一僻见，以为三代以下之文未有如南丰，三代以下之诗未有如康节者。然文莫如南丰，则兄知之矣。诗莫如康节，则虽兄亦且大笑。此非迂头巾论道之说，盖以为诗思精妙，语奇格高，诚未见有如康节者。知康节诗者，莫如白沙翁。其言曰“子美诗之圣，尧夫更别传。后来操翰者，二妙罕能兼”，此犹是二影子之见。康节以锻炼入平淡，亦可谓“语不惊人死不休”者矣，何待兼子美而后为工哉！古今诗庶几康节者，独寒山、静节二老翁耳，亦未见如康节之工也。兄如以此言为痴迂，则吾近来事事痴迂，大率类此耳。兄尝谓非兄不能序吾之文，非吾不能序兄之文，诚然，诚然！

王、唐坦诚交流文学见解，意气相投，默契认定对方为己集作序者。《唐荆川先生文集》初刻于嘉靖二十八年（1549），王慎中为之序。顺之推

---

① （清）张廷玉等《明史》卷二百八十七《王慎中传》，第7368页。

② 以上几封书信见于明王慎中《遵岩集》。

③ 《唐荆川先生文集》卷七。

崇王慎中，自愧不如，有心为挚友文集作序却不敢下笔，《答王遵岩》[①]云："至于兄之雄文，则千百年自有定价。倘吾文稍进，乃敢为兄作序，今且不欲羔袖于狐裘也。"又云："仆旧从兄学为文章，有一二仅得处，尽是兄之指教。"王、唐彼此称誉，王慎中《唐荆川先生文集序》[②]云"上下二千有余岁之间，吾谓吴有文学三人焉"，即春秋吴国公子季札、孔子弟子子游与当今毗陵唐应德，顺之惭汗不已，作诗自嘲：

嘐嘐妄意空千载，没没安能盖一乡。江东若问如卿比，车载还应更斗量。

——《读王遵岩所为拙集序文自嘲四首》[③]其一

文章未出风土外，人品犹缠习气中。只可清狂惯吴语，却令识字笑吴蒙。

——其二

札也能轻千乘国，蹈道无能早见讥。三十年来持戒意，于今四十已知非。

——其三

力希颜氏何能望？窃比言游未敢安。老大渐知亲洒扫，试将妙用此中参。

——其四

王、唐之间的互赞不乏好友过誉之嫌，然两人交情之厚密于此可见。顺之《答王遵岩》云："是以痛为扫抹闲事收敛精神之计，则不得不简于应接。欲简于应接，不得不托于病不可支以谢客。是以人知吾之病甚，而不知吾之别有意也。此意更不敢露于人，以兄念我太厚忧我太深，故特披露之兄，万无泄我秘密，重增哓哓之口也。"顺之不足于外人言者而言于慎中。嘉靖十四年（1535），顺之以病乞归，客居宜兴，时王慎中谪判常州御史，两人常文酒之会[④]。顺之《丹阳别王道思三首》[⑤]即作于这个时期：

① 《唐荆川先生文集》卷六。
② （明）王慎中《遵岩集》卷九。
③ 《唐荆川先生文集》卷三。
④ 唐鼎元撰《明唐荆川先生年谱》卷一"十四年乙未二十九岁"。
⑤ 《唐荆川先生文集》卷一。

久已废逢迎，萧然世外情。因君访茅屋，相送到江城。远岫雪中绿，寒流冰下行。可堪此时别，独自返柴荆。

——其一

卧病不知久，见君三徙官。还将鹖冠贱，来伴豸衣欢。秉烛惊宵曙，同衾属夜寒。平生学禅寂，犹自别离难。

——其二

书生多落魄，羡子最逢时。绣服官方显，青衿职所司。铸人称道术，倚马见文辞。徒抱弹冠意，迂疏自可嗤。

——其三

时顺之辞官家居，远离繁嚣的京师官场，萧然世外，悠游山水，超脱淡泊。王慎中赠寄顺之的诗作表达了同样的隐逸情怀：

倏然于世有何心，共说丈人似汉阴。把钓行临芳芷岸，采樵时讽紫芝吟。暑时暴麦常忘雨，园里锄蔬不见金。四体长勤多鄙事，道情寂寞自知深。

——《寄唐荆川二首》[①]其一

铜官山下一溪横，知尔独多山水情。最喜爰题蕉叶盛，不忧长饿蕨苗荣。节垂日月嫌高甚，思抉烟云苦瘦生。闲倚槁梧应自笑，本逃名却近时名。

——其二

王慎中与顺之父有一段忘年交。嘉靖二十年(1541)春，王慎中落职河南参政，归途中访顺之，拜见有怀公[②]。二十三年，有怀公永州卸任，取道闽浙，访慎中，赠九疑茶，王慎中作绝句两首纪其事：

永州太守清于水，囊携芳茗担还轻。却分囊茗过闽岭，重僎千钧未比情。

——《唐有怀以九疑之茶分赠二首》[③]其一

① (明)王慎中《遵岩集》卷六。
② 唐鼎元撰《明唐荆川先生年谱》卷二“二十年辛丑三十五岁”。
③ (明)王慎中《遵岩集》卷七。

多病却无口腹营，独耽泉茗类顽僧。走向北山汲深涧，松月牕前自炀铛。

——其二

三十四年七月，有怀公病逝。三十五年，顺之入闽，会王慎中于武夷山，乞为有怀公撰写行状。《三山丽泽录》[①]云：“……先是，丙辰冬（嘉靖三十五年），唐子荆川以乃翁状事入闽，予送入蓝江之上。意予沿途朋类追从，欲密其迹，遂独赴武夷，会遵岩。”王慎中不负重托，撰写了三千六百字的《中顺大夫永州府知府唐有怀公行状》[②]，具体生动地追述了有怀公的一生，深切缅怀这位仁厚的长辈。三十八年七月，王慎中卒于家。时顺之正值浙直抗倭任上，军旅倥偬之际，无暇哭奠好友。遍翻《唐荆川先生文集》，竟无片言悼念文字。三十九年春，顺之卒于抗倭任上。以文论者，王慎中与顺之交最深，人以“王唐”并称，王慎中《存悼篇》[③]云：“吾平生宦游，取友于海内为不少。然彼此室人枣修之问相及者，亦不数人。于数人之中，吾所最敬，惟毗陵唐荆川。”

陈束[④]（1508—1540），字约之，号后冈，浙江鄞县人。嘉靖八年（1529）进士，选庶吉士，授编修，出为湖广佥事，分巡辰、沅，迁福建提学副使，改河南提学副使，卒于官，年三十三。有《陈后冈诗集》一卷、《文集》一卷传世。《钦定四库全书总目·陈后冈诗集》提要云：“束与唐顺之为同年，共倡为初唐、六朝之作，以矫李、何之习，而所学不逮顺之。自翰林改礼部主事，追复官编修，旋即外调。恒忽忽不乐，年仅三十余而卒。文章亦未成就，故顺之终以古文鸣，而束无称焉。《诗集》为顺之所编，皆嘉靖甲午、乙未、丁酉三年之作。”[⑤]

顺之与陈束为年谊。嘉靖帝亲阅廷试卷，一一品题，于束卷曰“仁智之用，着之吾心，此不易之说”[⑥]。陈束与顺之意气相投，注重气节行义，

① （明）王畿《龙溪王先生全集》卷一，明万历十五年（1587）萧良斡刻本（下同，不注）。
② （明）王慎中《遵岩集》卷十七。
③ （明）王慎中《遵岩集》卷二十。
④ 陈束生平资料见：明李开先《后冈陈提学传》、明皇甫汸《陈约之集序》、《明史·陈束传》。
⑤ （清）纪昀《钦定四库全书总目·陈后岗诗集提要》，第2440页。
⑥ （明）王世贞《弇山堂别集》卷八十二。

不肯迎合攀附柄臣张璁，被贬至湖广荒蛮之地。《明史·陈束传》云："束出璁、韬门，不肯亲附。岁时上寿，望门投刺，辄驰马过之。为所恶，出为湖广佥事。"①《四库全书·御定渊鉴类函》卷七十二载："《陈束传》曰：'束嘉靖乙丑选翰林庶吉士，与唐顺之、王慎中诸人刻励为古学。张桂受上殊宠，朝士咸奔走，束独不往。岁时上寿，遣吏投刺，驰马过其门。诸老恨之，呼为轻薄小黄毛。出之外藩，投置五溪蛮夷之地以重困之。'"两人秉性、志向相同，惺惺相惜，心通神会。《荆川唐都御史传》云："往时翰林皆由进士上甲与庶吉士两途，圣上以为此不足以尽人，遂异其制。选取十一人，咸自科道部属入焉，而唐子则由吏部。十一人者，陈束尤相厚。入则陪侍讲筵，出则校雠东观，暇则杯酒欢宴，或穷日夜不休。"

同为翰林编修，顺之与陈束相处欢洽，诗酬唱和，互为赠答。如：

祇役趋东观，校雠良以疲。偶乘青简暇，复与白云期。任性形骸豁，忘机鸟雀知。裘羊何不至，三径坐相思。

——《休沐家居简陈约之》②

菀苑俱将命，瓜期独未归。忽传千里札，坐使寸心违。鬓发行来变，丹枫别后稀。时时通远梦，恍是蓟门非。

——《答陈编修约之柏乡见寄》③

建章今旦满清辉，朔雪缤纷应候飞。忽飘九陌从风散，渐积千门待日晞。素影偏摇宫女扇，轻花欲上侍中衣。最是相如能献赋，沾恩新向菀园归。

——《和陈编修约之禁中雪诗二首》④其一

霭霭同云覆帝畿，银宫玉宇特相宜。飞花遍入披香苑，积絮微消太液池。三署晓光凝剑佩，九门寒色映旌旗。亦知圣主挥天藻，不羡周家黄竹词。

——其二

以上几首诗为顺之赠答陈束之作。"祇役趋东观，校雠良以疲"，二人同校累朝实录，相约白首同归，"复与白云期"。第二首诗是顺之收到陈束自河

① (清)张廷玉等《明史》卷二百八十七《陈束传》，第7370页。
②③④ 《唐荆川先生文集》卷一。

北柏乡寄来的书信，“忽传千里札，坐使寸心违”，表达思念与关心，“时时通远梦，恍是蓟门非”。后两首是顺之与陈束禁中唱和所写咏雪诗，“素影偏摇宫女扇，轻花欲上侍中衣”，“飞花遍入披香苑，积絮微消太液池”，字里行间显示雍容富贵的皇家气泽。陈束赠于顺之的诗作为数不少，选录两首：

终朝滞飞蒙，三径绝来枉。椈溜一以捐，族云渐回荡。长飚缅河出，月华依波上。微微辨林柯，稍稍晰尘鞅。槿委犹余泫，萱开更映幌。草萤惊明流，土虫疑昼响。命酒陶清虚，解襟纳新爽。怀人邈不御，乐来何由赏。沈思永终夕，景同神宜往。

——《夕霁对月有怀唐一编修学何水部一首》①

龙颜天保乘春御，凤阙晴临拂曙开。钟鼓忽传朝市乐，衣冠竞捧圣明来。花明玉殿祥风应，柳拂金铺淑景催。共识辰和合天道，欣欣瞻恋独迟回。

——《圣体初安春日视朝志喜同唐太史作》②

顺之与陈束官翰林时期短暂，实录校完，顺之称病告归，居于家乡常州，陈束外调湖广。一归家，一贬谪，相隔千里，两人诗作相传，互为慰勉。顺之作于前家居时的两首诗：

昔日京华居，同君直玉庐。蛾眉宁见妒，樗散自知疏。佩印紫薇署，垂纶沧海鱼。为农吾已矣，作吏子何如？

——《次韵赠陈后冈》③

已甘踪迹滞丘樊，暂逐行麾思欲翻。才薄最宜明主弃，身贫独感故交存。苍苔掩径谁相过，芳草怀人未敢言。知君王事方鞅掌，不记于陵长灌园。

——《家居赠别陈佥事约之》④

诗中回忆了同居京师的情景，叙说自己家居的境况及感受，关切询问陈束蛮地为官的处境状况，“为农吾已矣，作吏子何如？”陈束作《公安得唐应德

① 《陈后冈诗集》“甲午稿”，明万历十九年(1591)林可成刻本(下同，不注)。

② 《陈后冈诗集》“甲午稿”。

③④ 《唐荆川先生文集》卷一。

村居诗酬赠四首》[1]赠答，第四首：

相期丘壑意，怅忆海云深。更落淮南叶，愁闻吴会吟。祖生先着策，贡禹未投簪。言贳盈尊酒，归来共竹林。

诗后跋云“与唐相期同隐，唐竟先得告，故云”。顺之与陈束本有白首同归之约，顺之告归，陈束仍在官任，故束感慨“相期丘壑意，怅忆海云深”。嘉靖十六年(1537)，陈束到宜兴探望顺之：

故人消息若为闻，早说驱车向白云。倘识外亲来相宅，因逢贤季不题门。半溪画色留征棹，绕郭山光映酒尊。赖是主人能爱客，不妨遥夜隔思存。

——《至宜兴访唐应德不遇同唐二秀才饮任光禄宅》[2]

恰顺之不在家，其弟、舅与陈束饮，顺之与束交情非寻常矣。

陈束英年早逝，三十三岁卒于河南提学任上，顺之伤痛不已。皇甫汸云：“嘉靖庚子，余友陈子约之以宪职督学于梁，即捐馆淇上，归榇越中。时太史唐子应德以上书失指免官，祠郎熊子叔抑以奉职忤意。承谴二子者，不远数千里，渍絮酒以入甬，望缌帐以出涕，抚藐孤于素室，搜遗草于名山。”[3]顺之《与王北涯苏州》[4]云：“四明陈约之，自同第时便为肺腑之交，后在郎署间，无岁日不与之同，亦有白首同归之约。不谓此兄便尔长逝，心切痛之。”顺之为束料理后事，抚恤孤寡，搜集遗作，编录为《陈后冈诗集》一卷。《与雷古和提学》[5]一文可见证顺之与陈束挚交之情：

执事仗节秉义，当世之至，不可干以私者也。仆平生颇知守区区之孤介，未尝敢干人以私者也。以平生不敢干人以私之人，而辄干之于必不可干以私之上官，而又未尝有一面之识也，虽愚者亦知其足以触罪而无所得矣。而仆乃不揣冒为之，则其情亦可察矣。

---

① (明)陈束《陈后冈诗集》“丙申稿”。
② (明)陈束《陈后冈诗集》“丁酉稿”，自注：“秀才，应德弟；光禄，应德母舅。”
③ (明)皇甫汸《皇甫司勋集》卷三十六《陈约之集序》，明万历二年(1574)刻本(下同，不注)。
④ 《唐荆川先生文集》卷六。
⑤ 《唐荆川先生文集》卷七。

故河南提学陈后冈束者，鄙人生死之交也。念其生死之交，而欲为之庇其后，此鄙人之私也。陈君自束发即知苦学砥节，其为翰林，不肯谄屈于权贵人，遂为奸谗所中。而权贵人斥之外藩，继以天殁。今其棺榇浮寄客土，历十余年而不能葬。以四十余岁之病妻，抚十六七岁之弱子，两口一家，僮仆无倚，伶仃牢落，行道所悲。陈君历官十四五年，未尝有百金之产，止靠死后数百两赙金。仆不得已为之经营，而岁还之息，妻子生计，如是而已。

且夫悯其以砥节遭蹇，而欲为之庇其后，此亦观风者之责而天下之公也。今其子渐能读父书，或厕之学校之中，则庶可以不坠先人之业。以仆愚昧，岂不知奔竞进学，浙中风俗之大蠹，而执事之所最禁哉？以为好修砥节，陈君既是善类，而士大夫妻子流落又未有如陈君者，倘执事能处其子于常格之外，只足以为志士畸人之劝，而不足以为请嘱贪兢之援例也。

此仆所以不敢干之他人而必干之执事，以为执事能直道于炙手炎炎之辈，必能垂怜于清寒牢落之家；能必不为世俗人之所为，必能为世俗之所不为也。知我罪我，惟执事教之。

此书情真意笃，言辞恳切，顺之称陈束为“生死之交”。为了荫庇亡友遗孤，不惜屈身请求于“未尝有一面之识”的雷古和提学。书中所言陈束遗孀遗孤“以四十余岁之病妻，抚十六七岁之弱子，两口一家，僮仆无倚，伶仃牢落，行道所悲”，情至凄婉，令人心酸，拟以此打动雷提学；书末以“以为执事能直道于炙手炎炎之辈，必能垂怜于清寒牢落之家；能必不为世俗人之所为，必能为世俗之所不为也”相激相求于雷古和，足见唐、陈情谊，亦可见顺之为人之厚。

赵时春[①](1509—?)，字景仁，号浚谷，甘肃平凉人。年十四举于乡，逾四年，嘉靖五年(1526)会试第一，选庶吉士。历官户部主事、兵部主事、翰林编修、山东佥事、佥都御史。钱谦益《列朝诗集小传》[②]云“景仁慷慨磊落，抵掌谈天下事，靡不切当。以边才自负，遇战陈被甲跃马，身当虏

① 赵时春生平资料见《明史·赵时春传》、《甘肃通志》、《文渊阁四库全书》本。
② (清)钱谦益《列朝诗集小传》，上海：上海古籍出版社，1983年版(下同，不注)。

中”。少喜谈兵，读书善强记。凡天文、地理、户口、钱谷多寡之数，能历历诵之。所为文章豪肆，与唐顺之、王慎中齐名。有《赵浚谷集》十六卷、《别本浚谷集》十七卷、《平凉府通志》十三卷等著述。

嘉靖初，王慎中、唐顺之共倡“本色”，以矫枉李、何剽拟之习之际，陈束、赵时春、李开先等人群起响应，同声应气，自成一派。《钦定四库全书总目·闲居集提要》云：“嘉靖初，开先与王慎中、唐顺之、熊过、陈束、任瀚、赵时春、吕高称‘八才子’。其时王慎中、唐顺之倡议尽洗李、何剽拟之习，而李开先与赵时春等复羽翼之。”①

嘉靖十八年(1539)册立太子东宫，妙选宫僚，顺之、赵时春同被起用，顺之起为翰林院编修兼右春坊右司谏，赵时春起为校书郎。同被起用的尚有罗洪先、徐阶、邹守益、华察、皇甫涍等人，皆天下名儒。京师名士相从讲学，顺之、时春、罗洪先交往尤密。《东廓邹先生传》云：“己亥，世宗将建储，太宰许举旨，简宫僚。……时与徐文贞(徐阶)、罗文恭(罗洪先)、赵浚谷、唐荆川相资切，侍御毛介川恺、张浮峰、胡默林咸从之游，士类兴起甚众。”②时称“京师同志会”③。冬十二月，顺之与赵时春、罗洪先被嘉靖帝黜为庶民④。《明史·赵时春传》云：“帝有疾，时春与罗洪先、唐顺之疏请东宫御殿，受百官正旦朝贺，帝大怒，复黜为民。”⑤

夺职后，顺之与赵时春聚少离多。顺之写于赵时春的书信《寄赵浚谷》⑥当在十年之后，书云：“别兄十余年，何能一时忘兄?”顺之《岁暮有怀诸子》⑦“陇山飞梦岭梅初”即怀念赵时春之句。赵时春在山东佥事任上，顺之表达关切和鼓励：“闻兄佥宪山东以操练民兵为事，青齐劲卒教之以有勇知方，以备一切不虞之变，自是兄所素长，不待赘也。古云：‘视卒如爱子，可与同死生。’此辈须宽处银粮，丰其犒给，或别异其军中之豪杰机警者而优待之，不然则不能结其心，不能结其心则威不可必行，而缓急亦

---

① (清)纪昀《钦定四库全书总目·闲居集提要》，第 2441 页。

② (明)耿定向《耿天台文集》卷十四，明万历二十六年(1598)刘元卿刻本(下同，不注)。

③ 吴震《明代知识界讲学活动系年 1522—1602》，上海：学林出版社，2004 年版，第 91 页。

④ 见第一章第二节《生平·再出仕》论述。

⑤ (清)张廷玉等《明史》卷二百《赵时春传》，第 5301 页。

⑥ 《唐荆川先生文集》卷八。

⑦ 《唐荆川先生文集》卷三。

不可得力。”①三十二年，顺之又作《寄赵浚谷》，思念之情溢于纸上：“前年病几危时，耿耿此心独以不得见兄与念庵为憾。去年必欲到江西，乃了会念庵心事，独未得见兄耳，见兄之心无时忘之。”②赵时春赠于顺之的诗作：

彰义门前官道柳，到时凋谢发时回。容枯自是寻常事，闲逐春风归去来。

——《别罗达夫唐应德》③

秦塞春归海色晞，忆君此日别黄扉。三年逐客田庐在，万里行人音信稀。江渚早梅堪寄折，楚天烟树渺依微。惠而不见空惆怅，日断南来鸿雁飞。

——《早春忆罗达夫唐应德》④

前一首当写于十八年同被罢官离京时，赵时春赠别顺之之作，表现了两人面对仕途淹蹇而泰然处之的坦然心境，宦海沉浮不过像官道边的柳树，荣枯循环，自是寻常，官场得失，何足为患。后一首表达了分别之后赵时春对顺之的思念，及思而不得见的惆怅。

三十七年，顺之复出至京师赴任，时赵时春处于外任。顺之忆起20年前同在京师相从讲学文酒诗会之兴，而今独自一人，未免伤神，诗云：

江潭讵意复修门，旧侣京华讶几存。迹比孤云难有托，心思公子欲何言。太白几时还避昼，鬼方计日想称藩。李广雁门今罢守，短衣猎骑正秋原。

——《再官京师怀赵浚谷中丞》⑤

赵时春得知顺之再度复官，南征倭贼，认为此乃国家之幸、挚友之幸，当即赋诗两首：

唐子鸡群鹤，为郎更点兵。止斋将白首，安石谓苍生。梦寐连床

① 《唐荆川先生文集》卷八《寄赵浚谷》(一)。
② 《唐荆川先生文集》卷八《寄赵浚谷》(二)。
③ (明)赵时春《赵浚谷集》卷六，明万历八年(1580)周鉴刻本(下同，不注)。
④ (明)赵时春《赵浚谷集》卷六。
⑤ 《唐荆川先生文集》卷四。

话，凄凉伐木声。俗颓烦振济，海宇仰休名。

——《闻唐应德点兵》①

鲸波深未破，鹏翼奋将搏。信美从军乐，无嗟行路难。群灵海岳助，一剑斗牛寒。南纪风尘静，仍期早挂冠。

——《唐应德南征》②

三十九年春顺之卒于抗倭任上，赵时春尤为悲痛，撰写了《明督抚凤阳等处都察院右佥都御使荆川唐公墓志铭》③，详尽叙述了顺之的家世、生平、学行、品格，追忆两人共居京师从游之情："余自刑部主事调武库，与先生朝夕讲习。先生能弈，而余能酒。"铭曰："呜呼先生！独立卓行，虽积非崇；大道弘济，众甫偕荣；望之未见，行而未成；亹亹罔懈，道积厥躬；有德无命，有进无程；身逝志存，呜呼先生！"

李开先④，字伯华，号中麓，山东章丘人，人称"中麓子"。嘉靖八年(1529)进士，除户部主事，改吏部，历员外、郎中，擢太常少卿，提督四夷馆。钱谦益《列朝诗集小传》谓其"雅负经济，不屑称文士。在铨部，谢绝请托，不善事新贵人。已迁太常，会九庙灾，上疏自陈，竟罢归"。性格豪宕不羁，积书好客，著作甚富。有《李中麓闲居集》十二卷、《发明琴谱》一册、《山东盐法志》六卷、《中麓画品》一卷、《李中麓书目》一卷。《钦定四库全书总目·闲居集》提要云："是集诗四卷，文八卷，皆归田后所作。其自序谓年四十罢归田里，既无用世之心，又无名后之志，作不必工，信口直写，名其集曰'闲居'，以别居官时苦心也。"⑤

"嘉靖八才子"同会京师，反对"前七子"文学复古主义，李开先与王慎中、唐顺之同声呼应。李开先酷爱藏书，《明史·李开先传》载："性好蓄书，李氏藏书之名闻天下。"⑥顺之作《李中麓文选藏书歌》⑦盛赞其藏书之富：

①② (明)赵时春《赵浚谷集》卷二。

③ (明)赵时春《赵浚谷集》卷十三。

④ 李开先生平资料见《明史·李开先传》。

⑤ (清)纪昀《钦定四库全书总目·闲居集提要》，第2441页。

⑥ (清)张廷玉《明史》卷二百八十七《李开先传》，第7371页。

⑦ 《唐荆川先生文集》卷二。

中麓子,最好奇,平生苦心只自知。破冢将寻姬氏籍,凿山欲出禹王碑。鸟篆蚪文焚后字,白云黄竹删前诗。藏在阴崖及海窟,神物守护谁得窥。自从掇取归君屋,但闻胡山鬼夜哭。汗牛讵止盈五车,插驾应知满万轴。开函几席生云烟,五色纷纷耀人目。家中绫绮割截尽,更剪朝衣作装束。中麓子,几岁读书长闭门。自信中郎能一目,还轻左氏识三坟。迩来下笔作词赋,绝似先年石鼓文。却忆射策来京国,此时才士纷如云。雕龙白马争先后,一日逢君皆闭口。试问鼢鼠君已知,解对黄熊谁更有。共看飞腾迈等伦,早排阊阖上麒麟。遂令纨绔生叹息,公卿元是读书人。老大无闻予自怜,论交多愧十年前。可道壮心犹未已,时复从君乞一编。

两人都有一段较长的时间罢归家居,顺之《与李少卿中麓》[①]即写于两人家居时期,书云:"自吕竹屿去后,与兄遂如隔世。每思京都旧欢,可胜耿耿。"接着讲述自己闲居在家的境况及想念友人的心情:

弟数年来闭门乡居,谢遣业缘,交游既简,铅椠亦疏。暖暖虚里,桑梓满眼,自是天壤间乐事。时复据小楼,隐几兀坐,一种枯木寒灰趣味更别,乃知造物者置我于此,意良不薄。且端居多暇,更有丹丘羽人之想,闻牢山海岛仙灵窟宅,甚欲一往焉。且将道齐鲁之间,得与兄一剧谈。

怀念同在京师之欢会,对于旧友各居一方而难以相见深表惆怅。李开先与顺之谓心有灵犀,异地同怀,作《九子诗》[②]以示对各位友人的思念,序云:

李崆峒有《九子诗》,率多诗文之友。予亦有九人焉,诗文而兼经济者也。勿论经济,其诗文不屑乎今而不外乎今,不蹈乎古而实不远乎古,有可掩蔽前九子者焉。同履仕途,相继一蹶弗起,惟赵浚谷起而复蹶。产各殊方,无缘再会,别近者亦且十年余矣。丙辰六月六日,热蒸坐甑,蚊众成雷,通宵不能假寐。安得高阁迎风而玉井含霜乎?起步中庭,仰见玉绳将低,银河已徙,爰念同心,作为九诗。

---

① 《唐荆川先生文集》卷六。

② (明)李开先《李中麓闲居集》卷一。

所谓九子有：李愚谷舜臣、刘嵩阳绘、罗念庵洪先、吕江峰高、熊南过沙、唐荆川顺之、赵浚谷时春、王遵岩慎中、潘春谷高，其中位列“嘉靖八才子”者五人。李开先以诗咏友，对顺之的描述见《唐荆川顺之》：

唐君吾畏友，刚果而有断。读书古左史，拜官今右谏。多能乃其余，象纬善推算。两仕两见麾，不能为巧宦。羞称卞和氏，荆玉轻三献。著书似扬雄，解嘲兼解难。又复似嵇康，因而成懒慢。战胜身渐肥，寡营病已间。工文恐役思，破焚笔与砚。见闻久弃捐，心性能磨炼。所居满蓬蒿，所食惟藜苋。他人或不堪，妻子俱无怨。但闻司牧贪，愤恨时扼腕。别去历岁时，生来异乡县。何日得合并，再听新雄辩。

此诗算不上精工上乘，倒是中肯地描述评价了顺之其人，可谓知己。

顺之卒后，李开先应其子唐鹤征之求撰写《荆川唐都御史传》，此传是《唐荆川顺之》诗的具体化。《传》中提到嘉靖十八年(1539)顺之因疏请太子受朝贺而获罪，开先多方营救，顺之免于死罪。顺之晚岁复出，多遭非议，开先为之忧，《传》云：“其为兵部主事也，予以书让之曰：‘此一起官，颇纷物议。出非其时，托非其人。若能了得一两事，急急归山，心迹庶可少白于天下。不然将举平日所守而尽丧之矣。’”然开先对顺之晚岁复出此事，并没有同于流俗，而是表示理解：

暂借兵曹寄此身，竚看大拜极人臣。已知起废非其愿，窃喜朝堂又得人。

——《喜闻唐荆川复官三首》①其一

堂卿俱是间时友，翻把高贤作属官。出处偶然□柳下，指挥行见即呼韩。

——其二

荆川原是济川才，不独文章耀上台。遘会逢辰须早出，谩劳郡吏及门催。

——其三

---

① (明)李开先《李中麓闲居集》“诗之四”。

友人不同流俗的理解与支持，令顺之感到温暖和欣慰。

熊过[①]，字叔仁，号南沙，四川富顺人。嘉靖八年(1529)进士，累官祠祭郎中，坐事贬秩，复除名为民。有《周易象旨决录》七卷、《春秋明志录》十二卷、《熊南沙文集》八卷。熊过与顺之同第，结识于京师，同处"嘉靖八才子"之列。两人交往的文字不多，《熊南沙文集》[②]卷四收有熊过写给顺之的书信《与唐荆川》，言及他们与罗洪先、王畿等人的交往，与顺之探讨心学及文学，又有友人相聚之约未能实现的遗憾："庚戌之约，遂成虚语。"《唐荆川先生文集》卷三有顺之怀念熊过的诗句"祠郎消息凭谁问，万里昆明是谪居"[③]以及写给熊过的赠答诗：

> 去去朝元使，先年汉署郎。遥将华封祝，再惹御炉香。近侍陈鸿宝，仙人捧御床。试看旧朋辈，多在弭貂行。
>
> ——《赠熊南沙郡倅入贺万寿节三首》其一
>
> 画省何年别，频惊江上枫。因兹万国会，还向五云宫。恩承天语润，班许近臣同。自信真心在，羞言藉子公。
>
> ——其二
>
> 一朝辞宠辱，终岁事沉冥。只可群麋鹿，那能出户庭。北胡频侯月，南纪正占星。长策须君辈，将何献帝庭。
>
> ——其三

任瀚[④]，字少海，号忠斋，四川南充人。嘉靖八年(1529)进士，改庶吉士未上，授吏部主事，屡迁考功郎中，补春坊司直，兼翰林简讨。卒年九十三。有《逸稿》六卷(一作《忠斋稿》)、《吏部集》。任瀚与顺之同第，嘉靖初年京师文酒之会数十人之一，与李开先、王慎中等人交厚。《四库全书·御定渊鉴类函》卷七十七载："《献征录》曰：嘉靖朝王谷祥为选部员外郎，忤太宰汪鋐，出贬。时邝汴、王慎中、任瀚、唐顺之并以才居吏部，不利为伍，亦相继谢去。"《明朝列大夫湖广布政使司右参议吴公墓表》云："……

---

① 熊过生平资料见《明史·熊过传》；《明文海》卷一百五十二《答祠郎熊南沙论文书》，北京：中华书局，1987年版。

② (明)熊过《熊南沙文集》，明泰昌元年(1620)熊胤衡刻本(下同，不注)。

③ 《唐荆川先生文集》卷三《岁暮有怀诸子》。

④ 任瀚生平资料见《明史·任瀚传》，《千顷堂书目》卷二十三。

西蜀任少海、熊叔抑、东鲁李伯华、上党栗仁甫、江左唐应德公与余十数子者，敷纬国之华，摛掞天之藻，虽枚、马之辈相得而快……”[①]任瀚与顺之交往的直接文字资料不多，仅见《唐荆川先生文集》卷一有一首写给任瀚的七律赠答诗《览任少海吏部庆都留题怅然怀人因次其韵》：

帝京冠盖同游日，曾忝声名李杜齐。碧树不堪思远道，彩毫何意睹新题。书传剑阁鸿犹阻，月满燕关鹊未栖。尊酒论文那更得，暮云回首雪峰西。

回忆与任瀚京师同游“尊酒论文”的时光。眼下天隔一方，相聚难姑且不论，即便书信往来亦不易，更加思念友人。

吕高[②]，字山甫，号江峰，江苏丹徒人。嘉靖八年(1529)进士，授户部主事，改兵部，历郎中，出为山东提学副使，转行太仆少卿。与顺之同第，八子中名最下，肆力诗歌古文之学。有《勘定三城录》《湖南训规》《江峰漫稿》十卷。

“嘉靖八才子”京师同聚时间不长，旋即风流云散。王慎中《与熊南沙》[③]凄伤地感慨：“一时同朝数子，仆所得与以文学意气相周旋者，今皆以罪谴废放，或为吏议所格罢，甚或夭死不存也。天于此辈人，岂都无意右之？抑其人皆以聪明才敏盗窃天机，播弄造物，自当得罚耶？”八人文学造诣各有长短，成就不一，风格各异，李开先《吕江峰集叙》[④]对八人各有评价：

详其所作，任忠斋以奇警，熊南沙以简古，唐荆川以明畅，而陈后冈之精细，王遵岩之委曲，赵浚谷之雄浑，各随其材力。吕江峰独以雅致擅名，七子所长果是不可及。但任失之靡丽，熊失之悭涩，唐失之软弱，而失之深晦者陈，失之疏荡与缠纠者乃赵与王也。吕亦自谓有方板之失，其短处自不可掩。……惟余兼有七病素无一长，亦幸得厕名于其间。

---

① (明)皇甫汸《皇甫司勋集》卷五十六。

② 吕高生平资料见明李开先《江峰吕提学传》、《明史·吕高传》。

③ (明)王慎中《遵岩集》卷二十三。

④ (明)李开先《李中麓闲居集》“序文五”。

二、唐顺之与茅坤

顺之文友中，茅坤与他交流文学思想最多。文学上，茅坤受顺之的影响最大，最折服于他。

茅坤①，字顺甫，号鹿门，归安（今浙江吴兴县）人。生于正德七年(1512)，卒于万历二十九年(1601)，终年九十岁。嘉靖十七年(1538)举进士，历知青阳、丹徒两县，迁礼部主事，移吏部稽勋司，谪广平通判，屡迁广西兵备佥事、大名兵备副使。茅坤雅好谈兵，曾破广西瑶贼，协助胡宗宪抗倭。“坤善古文，最心折唐顺之。顺之喜唐、宋诸大家文，所著《文编》，唐、宋人自韩、柳、欧、三苏、曾、王八家外，无所取，故坤选《八大家文钞》。其书盛行海内，乡里小生无不知茅鹿门者”②。有《白华楼藏稿》十一卷、《续稿》十五卷、《吟稿》八卷、《玉芝山房稿》二十二卷、《耄年录》七卷、《唐宋八大家文钞》一百六十四卷、《徐海本末》一卷、《史记钞》六十五卷、《浙省分署纪事本末》六卷，著述丰富。

茅坤与顺之书札往来，切磋文艺。茅坤《白华楼藏稿》③卷一前两篇致顺之的信札即是探讨文艺之作。第一篇《复唐荆川司谏书》通篇皆是茅坤向顺之阐述他的文论观点：

> 先生之文，一切缔情结胎，信河流中之逆航矣。然恐不免反之又力，而矫之或过者。尝闻先生谓唐之韩愈，即汉之马迁；宋之欧、曾，即唐之韩愈。某初闻而疑之，又从而思之。其大较虽近，而其中之深入处，窃或以为稍有未尽然者。
>
> 古来文章家，气轴所结，各自不同。譬如堪舆家所指“龙法”，均之萦折起伏，左回右顾，前拱后绕，不致冲射尖斜，斯合“龙法”。然其来龙之祖，及其小大力量，当自有别。窃谓马迁譬之秦中也，韩愈譬之剑阁也，而欧、曾譬之金陵、吴会也。中间神授，迥自不同，有如古人所称百二十二之异。而至于六经，则昆仑也，所为“祖龙”是已。故

① 茅坤生平事迹见《明史·茅坤传》。

② （清）张廷玉等《明史》卷二百八十七《茅坤传》，第7375页。

③ （明）茅坤《白华楼藏稿》，明万历间递刻本（下同，不注）。

愚窃谓今之有志于文者，当本之六经，以求其“祖龙”。而至于马迁，则龙之出游，所谓太行、华阴而之秦中者也。故其气尚雄厚，其规制尚自宏远。若遽因欧、曾以为眼界，是犹入金陵而览吴会，得其江山逶迤之丽、浅风乐土之便，不复思履崤、函以窥秦中者已。

大抵先生诸作，其旨不悖于六经，而其风调，则或不免限于江南之形胜者。故某不肖，妄自引断：为文不必马迁，不必韩愈，亦不必欧、曾，得其神理而随吾所之；譬提兵以捣中原，惟在乎形声相应，缓急相接，得古人操符致用之略耳。而至于伏险出奇，各自有用，何必其尽同哉！不审高明以为如何？承过爱，敢据案对牍，草草请教，不悉所言。

顺之所谓“唐之韩愈，即汉之马迁；宋之欧、曾，即唐之韩愈”之论引发茅坤思考，他继此阐明自己的观点。茅坤此文有两个要点：一是文道观，一是风格论。其文道观侧重在“道”，“有志于文者，当本之六经”，即文章传载儒家道统，此为传统的“文以载道”观点。即便同是载道的文章，由于作家“气轴所结，各自不同”，不同的文章有不同的风格，文中以秦中、剑阁、金陵、吴会喻之，此是风格论。茅坤以此得出一个结论：“为文不必马迁，不必韩愈，亦不必欧、曾，得其神理而随吾所之。”也就是说作文章没必要摩仿别人的形式技巧，即便是名家大家，也无须摩仿其外在风格，但要学习他们根本的创作精神与创作方法，即“得其神理”。就像用兵打仗，不必摩仿古人具体的战斗形式，而需学习古人的兵法与战术。此“神理”是文章创作的普遍理论，作文者学习传承是基本的为文之道，不是摩仿。因此，作文的正确态度是“得其神理而随吾所之”。茅坤文论的意义有二：其一，在“前七子”倡议“文必秦汉，诗必盛唐”文学复古主义（实为形式主义）的当时，茅坤反对摩仿的文论起着纠正文坛摩拟剽窃弊端的作用；其二，茅坤强调作文“随吾所之”，即作家为文应抒写自己真实的情感境遇，茅坤此处虽未言“本色”二字，实与顺之“为言其所言者”[1]的本色论暗合。

对于茅坤此书，顺之两次作答，两篇《答茅鹿门知县》皆载于《唐荆川先生文集》卷七。书一回应了茅坤观点，全文抄录如下：

---

① 见下文《答茅鹿门知县》引文。

来书论文一段，甚善。虽然“秦中、剑阁、金陵、吴会”之论，仆犹有疑于吾兄之尚以眉发相山川，而未以精神相山川也。若以眉发相，则谓剑阁之不如秦中，而金陵、吴会之不如剑阁可也。若以精神相，则宇宙间灵秀清淑瑰杰之气，固有秦中所不能尽而发之剑阁，剑阁所不能尽而发之金陵、吴会，金陵、吴会亦不能尽而发之遐陬僻绝之乡，至于举天下之形胜亦不能尽而卒归之于造化者有之矣。故曰：有肉眼，有法眼，有道眼。语山川者于秦中、剑阁、金陵、吴会，苟未尝探得穷险，一一历过而得其逶迤曲折之详，则犹未有得于肉眼也，而况于法眼、道眼者乎！愿兄且试从金陵、吴会一一而涉历之，当有无限好处无限好处耳。虽然，惧兄且以我吴人而吴语也。

顺之驳斥了茅坤关于文章风格如“秦中、剑阁、金陵、吴会”之间有高低之分的观点，并指出茅坤之所以有此论点是因为“以眉发相山川，而未以精神相山川也”。所谓“以精神相山川”，即是以文章的内容和精神实质来评价文章，而不是只着眼于文章外在的形式技巧，“以眉发相山川”。此种重视文章精神实质的论点属于顺之“本色论”的范畴。书二具体透彻地阐述了“本色论”：

只就文章家论之，虽其绳墨布置、奇正转折，自有专门师法，至于中一段精神命脉骨髓，则非洗涤心源、独立物表、具今(应为“千”)古只眼者不足以与此。今有两人，其一人心地超然，所谓具千古只眼人也，即使未尝操纸笔呻吟学为文章，但直据胸臆，信手写出，如写家书，虽或疏卤，然绝烟火酸馅习气，便是宇宙间一样绝好文字；其一人犹然尘中人也，虽其专专学为文章，其于所谓绳墨布置则尽是矣，然翻来覆去不过是这几句婆子舌头语，索其所谓真精神与千古不可磨灭之见，绝无有也，则文虽工而不免为下格。此文章本色也。即如以诗为谕，陶彭泽未尝较声律雕句文，但信手写出，便是宇宙间第一等好诗，何则？其本色高也。自有诗以来，其较声律、雕句文，用心最苦而立说最严者，无如沈约，苦却一生精力，使人读其诗，只见其捆缚龌龊，满卷累牍，竟不曾道出一两句好话，何则？其本色卑也。本色卑，文不能工也，而况非其本色者哉！且夫两汉而下文之不如古者，岂其

> 所谓绳墨转折之精之不尽如哉！秦汉以前，儒家者有儒家本色，至如老庄家有老庄本色，纵横家有纵横本色，名家、墨家、阴阳家皆有本色。虽其为术也驳，而莫不皆有一段千古不可磨灭之见。是以老家必不肯剿儒家之说，纵横必不肯借墨家之谈，各自其本色而鸣之。为言其所言者，其本色也。

此段阐述“本色论”的基本观点，顺之认为诗文可分为本色者与无本色者、本色高者与本色卑者。所谓有本色诗文，有“一段精神命脉骨髓”的“为言其所言者”；无本色者，“其所谓真精神与千古不可磨灭之见绝无有也”；本色高者，将真精神与千古不可磨灭之见“直据胸臆，信手写出，如写家书”；本色卑者，“所谓绳墨布置则尽是矣，然翻来覆去不过是这几句婆子舌头语”。

虽然顺之与茅坤互相批驳了对方的一些观点，但他们的文论大同小异，顺之《答茅鹿门知县》(二)云：“熟观鹿门之文及鹿门与人论文之书，门庭路径与鄙意殊有契合。虽中间小小异同，异日当自融释。”

顺之编选了古文总集《文编》①六十四卷，选取由周迄宋之文，分体编排。唐代选取韩愈、柳宗元之文，宋代则取欧阳修、苏洵、苏轼、苏辙、曾巩、王安石等六人之文。茅坤在《文编》基础上，选取韩愈、柳宗元、欧阳修、苏洵、苏轼、苏辙、曾巩、王安石八人之古文，编为《唐宋八大家文钞》。自此，《唐宋八大家文钞》风靡天下，“唐宋八大家”之名亦由此定格，风行后世。时过五百年，20 世纪的中国文学史中出现了一个明代文学流派“唐宋派”。当时，确实存在一个以王慎中、唐顺之、茅坤等人为核心的作家派别，但以“唐宋派”呼之未免太表象化，究其实质，“唐宋派”的称号很难成立。至于此学术公案，后文将详加考辩。

顺之与茅坤可称诤友。茅坤虽心折顺之，仍以己见对其文坦诚批评：“大抵先生诸作，其旨不悖于六经，而其风调，则或不免限于江南之形胜者。”顺之亦以己见直言相驳。此种论文不忌人的坦荡交流的做法，实属难得。顺之与茅坤坦诚相交的友谊还表现在另一件事情上，茅坤任丹徒县令时，与上司镇江知府林华交恶。林华是福建莆田人，与顺之相善，《唐

① 《文编》具体情况详见第四章《唐顺之的著述》。

荆川先生文集》卷十六载有《莆田林氏先墓表》。顺之为了调停化解两人之间的龃龉，分别致书于林、茅，即《答林镇江巽峰书》[①]与《答茅知县鹿门》[②]，对两人直言相劝，以致林、茅修好。茅坤父母亡后，顺之撰写《茅处士妻李儒人合葬墓志铭》，收于《唐荆川先生文集》卷十五。

三、唐顺之与洪朝选

洪朝选是顺之又一位重要文友。《唐荆川先生文集》收录顺之写于洪朝选的信札达八篇之多，阐述文学观点，切磋文艺。与人书信往来，以洪氏最多。

洪朝选[③]，字舜臣，一作汝尹，号芳洲，福建泉州府同安县人。嘉靖二十年(1541)进士，除南京户部主事，历官刑部右侍郎。其性格刚介，不能容人过失，好言有司短长，人多惮之。有《江防信地》二卷、《条山东疏》、《静庵稿》十五卷。

洪朝选与顺之相识订交于嘉靖二十年。时顺之因疏请太子出御文华殿受朝贺而被削籍为民，罢官家居，洪朝选新举进士，授南京户部主事，出榷税杭州北新关。洪朝选敬仰顺之学问行义，赴宜兴访之，就其讲学，时达一年。《闽中理学渊源考》[④]卷六十三《巡抚洪芳洲先生朝选》云："洪朝选，字舜臣，一作汝尹，同安人。嘉靖二十年进士，除南京户部主事。出榷税北新关，课额既足，便开通津梁恣往来，不复问。事竣，督放仓储，诸所规画皆为后式。一日思所学未足，上疏引疾，客毗陵，就唐荆川顺之讲学一年。始归，又就王遵岩慎中，上下议论。久之，充然有得。"洪朝选虽从顺之、王慎中问业，然并未正式拜师，并无师徒名分，与王、唐亦师亦友。从游于顺之，洪朝选文学、学术皆受影响，对其甚为推崇，顺之亦敬重洪朝选。王慎中《与李中溪书》(三)[⑤]对两人交往做了很高的评价："……吾乡有洪芳洲先生，文词直得韩、欧、曾、王家法，与唐荆川君最相知。其所作

---

①② 《唐荆川先生文集》卷六。

③ 洪朝选生平资料见(清)李清馥《闽中理学渊源考》卷六十三，《文渊阁四库全书》本；(清)朱彝尊《明诗综》卷四十八，北京：中华书局，2007年版(下同，不注)；《明史·艺文志》；《福建通志·艺文二》，《文渊阁四库全书》本。

④ (清)李清馥《闽中理学渊源考》九十二卷。

⑤ (明)王慎中《遵岩集》卷二十二。

视荆川不啻王深甫之于南丰，张文潜之于东坡，充其所极，当为本朝名家。今行年才逾三十耳，其文学如此。而其为人峻洁忠信，卓然有古独行之操，不以世俗之味锱发乱志，尤为荆川所敬……”

顺之与洪朝选虽无师徒之名，然洪朝选实以顺之为师，有诗文问世，即寄于顺之品评。《与洪芳洲书》(一)①云：“读兄所寄如《祭侯侍郎》等诸文及诸诗，皆雄深有力，胜于旧作足征多蓄之效。至送鹿园文字，虽傍理路，终似蹈袭，与自得处颇无交涉。”顺之对洪芳洲所寄诗文作了分析评论，直言指出其文送鹿园有摩拟因袭倾向，“虽傍理路，终似蹈袭”，非发自肺腑，“与自得处颇无交涉”。正是当时文坛形式主义流弊，顺之、王慎中等人极力反对，与他们所倡导的“本色论”背道而驰。该书继《答茅鹿门知县》再次阐发“本色论”②：

> 盖文章稍不自胸中流出，虽若不用别人一字一句，只是别人字句，差处只是别人的差，是处只是别人的是也。若皆自胸中流出，则炉锤在我，金铁尽镕，虽用他人字句，亦是自己字句，如《四书》中引《书》引《诗》之类是也。

此段议论批判了文学形式主义。诗文是否“本色”不在文字表面，不在运用原创语言还是引用他人字句，而在文章的内容、立意、情感等内在要素是否为作者原创性的真知灼见，是否“皆自胸中流出”，“文字工拙在心源”，也就是《答茅鹿门知县》所谓文章是否有“一段精神命脉骨髓”“真精神与千古不可磨灭之见”。

顺之阐明自己的观点，建议洪朝选：“愿兄且将理要文字权且放下，以待完养神明，将向来闻见一切扫抹，胸中不留一字，以待自己真见露出，则横说竖说更无依傍，亦更无走作也，何如何如？”顺之强调好文章最基本的

① 《唐荆川先生文集》卷七。

② 《答茅鹿门知县书》写作时间应在嘉靖十七年至嘉靖二十四年间，因为茅坤嘉靖十七年举进士，继而历青阳、丹徒知县，据张梦新《茅坤研究》(中华书局2001年版)可知嘉靖二十四年冬茅坤离知县任，擢礼部仪制司主事，此信以“知县”称呼茅坤，可推断此信当写于嘉靖十七年至嘉靖二十四年间；《与洪芳洲书》中有“则四十余年业障一时顿销”一句，嘉靖二十五年唐顺之四十岁，以此推算可知此信当写于嘉靖二十五年之后。因此，《答茅鹿门知县书》作于《与洪芳洲书》之前。

标准是要有“真见”，是“本色论”最基本最核心的观点。

《与洪芳洲书》(二)①继续与洪朝选探讨“本色论”：

> 近来觉得诗文一事，只是直写胸臆，如谚语所谓开口见喉咙者，使后人读之如真见其面目，瑜瑕俱不容掩，所谓本色，此为上乘文字。扬子云闪缩谲怪，欲说不说，不说又说，此最下者，其心术亦略可知。眉山子极有见，不知韩子、荆国何取焉？近来作家如吹画壶(小儿所吹泥鼓，俗谓之画壶)，糊糊涂涂不知何调。又如村屠割肉，一片皮毛，斯益下矣。试质之兄，其有会焉否？

此段论文章“本色”，较之第一封书所论“本色论”，又进了一个层次。前段论文章“本色”，强调文章要有“真见”，即内在的本色。此段在强调文章“真见”的基础上，进一步强调文章的表现技巧、语言文字等外在形式方面同样要具有“本色”，为情造文，自然表达，语言晓畅。至此可见，“本色论”内涵有两个层面：一是内在要素，一是外在形式，只有内在的“真见”与外在表达形式的自然真实相结合，才是符合“本色论”的最上乘文章。

翻阅《唐荆川先生文集》，可以了解到两人交往中一件鲜为人知的事。《唐荆川先生文集》卷七《与洪芳洲主事》所载，顺之偶游苏州，邂逅一病重友人申卿，福建泉州人，与洪朝选同乡。申卿就医苏州，囊箧空乏，无以维持。顺之尽力济助，仍不能解其难。申卿清高孤介，不肯妄干人，且交游素寡，无所依托。顺之修书《与洪芳洲主事》云：“特此遣人告吾兄，兄可割俸银一二两，并谋之同乡士夫在南都有义气者，或得银五六两，急遣衙门一的当人赍至松江与申卿。若救得此人一命，使彼得以余生，更努力做好人，是宇宙间公共事。倘遂不幸，亦可使客途免于沟壑而已。或南都无可处，则兄更作一书并托之刘松江，彼亦无难处者。此事须速，不然则挽西江以救涸辙也。”顺之以危难之事相托于洪朝选，可见对其人格品度的了解与信任。

顺之与洪朝选为莫逆之情，卒后，弟子乞洪朝选为唐师撰写行状。洪朝选所撰《明都察院右佥都御史巡抚凤阳等处地方提督军务前右春坊右

---

① 《唐荆川先生文集》卷七。

司谏兼翰林院编修荆川唐公行状》[①],洋洋洒洒七千余字,详加铺陈顺之家世、履历、事功学识、内修、品行等,是考察唐顺之的重要文献。

四、其他文友

顺之文友众多,除却上述彼此影响重大的友人之外,尚有多位文坛同道与其文墨往来,关系密切。囿于篇幅,仅再选几位与顺之过往较多其文学犹可观者,略加考述。

王立道[②],字懋中,号尧衢,无锡人,嘉靖十四年(1535)进士,官翰林院编修。有《具茨集》。《钦定四库全书总目·具茨集提要》云:“其诗虽微嫌婉弱,而冲容淡宕,不为奇险之语,犹有中唐钱、刘之遗;文则纵横,自喜颇于眉山为近。其论文书有云:‘兵无常形,以正胜者什九,文无常体,以奇善者什一。《盘诰》之文,则六经之什一耳。效而似者,犹未可为常,而况其万不类也哉!’其言深中当时北地诸人摹仿周、秦之弊。即其所为文可识矣。”[③]

王立道是顺之妹婿,亦是文友。《王冢妇唐孺人墓志铭》[④]云:“孺人姓唐氏,常之武进人。户科给事中曾可公之孙,永州守有怀翁之女,礼部郎中无锡王君九岩之妇,编修王懋中立道之妻,而余顺之之妹也。”顺之致王立道之《与王尧衢书》[⑤]讲述初读程朱之书的感受以及气节修身的志向,信末则显款款亲情:“母遽为仆戚戚也,望吾执事早晚间曲为宽慰,则数千里外人子悬望之心亦稍舒矣,是执事之赐也”,又“舍妹并甥女想皆康吉,余怀不尽”。《具茨文集》卷五亦载王立道致唐顺之的书信《唐荆川书》。《具茨诗集》所载王立道题赠唐顺之的诗作多达十八首,字里行间流露出对挚友兼兄长学识、品格、气节、境界的钦佩与称赞:

簪笔曾为汉署郎,相如词赋早升堂。自怜野性耽林卧,恐着朝衣

---

① (明)洪朝选《洪芳洲摘稿》卷四。

② 王立道生平资料见(明)王世贞《弇州四部稿·续稿》卷一百二十六《上林苑蕃牧署丞见岩王君墓表》,《文渊阁四库全书》本。

③ (清)纪昀《钦定四库全书总目·具茨集提要》,第2323页。

④ 《唐荆川先生文集》卷十五。

⑤ 《唐荆川先生文集》卷五。

乱鸟行。溪上晴看黄鹄远，山中晚食绿莼香。多惭旧日沧江伴，独向金门立晓霜。

——《寄赠唐荆川二首》①其一

知君肮脏与时疏，不为功成学汉疏。垂钓溪连严子濑，躬耕人拟葛公庐。因窥导气常随鹤，欲似全年更种樗。莫倚一丘能自老，巨源昨有荐贤书。

——其二

厌看城市每移家，背郭园庐十里赊。为觅渔竿仍种竹，恐妨瓜地罢栽花。病烦送客携孤艇，手校藏书过五车。草就玄经谁与授，知君弟子有侯芭。

——《再赠唐荆川二首》②其一

草深门径往来稀，泽国风霜满薜衣。苦节喜为贫士咏，遗荣久食故山薇。春邀田父看分社，夜对邻僧话息机。却怪鵔鸃冠尚在，岁时聊着戏庭闱。

——其二

孟洋③，字望之，一字有涯，河南信阳人。弘治十八年(1505)进士，官至监察御史。以论张璁、桂萼下狱，谪桂林府教授，移知汶上县，终南京大理寺卿。有《孟有涯集》十七卷。《钦定四库全书总目·孟有涯集提要》云："洋取于何氏，故其诗格多效何景明，而才则不逮。景明之殁，洋志其墓，其文亦不甚工。"④

孟洋年长于顺之，二人结识于顺之为官翰林编修时期。他们的交往，史传记载不多，两人别集中多首互赠的诗作可作过从见证。《唐荆川先生文集》卷一有五首赠于孟洋的诗，其中一首《狂歌行赠孟中丞有涯》：

我生苦缠缚，雅志在泉石。不嫌步兵散，翻笑中散窄。前年奏赋天北隅，颇道君王爱子虚。衣冠对日趋香署，剑佩通宵过紫衢。紫衢

① (明)王立道《具茨诗集》卷四，明万历三十三年(1605)王化弘嘉乐堂刻本(下同，不注)。
② (明)王立道《具茨诗集》卷四。
③ 孟洋生平资料见《四库全书总目》卷一百七十六；《河南通志》卷六十《人物四·汝宁府》。
④ (清)纪昀《钦定四库全书总目·孟有涯集提要》，第2415页。

香署千官聚，五陵豪气健如虎。鹦鹉何曾惯锦笼，爰居元不识钟鼓。焉能俯首学侏儒，局促羞为辕下驹。从古长安夸巧宦，张汤为智汲黯愚。以兹谢病且归去，钓竿远拂富春树。终日遭逢眼未青，三年尘土衣犹素。今日亦何日，忽如入尘门。公也襄阳夫子之耳孙，升堂更不问寒温，写尽肝膈相与论。朝看贤隐山，暮折申台柳。坐我白玉筵，劝我青荷酒。谈诗公作指南车，对局谁看射雕手。君不见，中郎倒屣迎王生；又不见，北海忘年交祢衡。相知何必结交早，一言合意千金轻。狂歌未断壶未倾，门外惊闻征马鸣。落叶东还西，乱云纵复横。花间月下傥相忆，请公诵我狂歌行。

孟洋虽与顺之结识较晚，然相交甚密，正如诗句“北海忘年交祢衡”“相知何必结交早，一言合意千金轻”。顺之之诗抒写了“雅志在泉石”的人生价值取向，身居清要之职，却有隐退之念，“以兹谢病且归去，钓竿远拂富春树”，是因“焉能俯首学侏儒，局促羞为辕下驹”，表达顺之官场苦闷向往林泉的心声，诉于孟洋。诗风恣肆纵横，疏放狂狷，反映的是严节苦砺的唐顺之在密友面前轻松自放的一面。

顺之与孟洋各自的诗文集中有诗记述同一事，《唐荆川先生文集》卷一载有《同孟中丞游龙泉寺二首》《普济寺同孟中丞作》，孟洋《孟有涯集》卷四则有七言古诗《天马行同唐荆川太史游普济寺作》，卷七有《同荆川游龙泉寺二首》，可见彼此交厚。

皇甫汸[1]，字子循，号柏泉，长洲人，嘉靖八年(1529)进士。《明史·皇甫汸传》云：“汸，字子循，七岁能诗，官工部主事。名动公卿，沾沾自喜。用是贬秩为黄州推官，屡迁南京稽勋郎中，再贬开州同知量，移处州府同知，擢云南佥事，以计典论黜。汸和易，近声色，好狎游。于兄弟中最老寿，年八十乃卒。”[2]有《百泉子绪论》一卷、《皇甫司勋集》六十卷、《解颐新语》八卷。《唐荆川先生文集》卷二载有诗《同皇甫子循游横山二首》，卷六载书札《答皇甫柏泉郎中书》；《皇甫司勋集》收录与顺之相关的怀念、纪游、赠答、送别等诗作十首。

---

① 皇甫汸生平资料见《明史·皇甫汸传》。
② (清)张廷玉等《明史》卷二百八十七《皇甫汸传》，第7373页。

高叔嗣[1]，字子业，号苏门山人，祥符人。嘉靖二年(1523)进士，授工部主事，改吏部，历稽勋郎中，出为山西左参政，断疑狱十二事，人称为神，迁湖广按察使。卒官，年三十有七。其诗初受知于李梦阳，然摆脱窠臼，为诗清新婉约，自抒性情，不宗其说。有《苏门集》八卷。《唐荆川先生文集》卷一有诗《谢病赠别高参政子业》云：

逝将归旧林，复此别知音。绾鱼惭分薄，解剑感交深。目送三河使，身分十亩吟。从兹一相失，长叹隔飞沉。

俞宪[2]，字汝成，号是堂，无锡人，嘉靖十七年(1538)进士，官至湖广按察使。有《盛明百家诗》三百卷、《俞宪诗集》二十四卷、《是堂学诗》二十四卷、《明进士登科考》十二卷。俞宪所编《盛明百家诗》前编收录顺之诗并赋四百余篇，名为《唐中丞集》一卷。俞宪序《盛明百家诗唐中丞集》云："吾常唐荆川顺之，字应德……平生长于诗文，当世颇有定论，推为名家无愧也。兹刻诸诗尤为脍炙人口，并赋共四百余篇，与同好共之。"《唐荆川先生文集》卷五载书札一篇《答俞教谕》。

顺之文友远不止上文所述，另外尚有刘嵩阳绘、樊少南鹏、顾东桥璘、蔡白石汝楠、华鸿山察、江午坡以达、田秬山顼、谢与槐少南、陈两湖昌积、董后峰士弘、皇甫少玄涍、华补庵云等人。

第二节 "心学"交游

明代中期，思想学术界最显著的动向是以"王学"为主的心学思潮的涌起。心学思潮声势盛大，传播心学思想的书院遍布各地，动辄数千人相聚讲学。主要生活在嘉靖年间的唐顺之受到心学思潮浸润，接受"王学"，形成自己的哲学思想。黄宗羲《明儒学案》列其入"南中王门学案"。顺之并非王门弟子，然常与王门后进聚会讲论、辩难性理，过从尤密者有王畿、罗洪先、徐阶、聂豹、邹守益等，皆"王学"荦荦大家，顺之的心学思想主要

① 高叔嗣生平资料见《明史·高叔嗣传》。

② 俞宪生平资料见《明史·艺文四》。

得自这些"心学"交游。

一、唐顺之与王畿

王畿①(1498—1583),字汝中,号龙溪,浙江山阴人。弱冠举于乡,嘉靖二年(1523)落第,归而受业于同郡同宗王守仁。嘉靖五年(1526)举进士,不廷试而归。王守仁卒,王畿正赴廷试,奔丧至广信,操持葬事,而后心丧三年。十一年,始廷对,授南京职方主事,不久以病归。后起原官,稍迁至武选郎中。时首辅夏言深恶王学,斥王畿为伪学小人,王畿遭谪外任,遂再疏,乞休而归。此后,居林下四十余年,无日不讲学。王畿善谈说,言辞动人,所至听者云集,每讲杂以禅机,亦不自讳也。自两都及吴、楚、闽、越、江、浙,皆有讲舍,年八十犹出游不倦,"王学"因而广被天下。王畿性格跌宕自喜,笃于自信,事有小过不足累。万历十一年(1583)六月七日卒,年八十六。王畿为阳明学派最得其宗者,"当时四方学人士子向习王学者,往往先由他们(王畿与钱德洪)辅导,而后卒业于王守仁,因此被称为'教授师'"②。学术宗阳明"致良知"之学,援禅理入心学而不讳言,重在求真,赋予王学诸多新意,突破王学固有的藩篱。《明儒学案》将其列入"浙中王门学案"。有《龙溪王先生全集》二十卷、《龙溪语录》八卷行世。

顺之之所以能于王门中占一席之地,首先得之王畿的启蒙及影响。嘉靖十一年(1532),顺之官翰林编修,恰遇王畿寓京师赴廷对,时龙溪意在京师缙绅士子间发明师说③,顺之就访龙溪,得闻阳明"良知"说,遂有就道之念④。顺之与王畿交往二十余年,过从甚密,相与研讨王学,学术

---

① 王畿生平资料见《明史·王畿传》、《明儒学案》卷十二。

② 侯外庐主编《宋明理学史》(下),北京:人民出版社,1997年版(下同,不注),第272页。

③ 王畿专心就学王门,不欲参加科举考试,王守仁劝之,乃行,《明儒学案》卷十二《浙中王门学案·郎中王龙溪先生畿》谓:"丙戌试期不欲往,文成曰:'吾非以一第为子荣也,顾吾之学疑信者半,子之京师,可以发明耳。'先生乃行,中会试。时当国者不说学,先生谓钱绪山曰:'此岂吾与子仕之时也?'皆不廷试而归。……壬辰廷对,授南京职方主事。"

④ 《唐荆川先生文集》卷十四《吏部郎中林东城墓志铭》载:"君为主事,是时缙绅之士以讲学会京师者数十人,其聪明解悟能发挥师说者,则多推山阴王君汝中。"明李贽撰《荆川唐公传》云:"罗峰(张璁)相公改各属官为翰林,部中首举公为编修,校对累朝实录。……时则王龙溪以阳明先生高第寓京师,公一见之,尽叩阳明之说,始得圣贤中庸之道矣。"

源于龙溪。黄宗羲云:"先生(唐顺之)之学,得之龙溪者为多,故言于龙溪者只少一拜。"①王畿撰《祭唐荆川墓文》②所述甚详:

自辱交于兄,异形同心,往返离合者余二十年。时唱而和,或仆而兴,情无拂戾而动无拘牵,或逍遥而徜徉,或偃仰而留连,或蹈惊波,或陟危颠,或潜幽室,或访名园,或试三山之履,或泛五湖之船,或联袂而并出,或枕肱而交眠,或兄为文予为持笔,或予乘马兄为执鞭,或横经而析义,或观象而窥躔,或时控弦射以角艺,或时隐几坐而谈玄,或予有小悟兄为之证,或兄有孤愤予为之宣,或探罔象示以摄生,或观无始脱以逃禅。千古上下,六合内外,凡载籍之所纪,耳目之所经,心思之所及,神奇臭腐,无所不语,靡所不研。朋友昆弟,情敬异施,惟予与兄率意周旋。兄为诗文炜然名世,谓予可学,每启钥而示之筌。兄本多能,予分守拙。谓予论学颇有微长,得于宗教之传。每予启口,辄俯首而听,凝神而思,若超乎象帝之先。尝戏谓予曰:"独少北面四拜之礼。"予何敢当?而兄之虚受,则横渠之勇,不得专美于前。嗟嗟荆川!予不见兄两年于兹,兄之言在吾耳,兄之貌在吾目,兄之神在吾心,而兄之魂在吾梦。独所为形骸者,不可复作,已闭于夜台之重泉。

顺之参悟王畿所言"良知自然"之说而得"天机说",是为其心学思想的核心内容。所谓"天机",即人的自然本性,与王守仁谓"良知"同。《明史·唐顺之传》云:"闻良知说于王畿,闭户兀坐,匝月忘寝,多所自得。"③《明儒学案》概述顺之心学思想云:"以天机为宗,以无欲为工夫。谓'此心天机活泼,自寂自感,不容人力,吾惟顺此天机而已。障天机者莫如欲,欲根洗净,机不握而自运矣。成、汤、周公坐以待旦,高宗恭默三年,孔子不食不寝,不知肉味。凡求之枯寂之中,如是艰苦者,虽圣人亦自觉此心未能纯是天机流行,不得不如此着力也'。"④

① (清)黄宗羲《明儒学案》卷二十六《南中王门学案·襄文唐荆川先生顺之》,第598页。
② (明)王畿《龙溪王先生全集》卷十九。
③ (清)张廷玉等《明史》卷二百五《唐顺之传》,第5424页。
④ (清)黄宗羲《明儒学案》卷二十六《南中王门学案·襄文唐荆川先生顺之》,第598页。

顺之与王畿交往的文字较多，见于两人的诗文集。两人交往的一大特色为相互攻错，彼此都能正视对方的"错误"（有时实为不同己见者）并直言以责，然无损情谊，实属真君子学者所为。王畿对于顺之学术欠缺，直言相告，若《与唐荆川》（一）①云：

吾兄老婆心切，救世念重，但恐未免尚被虚声耸动，此便是道学障，便是应机欠神处，不可以不察也。吾兄自信此学已得手，彻底干净，不知一切应感果皆出于本色，无意见搀杂否？一切逆顺、称讥、好丑尽能平怀应之，不起灶炉否？于自己一切利害得丧尽能忘却，不作见解伎俩遣释否？一切好恶尽能缄藏，使人无从迎测否？一切闲忙境界尽能以无事处之，无所拣择否？若于此有未透脱，还是些子有碍在，未可便特以为彻也。

《与唐荆川》（二）②针对顺之以学术致经世不足处，精剖细析，指失纠弊：

窃观吾兄近来举动，乍出乍没，倏往倏来，若神龙之变化，似欲使人不可测识，略出有意，却未免涉于轻躁，反使人情惝恍，不能快然，此是学问关系，非从形迹加减而已也。况兵家应感，呼吸安危，尤忌播弄。奇正开阖，虚实进退，藏于九地之下，动于九天之上，隐见叵测，主张处全赖于机。机圆则应始神，方则碍。大抵镇静则得之，轻躁则失之。吾兄见在感应，凝目注思，微觉有碍，当机便不能神，便会蹉过。生死利害，反复毫厘，皆决于此。凝目注思，固将以矫轻躁之失，此正在形迹上加减，似镇静而实未必然也。千古圣学，本于经世，与枯槁山木不同。吾人此生，不论出处闲忙，亦只有经世一件事。如吾兄今日处在兵中，金革百万，与山中饮水曲肱，万变在人，原无二事；彻头彻尾只在机上理会，原无二学。此机无寂感无闲忙，有无之间不可致诘，是谓圆机。日应万变而常寂然，方是大镇静，方是经世之实学，固兄所稔闻也。但恐救世心切，如张忠定之救火，当局对境，复作二见，傍观不嫌于饶舌耳。

①② （明）王畿《龙溪王先生全集》卷十。

昨闻兄请兵，意气横发，君臣朋友之义，以身相许，誓欲与同生死，窃意此尚从侠气带来。侠者之重然诺、轻生死，终涉好名，与圣贤本色作用，未免毫厘，亦在机上辨之而已。兄常自谓已忘得名根，试验之：才遇差别境界，便会触得动；才涉嫌疑，便思分疏，忍耐不下；才经指摘，便觉懊恼不快活。只此便是不能忘处。大抵豪杰不落卑污，多受此病。非从学问理会，时时自反，常见不足，常见有过可改，几于无我者，未易以气魄承当。吾兄性根原来畅达，矫欢抑情处，似涉安排，坦怀任意，反觉真性流行。其带些子侠气，疑于轻躁，亦在此，此正是学问血脉路为分晓在。若信得及时，全体精神收摄来，只在此一处用，针针见血，丝丝入理，神感神应，机常在我，如驭之有衔辔，射之有率彀，如舟之有舵，一提便省，一切嗜好自然夹带不上，一切意见自然搀搭不入，岂止用兵如神？千古圣学，亦不外于此矣，何如何如？兄任事真经事心切，爱人根重，每事尽心，宁可犯手，不肯些子放过，但恐应机处少有所碍。如前所云，实同心隐忧也。

顺之、王畿与众多学友多次聚讲。嘉靖二十五年(1546)春，罗念庵访戚南玄至毗陵，与顺之、龙溪、万鹿园、陈明水、吕沃洲等相聚讲论：

丙午春，念庵再访君。君送至毗陵，因与予及荆川、鹿园、陈明水、吕沃洲，复为旬日之聚。是秋，君送子入试。时永康程松溪为南祭酒，永丰吕巾石为司业。请君寓南雍，率博士弟子数百人，聚讲旬余。……一时士大夫相传以为盛事。①

三十二年夏四月，罗念庵、邹东廓应胡宗宪之邀，会宿武林(指杭州)。顺之、唐一庵、王龙溪、方湛一及邹东廓、罗念庵又会于当湖，此次聚会被成为“当湖会”②：

嘉靖癸丑夏四月既望，念庵罗先生自北还，道经浙河，东廓邹先生赴默林胡公之招，馆于武林之间。于是一庵唐先生、龙溪王先生、

① (明)王畿《龙溪王先生全集》卷二十《刑科都给事中南玄戚君墓志铭》。

② 吴震《明代知识界讲学活动系年 1522—1602》，上海：学林出版社，2004 年版(下同，不注)，第 190 页。

荆川唐先生、黄州湛一先生，与邹、罗二先生咸会于我当湖，将纵观海上之胜。明日携同学六七人，过湖上读书堆。因相与论格物之指。……明日，诸生送至盐官。再越日，至水西而别。当湖门人沈懋孝记。①

三十九年春，顺之巡抚扬州，重病在身，王畿赴扬州会荆川，此为“维扬会”②，是顺之与王畿最后一次相聚。顺之《与胡梅林总督十二》③云：“脾胀之病，非旬日所积，亦非旬日可遣。淹淹牵牵，半死半活人也。春汛逼矣，何以堪之！……龙溪兄已到此数日，议论可以代药。”《维阳晤语》④记录了两人相聚的最后时日，王畿直陈顺之未能致得“真良知”的七种“病症”：

荆川唐子开府维扬，邀先生(王畿)往会。时已有病，遇春汛。日坐治堂，命将遣师，为海防之计。一日退食，笑谓先生曰：“公看我与老师(王守仁)之学有相契否?”先生曰：“予之力量固自不同，若说良知，还未致得在。”荆川曰：“我平生佩服阳明之教，满口所说，满纸所写，那些不是良知，公岂欺我耶?”先生笑曰：“难道不是良知，只未致得真良知，未免搀和。”荆川愤然不服云：“试举看。”先生曰：“适在堂遣将，时诸将校有所禀呈，辞意未尽即与拦截，发挥自己方略，令其依从，此是搀入意见，心便不虚，非真良知也。将官将地方事体请问，某处该如何设备，某处却如何追摄，便引证古人做过勾当，某处如此处，某事如此处，自家一点圆明反觉凝滞，此是搀入典要，机便不神，非真良知也。及至议论未合，定着眼睛沉思一回，又与说起，此等处认作沉几研虑，不知此已搀入拟议安排，非真良知也。有时奋掉鼓激，厉声抗言，使若无所容，自以为威严不可犯，不知此是搀入气魄，非真良知也。有时发人隐过，有时扬人隐行，有时行不测之赏，加非法之罚，自以为得好恶之正，不知自己灵根已为动摇，不免有所作，非真良知

① 《沈太史全集》所收《淇林馆钞·湖上读书堆六先生会语》，转引自吴震《明代知识界讲学活动系年 1522—1602》，第190页。

② 吴震《明代知识界讲学活动系年 1522—1602》，第232页。

③ 《唐荆川先生文集》卷八。

④ (明)王畿《龙溪王先生全集》卷一。

也。他如制木城，造铜面，蓄猎犬，不论势之所便，地之所宜，一一令其如法措置，此是搀入格套，非真良知也。尝曰：我一一经营，已得胜算，猛将如云，不如着一病都堂在阵，此是搀入能所，非真良知也。若是真致良知，只宜虚心应物，使人人各得尽其情，能刚能柔，触机而应，迎刃而解，更无些子搀入，譬之明镜当台，妍媸自辨，方是经纶手段。才有些子才智伎俩与之相形，自己光明反为所蔽，口中说得十分明白，纸上写得十分详尽，只成播弄精魂，非真实受用也。"荆川怃然曰："吾过矣，友道以直谅为益，非虚言也。"

顺之统兵行令时故弄玄虚，矫饰做作，王畿指出这是顺之学问未彻，即未得真良知的表现。王畿《与唐荆川》(二)[①]对荆川学问火候未到作了精到的分析，顺之认可，临终不无遗憾地说："第恨山中尚少十年功夫。"

顺之卒，王畿哀痛彻骨，撰《祭唐荆川墓文》云："兄之言在吾耳，兄之貌在吾目，兄之神在吾心，而兄之魂在吾梦。独所为形骸者，不可复作，已闭于夜台之重泉。"斯人已逝，痛失诤友，"青春照眼行偏好，黄鸟求朋意独深。默默囊琴且归去，古来流水几知音"[②]。

二、唐顺之与罗洪先

罗洪先[③](1504—1564)，字达夫，别号念庵，江西吉水人。自幼端重，有志于圣学。嘉靖八年(1529)举进士第一。授翰林修撰，明年告归。丁父艰，苫块蔬食，不入室者三年。继遭母忧，复如前。十八年召拜左春坊左赞善，因与司谏唐顺之、校书赵时春疏请太子来岁出御文华殿受朝贺而黜为民。性格廉介耿直，人品高洁，严嵩欲荐之而不得，终于林壑。一生安于贫困，不求富贵。素与顺之友善。四十三年卒，终年六十一。谥文恭。罗洪先为王阳明私淑弟子，以良知为宗，《明儒学案》中列入"江右王门学案"。其学凡三变，始致力于践履，中归摄于寂静，晚彻悟于仁体，以"主静"说、"仁体"说和"异端"说最具特色。有《念庵文集》二十二卷行世。

① (明)王畿《龙溪王先生全集》卷十。

② (明)王畿《龙溪王先生全集》卷十八《送唐荆川赴召》。

③ 罗洪先生平资料见《明史·罗洪先传》、《明儒学案》卷十八。

罗洪先与顺之同第，结识于京师。李贽《荆川唐公传》云："（唐顺之）嘉靖己丑中礼部试第一，及廷试……通置二甲首，其榜首则江西罗念庵洪先也。自与罗公见，知其人品甚高，因定为石交。"《吏部郎中林东城墓志铭》①云："……是时缙绅之士以讲学会京师者数十人，其聪明解悟能发挥师说者，则多推山阴王君汝中，其志行愊实，则多推君与吉水罗君达夫，罗君于朋友中最沉密矣。"罗洪先与顺之性格、节操相侔，人生经历仿佛，仕途患难与共，林下往来，相聚讲论学术，三十年交谊坚固。

嘉靖十八年(1539)东宫建储，召选宫僚，顺之拜为春坊右司谏，罗洪先拜为春坊左赞善，相约同行赴京。罗洪先《冬游记》②云："嘉靖己亥，余当赴宫僚命，邹东廓、唐荆川再书促余，有联舟约。自念山中离索，嘉会难逢。闰七月十八日登舟，途次邅滞，十月二日始抵镇江，闻二兄既远去，不相待。"罗洪先至毗陵拜访了顺之父有怀翁③，于毗陵舟中作《毗陵舟中怀唐荆川》④：

> 江云幂幂接城隈，野水依依去缆催。鸣叶岂堪霜后听，离鸿况在雨中来。汉庭金马多龙友，吴国青山空凤台。为近秦淮夜歌地，秋风三叠使人哀。

十九年冬，罗洪先与司谏唐顺之、校书赵时春削籍为民。官春坊，顺之、罗洪先与其他名儒学士结成"京师同志会"，相从讲学。罢官后，罗洪先归乡家居，绝意仕进，于林下潜研王学，终其一生。顺之寓居阳羡山中，砥节自励，潜修讲学二十余年。同时家居，相隔千里，互为怀念，不废往来。顺之《与罗念庵修撰》⑤云："自与兄别后……居闲静坐，即常如见兄面目。常见兄面目，即常如寄书于兄也。至如梦寐间，亦往往见兄，仆方讶踪迹与兄太密。"二十五年春，罗洪先送季弟如南雍应试，至毗陵访顺之，相论尤

① 《唐荆川先生文集》卷十四。

② （明）罗洪先《念庵文集》卷五，《文渊阁四库全书》本（下同，不注）。

③ （明）罗洪先《念庵文集》卷五《冬游记》云："……遂谒唐有怀翁。"

④ （明）罗洪先《念庵文集》卷二十二。

⑤ 《唐荆川先生文集》卷六。

为投契，通宵不寐，有千载一遇之感①。此次造访，罗洪先赋诗三首志之：

千里相寻到草堂，萧然隐几一庚桑。心缘忘物几无惧，道在忧时苦自强。机发定知穿伏虎，书多曾不畏亡羊。别来鄙吝今如失，可是君身旧姓黄。

——《访唐荆川》②

一言天所契，千载俱似非。何事声相应，而能心不违。道从疑后得，机向识中微。大笑重嘲问，狂生或可几。

——《与荆川夜话直透心源千载一遇达旦不寝》③

怀君岁岁苦相望，一月春风去处忘。临发几回留解橐，无言还似待倾囊。幸俱见索形骸外，恨不同生寂寞乡。家住名津书易寄，莫缘讳姓懒题将。

——《别荆川》④

顺之怀念罗念庵的诗作，如“岁暮萧条只自如，南州高士久无书”⑤。写于后家居时期的《常山怀罗念庵》⑥云：

本为穷幽赏，非因避世氛。乡心吴水尽，客路粤山分。名姓休相问，渔樵久作群。忽思鸾掖侣，日暮倚停云。

嘉靖三十二年(1553)夏四月，罗念庵与顺之、唐一庵、王畿、邹守益、方湛一会于嘉兴府平湖县当湖，即“当湖会”，相与讲论格物之指。三十七年，工部侍郎赵文华举荐顺之，严嵩亦以同乡故起用罗洪先⑦。罗洪先力辞严嵩之荐，顺之则意有游移。三十七年正月，顺之邀罗念庵于齐云岩，

---

① (明)胡直《衡庐精舍藏稿》卷二十三《念庵先生行状》云：“丙午，季弟居先如南雍，送至金陵，过毗陵访荆川，夜语契心，相对跃曰：‘庶几千载一遇乎？’遂达旦不寐。”(明)罗洪先《念庵文集》卷三《与刘龙山》：“今春游毗陵，得与荆川、七泉二三君子聚处。”(明)耿定向《耿天台文集》卷十四《念庵罗先生传》：“丙午，送季弟如南雍，过毗陵，访荆川。”

②④ (明)罗洪先《念庵文集》卷二十二。

③ (明)罗洪先《念庵文集》卷十九。

⑤ 《唐荆川先生文集》卷三《岁暮有怀诸子》。

⑥ 《唐荆川先生文集》卷二。

⑦ 《明史·罗洪先传》：“严嵩以同乡故，拟假边才起用，皆力辞。”《明儒学案》卷十八《江右王门学案·文恭罗念庵先生洪先》：“三十七年，严嵩相起唐顺之为兵部主事，次及先生。先生以毕志林壑报之。”

商议出兵事宜。罗洪先深知顺之淑世之志强烈，遂勉励其出："向尝隶名仕籍，此身已非己有，当军旅不得辞难之日，与征士出士论进止，是私其身也。兄之学力安在？"①顺之遂坚复出之意，欲与念庵共订出山之计，但念庵辞曰：天下事为之非甲则乙，某欲为未能者，得兄任之，即比自效可也，奚必我出？罗洪先固辞不出，顺之意乃寝②。这也许是罗洪先与顺之一生中最大的分歧，但各有所据。两人虽皆有以天下为己任的用世之心，然罗洪先认为当时邦无道，出则于事无补而于己有害，倒不如隐则独善其身；而顺之则心怀万物一体之仁，救民于水火的儒家责任感促其知其不可为而为之，独行其志，超然拔俗，不顾个人得失而蹈赴家国之难。

顺之在学术上受罗洪先影响甚深，《与聂双江司马》③云："吾丈（指聂豹）讲学之书，仆于朋友间窥见一二。而念庵兄多举吾丈之说以相教，仆获闻之，窃以为幸。"罗洪先以"守摄保聚"为功夫，以"主静"说为核心，恒举"寂然不动""无欲故静"之旨以告学人④，顺之援"归寂"说入"天机"说，云："虽至上古圣人成汤、周公坐以待旦，高宗恭默思道三年，孔子尝终日不食，终夜不寝，至于三月而不知味，所以求之枯寂之中，如是其坚苦然者。盖虽圣人亦自觉此心未能纯是天机流行，故不容不如此着力也。"⑤明王升撰《宜兴县志·寓贤传·唐顺之传》云："先生（唐顺之）之学，以主静为基本，以锻炼为功夫，以无欲为极致。"

罗洪先曰："毗陵唐应德，莫逆友也。"⑥顺之卒，罗洪先闻"荆川讣至，哭始下榻"⑦，长号欲咽，随后含悲撰写了《祭唐荆川文》与《悲荆川》⑧诗。诗云：

三月樱桃红满枝，江头紫蟹乍来时。旁人莫话毗陵事，须尽毗陵

---

① (清)黄宗羲《明儒学案》卷二十六《南中王门学案·襄文唐荆川先生顺之》，第598页。《明史·唐顺之传》亦载。

②⑦ (明)胡直《衡庐精舍藏稿》卷二十三《念庵先生行状》。

③ 《唐荆川先生文集》卷六。

④ 参见《明史·罗洪先传》。

⑤ 《唐荆川先生文集》卷六《与聂双江司马》。

⑥ (明)罗念庵《念庵文集》卷二《谢罗整庵公》。

⑧ (明)罗念庵《念庵文集》卷二十。

谁得知。

《祭唐荆川文》①痛哭亡友：

呜呼哀哉！弦韦异佩，蓬麻互倚。禽有比翼，木有连理。而今而后，孰仿孰企？孰绳枉违？孰领议拟？……谁与为徒？……从此破琴，亦遂罢凿；梦魂去来，山川绵邈。炯炯正气，乌容泯澌。于何招之，黄鹤紫芝。兄即子桑，我非曾皙。恸何知哀，情何知溺。越疆驰赙，追之靡及。今雨垂垂，似助洒泣。呜呼哀哉！

三、其他学友

聂豹(1487—1563)，字文蔚，号双江，江西永丰人。正德十二年(1517)进士，知华亭县，识徐存斋于诸生中。召入为御史，劾奏大阉及柄臣，有能谏名。为辅臣夏言所恶，入诏狱而泰然处之。嘉靖二十九年(1550)因徐阶荐举，复召为巡抚苏州右佥都御史，转兵部侍郎，协理京营戎政。因与严嵩抵牾，遂以老疾致仕。一生历职四十余载，备尝宦海浮沉之甘辛。四十二年十一月四日卒，年七十七。谥"贞襄"。聂豹为王守仁弟子，宗良知之学，其学特色在于他提出的"归寂"说。《明儒学案》将其列入"江右王门学案"。有《聂双江先生文集》十四卷行世。

聂豹是王门弟子，徐阶之师，与罗洪先尤为近密，顺之与之过从颇多，受其心学思想熏染。顺之《与聂双江司马》云："吾丈讲学之书，仆于朋友间窥见一二。而念庵兄多举吾丈之说以相教，仆获闻之，窃以为幸。乃今辱吾丈尽以相示，是悉所以教诸同志者而教仆也，为爱何如，为幸何如。承教爱之殷，鄙怀有不敢不尽于左右者。"此书阐述了顺之心学理论的主要内容"天机"说与"寂感"说：

盖尝验得此心，天机活物，其寂与感，自寂自感，不容人力。吾与之寂，与之感，只自顺此天机而已，不障此天机而已。障天机者莫如欲，若使欲根洗尽，则机不握而自运，所以为感也，所以为寂也。天机即天命也，天命者，天之所使也，故曰天命之谓性。立命在人，人只是

① (明)罗念庵《念庵文集》卷十七。

立此天之所命者而已。白沙先生“色色信他本来”一语，最是形容天机好处。若欲求寂，便不寂矣，若有意于感，非真感矣。

聂豹回复顺之的书信亦论学为主，《答唐荆川》(一)①云：

夫学至知止，则定静安虑生焉，即来论有取于寂是也。盖寂者，性命之源，神应之枢，原无一物而无物不备，一无所知而无所不知。譬之鉴空衡平而妍媸轻重，若其中之所素具者，可类而推也。《孟子》“牛山之木”，独有取于日夜之所息，故曰：夜气不足以存，则其违禽兽不远，乃格物者不知养夜气虚寂之原，以发平旦清明之机，而乃于已发以求好恶之相近，卒之病已病人，不待其子往视，而苗已槁矣。

顺之与聂豹相访互往，聂豹《答罗念庵》②云：“途间闻殿撰托妻子之楚游……及至毗陵晤荆川……”嘉靖三十四年(1555)聂豹自兵部谢任归乡，访顺之于里中，相与研讨学术③。有诗《访荆川司直不遇有寄》④以志聂豹访荆川之事：

登堂如入无人境，密迩尘嚣寂不闻。逃世未应人独往，怀君空有足生云。重瞳本是陶渔伴，宣父何曾鸟兽群。自笑逐臣元不偶，十年尘渴向谁云。

徐阶，字子升，号存斋，松江华亭人。嘉靖二年(1523)举进士第三，授翰林编修。历官延平推官、浙江提学佥事、司经局洗马、国子祭酒、礼部侍郎、吏部侍郎、礼部尚书等职，继兼文渊阁大学士，参预机务，进武英殿大学士兼吏部尚书。为人短小白皙，善容止，性颖敏，有权略而阴重不泄。读书为古文辞，从王守仁门人游有声。与严嵩歧路，以机巧令其败。严嵩败后，徐阶任内阁首辅，“内以揣摩人主之隐，外以收拾士大夫之心，益有所发舒，天下亦颇安之”⑤。卒年八十一。谥“文贞”。徐阶受业于王门弟

① (明)聂豹《聂双江先生文集》卷八，明嘉靖四十三年(1564)吴凤瑞刻隆庆六年印本(下同，不注)。

② (明)聂豹《《聂双江先生文集》卷九《答罗念庵十六首之三》。

③ 唐鼎元《明唐荆川先生年谱》卷四“三十四年乙卯四十九岁”。

④ (明)聂豹《聂双江先生文集》卷十二。

⑤ 《明儒学案》卷二十七。

子聂豹,《明儒学案》将其列入"南中王门学案"。有《世经堂集》二十六卷行世。

顺之与徐阶于嘉靖十八年(1539)结识于京师。徐阶官位显达,顺之多居山野,然从他们往来的书信中,却可看到两人关系私密,常有不与外人道之言语。徐阶《与荆川》①云:"此身进退维谷,止可与兄道,未易与他人言也。……去秋闻兄入武夷……兄之于出处,仆之于去留,盖各有苦心,只可两人相对语,而未易告人者。"顺之家居,徐阶力荐其出。《陈渡阡表》云:"庚戌虏寇阑入古北口,一夕薄都城,远近震骇。副相华亭徐公力荐先考与平凉。"徐阶《复荆川》②云:"去岁锐意欲屈兄出山,后乃未果。"顺之深知徐阶苦心,《答徐存斋相公》③云:"得来书,三复感叹,深知兄之苦心。……一二士人自北来,多道吾丈拳拳垂念鄙人。"三十六年,工部侍郎赵文华复荐顺之,顺之虽欲为国效力,然因赵文华为奸相严嵩党羽,由此出则颇损名望。徐阶深谙其情,遂致信尚仰山复荐荆川,为顺之复出布下台阶。徐阶《复尚仰山》④云:"唐荆川今世人物,昨虽已起用,然以所荐非人,尚有未肯出山之意。望公为具一疏,大略言原任某官,虽已蒙圣恩起任南京兵部主事,缘本官尚在制中,未曾赴任,今已服阕,乞敕吏部早为叙用之意。公此疏入,仆从中调维,庶几就得一个人才,出为世用也。"徐阶力举顺之入朝,不乏结党展布之图,然从私交的角度看,来自友人的信任与垂念,实为感人。

邹守益(1491—1562),字谦之,号东廓,学者称东廓先生,江西安福人。正德六年(1511)会试第一,廷试第三,授翰林编修。翌年丁忧归里。明宗室宁王朱宸濠反,从王守仁建义。嘉靖改元,起用复职。嘉靖三年(1524),因直谏忤旨,下诏狱,谪广德州判官,稍迁南京礼部郎中,后官至南京国子监祭酒。二十年九庙灾,大臣皆惶恐引罪,独邹守益上疏直言君臣交儆之义,遂忤旨落职归乡。家居二十余年,四十一年卒,年七十二。谥文庄。东廓师事王守仁,其学识和德行,深为其师所称许,为王学正宗嫡传。其学信守师说,提倡"戒惧"说和"寂感体用"合一说。《明儒学案》

①③ (明)徐阶《世经堂集》卷二十二。

③ 《唐荆川先生文集》卷八。

④ (明)徐阶《世经堂集》卷二十三。

中被列入“江右王门学案”。有《东廓邹先生文集》十二卷行世。

邹守益与顺之、罗洪先等人同于嘉靖十八年(1539)起官，与顺之、罗洪先、徐阶等名士相资切①。三十二年夏，唐顺之、邹守益、罗洪先、王畿等会于嘉兴当湖，即“当湖会”。

顺之相与谈学论道且有往来文字可考者，不下三十余人。限于篇幅，此不赘述。以黄宗羲所著《明儒学案》为本，仅简列如下：

浙中王门学案三	知府季彭山先生本
南中王门学案一	提学薛方山先生应旂
崇仁学案三	恭简魏庄渠先生校
河东学案下	文简吕泾野先生柟
江右王门学案二	文庄欧阳南野先生德
南中王门学案一	副使薛畏斋先生甲
南中王门学案三	中丞杨幼殷先生豫孙
泰州学案一	文选林东城先生春
泰州学案二	文肃赵大洲先生贞吉
诸儒学案中六	文定张甬川先生邦奇
诸儒学案中六	庄裕徐养斋先生问
诸儒学案下一	考功薛西原先生蕙
甘泉学案四	主政唐一庵先生枢
甘泉学案五	恭定冯少虚先生从吾

第三节　业师及弟子

顺之早年求学师塾，晚年家居设馆授徒，其学业来源去脉由此彰显，业师与弟子是其重要交游。

一、业师

顺之一生博学杂收，然其业师有文字可考者，仅见两位塾师：叶包庵

① (明)耿定向《耿天台文集》卷十四《东廓邹先生传》。

先生与陆慎斋先生，还有中年时期传授其枪法的杨松先生。

叶包庵林，顺之幼时业师，《荆川唐都御史传》云："顺之，字应德，号荆川……业师乃包庵叶林，而窗友则方山薛应旂也。"叶包庵先生，生平无可考，只能从顺之所作《叶包庵先生寿序》①中得知与荆川的师徒关系以及些许个人资料。《叶包庵先生寿序》云："嘉靖壬寅之岁，先生年六十，门生若干人相与谋赠先生以言。"嘉靖二十一年(1542)，叶包庵先生六十大寿，顺之作寿文，自称门生。寿文中，顺之记述了叶包庵先生治学、授业之特，诸弟子境况等：

今吾包庵先生，其古所谓经为人师者？非耶。先生行修而志洁，其于书无不涉也，而尤攻于《诗》。先生治《诗》且三十年，虽一以传注为宗，然训诂名物之外，往往能深探古人之精微而发之于文。自邑中诸先辈，故多以《诗》名家，至先生乃益精。先生之出邑子以《诗》为业者，大半多先生弟子。先生为学者说《诗》，丝联发比，关窍开解，音节洞朗，学者俯而听之，如身殷、周之间而聆《猗那》《关雎》之响也。先生古悫自信，故其宦不达。顺之碌碌在弟子中，进不能张大先生之教以行于世，退复不能推衍先生之说以淑于人，顾独知守所闻不敢变而已。然诸弟子中固且多显者，若夫精于其业而转相授受者，固已不可籍记矣。安知不有以经义为国家决大议论，引师说以对如昔人者乎？又安知不有史氏传儒林者？且将家而列之，曰："叶氏《诗》焉。"然则先生之寿固远矣，若乃寿先生于年齿间，不其未缺？众曰："然，请以为先生寿。"

顺之《次叶师与诸生讲书钟楼寺闻钟作》②刻画了叶包庵传经授业、超然世外的山村教师形象：

早岁传经发已斑，寄身精舍渺人寰。苔边屐迹堪盈户，花外钟声正掩关。骤觉海潮生静夜，却随仙梵响空山。先生嘿嘿隐几坐，试问诸生醒梦间。

---

① 《唐荆川先生文集》卷十一。

② 《唐荆川先生文集》卷三。

陆慎斋先生,名、号、籍里等皆无可考,其所有个人资信只限于顺之所作一序一诗:《陆慎斋先生寿序》[①]与《寿陆师慎斋七十》[②]。寿文追忆顺之童年时陆师“授之书课之文字”、于其有“国士之期”,记述先生的志识行修,字里行间蕴含师徒深情:

> 走曩以童子侍先生,先生授之书,课之文字,观其进止动静,往往奖叹以为远器。是时,先生方日夜治经史,综百家之言,期以奋乎身而措之事业,然竟龃龉。而走也窃先生之口说,数年遂以经中第,为翰林。未几而拙疾罢归,时先生尚留滞庠序中。比走起为春坊,再罢归,而先生亦已去其业而老于家。既获拜先生于环堵间,因复思童子从游时事,奄忽二十余年,则先生既飒然成翁,而走亦且发种种矣。
>
> 先生既龃龉以老,走亦旅进旅退,于是既为先生抱井渫之恻,而又深以自愧有负乎先生国士之期也。虽然,古所谓“乡先生”者,非其禄与位之谓也。古者耆年道艺之士,尊则为三老五更,以为王侯之师,下不失为闾胥族师,以教诱化诲其乡人。是以虽居无位之地,而各有以致于用。先生志行愊实,其取与有狷士之节。今年益高行益修,而益以信乎其乡。纵不得为老与更,其所以式是乡人,宜不在古闾胥族师之后。然则先生之自致于用,固在此而不在彼欤?且夫世固有履显赫之位而身妾妇之行,瞿瞿然终日伺人面目为喜戚,至于腰脊伛偻老且疲矣而不知止。先生少而读书,老而投闲,蘧然自足于陇亩,而一无所俯仰于其外,两者相较,岂得以此而易彼?即走虽驽拙无所树立于世,尚幸以山中余力因先生早岁之说,以上溯古人为学之大方,冀洗涤宿愆而因淑其身,然则所以报国士之期者,固亦将在彼而不在此也。
>
> 先生年六十,其子维新来请文。维新好学,能继先生之志者也,遂次其说以授维新,使持以为先生寿。而因以自勖,又以勖维新云尔。

从寿文中可以推断,此位业师是一位立志为帝王师而怀才不遇之士,

① 《唐荆川先生文集》卷十一。

② 《唐荆川先生文集》卷三。

“是时，先生方日夜治经史，综百家之言，期以奋乎身而措之事业，然竟龃龉”。对弟子同样抱以“国士之期”。业师已至花甲之年，回首往生，再顾眼前弟子，而壮志未酬，难免黯然伤神。顺之洞悉业师内心，借寿文委婉温厚地宽慰其师，先后论说师与己经世之途皆“在彼而不在此”：“先生之自致于用”在“为闾胥族师，以教诱化诲其乡人”，而不在“为三老五更，以为王侯之师”，己之志在“以山中余力因先生早岁之说”，而不在“履显赫之位而身妾妇之行”。

陆慎斋先生六十寿辰，顺之作《陆慎斋先生寿序》；七十寿诞，顺之又作诗《寿陆师慎斋七十》以贺：

> 廿年不向市城行，闲看桑麻自长成。道貌肥来知战胜，儒冠挂后觉身轻。北窗意味人千古，西序声名子一经。髫龀门生今白首，称觞还听后堂笙。

杨松，河南人，其余无可考，教授唐顺之枪法之师。据《明唐荆川先生年谱》卷二载，顺之曾于三十六七岁时向河南人杨松学习枪法，“余卅六七岁时，曾问枪法于河南人杨松。是时，殊有跃马据鞍之气，每以未能尽其技为恨”①。顺之作《杨教师枪歌》②描绘了杨松矫健的身手、出神入化的枪法：

> 老杨自是关东客，短衣长躯枣红面。千里随身丈八矛，到处寻人斗轻健。谓余儒生颇好武，一揖滚滚发雄辨。坐惊平地起波涛，蠕蠕龙蛇手中现。拨开双龙分海嬉，攒簇两蛇合穴战。争先尽教使机关，缩退谁知卖破绽。目上中眉犹自哂，绵中裹铁那能见。满身护着不通风，百步撺来激流电。飞上落下九点丸，放去收回一条线。问君何为技至此，使我冯轩神眶眩。答言少小传授时，五步七步画地践。迩来操弄三十年，浑身化作枯树幹。心却忘手手忘枪，眼前只见天花旋。乃知熟处是通神，解牛斫轮安足羡。因君亦解草书诀，君枪岂让公孙剑。

---

① 唐鼎元《明唐荆川先生年谱》卷二“(嘉靖)二十二年癸卯三十七岁”下《荆川续集·示两弟》。

② 《唐荆川先生文集》卷二。

二、弟子

顺之弟子众多。十四世孙唐鼎元撰《荆川弟子考》[1]，序云："荆川公罢官归里，弟子来问业者，首语以严义利之辨，而征其实于辞受进退之间。……殆公之以春坊建言削籍归也，杜门益固……公所处不出阳羡、游塘、陈渡百里之间，而其弟子以多以执经问业而至。公于授业之余，语以修治之道，寂寂无讲学之名度。当时曾及公之门者，至多不过一二百人。……而公之弟子，累多绝特之行……鼎元辑公年谱外又有弟子考之辑也。然所得仅四五十人，知佚者众也。"唐氏《荆川弟子考》辑录顺之弟子六十二人，依据是"从传记可考者"。笔者另搜罗相关资料，以有原始文字证实其为荆川弟子者为准的，初步筛选为二十余人。然限于篇幅，本文重墨考述者仅限几人。

万士和[2]，字思节，江苏宜兴人。父吉，桐庐训导，有学行。举嘉靖二十年(1541)进士，改庶吉士，授礼部主事，历官江西佥事、贵州提学副使、湖广参政、山东按察使、广东左布政使、户部右侍郎、礼部侍郎等职。抚纳叛苗二十八寨，累擢副都御史。督南京粮储，奏行便民六事。万历初拜礼部尚书，以刚直忤张居正，谢病归。卒，年七十一。赠太子少保，谥"文恭"。有《万文恭公摘集》(又名《履庵集》)十二卷、《二妙集》八卷传世。

万士和生于正德十一年(1516)，顺之年长其九岁[3]。嘉靖十五年(1536)，与兄万士安从顺之游，称顺之为"荆师"或"荆川唐尊师"，《万文恭公摘集》有诗《游龙池次荆师旧韵二首》《戏咏荆师射》等，有书《上荆川唐尊师》《再上荆川唐尊师》《三上荆川唐尊师》等。顺之与万士和不仅是师徒，他们还有一层特殊的关系：亲家。顺之子鹤征娶万士和女[4]。顺之夫

---

① 唐鼎元《荆川弟子考》，《毗陵唐氏家谱》"钦"册。

② 万士和生平资料见《明史·万士和传》《江南通志》等。

③ 唐鼎元《明唐荆川年谱》卷一"(正德)十一年丙子十岁"下"是岁……弟子宜兴万思节士和生"。

④ 唐鼎元《明唐荆川年谱》卷三"(嘉靖)三十三年甲寅四十八岁"下"是岁为子鹤征授室娶弟子万士和女"。

妇操办儿子婚事尤为简单，一叶小舟将万士和女儿娶至家中，为此顺之特意致书万士和以求谅解：

> 往往来来多值婚嫁，牙樯锦缆，苍头庐儿，照耀河衢。而吾内人与令爱乘一叶之舟，可谓萧然。虽然，若使吾与思节肯借力于有司及亲戚富人，奚啻与佣儿较一冷暖哉？《易》所谓“不如其娣之袂良”，转觉彼为俗吾为雅也。虽然，此犹有计量心在也：各归其家，则路中冷暖雅俗，俱渡川之筏矣，俱忘之矣。要之，有求之便宜会尽而不求之志常在也。世间大事小事，一切何以异此。然不知者，其无谓我为解嘲戏语乎！书此以奉思节，知思节之意与吾同也。①

顺之以制艺文著称，科举考试以会试第一、廷试第四载于史册，海内震动。明代科举极盛，制举业是读书人必经之事。顺之罢官归里，执经问业者络绎不绝，多半是为举业而来，万士和兄弟亦在其列。顺之又以气节行义著称于世，教授弟子“首语以严义利之辨”“语以修治之道”。万士和《先考古斋翁行略》云：“先生（唐顺之）非特博极群书，而志趣高迈，造诣精深，如凤凰翔于千仞，又如白璧无瑕，真当世人豪也。汝辈能学其万一，则吾愿毕矣。”万士和得顺之嫡传，嘉靖二十年（1541）举进士，改庶吉士，历任地方大员，终至礼部尚书。刚直不阿，忤首辅张居正，谢病归。

万士和与顺之年龄悬殊不多，又是亲家，两人之间亦师亦友。万士和称顺之“荆师”“尊师”，然顺之致万士和的信札常称“吾友”。万士和《上唐荆川尊师》②云：“人之相与可以尽言无隐者，莫若师、弟之间。”师徒之间坦诚相见，不囿于封建等级秩序，可见顺之礼教观念淡薄，显示了初步的平等民主的思想。

万士和出任江西佥事，分守饶州，临行谒别尊师，顺之作书贻以瓷瓶四枚。江西饶州是产瓷重地，业师临别以瓷相赠，万士和初不解师意，顺

---

① 《唐荆川先生文集》卷三诗《万思节工于诗而近又学射次韵答之》跋。

② （明）万士和《万文恭公摘集》卷七。

之云“惟其多磁，是以赆也。万子他日归，而磁不加益者，乃真我弟子也”[①]。顺之送别弟子万士和赴江西饶州任，作《与万思节佥事》[②]云：

万子思节官江西，而余适与之偕至广信，赠小瓷瓶四枚为别。万子职当外巡饶信，饶，公私瓷器所出。外巡莅焉，而余乃以此为赠，可谓担水河头卖矣。虽然古有宰端溪不持一砚者，吾将赠砚于端溪宰可也，万子盖亦其人哉。若莅饶则有瓷器，莅湖则有丹砂雌黄，莅广则有名香珍药，此士大夫以为家尝茶饭，官箴之所不责，而励志之士之所慎也。岂惟官箴之所不责，世之高明持达者闻此等言语，亦以为琐屑而迂阔矣。白沙先生曰："人须有凤凰翔于千仞之气，要自至粗至微者而充之。"万子素不吾迂也，故吾言云耳。

顺之此举告诫弟子为官应清正廉洁，不可贪取任地财物为“家尝茶饭”，即便“官箴之所不责，而励志之士之所慎也”，相信弟子不会认为自己“琐屑而迂阔”，能谨遵师嘱。万士和果真没有辜负尊师苦心，到任后不仅自己无所取，且“岁裁上供瓷器千计”[③]，减免当地贡赋。顺之言传教诲激励弟子一生，万士和为官二十余年，始终自持操守，廉洁无取。顺之子鹤征撰《万公事实》[④]云：“于时先大夫亦仅为饶言，不意公之宦贵宦广也。公既宦贵宦广，卒之一无所取。师言于二十年之前，公践言于二十年之后。若取之左券然。”

顺之与万士和之间有一小小“误会”，颇有意味。有乡人言顺之文集中无万士和名字，质疑师徒情谊，令两人稍感“尴尬”。万士和与顺之各作诗表明态度，遂令“误会”不解而释。万士和诗云：

廿年立雪侍师门，百病难消愧钝根。往日是非希一盼，平生礼拜在无言。文章悟后皆刍狗，身世忘来只本源。幸此还期分席坐，姓名不挂更何论？

——《乡人有谓荆川师集中无仆名字者诗以见意》其一

---

① 《文渊阁四库全书·江南通志》卷一百九十五《杂类志》载：“万宗伯士和，唐荆川顺之门人也。分守饶州，谒别荆川。荆川以磁盂二为赆。或曰：‘饶固多磁，何赆是？’唐曰：‘惟其多磁，是以赆也。万子他日归，而磁不加益者，乃真我弟子也。’”

② 《唐荆川先生文集》卷七。

③ 《明史·万士和传》。

④ 唐鼎元撰《荆川弟子考》。

同门诸生独吾愚，沾腹残膏一卷书。望海始知秋水小，疑冰却笑夏虫拘。遗珠索也还谁得，真诀参来总不如。四十无闻心又懒，敢将骥尾附名儒？

——其二

以诗解嘲，大意是其拜于唐师门下，由于天分愚钝，在同门诸生中名居其下，怎么敢与同门同以名儒列于师集呢？更何况文章读完之后即弃如草芥，谁还会永记孰居集中，名字在不在师集中又有什么关系呢？那些惊乍自己名字不在师集中的乡人，其实是眼光短小之辈。

顺之看过万士和自嘲诗后，为表明己意，亦作诗两首：

学道频年慕屡空，支离犹堕语言中。不是班生表人物，徒然杨子戏雕虫。书字书名吾岂敢，得皮得髓子应同。他年郊畤传中说，倘借名卿孰过公。

——《万思节以集中无名作诗见贻二首》其一

皋北三载愧仪刑，学术那堪立户庭。顾我自知太玄白，如君本是出蓝青。老去门徒多谢遣，病来意绪转沉冥。高贤岂讶无名藉，十哲由来是俗称。

——其二

顺之意在表明，其文章言语支离，难以比拟史传，岂敢在集中专于志人而特书人字、名？学术浅薄，不敢开创门户以树门人。何况万士和早已超越业师，名载史传，无需师集留名。高贤大家应是超俗高迈之人，岂会刻意效仿孔门弟子“十哲”之俗称？

从游业师数年，又有姻亲往来，万士和对顺之知之甚深。《上唐荆川尊师》云：“先生每事皆求定见，其见一定，信之甚坚而持之甚固，即有学识与先生等者，必不能回其既定之见。……先生身所担当，直欲为宇宙间创开一路。”基于此，万士和对顺之晚岁复出之举，既不感到惊讶，亦不觉得不解。他深知尊师用世之念强，忧患民生家国，且出处不忌流俗，只是顺其心源自然。顺之晚年出山，多遭人议，而万士和却表达了最真诚深刻的理解：

立朝建言，登高作赋，皆是吾师余事，不足为难。独有剖破藩篱，无所顾惜，而一意为天下国家，此最为难。盖不但世上拘拘名检者不能脱此窠臼，即吾师数年以前亦便无此识见也。天下事须要人做，有吾师手段不一担当焉。乾坤落落，将谁望哉！①

顺之阅过弟子所寄书，深为感动，遂复书两封，向弟子吐露心声：

……天下一舟也，天下之人一同舟之人也。猝然而遇风浪大作，纵知其无可奈何，其拦头把舵之人，焉得不尽其气力以呼号同舟之人之有气力者而为之助？其同舟之人，亦焉得不听拦头把柁者之呼号，而尽其气力以冀其必济乎？又况未至于必不可奈何者乎？此蹇之所以"匪躬"，而大过之所以"过涉"也。时行时止，我一付之无心；人用人舍，吾友亦何必为我有意哉。……②

日夜望思节之归，冀得披写衷曲。……自古豪杰，皆是忘其身以为世界。忘其身者，毁誉利害一切尽忘之谓也。得吾友书云"独有剖破藩篱一意，以为天下国家，此最为难"。不谓思节之过信我若此。思节谓我数年以前无此识见，恐思节数年以前亦不能过信我若此也。……但病觉日深，此身一切付之国家，寿命亦一切付之数也。③

顺之确是"此身一切付之国家"，卒于任上。万士和撰写了《祭荆川唐先生文》④，饱含深情追述了业师一生的学识、行修，敬其"劳形殚神，鞠躬尽瘁"，哀其"处也草衣木食，若将终身未尝享人间一日之富贵；其出也履危蹈险，倾家资以助师，未尝享有官者一日之禄费"。

姜宝⑤，字廷善，号凤阿，丹阳人。嘉靖三十二年（1553）进士，官编修。不附严嵩，出为四川提学佥事。再转福建提学副使，累迁南京国子监祭酒。请罢纳粟例，复积分法，又请令公、侯、伯子弟及举人尽入监肄业，诏皆从之。累官至南京礼部尚书，尝割田千亩以赡宗族。受业荆川之门。有《姜凤阿文集》三十八卷传世。

---

① （明）万士和《万文恭公摘集》卷七《再上唐荆川尊师》。
② 《唐荆川先生文集》卷八《答万思节参政》（一）。
③ 《唐荆川先生文集》卷八《答万思节参政》（二）。
④ （明）万士和《万文恭公摘集》卷十。
⑤ 姜宝生平资料见《明史·姜士昌传》（姜士昌为姜宝儿子）、《明儒学案》卷二十五。

姜宝是继万士和之后，顺之又一位官至尚书、名见史传的得意弟子，嘉靖二十五年(1546)拜于顺之门下。姜宝《奉荆川先生书》①云："某于丙午冬辱收录门下，每期身心意念之间，刮磨洗刷，以不负先生之教，而不徒以举业文字见齿于门墙，此夙愿也。"姜宝亦得顺之真传，不仅举业如万士和一样成功，气节行义方面亦不失唐门家风。三十二年，姜宝试礼闱，主考官是礼部尚书徐阶②，顺之旧交素善。姜宝不由"私心窃喜"，可他还是谨遵业师教诲，没有干谒徐阶以求进身，而是直道行事，此与顺之早年拒杨一清、远张璁何其相仿也。姜宝会试后致业师的书札道出详情：

某无似辱收，置讲席之末，兹且六七年矣。中间迹虽少疏，而渐磨砥砺之益，所得于先生者甚多。某实赖先生，以为终身依归不止文义之仰丐斤斧而已也。昨试礼闱，以先生之教，幸与甄录，复幸有少湖翁为知己。某私心窃喜，以为二先生均系天下之望，然出处殊途久矣。而某以先生之门人，得为此翁所简拔。意者，天相二先生之合。先生之道将有大行之机，故使游于先生之门如某者，得以先生之教而遇，而所遇又此翁也。初于众中相见，未敢以先生门人自通，此后又缘朝廷有选馆之命，众方以求荐为事。某不敢私候其门以负先生，故宁隐其说而不发，亦冀勉率先生训言，少自树立，不为门墙羞。久之，则此翁亦或自相信耳。不识先生以为然否？③

姜宝步入仕途，如万士和一样廉洁，同样得到业师顺之嘉许：

世人始入仕途便思肥家，吾友厉志清修，非义不取。御人之盗乃不求彼而求此，可见义盗之少也，一笑一笑。虽然，囊已罄矣，盗之所得止于如是，而吾友之清修益彰。吾友之盗，不乃为王参元之火矣乎？更有一说，清修者志也，损益者数也。以吾友之清修而尚不能逃乎招损之数，使更似他人作肥家之计，其招损当何如矣。此君子所以

① (明)姜宝《姜凤阿文集》卷三，明万历刻本(下同，不注)。

② (明)王世贞《弇山堂别集》卷八十三载："(嘉靖)三十二年癸丑，命少保太子太保礼部尚书东阁大学士徐阶、翰林院侍讲学士敖铣为考试官。……是岁特开科，凡四百人改进士，张四维、王希烈、姜宝……为庶吉士。"

③ (明)姜宝《姜凤阿文集》卷一《奉荆川先生》。

安于义命，而益厉乎其志也。①

顺之教授弟子，除却举业、气节、义利、修治之道，亦传性理之学。姜宝《寓金沙奉荆川先生》②（论讲学）记述了业师心学造诣之精深高妙，对己熏染之深：

迩来得从吾师于金沙，日闻至教，方自喜，以为此生之大幸。……某昔从游门墙意，吾师教人，惟于气节上立脚，义利上认源头，便了人生大致。故每每自重其廉耻，而欲于微芒毫忽之间积而养之，以不失此身于可贱之地。去岁居常，时时亲炙道范，则又见吾师性情日就中和，造诣日底纯粹，德业日进光大。行方智圆之说，时启其衷，较之向之所闻，似亦更有进矣。然未知吾师胸中乃有如许宝藏，故又欲求见龙溪，一闻其论。如《冬游记》所载诸语，使此心豁然，以为求进于渊深微妙之指南。而金沙相从以来，时得一见奇宝，则知吾师之所藏渊乎不穷。其精光射人处，如出火之金，又纯然若经百炼而未已者。

顺之晚年复出，物议纷纷，姜宝竭力支持业师出山。徐阶荐举顺之，姜宝从中斡旋，多次致书唐师。《姜凤阿文集》卷六收录姜宝嘉靖三十七年（1558）后写给顺之的九篇书札，前三篇向顺之透露徐阶等人的举荐及朝廷的起用之意，力劝其出，后几篇书信内容紧密关注海上战况及业师安危，期盼海氛早日清平，唐师功成归来。然尊师终未归来，卒于任上。姜宝闻尊师讣讯，“连日虽持心丧，尚未及位郊外，一泄恸哭之私，故泪肠郁结而不能尽”③。姜宝撰《祭荆川先生文》④，于天宁寺设尊师灵位，上《哭尊师荆翁文》⑤云：

维嘉靖三十九年，岁次庚申，五月丙寅朔，越有十日，乙亥，门生某，谨为位天宁之僧舍，告于尊师荆川先生之灵，而哭之曰：於乎！惟

① 《唐荆川先生文集》卷六《与姜编修廷善》。
② （明）姜宝《姜凤阿文集》卷三。
③ （明）姜宝《姜凤阿文集》卷六《寄唐凝庵》。
④ （明）姜宝《姜凤阿文集》卷八。
⑤ （明）姜宝《姜凤阿文集》卷五。

公道德文章为世着龟，泰山梁木，舍公其谁！方以救时而一出，何期与世而永辞。凡吾同志之士，亦既以闻讣而为公悲矣。某也，辱游门墙，教闻其至，生我成我，恩何有二。寝哭之哀方举。虽尝闻讣音而致伤，心丧之礼未成，故又假僧寺而为位。……讵意数夕之欢谈，竟兆乎终身之痛哭。顾予之驽钝，而非先生，谁肯策励之以为才。拟陈词以一写，笔欲下而心摧。瞻去途之在目，人何时其能来？塔有铃而为声，若助予之兴哀。尚飨！

王升，字世新，宜兴人。初名革，自称"金鹅山人"。生正德七年(1512)，后荆川五岁生[①]，卒万历二十二年(1594)，年八十三。由岁贡官国子学录。张居正柄国，欲网罗当世知名士，托升友道意，欲令典制敕，升力辞不就。通判成都，有廉誉，迁盐课提举，谢归。有《四书辑略》《读左赘言》诸书行世，世称"孚斋先生"[②]。王升刚介绝俗，卓然自立。初从学于万古斋，后复游于顺之[③]。"学益富，自六经异同、诸儒百子，下殆甘石、青鸟、医算、韬钤、字义等类，靡不研解，而尤精于史。凡古今成败是非颠举及未如指诸掌裒，然为入室高等矣"[④]。王升撰《唐顺之传》，载《宜兴县志》。《唐荆川先生文集》卷二有《寿王生革母》诗、卷三有《题王世新一枝窝三首》诗。

莫如忠，字子良，华亭人。嘉靖十七年(1538)进士，累官至浙江布政使。洁修自好。夏言死，经纪其丧。告归，杜门著书。年至八十余，乃卒。其诗颇具唐音，五言近体尤多佳句。文则应俗之作居多，惟题跋十余则颇为雅令。善草书，精于赏鉴，流传墨迹题识最多。有《崇兰馆集》二十卷传世[⑤]。姜宝《请表扬儒臣唐顺之疏》[⑥]云："臣与原任礼部尚书万士和、南京工部尚书曹三旸、给事中杨允绳、布政莫如忠等皆出其门。"《唐荆川先生文集》卷一有诗《送莫子良擢举东归》、卷七有书《与莫子良主事》。

---

① 唐鼎元撰《荆川弟子考》。

② 《江南通志》卷一百六十三《人物志·儒林一》，《文渊阁四库全书》本，上海：上海古籍出版社，1987年版。

③ (明)唐鹤征撰《王升墓表》，唐鼎元撰《荆川弟子考》。

④ (明)张纳陛撰《王升行状》，唐鼎元撰《荆川弟子考》。

⑤ 《明史·董其昌传》《四库全书总目·崇兰馆集提要》。

⑥ 转引自唐鼎元撰《荆川弟子考》。

冯行可，字道卿，松江华亭人。父冯恩，官南京御史。极论大学士张璁、方献夫，右都御史汪鋐奸状，下诏狱。冯行可时年十三，伏阙讼冤。日夜匍匐长安街，见冠盖过者，辄攀辕号呼乞救。行可上书请代父死，不许。乃刺臂血书疏，自缚阙下，辞益悲切。帝览之，恻然，其父得免死。行可既脱父于死，有司言旌行可为孝子。越数年，登乡荐，久之不第，谒选得光禄署正，迁应天府通判，有善政①。其弟冯时可曾撰《中丞荆川唐先生传》②云："往先君廷尉与毗陵唐荆川先生交最善，尝率先兄京兆、行可事先生，为门人。"

安如石，字子介，初名安盘，无锡人。嘉靖八年(1529)进士③。性慷慨好义。顺之削籍归里，有重望，教授于家，安如石负笈从顺之游④。二十八年(1549)安如石为师顺之刻集，即《荆川集》初刻本⑤。《唐荆川先生文集》卷七有《与安子介书》。

顺之弟子有文字可考者，仍有十数人。限于篇幅，不作一一考证，简要列举如下：

万士安，字思迁，宜兴人。万古斋仲子，万士和之兄。

杨允绳，字翼少，号抑斋，松江华亭人。嘉靖二十三年(1544)进士，授行人，久之，擢兵科给事中。《明史》有本传。

吴维岳，字峻伯，号斋寰，孝丰人。嘉靖十七年(1538)进士。官至右都御史，巡抚贵州。《明史·文苑传》附见《王世贞传》中。

曹三旸，字子泰，宜兴人。嘉靖二十三年(1544)进士，授大理寺评事，精于律狱。

曹景旸，字子升，号东冈。嘉靖三十四年(1555)举人，任金州知州。

姚翼，字翔卿，号海屋，归安人。胡宗宪刻荆川《左编》，与于校勘之役。

陆南阳，字伯明，号聚冈，武进人。以贡授湖广善化知县。

---

① 《明史·冯恩传》。
② (明)冯时可撰《宝善编》。
③ 唐鼎元撰《荆川弟子考》。
④ (明)洪朝选撰《太学生安君墓表》，转引自唐鼎元撰《荆川弟子考》。
⑤ 详见第四章《唐顺之的著述》。

恽绍芳，字光世，武进人。嘉靖二十六年(1547)进士，授刑部主事，累迁福建参议。

张淇，初名自期，号原洛。

贺邦泰，字道卿，丹阳人。嘉靖三十八年(1559)进士，知莆田，御倭有功。

万表，字民望，号鹿园。登正德十五年(1520)武会试。宁波卫世袭指挥佥事，年十七袭职。读书学古，不失儒生本分。

荆光裕，字孝启，丹阳人。隆庆五年(1571)进士，主刑曹。

陈文，字美中，丹徒人。嘉靖四十三年(1564)举于乡。

第四节　其他交游

顺之交游，有文献资料可考者不下二百人，然无一一考证的必要。上文已考述几种主要交游，尚有几种较有特色的友人群体，略加考述。

一、抗倭战友

明嘉靖年间，东南沿海倭患甚重，主要是14至16世纪的中国海盗集团和日本没落武士、海商勾结起来，在沿海地区武装走私和劫掠，给苏、浙、闽等地带来巨大灾难。一大批文臣武将投入到抗倭战争中。顺之晚年复出，奉命前往浙江与胡宗宪协谋抗倭，历时两年，结识一批抗倭战友。

胡宗宪[①](1512—1565)，字汝贞，号梅林，徽州绩溪人。嘉靖十七年(1538)进士，初历知益都、余姚二县。三十三年出任浙江巡按御史，严嵩党羽、工部侍郎赵文华督察军务，宗宪附之。赵文华大悦，因相与力排构陷他人，将破倭之功尽归胡宗宪，擢胡宗宪为左佥都御史，复擢为兵部右侍郎。胡宗宪以剿抚兼行及反间计，对海盗首领王直诱降招抚，对徐海、陈东、麻叶等离间剿灭，两浙倭患暂告平息。三十七年春，新倭复大至，宗

---

① 胡宗宪生平资料见《明史·胡宗宪传》。

宪谓贼可指日灭,帝令克期平贼。赵文华已得罪死,宗宪失内援,见寇患未已,宗宪惧得罪,思自媚于上,会得白鹿于舟山,献之,帝大悦。未几,复以白鹿献,帝益大喜。后复屡献祥瑞,取媚于帝。四十一年,浙直倭患渐息,胡宗宪御倭立下赫赫战功。未几,南京给事中陆凤仪劾其党严嵩及奸欺贪淫十大罪,得旨逮问。四十四年,竟瘐死狱中。万历初,复官,谥襄懋。

为安定大明王朝的海疆,胡宗宪功勋卓著,在剿灭倭寇的过程中,表现出卓越的谋略和才干。但其品行为人的确不甚磊落,依附赵文华,厚结严嵩,诋毁抗倭功臣张经而贪其功,取媚皇帝,贪污军费,谷应泰评其"才望颇隆,气节小贬"(《明史纪事本末》)。正因为胡宗宪人品上的污点,顺之与其协谋抗倭,唐氏后人讳谈唐子与宗宪同袍之谊,唐鼎元所著《明唐荆川先生年谱》所列"荆川师友谱"中不见胡宗宪名氏。然论及抗倭,胡宗宪确是顺之战友。

顺之作《三沙抱病夜坐柬梅林督府》①向胡宗宪自荐:

> 领军韦叡本清癯,药裹常随倚剑余。日御短衣巡壁垒,夜支倦体阅军书。莫愁深苇难搜薙,试算穷巢易扫除。虎将眼中谁可仗,伫闻幕府策何如。

抗倭期间,顺之致胡宗宪的书信《与胡梅林总督》②多达十三封。书二是顺之就抗倭方略向胡宗宪建言献策,建议将倭寇堵截在海上打击,不令其登陆,"仆所亲见成败,只在海剿一着。贼一上岸,必然复如往年之事矣,故忧之不得不深。但公方在调摄中,不宜以繁言相渎,念无可与为言者,故不得不为翁言也"。书三则是禀告军情并请发粮赏,"今欲并崇明、江北胜负贼情及请发粮赏,特题一本。公崇明捷奏,千万上紧早发,勿缓也"。书五、书七所载是顺之以军务请示胡宗宪:"适得公书,知闽中紧急若此,奈何奈何?不知仆区处三沙后,将往江北乎?将往闽中乎?幸示教。""三沙紧急用兵之时,而黄潭抚公谢病去矣。弟所赖者黄潭公,委心相听,尽力相应。今去矣,奈何?苏松更无一上司巡江替换,巡按丁忧,独弟与熊

① 《唐荆川先生文集》卷四。
② 《唐荆川先生文集》卷八。

兵备在海洋，内地无人料理兵食。苏松府县有司素蛮皮，一时提掇他不动，便成误事，如何为处?”

嘉靖三十八年(1559)三月，顺之任太仆寺少卿，胡宗宪奏称顺之权太轻，遂升通政司右通政。顺之调兵遣将，运筹安排，累挫敌于崇明三沙、庙湾。胡宗宪上疏为之请功，然顺之谦辞不受，让功于宗宪，《与胡梅林总督》(八)云:“庙湾贼累挫之余，据巢不敢出，计不走则剿矣，公奏稿可速进也。然无处不是公之妙略，而公乃归功于仆，甚愧甚愧，删之何如?”三十九年，顺之逝。四十年，胡宗宪刊刻顺之史学遗著《史纂左编》，存世。

顺之督战崇明，总兵官庐镗、副总兵刘显、凤阳巡抚李遂等与之协作。庐镗拒三沙，李遂守凤阳，顺之率刘显驰骋转战于江南、江北。战三沙，攻庙湾，破姚家荡，顺之与战友浴血布阵，进行了艰苦卓绝的抗倭战斗。

二、神交友

顺之有一神交友，二十年不曾谋面，而能独言心事。此人名喻时[①]，字中甫，号吴皋，河南光山人，嘉靖十七年(1538)进士。征拜御史，劾奏严嵩诸不法事，疏上即素服候讯。上心动，晋副都御史，总理漕运，立赏格擒大盗，奏减部税。寻总督三边，有功，拜兵部右侍郎，协理戎政。告归，数年起，补南户部侍郎。卒，赠祭葬。有《吴皋集》十二卷。顺之致喻时的书札《答喻吴皋中丞》[②]云:“海内相知，未有神交二十余年，而未能一奉面教如公者。每于朋友间得公清臞道貌，寤寐如见之。公之于仆，其亦然乎?”顺之与喻时交往二十余年而未曾谋面，只是与朋友间、寤寐中得闻、想象其音容笑貌，实令人感叹其交之“神”。然至“神”处还在顺之将“不敢为他人道”之心事诉于此友，无端之信任应源于两友之间惺惺相惜。《答喻吴皋中丞》云:

> 承示出处一节，深荷同心相知。但世间眼孔甚小，其卑者，则既恋恋以保惜富贵为生涯;其高者，则又以兢兢守护名节为大事。而古

---

① 喻时生平资料见明王世贞《弇山堂别集》卷六十四《总督陕西三边都御史年表》、《河南通志》卷六十《人物四》、《千顷堂书目》卷二十三。

② 《唐荆川先生文集》卷八。

人"饥溺由己,沟中之推由己",此一段学问,漫然不复知矣。平生此心不敢求信于流俗,而敢求信于豪杰,纵不敢求信于人,而天日炯然在也。草衣木食,已过一生,果哉末难亦何哉!公知我最深,聊一发其狂愚耳,不敢为他人道也。

顺之对喻时表明晚年复出的心态心境。《答喻吴皋御史》①誉喻时"执事之为令也,子惠乎于百姓;为御史也,风采动于朝端。至其发为词章,则又与古之骚人墨士争驰骋上下"。接下来评其诗文:

读所寄诸诗歌,其调雅以古,其气雄以鬯,而慷慨许国、揽辔请缨之气,复见于言语之外,盖不敢以词人之诗目之也。谢教谢教!赋篇伟丽,但摹拟选赋太似,而真意或稍不融畅耳。

三、历学友

顺之精通历法、算学。有两位友人,一与之研讨历法,一与之研讨算学,称为"历学友"。

周述学,字继志,号云渊,浙江山阴人。读书好深思,尤邃于历学,常与顺之论历。顺之欲会通中西历法,卒官不果。周述学撰《中经》,用中国之算测西域之占,又推究五纬细行为星道五图,七曜皆有道可求,以毕顺之之志②。两人共撰《历宗通议》。

顾应祥③,字惟贤,号箬溪,湖之长兴人。弘治十八年(1505)进士,授饶州府推官,累官南京刑部尚书。好读书,九流百家皆识其首尾,而尤精于算学。今所传《测圆海镜》《弧矢算术》《授时历撮要》,皆其所著也。顺之常与之探研数艺之学,《与顾箬溪》(一)④云:

某闲居多暇,亦时留意于数艺,将向所闻之左右者,时为紬绎,其于古人象数之精意,虽或有龃龉难通处,亦多有欣然意会处。其意会处,既恨不得即与明公相印证,其龃龉处,又恨不得就明公而为发蒙

① 《唐荆川先生文集》卷六。
② 《明史·方伎》。
③ 顾应祥生平资料见《明儒学案》卷十四《尚书顾箬溪先生应祥》。
④ 《唐荆川先生文集》卷七。

解缚也。

《与顾箬溪》(二)[①]云：

窃观明公演出《测圆海镜》书，自非明公细心绝识、洞极神明之奥，则不能剖破此混沌也，敬服敬服！然鄙见窃以为，此书形下之数太详，而形上之义或略。使观之者尚不免有数可陈而义难知，及示人以鸳鸯枕而不度与人以金针之疑。仆意欲明公于紧要处，提掇一二作法源头出来，使后世为数学者，识其大者得其义，识其小者得其数，则此书尤更觉精采耳，何如何如？承以序文见属，仆于数学稍有一二窥测，皆是明公指授，此委岂敢以不文为辞。

四、忘年友

顺之有几位忘年交：万古斋吉、魏庄渠校、毛古庵宪、周约庵金、崔后渠铣等。虽年齿悬殊，然交谊笃厚。仅简略考述与万古斋的交往。

万吉，字克修，号古斋，宜兴人。理学之士，顺之弟子万士和之父。万士和《先考古斋翁行略》云："先考讳吉，字克修。平生卓然自立，雅有志于古之贤人君子，不肯为流俗人。由少至壮，未尝敢懈，故众咸称为'古人'，而自号亦曰'古斋'公。我万氏世为凤阳人，元末避乱，默庵府君胜始渡淮来，居宜兴。"

万古斋与顺之订交于嘉靖十五年(1536)，"嘉靖丙申，余始识公于宜兴，公因遣二子从余游"[②]。万古斋素闻顺之名望，早有结交之意，适逢顺之养疴宜兴，遂登门求见。《先考古斋翁行略》云："(万古斋)素慕荆川先生为人。时先生方以少年拔出流俗，论先生者是非相半，先考将就见之。先生适养疴来荆溪，即踵门求谒，不觉警服。率安、和往从学焉。每一会晤，必有激发，恨相见之晚。然论书辞，谈道理，必反复质正，不为苟同。归家则进不肖辈曰：'先生非特博极群书，而志趣高迈，造诣精深，如凤凰翔于千仞，又如白璧无瑕，真当世人豪也。汝辈能学其万一，则吾愿毕

① 《唐荆川先生文集》卷七。
② 《唐荆川先生文集》卷十六《万古斋公传》。

矣。'"此后，顺之与万古斋订交，相与讲论理学。顺之撰《万古斋公传》云："(万古斋)数过余，相与讲论，有合有不合，而卒归于相得也。"万古斋是程朱派学者，顺之初攻程朱之学，后接受王派心学，两人讲论学术，自是"有合有不合"，然得于相互启发。万古斋的感受是："若荆川之言，盖多与阳明暗合。然究其指归，其抵牾晦翁者鲜矣。"[①]在万古斋看来，顺之虽然接触了阳明心学，但并未完全摒弃朱子理学，而是融会朱、王。因此两人相互激发辩难，反复质正，以求真解。

据《万古斋公传》载，万古斋卒于嘉靖二十三年(1544)，年六十三，时顺之三十八岁，年齿悬殊二十五岁。万古斋卒，顺之撰《万古斋公传》与《祭万古斋文》。

五、方外友

顺之罢官归里，散淡隐逸，萧然世外。常出入寺观，结纳僧道，与方外人士谈学论道。《唐荆川先生文集》所收诗作，题目中出现的寺院名称有碧云寺、庆寿寺、龙泉寺、普济寺、少林寺、神墩寺、海印寺、双塔寺、金山寺、永庆寺、金泽寺、天宁寺、龙池庵、海会寺等，赠于方外士的诗歌数量可观。可考名姓的方外友主要有济舟和尚、金道士、翠峰老僧、施道人等。

济舟和尚，嘉兴人，顺之曾访之，与之谈濂洛关闽之学。明董其昌撰《画禅室随笔》(《文渊阁四库全书》本)卷四载："嘉兴有济舟和尚，早岁不曾识字，因口授《礼观音文》。经三岁，忽发智慧，于内外典豁然通晓，腹为箧笥，辩若悬河。晋陵唐应德时就访之，与谈濂洛关闽之学。尤似夙悟大士冥加显被之力，不可诬也。济有语录行于世，因书此文志之。"

金道士，嘉兴人，世外奇隐，三十年不下床、不开口。顺之登门造访，他以手代口，引入室。顺之《小楼宴坐二首》[②]纪其人其事：

> 不入名山不世间，嗒然隐几置遗编。身名瓦砾宜居后，人事蚊虻任过前。抱树蜕蝉司化运，隔窗风竹发真诠。未登道域终难罢，微管

---

① (明)王升撰《万古斋行状》，转引自唐鼎元《明唐荆川年谱》卷一"十五年丙申三十岁"。

② 《唐荆川先生文集》卷三。

还须学测天。

——其一

涉世已如入梦蝶，居身未作脱韝鹰。自疑戾契[①]终为病，欲学墨屎[②]又不能。金老相逢知法器，慈公颇讶似禅僧。牛乎马也从人唤，惟一迂儒是本称。

——其二

诗跋云：

嘉兴金道士，三十年不下床，亦三十年不开口，冬夏一絮被自拥。余叩之，以指画卓，许余入道。慈舟者，苏之名僧也。余见之不告以姓名，渠深叹异，以余为头陀相也。

翠峰老僧，顺之有诗《喇嘛翠峰老僧挽诗三首》[③]，多句诗后有作者自注，从这些注语中可以得知翠峰老僧的些许个人资信：翠峰带发修行。曾还俗，蓄妻妾三年。曾于浦陀铸佛，造无梁殿，然未成功。《喇嘛翠峰老僧挽诗三首》云：

枯木寒岩亦未真，走盘珠子自精神。三飡煮粇一生事[④]，屡岁斋僧几万人。铸冶金容瞻气象，圆通天眼悟根因[⑤]。欲上伏牛心未了，了心应待再来身。

——其一

不事镢头不坐禅，扬眉瞬目见雄谈。净体发须元不碍[⑥]，炼心妻妾宿曾参[⑦]。殿厌沧溟功九仞，炉开色相佛千龛[⑧]。年年航海精诚在，垂没魂还到海南。

——其二

---

① 自注：戾契，见《韩文》，俗呼"捩及"。

② 自注：墨屎，见《列子》，俗呼"眉西"。

③ 《唐荆川先生文集》卷三。

④ 自注：翠峰每食糠饼。

⑤ 自注：翠峰得师傅天眼诀。

⑥ 自注：翠峰不去头发。

⑦ 自注：翠峰为僧后入俗，曾有妻妾者三年。

⑧ 自注：翠峰一生铸佛造无梁殿于浦陀，未成也。

自愧迂儒厌俗荤，每游香室藉思薰。别来常似一臂失①，话久宁容六耳闻。人去忽警函谷履，锡飞无复海东云。怜君铸佛经千亿，欲借余铜一铸君。

——其三

① 自注：用《庄子》。

第三章　唐顺之的思想

明弘治至隆庆为社会转型期，政治制度、思想文化、文学思潮等方面，都在激荡变革。顺之为正德、嘉靖年间人，人格、思想浸润时代思潮。本章拟在宏观的时代背景下，探讨其人格思想、心学思想与文学思想。

第一节　人格思想

顺之人格思想是指在生活、立身、行事等方面的性格理念的感性显现，具体表现为人格魅力、生活态度、立身行事的原则等，可分为内、外两个方面："内"是"自我"的一面，对待日常生活、功名仕途等自我方面所呈现的行为态度，体现为道释淡泊无为、任运随缘的思想观念；"外"是对家国、社会、民生、亲友等自觉担负的责任、给予的关爱，遵循儒家伦理道德思想。

一、道释思想

顺之本性质木淡泊，与世无争，"粗顽近乎质木，迂疏类乎澹泊"[①]，"非唯力不能与人争荣进之途，素心亦耻与人争荣进之途"[②]。一生始终有浓郁的隐逸情怀，性情恬淡，不乐仕进，消极避世，超然于名利之外。

顺之生平三次出仕，均很短暂。即便为官在任，亦常有拂衣而去之念。挚友熊过被劾一事，顺之颇感震动，《答皇甫百泉郎中》[③]感慨："南沙

① 《唐荆川先生文集》卷五《答张甬川尚书》。
② 《唐荆川先生文集》卷八《与白伯伦仪部》(一)。
③ 《唐荆川先生文集》卷六。

兄被劾，令人益有感于行路之难，此兄在内在外皆不见容若此，其自为计，独欠拂衣一往耳。”官翰林编修，奉命校累朝实录，顺之常常流露厌倦官场、遁世归隐的情绪：

端居滞文翰，久与赏心阕。出沐乘休豫，寻幽展欢悦。……岩栖庶可希，从兹谢尘辙。

——《游西山碧云寺作得悦字》①

少年好疏懒，遂与性相安。经月常忘沐，逢人或不冠。……解言脱屣易，岂惮拂衣难？

——《寓城西寺中杂言五首》② 其二

闲来竹林下，醉卧石房中。

——《普济寺同孟中丞作》③

我生苦缠缚，雅志在泉石。……焉能俯首学侏儒，局促羞为辕下驹。……以兹谢病且归去，钓竿远拂富春树。……朝看贤隐山，暮折申台柳。坐我白玉筵，劝我青荷酒。

——《狂歌行赠孟中丞有涯》④

未须白首牵朱绂，欲向丹丘访赤文。

——《得薛君所寄三游纪》⑤

以上这些诗，作于官翰林时期，正是人生最为得意之时，却时时有“归去来兮”之吟。实录校完，顺之称病告归，意趋林泉。二次拜官为春坊右司谏，虽在亲友劝说下赴京上任，仍心眷山林，愧羡幽居岩壑的友人：“顾尔犹岩壑，惭予滥石渠”⑥，“羡君结庐山之窟……一说名山心若洒”⑦。身居高位，并非志得意满，而是感受到官场龌龊，缠缚身心，渴望脱离官场，回归山野：“位高官要身不闲，惟有清梦到故山”⑧，“苦欲辞簪绂，归来掩故

①②③④ 《唐荆川先生文集》卷一。

⑤ 《唐荆川先生文集》卷二。

⑥ 《唐荆川先生文集》卷二《得薛君所寄三游纪兴刻中有杨方洲见怀之作盖别去已十余年矣抚卷慨然用韵奉答》。

⑦⑧ 《唐荆川先生文集》卷二《点苍山歌赠雪屏赵考功》。

园”[1]。厌烦名利场的喧嚣,“京洛岂无知已在,看君终是厌烦喧”[2],向往“丛桂山中约,枯槎海上期”[3]的悠闲自由境地。二次出仕,因言获罪而告终,遂绝意仕进。晚年,国难当头,顺之违拗初衷出山抗倭,出处在于“做事”而非“做官”,“功成笑掷封侯印,依然被褐返茅荆”[4]。期待剿灭倭寇,重归故里,无意博取功名,“自愧樗材虚汲引,秖宜仍旧种瓜田”[5]。亟欲战事结束,早日归山,“时或可退,不敢昧保身之几”[6]。

顺之前后居家二十余年,“缨冠本非分”[7],辞官归隐故里才是他的本分:“本非食肉相,犹是饭牛身。负郭无新业,灌园有旧邻。矶边独钓客,陇上偶耕人。”[8]家乡常州,山明水秀,风物宜人,顺之或居小庄,或处山中,恬淡安闲。《答屠渐山谕德》[9]云:“弟年来奔走荆溪,今岁始买小庄,去县十四五里。妻子始有定居,衣食稍能自给,一身幸为天地间一闲人矣。”《与王尧衢书》云:“春来卜居阳羡,此中山水绝清,无车马迎送之烦。出门则从二三子登山临水,归来闭门,食饮寝梦。尚有余闲,复稍从事于问学。”顺之多数时日居于阳羡山中,目摄心收与京师官场迥然不同:白云烟霞、泉石鸟兽、花木禾桑、山人僧道。远离尘嚣,徜徉山水之中,读书修道,悠闲度日,惬意自适,身心愉悦。萧散疏淡、宁静悠远的心境跃然于诗中:

> 醉卧松间月,行攀岩下藤。……四野绿禾满,三秋白雁来。
>
> ——《村居二首》[10]
>
> 始悟丘园里,能生清净心。悠悠何所叹,独坐抚瑶琴。
>
> ——《村夜》[11]

---

① 《唐荆川先生文集》卷二《闻石屋彭君置生棺有感为赋四诗》其三。
② 《唐荆川先生文集》卷二《赠吴山人归自京师》。
③ 《唐荆川先生文集》卷二《闻石屋彭君置生棺有感为赋四诗》其四。
④ 《唐荆川先生文集》卷四《卢龙行·咏田畴》。
⑤ 《唐荆川先生文集》卷四《某尝侯食于公语及人与物同之说公慨然有远庖厨之戒故云又黄庭经六寸田尺宅》。
⑥ 《唐荆川先生文集》卷十三《祭有怀府君文》。
⑦ 《唐荆川先生文集》卷二《荆溪上塘庵述怀》。
⑧ 《唐荆川先生文集》卷二《自述》。
⑨ 《唐荆川先生文集》卷五。
⑩⑪ 《唐荆川先生文集》卷一。

清溪知几曲，惟见白云深。一入蘼芜径，欣闻樵采吟。春莺未停啭，夏叶始繁阴。乘此纵长啸，悠然物外心。

——《暮春游阳羡南山四首》①其一

久已废逢迎，萧然世外情。

——《丹阳别王道思三首》②其一

身名幸自谢笼樊，白首为农誓不谖。惯住山中知鹿性，数行树下识禽言。巾车每许邻翁借，书帙间同道士翻。醉后渐看松月上，满村鸡犬寂无喧。

——《山庄闲居》③

尘心莹水镜，野服映山霞。岩壑长如此，荣名岂足夸。

——《题孤山林隐居祠二首》④其一

以上诗句作于前后家居时期，顺之以诗写心，疏萧寡欲，隐逸高蹈。他甚至向往丹丘羽人的灵岛仙山，《与李少卿中麓》⑤云：

弟数年来闭门乡居，谢遣业缘，交游既简，铅椠亦疏。暖暖虚里，桑梓满眼，自是天壤间乐事。时复据小楼，隐几兀坐，一种枯木寒灰趣味更别。乃知造物者置我于此，意良不薄。且端居多暇，更有丹丘羽人之想，闻牢山海岛仙灵窟宅，甚欲一往焉。

无论仕、隐，均安闲恬淡、冲和平舒，“山林钟鼎性俱安”⑥。他常常因多病疏懒而称自己为无用之“樗”：“樗散自知疏”⑦，“樗材非世用”⑧，“樗材在野大何用”⑨，“仆也樗散，本非适用之器”⑩，等等。顺之心性质朴，安于闲散疏淡，是道家思想的体现。

顺之性格思想中亦有佛家观念，凡事不强求，顺其自然，任运随缘，

①②③ 《唐荆川先生文集》卷一。

④ 《唐荆川先生文集》卷二。

⑤ 《唐荆川先生文集》卷六。

⑥ 《唐荆川先生文集》卷三《次韵赠薛仲常》。

⑦ 《唐荆川先生文集》卷一《次韵赠陈后冈》。

⑧ 《唐荆川先生文集》卷二《周莲渠以诗问病次韵》。

⑨ 《唐荆川先生文集》卷三《岁暮有怀诸子》。

⑩ 《唐荆川先生文集》卷八《与河南李中丞石迭》。

“大抵，人用之不敢以隐，人不用必不敢以求，亦必不敢以悔，终吾身而已矣”①。不少诗句显露禅机：“任性形骸豁，忘机鸟雀知”②，“飞鸟机心外，青天佛眼中。观心犹是障，齐物亦非同”③，“纷纷世事看花发，默默天机听鸟吟”④。常与方外人交往，谈禅说道，许多寺院道观都留下游踪，以诗纪游。《答徐存斋相公》⑤云：“樗散阘茸，百念尽冷，已作一方外人矣。”顺之尤其赞佩方外人士的苦行坚志，尝云：“方外之学，虽与吾儒不同，而其苦行坚守洗净心缘知自求之身者，固贤于今之儒也。”⑥仿效方外人苦节自励，修道进德，情状近乎自虐：“余平生无厚褥，止一褥，既薄且敝，病骨觉冷硬不堪也，乃从亲人家借一褥衬之。平生有厚褥与重褥，自今始。而余素戒肉，养病乃肉食。”⑦“罢归，杜门谢客，砥节益严。日从山中游，或趺坐竟日。冬不炉，夏不扇，行不舆，卧不裀，衣不帛，食不肉，备尝苦淡。曰：‘不如是不足以拔出欲根，彻底澄净。’”⑧

二、儒家思想

顺之早年治举业，自幼熟读《四书》《五经》，接受正统儒学教育，儒家思想在他内心根深蒂固，“仆少不自揆，亦尝有四方之志”⑨。

虽不乐仕进，然一旦处于官任，则在其位谋其政，恪尽职守，绝不尸位素餐。任吏部考功，顺之荐贤纳才，劾退不肖，秉公提升了一位德才兼备、仕途淹蹇的县官，严词劾论身居显位的庸官污吏，为当道所不容，而他不阿流俗，独任风裁。嘉靖皇帝长期不见朝臣，不受朝贺，朝政荒芜。时任春坊右司谏的顺之尽其职责，上疏请皇太子出御文华殿接手朝政，因而触怒嘉靖帝而被罢官。晚岁复出，蓟镇核兵，东南抗倭，顺之鞠躬尽瘁，死而

---

① 《唐荆川先生文集》卷五《答王南江提学》。

② 《唐荆川先生文集》卷一《休沐家居简陈约之》。

③ 《唐荆川先生文集》卷二《游永庆寺示诸友》。

④ 《唐荆川先生文集》卷三《自述》。

⑤ 《唐荆川先生文集》卷八。

⑥ (明)李贽撰《荆川唐公传》。

⑦ 《唐荆川先生文集》卷三《囊痈卧病作三首》跋。

⑧ (明)顾宪成撰《郡志传·唐顺之传》。

⑨ 《唐荆川先生文集》卷五《答周约菴中丞》。

后已:“誓清万里寇,敢惮一身危”[①],“瘦骨迂才堪窃笑,岂能万里事横行。一身自试妖狐穴,六月深驱瘴海兵”[②]。《与白伯论仪部》(二)[③]云:“平生不自量吃亏处,正是欲拣难事做。朝廷原用我做视军情官,我是看人干事的。假如我只高坐省城或苏州,今日一道文书江北督总兵,明日一道文书江南督兵备,谁论得我者?矢石驰驱,风波漂荡,岂是人情所乐?”

处江湖之远,并非彻心虚无,而是“心事江湖思报主”[④]。悠游山水,并未真正完全忘怀国事民生,“仆少不自知驽钝,亦不知世间行路之难,而妄有四方之志。自四十以前,虽屡经废锢,至于为国为民一念,每饭未之敢忘”[⑤]。“年来世事扰扰,忧国一念,未能弥忘”[⑥]。关注国运时事,“即今时事多艰,太原岁岁被虏鸣镝,及于上党太行以外,则抚相怀卫尽当其冲。即使虏骑必不能越太行,而兵粮策应犄角相援,河南是第一步。吾兄以素望起而任磁镇之计。若太原再警,势须鼓行而前,不得闭境自守而已也”[⑦]。“及东南遭倭变以来,备见生灵涂炭之苦,日夜痛心,奔告无所,欲亟图见敌忾戡乱之人”[⑧]。忧患时局、民生,见于诗作:

> 海上倭方急,云中虏又侵。缨冠本非分,抱膝复何心?
>
> ——《宿荆溪上塘庵述怀余向曾游此匆匆十年矣》[⑨]
>
> 谁能讼风伯,一使甘霖倾。(时旱灾甚)
>
> ——《舟郭外泊有感》[⑩]
>
> 之子从王事,秋江晓问津。泛舟千里役,行箧一官贫。淮海雄畿服,瑶琨贡国珍。圣明如有问,正可绘流民。(时江南旱甚)
>
> ——《赠郡倅纲运》[⑪]
>
> 岁岁吴侬事水耕,朝朝占雨愁云轻。泽中不闻鸠语合,田际但见

① 《唐荆川先生文集》卷四《自乍浦下海……》。

② 《唐荆川先生文集》卷四《海上归来病手足疮兼血疾伏枕》。

③ 《唐荆川先生文集》卷八。

④ 《唐荆川先生文集》卷四《至职方作》。

⑤ 《唐荆川先生文集》卷八《与万两溪吏部》。

⑥ 《唐荆川先生文集》卷六《与罗念庵修撰》。

⑦ 《唐荆川先生文集》卷八《与河南李中丞石迭》。

⑧ 《唐荆川先生文集》卷八《与俞总兵虚江》。

⑨⑩⑪ 《唐荆川先生文集》卷二。

龟文生。野老舐糠犹自得，书生炊桂亦何情。东南生计已如此，闻道山西又点兵。

——《次人忧旱作》①

顺之用世之心强，对家国、社会、民生怀有强烈的责任感和使命感，独善其身尚属不易，仍欲兼济天下，诸多事做来皆是知其不可为而为之。东南沿海倭变，乡土备受蹂躏，生灵涂炭，他出山抗倭，义不容辞。晚岁复出，横遭非议，不被世人理解的内心痛苦发为无奈悲凉的感慨："自出山以来，看尽世事，只少一宁武子之愚。"②其精神支撑在于恪守"当今之世，舍我其谁?"的孔门家法。

顺之对亲友以仁爱之心倾注温厚的关爱。亲侍父亲，居常承顺颜色，临病尽心医药，《与薛方山郎中》③云："山林之士，终是入山深、入林密，乃是安稳地面。而日侍老父，必须居城中。"教导两位弟弟读书立身。"肺腑之交"陈束亡，为之料理后事，抚恤孤寡，搜集亡友遗作编录成集。于苏州邂逅一福建病重友人申卿，倾其所有济之，致书洪朝选为其募捐。

顺之性格恬淡闲散，与世无争，对于名利仕途，超然其外，不乐仕进。对待世事不强求不推脱，顺其自然。极负气节，不妄干人，耻于依附权贵。而对于家国社会，则满怀热情，自觉担负责任和使命，时有可为则竭其才，居其位则尽其责。关注国事时局，关怀民瘼民疾。善待亲友，施以人道关爱。综上所述，顺之的人格思想融合儒、道、释，是一位中国中世纪典型的传统士人。

第二节　心学思想

明正、嘉年间，王守仁开创的"姚江学派"蓬勃发展，王门心学迅速崛起并广泛传播，《明史·儒林传》云："宗守仁者曰'姚江之学'，别立宗旨，

① 《唐荆川先生文集》卷三。

② 《唐荆川先生文集》卷八《与白伯论仪部》(二)。

③ 《唐荆川先生文集》卷五。

显与朱子背驰。门徒遍天下,流传逾百年。"①顺之身处时代风潮之中,受王门心学思潮的浸润而学宗姚江,《明儒学案》将其列入"南中王门学案"。顺之未入王门,心学思想主要得自王门弟子王畿、罗洪先、聂豹等人。嘉靖十一年(1532)结识王畿,得闻阳明"良知"说,遂有就道之念。四十岁以后弃文就道,入山中苦修。编纂《诸儒语要》二十卷、《诸儒文要》八卷。《诸儒语要》编采诸儒之言,《千顷堂书目》《四库全书总目》皆有著录,《四库全书总目》卷九十六《子部六·儒家类存目二》载:"《诸儒语要》二十卷,浙江巡抚采进本,明唐顺之编。……是编采诸儒之言。十四卷以前以人分,凡周子、二程子、张子、谢良佐、杨时、胡宏、朱子、张栻、陆九渊、杨简、王守仁十有二家。十五卷以下以类分。"《诸儒文要》采录诸儒之语及文章,《千顷堂书目》《唐氏先世著述目录》《唐荆川公著述考》俱著录,《唐荆川公著述考》云:"《诸儒文要》八卷。录周濂溪、二程、横渠、龟山、上蔡、五峰、紫阳、东莱、南轩、象山、慈湖、白沙、阳明之语及文章。"

顺之既编采宋、明理学诸家言论及文章,亦读其书、参其义,《与王尧衢书》云:"近始觉其羊枣昌歜之嗜,不足饥饱千人,非古人切问近思之义。于是取程、朱诸先生之书,降心而读焉。初未尝觉其好也,读之半月矣,乃知其旨味隽咏,字字发明古圣贤之蕴,凡天地间至精至玄之理,更无一闲句闲语。"受王畿、罗洪先、聂豹、邹守益、徐阶等王门后进影响,融铸多家思想而自出机杼,形成以"天机"为宗、以"无欲"为功夫的自家学问,在王学中占一席之地,可谓入之诸家,出之王门。《明儒学案》概括顺之心学要义:"以天机为宗,以无欲为工夫。谓'此心天机活泼,自寂自感,不容人力,吾惟顺此天机而已。障天机者莫如欲,欲根洗净,机不握而自运矣。成、汤、周公坐以待旦,高宗恭默三年,孔子不食不寝,不知肉味。凡求之枯寂之中,如是艰苦者,虽圣人亦自觉此心未能纯是天机流行,不得不如此著力也'。"②

一、天机说

"天机说"是顺之心学思想的核心内容。何谓"天机"?"天机"一语,

① (清)张廷玉等《明史》卷二百八十二《儒林一》,第7222页。
② (清)黄宗羲《明儒学案》卷二十六《南中王门学案·襄文唐荆川先生顺之》,第598页。

见于《庄子》诸篇,《庄子·大宗师》云"其耆欲深者,其天机浅",《庄子·天运》云"天机不张而五官皆备",《庄子·秋水》云:"今予动吾天机,而不知其所以然。……夫天机之所动,何可易邪?"《庄子》中的"天机"指人的天然本能的体性,即人的天性,与生具有,不可强求,不可更改。顺之"天机说"之"天机"即取此义,认为"天机即天命也。天命者,天之所使也"①。《答王遵岩》②云:"近年来痛苦心切,死中求活,将四十年前伎俩头头放舍,四十年前意见种种抹杀,于清明中稍见得些影子,原是彻天彻地灵明混成的东西。生时一物带不来,此物却原自带来;死时一物带不去,此物却要完全还他去。"顺之所谓"天命"、生带来死还去的"彻天彻地灵明混成的东西",就是"天机",即王阳明所言"良知",指人的自然本性。《与聂双江司马》阐述"天机说":

> 盖尝验得此心天机活物,其寂与感,自寂自感,不容人力。吾与之寂,与之感,只自顺此天机而已,不障此天机而已。障天机者莫如欲,若使欲根洗尽,则机不握而自运,所以为感也,所以为寂也。天机即天命也,天命者天之所使也。故曰天命之谓性。立命在人,人只是立此天之所命者而已。白沙先生"色色信他本来"一语,最是形容天机好处。若欲求寂,便不寂矣,若有意于感,非真感矣。

《明道语略序》③继续论述:

> 《乾》《坤》之心不可见,而见之于《复》,《复》之所以见《乾》《坤》之心也,学者默识其动而存之可矣。是以圣人于《乾》则曰"其动也直",于《坤》则曰"敬以直内"。《乾》《坤》一于直也,动本直也,内本直也,非直之而后直也。
>
> 盖其酝酿流行,无断无续,乃吾心天机自然之妙,而非人力之可为。其所谓默识而存之者,则亦顺其天机自然之妙,而不容纤毫人力参乎其间也。是故湛然常寂而非静也,盎然常感而非动也;退藏于密而非内也,曲成万物而非外也;不寝不食而非助也,不睹不闻而非忘

---

① 《唐荆川先生文集》卷六《与聂双江司马》。

② 《唐荆川先生文集》卷六。

③ 《唐荆川先生文集》卷十。

也；惩忿窒欲而未尝损也，改过迁善而未尝益也。是《乾》之所以为易，而《坤》之所以为简也。如此则为敬以直内，不如此则为以敬直内；如此则为集义，不如此则为义袭；如此则为由仁义行，不如此则为行仁义。故曰：道致一而已矣。学者何其多岐也。彼其所谓从事于心者，盖未尝实有见乎天机流行自然之妙，而往往欲以自私用智求之，故有欲息思虑以求此心之静者矣，而不知思虑即心也；有欲绝去外物之诱，而专求诸内者矣，而不知离物无心也；有患此心之无著，而每存一中字以著之者矣，不知心本无著中，本无体也。若此者，彼亦自以为求之于心者详矣，而不知其弊乃至于别以一心操此一心，心心相捽，是以欲求宁静而愈见其纷扰也。

顺之认为"天机"作为人的自然本性，具有自然之妙，非人力可为。为学之道在于"顺此天机而已，不障此天机而已"，"顺其天机自然之妙，而不容纤毫人力参乎其间也"。因此，他反对以人力强求"天机"，《与聂双江司马》云："仆亦窃谓孔子尝言心矣！出入无时，莫知其向，此真心也，非妄心之谓也。出入本无时，欲有其时，则强把捉矣；其向本无知，欲知其向，则强猜度矣。无时即此心之时，无向即此心之向，无定体者，即此心之定体也。"天机真心，无时无向，其寂感"不容人力"而自然流行，不可"强把捉""强猜度"。但顺应"天机"不假人力并非是无所作为，而是要"小心"，《与蔡白石郎中》①云：

小心两字，诚是学者对病灵药。但如前所说，细细照察，细细洗涤，使一些私见习气，不留下种子在心里，便是小心矣。小心非矜持把捉之谓也，若以为矜持把捉，则便与鸢飞鱼跃意思相妨矣。江左诸人，任情恣肆，不顾名检，谓之脱洒；圣贤胸中一物不碍，亦是脱洒，在辨之而已。兄以为脱洒与小心相妨耶？惟小心，而后能洞见天理流行之实，惟洞见天理流行之实，而后能脱洒，非二致也。

"小心"之意是要学者反躬自省，自我检点，避免恶习遮蔽天机真心，正如北宗禅始祖神秀所言"常常勤拂拭，莫使染尘埃"。然而"小心"不是"矜持

① 《唐荆川先生文集》卷六。

把捉”，与脱洒并无相妨，《与两湖书》①云：“天机尽是圆活，性地尽是洒落，顾人情乐率易而恶拘束。然人知安恣睢者之为率易矣，而不知见天机者之尤为率易也；人知任佚宕者之为无拘束矣，而不知造性地者之尤为无拘束也。”既然“天机”圆活，寂感自然流行，不假人力，那么便可顺而达之，于是顺之云：

儒者于喜怒哀乐之发，未尝不欲其顺而达之。其顺而达之也，至于天地万物，皆吾喜怒哀乐之所融贯，而后一原无间者可识也。佛者于喜怒哀乐之发，未尝不欲其逆而销之。其逆而销之也，至于天地万物，泊然无一喜怒哀乐之交，而后一原无间者可识也。其机常主于逆，故其所谓旋闻反见，与其不住声色香触，乃在于闻见色声香触之外；其机常主于顺，故其所谓不睹不闻，与其无声无臭者，乃即在于睹闻声臭之中。是以虽其求之于内者，穷深极微，几与吾圣人不异，而其天机之顺与逆，有必不可得而强同者。②

顺之看来，儒、佛分途在于天机之顺逆，“儒者于喜怒哀乐之发，未尝不欲其顺而达之”，“佛者于喜怒哀乐之发，未尝不欲其逆而销之”。顺之赞同儒家“顺而达之”的主张，倡导顺应“天机”自然，崇尚主体率情而为，不受束缚，《与两湖书》阐发了宁为狂者不做迂儒的议论：

兄今之所谓狂者也，而豁豁磊磊，率情而言，率情而貌。言也，宁触乎人而不肯违乎心；貌也，宁野于文而不色乎庄。其直以肆，则亦古之所谓狂者也。是兄有可以一变至道之力，而又有狂以进道之资也。兄其能无意乎？然兄之意必曰：“吾平生好适吾性而已矣。吾不能为拘儒迂儒，苦身缚体，如尸如斋，言貌如土木，人不得动摇云耳。”夫古之所谓儒者，岂尽律以苦身缚体，如尸如斋，言貌如土木，人不得动摇，而后可谓之为学也哉！

---

① 《唐荆川先生文集》卷五。
② 《唐荆川先生文集》卷十《中庸辑略序》。

二、天机的障碍是人欲

顺之"天机说"的一个鲜明观点:"天机"的障碍是人欲。"障天机者莫如欲,若使欲根洗尽,则机不握而自运,所以为感也,所以为寂也"。"天机"自处自然之妙的时候,圆活脱洒、自寂自感、无时无向。此种"真心"若受到欲障蒙翳,会变得混沌昏暗,不再"灵明",必待消除欲障,"灵明"始得重见。因此,欲使"天机"自然流行,不被遮挡,只有洗尽欲根,"彻底澄净"。《答张甬川尚书》①云:

> 自入山中,稍欲收敛精神,摆脱习气,庶几少有所闻,以酬宿志,且以不负长者拳拳教爱之至意。而间静中转见种种欲根,起灭不断。虽暂随气机歇息,终非拔本塞源工夫,益觉实病之难除,实功之难进也。承教《中庸》不可能乃在声臭之表,此吃紧要言。《中庸》所谓无声无臭,实自戒谨不睹恐惧不闻中得之。本体不落声臭,工夫不落闻见,然其辨只在有欲无欲之间。欲根销尽,便是戒谨恐惧。虽终日酬酢云为,莫非神明妙用,而未尝涉于声臭也。欲根丝忽不尽,便不是戒谨恐惧。虽使栖心虚寂,亦是未离乎声臭也。

这是顺之为消除欲根以求"天机"灵明修炼过程的切身体会。消尽欲根何其难,"种种欲根,起灭不断","欲根丝忽不尽,便不是戒谨恐惧。虽使栖心虚寂,亦是未离乎声臭也"。欲障难除,难见"天机"灵明。欲根起灭不断,"天机"亦昏明变化不已,《大观草堂记》②对此有形象精彩的描述:

> 方吾之心闲而无事,以逍遥乎草堂,而观于鱼鸟之飞鸣而潜泳,烟云之出没而隐映,融然若有凝于精,爽然若有释于神。是以物无逆于目,目无逆于心,而心无逆于物。一旦情随事以迁,勃焉而有斗,于是而心逐逐焉,而目慌慌焉,凡向之飞泳而出没,若有凝于精而释于神者,举皆不知所在矣。徐徐焉,斗解而机息。乃始还而观之,则草堂向之草堂,而烟云鱼鸟向之烟云鱼鸟也。于是为之怃然而一笑。

---

① 《唐荆川先生文集》卷五。

② 《唐荆川先生文集》卷十二。

嗟乎！嗜欲有蔽乎其中，则凡物举皆得而匿乎其外。物举皆得而匿乎其外，则虽与之游乎瀛海之表，而骋乎块漭凭虚之域，亦窅然若无睹也，而况于草堂乎！

心闲无事，无欲障蒙翳，内心澄明清净，天机灵明混成，所见鱼鸟烟云，鸣泳隐现，皆自得自适，自然而然，观者则“物无逆于目，目无逆于心，而心无逆于物”。一旦欲念起动，“情随事以迁，勃焉而有斗”，则心逐目恍，向前所见清明自然景致不复呈现，一切尽入混沌之中。待恢复逍遥无事之闲心，即“斗解而机息”，清明自然景致则又现于目前。可见，“天机”昏明在于欲障有无。

三、慎独以除欲障

如何“欲根销尽”以见“天机”，《答吕沃州》[1]作了一番探讨：

大率此学只论有欲、无欲，不论宁静、扰动。若本无欲障，则顷刻之间念念迁转，即是本体。若欲障未尽，则虽穷年默坐，能使一念不起，亦只是自私自利根子。白沙先生尝言“静中养出端倪”，此语须是活看。盖世人病痛，多缘随波逐浪，迷失真源，故发此耳。若识得无欲种子，则意真源波浪，本来无二，正不必厌此而求彼也。兄云“山中无静味，而欲闭关独卧，以待心志之定”，即此便有欣羡畔援在矣。请兄且毋必求静味只于无静味中寻讨，毋必闭关只于开门应酬时寻讨。于纷纭轇轕往来不穷之中，更试观此心何如。其应酬轇轕，与闭关独卧时，还自有二见否？若有二见，还是我自为障碍否？其障碍还是欲根不断否？兄更于此着力一番，若有得与有疑，幸不惜见教也。

顺之对江门心学创始人陈献章“静中养出端倪”[2]的为学主张不以为然，认为“静”中未必欲念不起，“动”中也未必不能去除欲障。“天机”可在“无静味中寻讨”，可在“开门应酬时寻讨”，亦可在“纷纭轇轕往来不穷之中”寻讨。若要真正做到无欲，需要“自悟本心”。《答王南江提学》[3]云：“人

① 《唐荆川先生文集》卷六。

② （明）陈献章《陈白沙集》卷二《与贺克恭黄门》。

③ 《唐荆川先生文集》卷五。

心存亡，不过天理、人欲之消长。而理欲消长之几，不过迷悟两字。然非努力聚气决死一战，则必不能悟。或不知所战，或战而不力，则往往终其身而不悟。"《答南野》①云：

慈湖之学，以无意为宗。窃以学者能自悟本心，则意念往来如云，物相荡于太虚。不惟不足为太虚之障，而其往来相荡，乃即太虚之本体也。何病于意而欲扫除之？苟未悟本心，则其无意者，乃即所以为意也。心本活物，在人默自体认处何如。不然，则得力处即受病处矣。

"以无意为宗"是宋代学者杨简的学术思想。顺之认为学者能否内心澄明无欲，在于其"默自体认"，通过自悟自修得"本心"，即"天机"。学者若能"自悟本心"，便可以明义利之辩，便可以区分是非曲直。《答侄孙一麐》②摆出具体的历史事例：

当时篡弑之人，必有自见己之为是，而见君父之甚不是处，又必有邪说以阶之。如所谓邪说作而弑君弑父之祸起者，《春秋》特与辨别题目，正其为弑。如"州吁弑完"一句，即曲直便自了然。曲直了然，即是非便自分晓。乱臣贼子，其初为气所使，昧了是非，迷了本来君父秉彝之心，是以其时恶力甚劲。有人一与指点是非，中其骨髓，则不觉回心。一回心后，手脚都软，便自动惮不得，盖其真心如此，所谓惧也。惧与不惧之间，是忠臣孝子、乱臣贼子之大机括，反复如翻掌。……但旧说以为乱臣贼子惧于见书而知惧，则所惧者，既是有所为而非真心，且其所惧，能及于好名之人，而不及于勃然不顾名义之人。以为《春秋》书其名，胁持恐动人而使之惧，此又只说得董狐、南史之作用，而非所以语于圣人拨转人心之妙用。

顺之又认识到"自悟本心"以克人欲、达天理之难，须用力恳切方可。《与张本静》③云：

① （清）黄宗羲《明儒学案》卷二十六《南中王门学案·襄文唐荆川先生顺之》，第601页。
② 《唐荆川先生文集》卷七。
③ 《唐荆川先生文集》卷六。

> 若谓认得本体，一超直入，不假阶级。窃恐虽中人以上，有所不能，竟成一番议论，一番意见而已。……天理愈穷，则愈见其精微之难致；人欲愈克，则愈见其植根之甚深。彼其易之者，或皆未尝实下手用力，与用力未尝恳切者也。

学者如何“自悟本心”？顺之认为方法途径为慎独。《答洪方洲主事》①云：

> 昔人谓有意为不善与有意为善皆能累心，如瓦石屑、金玉屑皆能障眼，惟“慎独”二字是千古正法眼藏。若于此参透，则终日履道，只是家常茶饭，平平坦坦，不作一毫声色，世间一切好题目、恶题目皆不能累我矣。

何谓“慎独”？《大学》云：“君子必慎其独。”《中庸》云：“戒慎乎其所不睹，恐惧乎其所不闻，莫见乎隐，莫显乎微，故君子慎其独也。”“慎独”就是持守或牢固地保持自我的道德本性和本心，面对自我的身心如何以心治身，面对外部世界，如何不被外物所左右而保持道德自觉。“慎独”防止和约束“自我非道德性”的萌生和出现，保持和守护“自我”道德本性。因此，以“慎独”功夫进德修业，护卫本心初念，针砭欲界物障。《寄黄士尚》②云：

> 近来深觉往时意气用事脚根不实之病，方欲洗涤心源，从独知处著工夫，待其久而有得，则思与乡里后进有志之士共讲明焉，一洗其蚁膻鼠腐、争势兢利之陋，而还其青天白日不欲不为之初心。

“慎独”便是“自悟本心”、消除欲障、保持“天机”灵明的功夫途径，正如王畿所说：

> 独知即是天理。独知之体，本是无声无臭，本是无所知识，本是无所粘滞拣择，本是彻上彻下。独知便是本体，慎独便是功夫。③

①② 《唐荆川先生文集》卷五。

③ （清）黄宗羲《明儒学案》卷十二《浙中王门学案二·郎中王龙溪先生畿》之“王龙溪论学书”之《答洪觉山》，第 260 页。

第三节 文学思想

在明代文学史上，唐顺之能占有一定的地位，不仅仅由于诗文创作自成一家，更重要的恐怕是他文学批评方面的思想，主要是章法论、文道观与本色论。

一、章法论与文道观

明代是中国科举制度发展的鼎盛时期，科举考试以《四书》《五经》为考试内容，应试文体是八股文。凡著于科举者，无不擅写八股文。明代八股文①是一种形式非常程式化的考试文体，格式苛严完备，由题前部分和正文部分组成，题前又分为破题、承题、起讲、入题几个部分，正文部分分为提比、中比、后比、结比，每比两股，即"八股"文。八股文篇法严密，断章谋篇，矩度俨然，注重声律、排偶，语言骈散相间，各部分之间讲究起、承、转、合的逻辑关系，对撰写者的思维能力和写作技巧要求很高。八股文虽然因内容的专制一统和形式的机械刻板束缚思想、摧残人才而受到激烈批判，然而练习写作八股文却可以有效地训练写作者的逻辑思维能力，培养写作者分析把握事物的准确性与概括性。应举者必须严格按照八股文的格式深入阐发儒家圣贤的微言大义，因难见巧，不按规定写作者即被判为违式，失去中第的机会。练习写作八股文是一个长期的训练过程，应试举子须自幼攻习，竭尽心智揣摩八股文的作法。长期研习八股文者，有可能被束缚心智，然豁朗通脱者不仅心灵不为蒙蔽，却可从中得益。

顺之是明代举业擅名者，二十岁以前专注于制艺文，时文冠绝诸家，师宗王鏊而又自成一格，"以古文为时文"，清方苞《钦定四书文》云："归(有光)、唐(顺之)皆以古文为时文，唐则指事类情，曲折尽意，使人望而心开。归则精理内蕴，大气包举，使人入其中而茫然。盖由一深透于史事，

① 有关明代八股文的论述参见：王凯符《八股文概说》，北京：中华书局，2002 年版(下同，不注)；龚笃清《明代八股文史探》，长沙：湖南人民出版社，2005 年版(下同，不注)。

一兼达于经义也。”[①]顺之作八股文“融液经史”，采用八股文“变式”[②]，比八股“定式”难度还大。顺之长期揣摩习作八股文，引发对文学理论的思考。八股文必须阐发儒家经典的规定和严密的篇法矩度为顺之注人深刻的创作理念，让他体悟到“文必有法”的“章法论”和“文以载道”的“文道观”。时文对于明代文人和文学批评的影响，郭绍虞先生曾有论断：“明代的文人，殆无不与时文生关系；明代的文学或文学批评，殆也无不直接间接受着时文的影响。”[③]

基于多年琢磨创作八股文的训练，顺之认为为文应该遵循一定的规矩法度。《与两湖书》[④]云：“以应酬之故，亦时不免于为文。每一抽思了了，如见古人为文之意，乃知千古作家别自有正法眼藏在。盖其首尾节奏，天然之度，自不可差，而得意于笔墨溪径之外，则惟神解者而后可以语此。”其所言“正法眼藏”正是千古作家为文的规矩法度。顺之编选《文编》，选取由周迄宋之文，皆习诵之文，分体排纂，以示后人古文法度，作为初学者学习古文创作的门径。《钦定四库全书总目·文编提要》云：“故是编所录虽皆习诵之文，而标举脉络，批导窾会，使后人得以窥见开阖顺逆、经纬错综之妙。而神明变化，以蕲至于古。学秦汉者当于唐宋求门径，学唐宋者固当以此编为门径矣。”[⑤]《文编序》[⑥]阐述了“文不能无法”的理论：

> 欧阳子述扬子云之言曰：“断木为棋，梡革为鞠，莫不有法，而况于书乎！”然则，又况于文乎？……文而至于不可胜穷，其亦有不得已而然者乎！然则不能无文，而文不能无法。是编者，文之工匠而法之至也。圣人以神明而达之于文，文士研精于文以窥神明之奥。其窥之也，有偏有全，有小有大，有驳有醇，而皆有得也，而神明未尝不在

---

① （清）方苞编，王同舟、李澜校注《钦定四书文校注》，武汉：武汉大学出版社，2009年版，第127页。

② 参见王凯符《八股文概说》：“八股文在起讲、人题之后用排比对偶写成八个相对成文的段落，这是定式、常式。根据题目的性质和内容的要求也可以写成两大股、四股、六股或十股、十二股，这就是‘变式’。”第176页。

③ 郭绍虞《中国文学批评史》，上海：上海古籍出版社，1979年版（下同，不注），第422页。

④ 《唐荆川先生文集》卷五。

⑤ （清）纪昀《钦定四库全书总目·文编提要》，第2644页。

⑥ 《唐荆川先生文集》卷十。

焉。所谓法者,神明之变化也。《易》曰:"刚柔交错,天文也;文明以止,人文也。"学者观之,可以知所谓法矣。

所言为文之法,即"神明之变化"。何谓"神明"呢?《序》言"圣人以神明而达之于文,文士研精于文以窥神明之奥","神明"当指圣人的微言大义,"六经"之旨,亦即儒家诗教所谓"文以载道"之"道"。"神明之变化"就是为文者将儒家道统在文中依其本来逻辑所进行的自然深入的阐发引申,也就是顺之所言的为文之法。此种文法论断正是八股文创作之法的归纳总结,其中包含了"文以载道"的"文道观"。顺之的"文道观"侧重于"道",以道论文,《答廖东雩提学》①云:"文与道非二也。更愿兄完养神明,以探其本原,浸涵六经之言,以博其旨趣,而后发之,则兄之文益加胜矣。"

《文编序》所言为文之法指对儒家道统的巧妙阐述,并非具体的文章遣词造句、结构体式、谋篇布局等方法,因而抽象,很难捉摸,难以学习把握,不易达到为初学者指引学习古文创作门径的目的。难怪顺之所辑《文编》,虽代有选文,数量甚夥,然传之不远,知者不多,倒是茅坤在《文编》基础上另外编选的《唐宋八大家文钞》,法矩井然,浅近易学,"其书盛行海内,乡里小生无不知茅鹿门者"。《文编序》阐述的"神明之变化"之章法实为无法之法,实是最高境界的为文之法。此种章法的应用是作家深厚学养和创作才情的体现,不是无学养无才情者通过习诵范文能够学得来。

文章章法之妙,在于作家以博厚的创作底蕴自然而致,非强力所为。《董中峰侍郎文集序》②云:

喉中以转气,管中以转声,气有湮而复畅,声有歇而复宣,阖之以助开,尾之以引首,此皆发于天机之自然。而凡为乐者,莫不能然也。最善为乐者则不然,其妙常在于喉管之交,而其用常潜乎声气之表。气转于气之未湮,是以湮畅百变而常若一气;声转于声之未歇,是以歇宣万殊而常若一声。使喉管声气融而为一,而莫可以窥,盖其机微矣。然而其声与气之必有所转,而所谓开阖首尾之节,凡为乐者,莫不皆然者,则不容异也。使不转气与声,则何以为乐?使其转气与

① 《唐荆川先生文集》卷五。
② 《唐荆川先生文集》卷十。

声，而可以窥也，则乐何以为神？有贱工者，见夫善为乐者之若无所转，而以为果无所转也，于是直其气与声而出之，戛戛然一往而不复，是击腐木湿鼓之音也。言文者，何以异此。

对于古文章法，顺之分为“汉以前之文”与“唐与近代之文”，《董中峰侍郎文集序》云：

> 汉以前之文，未尝无法，而未尝有法，法寓于无法之中，故其为法也密而不可窥；唐与近代之文，不能无法，而能毫厘不失乎法，以有法为法，故其为法也严而不可犯。密则疑于无所谓法，严则疑于有法而可窥。然而文之必有法，出乎自然而不可易者，则不容异也。且夫不能有法，而何以议于无法有人焉？见夫汉以前之文，疑于无法，而以为果无法也？于是率然而出之，决裂以为体，饾饤以为词，尽去自古以来开阖首尾经纬错综之法，而别为一种臃肿佶涩浮荡之文，其气离而不属，其声离而不节，其意卑其语涩，以为秦与汉之文如是也，岂不犹腐木湿鼓之音？而且诧曰：“吾之乐合乎神。”呜呼！今之言秦与汉者纷纷是矣，知其果秦乎汉乎否也？

顺之认为“汉以前之文”章法为无法之法，高妙难测，时人浅庸无学者误解“秦与汉之文”，模拟剽窃，“决裂以为体，饾饤以为词，尽去自古以来开阖首尾经纬错综之法，而别为一种臃肿佶涩浮荡之文，其气离而不属，其声离而不节，其意卑其语涩”，拟古之文“犹腐木湿鼓之音”，遂有“画虎不成反类狗”之嫌。此段议论针对“前七子”文学拟古主义而言。“唐与近代之文”则是“以有法为法”，有法可窥，则有迹可循，可作初学门径。“汉以前之文”与“唐与近代之文”，顺之认为皆有章法，不过是表现形式不同。“文之必有法，出乎自然而不可易者，则不容异也”，其“章法论”可概括为：“文必有法，出乎自然。”

二、本色论

顺之文学思想最重要的理论是“本色论”。阳明心学思潮是“本色论”的思想渊源，“前七子”文学拟古主义思潮是“本色论”形成的时代背景。

明正、嘉年间，哲学思想界兴起声势浩大的阳明心学思潮，主旨是“致良知”。“良知”出自《孟子·尽心上》:“人之所不学而能者,其良能也,所不虑而知者,其良知也。”这里所说的“良知”,既是道德意识,也指最高本体。王守仁认为,良知人人具有,个个自足,是一种不假外力的内在力量,即人与生具有的自然本性。前文已述顺之与王门弟子结交,接受阳明心学,在此基础上形成自己的心学思想“天机说”。“天机说”认为,“天机”指人的天然、本能的体性,即人的天性,与生具有,不可强求,不可更改。“天机”即“天命”,是生带来死还去的“彻天彻地灵明混成的东西”,也就是王阳明所言的“良知”,指人的自然本性。“天机”作为人的自然本性,具有自然之妙,其寂感“不容人力”而自然流行,非人力可为,不可“强把捉”“强猜度”。因此顺之主张为学之道在于“顺此天机而已,不障此天机而已”,“顺其天机自然之妙,而不容纤毫人力参乎其间也”,“天机”便可不假人力顺而达之。嘉靖十一年(1532),顺之二十六岁,初闻阳明“良知”说,经过十余年参悟,形成自己的心学思想“天机说”,四十岁左右发表“本色论”,主要观点与“天机说”契合。“本色轮”思想根源在于阳明“良知”说。

明代文学复古思潮①波澜起伏,贯穿有明一代始终,反复古的文学思潮相伴而生。弘治时,李梦阳、何景明掀起文学复古运动的第一次高潮,徐祯卿、边贡、康海、王九思、王廷相等五人复羽翼之,这便是“弘治七子”,与李攀龙、王世贞为首的“后七子”相对,亦称“前七子”。“前七子”的文学复古活动主要在弘治、正德年间,时段不长,但余波所及甚远。“前七子”所倡导的复古运动,实质上是一场力图恢复古典审美理想及古典文学特别是古典诗歌审美特征的文学运动。所谓古典审美理想,是中国中古时期占主导地位的以“和”为最高标准的审美理想,具体内容可以概括为情与理、善与美、意与象的统一,就是由儒家诗教规定的主客体统一的中和之美、和谐之美。若体现在古典文学特别是古典诗歌审美方面,其特征就是情景交融、意象完美统一的“意境说”。孔子及其门徒在先秦时代就提出了中国古典审美理想,而它的实现经过了漫长的发展,直到盛唐时期才

---

① 有关明代文学复古思潮的论述参见廖可斌《明代文学复古运动研究》,北京:商务印书馆,2008年版(下同,不注)。

由盛唐诗歌特征即所谓“盛唐气象”完美体现出来。然而，中唐之后，古典审美理想走向解体。宋、元以降，伴随着古典审美理想的解体，古典诗歌也偏离了传统的审美特征而分化和衰落。至明初，经一百多年至成化、弘治时，文化思想界由于理学的长期浸淫已出现僵化，且馆阁宰辅长期主盟文坛，处于此时的文学平庸呆板，苍白无力，古典诗歌已失去了理想的审美特征，到了“极鄙极靡、极卑极滥”的境地，明初文坛上的“台阁体”“陈庄体”便是代表。此时，重倡古典审美理想，力挽古典诗歌创作的衰颓局面，就成为时代的迫切要求。“前七子”应时而起，掀起文学复古运动，对“台阁体”“陈庄体”给予猛烈抨击，提倡学古。“前七子”提出“古诗以汉魏为师，旁及六朝；近体诗以盛唐为师，旁及初唐，中唐特别是宋元以下则不足法”[①]，散文创作师法秦汉。“前七子”提出学古目标之后，其诗文创作便一味模仿先秦、汉魏、盛唐。但是，由于以“前七子”为代表的复古派作家们学养、才情俱不深厚，诗文创作模仿古人只学皮毛而不得神髓，模拟剽窃的痕迹太重。“前七子”复古运动的弊端引起了众多作家的不满。嘉靖初年，以王慎中、唐顺之、茅坤、归有光等人为主要成员的作家派别，针对“前七子”模拟剽窃的文风起而攻之。王慎中、唐顺之最初追随“前七子”，刻意模古。后来，他们接触到阳明心学，倡导表现独立自觉的主体精神。而“前七子”复古运动的流弊就在于他们文学创作模拟剽窃古人而失去自我独立的主体精神。于是，王、唐等人在文学理论上就提出追求主体精神独立的“本色论”，以反对“前七子”复古运动的流弊。

顺之率先提出“本色论”，《答茅鹿门知县二》[②]云：

> 只就文章家论之，虽其绳墨布置、奇正转折，自有专门师法，至于中一段精神命脉骨髓，则非洗涤心源、独立物表、具今（按：应为“千”）古只眼者不足以与此。今有两人，其一人心地超然，所谓具千古只眼人也，即使未尝操纸笔呻吟学为文章，但直据胸臆，信手写出，如写家书，虽或疏卤，然绝烟火酸馅习气，便是宇宙间一样绝好文字；其一人犹然尘中人也，虽其专专学为文章，其于所谓绳墨布置则尽是矣，然

---

① 廖可斌《明代文学复古运动研究》，第127页。

② 《唐荆川先生文集》卷七。

翻来覆去不过是这几句婆子舌头语，索其所谓真精神与千古不可磨灭之见，绝无有也，则文虽工而不免为下格。此文章本色也。

“章法论”主张写文章要讲究规矩法度，属于文章艺术技巧的范畴。在“文必有法”的前提下，更强调文章思想内容方面要具有“真精神与千古不可磨灭之见”，即文章要有独到的思想见解与真实的情感意境。文章之“真精神与千古不可磨灭之见”由作者发挥其主体能动精神创造，“至于中一段精神命脉骨髓，则非洗涤心源、独立物表、具今古只眼者不足以与此”。至于文章法度与文章“精神命脉骨髓”相较，顺之认为“精神命脉骨髓”更重要。若是文章具有真“精神命脉骨髓”，即便作者不懂文章规矩章法，为文“直据胸臆，信手写出，如写家书，虽或疏卤”，“然绝烟火酸馅习气，便是宇宙间一样绝好文字”；若文章“真精神与千古不可磨灭之见，绝无有”，翻来覆去不过是陈言套语，纵然章法严密，技巧纯熟，“所谓绳墨布置则尽是矣”，仍“文虽工而不免为下格”。文章具有“真精神与千古不可磨灭之见”，即为“文章本色”。而文章有无“本色”在于作者的主体精神面貌，即作者是“心地超然”者抑或“犹然尘中人”。此段论是“本色论”第一个层面的含义：文章有无“本色”。

《答茅鹿门知县二》紧接着上段文字继续阐发“本色论”：

即如以诗为谕，陶彭泽未尝较声律、雕句文，但信手写出，便是宇宙间第一等好诗，何则？其本色高也。自有诗以来，其较声律、雕句文用心最苦而立说最严者，无如沈约，苦却一生精力，使人读其诗，只其捆缚龌龊，满卷累牍，竟不曾道出一两句好话，何则？其本色卑也。本色卑，文不能工也，而况非其本色者哉！

此段文字阐述了“本色论”第二个层面的涵义：文章“本色”的高、卑问题。顺之以陶渊明与沈约为例，论述文章“本色”有高、卑之分。作者主体精神如陶渊明高洁纯真者，即便不苦心经营创作技巧、章法，“未尝较声律、雕句文，但信手写出”，亦能写出一流的作品，“宇宙间第一等好诗”；若沈约品质低下猥琐之辈，纵使“苦却一生精力”，“较声律、雕句文用心最苦而立说最严”，然其诗仍是“捆缚龌龊，满卷累牍”，难以写出传诵千古的名句。

如何才能写出本色文章呢？这是“本色论”内涵的第三个层面。《与洪芳洲书》①阐明了观点：

> 盖文章稍不自胸中流出，虽若不用别人一字一句，只是别人字句，差处只是别人的差，是处只是别人的是也。若皆自胸中流出，则炉锤在我，金铁尽镕，虽用他人字句，亦是自己字句。
>
> 文字工拙在心源。……
>
> 近来觉得诗文一事，只是直写胸臆，如谚语所谓开口见喉咙者，使后人读之如真见其面目，瑜瑕俱不容掩，所谓本色，此为上乘文字。

顺之认为文章应自作家胸中流出，“文字工拙在心源”，文章的好坏是由作家主体精神格调的高低决定的。若要写出本色文章，作家应“直写胸臆”，意出于己，自然表达。他以此评论洪芳洲的文章：“读兄所寄如《祭侯侍郎》等诸文及诸诗，皆雄深有力，胜于旧作，足征多蓄之效。至送鹿园文字，虽傍理路，终似蹈袭，与自得处颇无交涉。”②对蹈袭他人无自得的文章，不吝批评。至于如何为文，顺之给予洪芳洲建议：“愿兄且将理要文字权且放下，以待完养神明，将向来闻见一切扫抹，胸中不留一字，以待自己真见露出，则横说竖说更无依傍亦更无走作也，何如何如？”③

综上所述，可以归纳“本色论”的基本观点：本色是指作家真实的、本原的、天然的人格质地，即作家“自我”，通过为文反映出来，表现为文章中的真知灼见、真情实感、真切意境。人品决定文品，以文探人。本色高者，其文格调即高；本色卑者，其文格调亦卑；无本色者，其文最劣。若要写出本色文章，作家就应直写胸臆，意出于己，自然表露，不意矫饰。

顺之力倡“本色论”，即便针对“代圣人立言”的八股文，他也主张要有“真精神”。《与冯午山柬》④云：“秀才作文，不论工拙，只要真精神透露。如有真精神，虽拙且滞，必是英俊奇伟之士。公考试看文，不必论奇、论

① 《唐荆川先生文集》卷七。

②③ 《唐荆川先生文集》卷七《与洪芳洲书》。

④ （清）雷鋐《读书偶记》卷二，《文渊阁四库全书》本。

平、论浓、论淡，但窥其真精神所向。如肯说理、肯用意，必是真实举子也；如无理无意而但掇拾浮华，必是诈伪小人。此是阅卷大关键。”

顺之以“本色论”作为评判文章优劣的准的。《答茅鹿门知县》(二)高度评价晋陶渊明的诗：“陶彭泽未尝较声律、雕句文，但信手写来，便是宇宙间第一等好诗。”盛赞先秦儒、庄、纵横、名、墨、阴阳诸子文各具本色：

> 秦汉以前，儒家者有儒家本色，至如老庄家有老庄本色，纵横家有纵横本色，名家、墨家、阴阳家皆有本色。虽其为术也驳，而莫不皆有一段千古不可磨灭之见。是以老家必不肯剿儒家之说，纵横必不肯借墨家之谈，各自其本色而鸣之，为言其所言者，其本色也。是以精光注焉，而其言遂不泯于世。

批判唐宋文中无“本色”者：

> 唐宋而下，文人莫不语性命、谈治道，满纸炫然，一切自托于儒家，然非其涵养畜聚之素，非真有一段千古不可磨灭之见而影响剿说，盖头窃尾，如贫人借富人之衣，庄农作大贾之饰，极力装做丑态尽露，是以精光枵焉，而其言遂不久湮废。然则秦汉而上，虽其老、墨、名、法、杂家之说而犹传，今诸子之书是也。唐宋而下，虽其一切语性命谈治道之说而亦不传，欧阳永叔所见唐四库书目，百不存一焉者是也。

盛赞邵雍、寒山诗与曾巩文，尤其推崇邵雍，《与王遵岩参政》①云：

> 近来有一僻见，以为三代以下之文未有如南丰，三代以下之诗未有如康节者。然文莫如南丰，则兄知之矣。诗莫如康节，则虽兄亦且大笑。此非迂头巾论道之说，盖以为诗思精妙语奇格高诚，未见有如康节者。……古今诗庶几康节者，独寒山、静节二老翁耳，亦未见如康节之工也。

邵雍是北宋理学家，与程颐、程颢为学侣，一生安贫乐道，淡泊名利，自号为“安乐先生”。有诗集《伊川击壤集》。《钦定四库全书总目·击壤

① 《唐荆川先生文集》卷七。

集提要》云:"邵子……晚年绝意世事,不复以文字为长,意所欲言,自抒胸臆,原脱然于诗法之外。毁之者务以声律绳之,固所谓谬伤海鸟横斤山木;誉之者以为风雅正传,庄昶诸人转相摹仿,如所谓'送我一壶陶靖节,还他两首邵尧夫'者,亦为刻画无盐,唐突西子,失邵子之所以为诗矣。况邵子之诗,不过不苦吟以求工,亦非以工为厉禁。"①邵雍作诗文"意所欲言,自抒胸臆","不苦吟以求工,亦非以工为厉禁",自然表达,不刻意求工,亦非失之粗率,正符合"本色论"。《伊川击壤集·序》②云:"《击壤集》,伊川翁自乐之诗也。非唯自乐,又能乐时与万物之自得也。……所作异乎人之所作也。所作不限声律,不沿爱恶,不立固必,不希名誉,如鉴之应形,如钟之应声。"

唐代诗僧寒山的诗歌,亦为顺之激赏。寒山是唐代的白话诗人,其诗为口语体的白话诗,《钦定四库全书总目·寒山子诗集提要》云:"其诗有工语,有率语,有庄语,有谐语。……今观所作,皆信手拈弄……不可复以诗格绳之,而机趣横溢。"③项楚《寒山诗注·前言》④云"不拘格律,直写胸臆,或俗或雅,涉笔成趣"是寒山诗的总体风格。寒山诗亦与"本色论"相契。

寒山、邵雍诗作风格因与"本色论"相符而得到顺之赞赏,顺之因欣赏二人诗风又仿效之,《答皇甫百泉郎中》⑤云:"为诗也率意信口,不调不格,大率似以《寒山》《击壤》为宗。"顺之亦以"本色论"为准绳评论时人的诗文:

> 蔡白石,今之名家也,仆向来颇不谓然,近得其诗读之,则已洗尽铅华,独存本质,幽玄雅淡。⑥

> 所示诸文,皆清新纡徐,有作者之意,宜更浑雄以畜之、昌博以发之,则古调可几也。⑦

---

① (清)纪昀《钦定四库全书总目·击壤集提要》,第2057页。
② (宋)邵雍《伊川击壤集》,《四部丛刊初编》本,上海:上海书店,1989年版。
③ (清)纪昀《钦定四库全书总目·寒山诗集提要》,第1990页。
④ 项楚《寒山诗注》,北京:中华书局,2001年版。
⑤ 《唐荆川先生文集》卷六。
⑥ 《唐荆川先生文集》卷六《答皇甫百泉郎中》。
⑦ 《唐荆川先生文集》卷七《与杨朋石祠祭》。

顺之"章法论"主张"文必有法，出乎自然"，为文应遵循一定的规矩法度，运用创作技巧，文章法度有待作家学养累积至深后自然达之，非强力而至；"本色论"认为作家应直抒胸臆，自然表达创作主体"本色"，不刻意矫饰。综上所论，可以总结顺之文学思想的总体特征：文以明道，师法自然。

第四章 唐顺之的著述

顺之是学者型作家，勤于诗文创作的同时于学无所不通，文学创作与学术研究结晶为宏富的著述。据古今官私目录记载，其著述多达 63 种，遍及经、史、子、集各部诸多类别。本文主要从文学角度关注顺之，其集类著述理应首要得到细致深入的考察，然后按经、史、子的顺序逐次介绍其余各类著述。

第一节 集类著述

顺之集类著述可分为别集类、选集类、总集类、文史类、诗文评类，凡 24 种。

一、别集类

(一)《荆川集》

顺之最重要的一种诗文别集。《明史·艺文志四》著录二十六卷，《千顷堂书目》卷二十三著录二十卷，《四库全书总目》著录十二卷，《常州先哲遗书》收录十八卷，《四部丛刊初编》收录十七卷。《荆川集》最早结集于明嘉靖二十八年(1549)，无锡安如石抄录刊刻，顺之尚在世。卒，后人搜集遗作，补充了初刻诗文集。明、清两代，《荆川集》被数次翻刻，形成四个版本系统，多种版本。

1. 十二卷本

(1)《唐荆川先生文集》十二卷，明嘉靖二十八年(1549)安如石刻本，王慎中为之序。十二卷本系统之祖本。《唐氏先世著述目录》[1]《唐荆川公著述考》[2]皆云:"《荆川集》初刻于嘉靖己酉,为无锡安磐所编,王慎中为之序。"嘉靖己酉即嘉靖二十八年。据复旦大学图书馆藏本录其版本特征:

> 每半叶十行,行二十字,白口,四周单边,单黑鱼尾,鱼尾下镌"荆川文集"。版心刻有刻工姓名,如何田(卷一第三、四页)、何充(卷一第六页)、方瑞(卷一第七页)、何凤(卷一第八页)、何敖(卷二第八页)等。卷端不著撰人名氏。
>
> 嘉靖己酉(二十八年)王慎中《唐荆川先生文集序》曰:"无锡安君如石子介幕君之学,得其所为诗文,汇而刻之,以与同好者共。安君之趣尚如此,岂凡人之所及哉?嘉靖己酉冬十月望晋江遵岩居士王慎中道思甫序。"
>
> 序后目录前收有《答王遵岩书》与《与卜无锡书》二文。目录中每卷下刻有该卷所收诗文的数量。
>
> 凡十二卷,卷之一"廷试策一道",卷之二"诗,二百六十二首",卷之三"诗,二百二十五首",卷之四"书,二十四首",卷之五"书,三十二首",卷之六"序,十一首",卷之七"序,二十七首",卷之八"记,二十首;说,四首",卷之九"墓志铭,二十三首",卷之十"墓铭表,十八首",卷之十一"传,七首;祭文,五首;杂文,八首",卷之十二"杂文,二十首"。

(2)《重刊校正唐荆川先生文集》十二卷,明嘉靖三十二年(1553)书林叶氏宝山堂刻本。此为十二卷本系统之二刻本。据上海图书馆藏本录其版本特征:

> 每半叶十行,行二十字,白口,四周单边,单黑鱼尾,中缝鱼尾下镌"荆川文集";卷一首页版框高 21.6 公分,宽 14.6 公分。
>
> 卷端不著撰人名氏。
>
> 嘉靖己酉王慎中《重刊校正唐荆川先生文集序》终落为"嘉靖己

---

① 唐鼎元辑《唐氏先世著述目录》,1931 年铅印本(下同,不注),第 1 页。
② 唐鼎元辑《唐荆川公著述考》,《毗陵唐氏家谱》"懿"册(下同,不注)。

酉冬十月望晋江遵岩居士王慎中道思甫序”,序后镌“嘉靖癸丑书林叶氏武进梓行”。

目录十二卷,卷之一“廷试策一道”,卷之二“诗”,卷之三“诗”,卷之四“书”,卷之五“书”,卷之六“序”,卷之七“序”,卷之八“记”,卷之九“说、铭、赞、祭文”,卷之十“墓志铭”,卷之十一“行状、墓志、传”,卷之十二“杂著”。目录后镌“是集因无锡板差讹太多,乃增删校正无差。谨告四方贤明士大夫君子须认此板三衢叶宝山堂为真。故禀”。卷十二后镌“嘉靖癸丑仲冬浙江叶宝山堂”。

此本是浙江叶氏宝山堂于嘉靖癸丑(1553)仲冬据嘉靖己酉(1549)安氏本重刻。《唐氏先世著述目录》《唐荆川公著述考》云:“《荆川集》初刻于嘉靖己酉……再刻于嘉靖癸丑,浙江叶氏据安氏本重雕,均为十二卷,即《四库全书》著录者是也。”

(3)《重刊校正唐荆川先生文集》十二卷,明嘉靖三十四年(1555)金陵书林薛氏刻本。此本是《荆川集》三刊本,金陵书林薛氏据嘉靖己酉(1549)安氏本重刻。《唐氏先世著述目录》云:“《荆川集》初刻于嘉靖己酉……三刻于万历己酉。”《唐荆川公著述考》云:“《荆川集》初刻于嘉靖己酉……三刊于嘉靖乙卯金陵薛氏。”嘉靖乙卯即嘉靖三十四年(1555)。《唐氏先世著述目录》印于1937年,《唐荆川公著述考》印于1948年,两书皆为唐鼎元所著。由此看来,唐鼎元在《唐氏先世著述目录》中所云“三刻于万历己酉”是讹误,他本人在后来印行的《唐荆川公著述考》中作了订正。

(4)《重刊校正唐荆川先生文集》十二卷,《续文集》六卷,《南奉使集》二卷,《北奉使集》一卷,《敕命》二卷,《部札》一卷,明嘉靖三十四至三十八年(1555—1559)金陵书林薛氏重修本。根据上海图书馆藏古籍善本录其正集版本特征:

每半叶十行,行二十字,白口,四周单边,单黑鱼尾,鱼尾下镌“荆川文集”;卷一首页版框高20.6公分,宽14.4公分。

卷端不著撰人名氏。

嘉靖乙卯王慎中《重刊校正唐荆川先生文集序》,序终落为“嘉靖乙卯季春月望晋江遵岩居士王慎中道思甫序”，序后镌“嘉靖乙卯书林　刊印行”，空白处应为“薛氏”二字。

正集目录十二卷，卷之一“廷试策一道”，卷之二“诗”，卷之三“诗”，卷之四“书”，卷之五“书”，卷之六“序”，卷之七“序”，卷之八“记”，卷之九“说、铭、赞、祭文”，卷之十“墓志铭”，卷之十一“行状、墓志、传”，卷之十二“杂著”；目录后镌“是集因无锡板差讹太多，乃增删校正无差。谨告四方贤明士大夫君子须认此板金陵”；卷十二后镌“嘉靖乙卯仲春　　氏刊印行”，空白处应为“金陵薛”三字。

此本中的《续文集》六卷、《南奉使集》二卷、《北奉使集》一卷、《敕命》二卷、《部札》一卷，与《重刊校正唐荆川先生文集》十二卷部分的刊刻时间（明嘉靖三十四年）不同。《南奉使集》《北奉使集》为顺之出核蓟镇兵籍及视师江浙时所作，在嘉靖三十四年后。三十四年七月，顺之父卒①，自三十四年七月至三十七年三月，居丧②。抗倭在三十七年三月至三十九年四月间③。顺之三十七年才到蓟北、浙江，《南奉使集》《北奉使集》不可能刻于三十四年，应该刻于三十七年后。《唐氏先世著述目录》云：“《续集》《奉使集》《外集》当系公卒后，公子太常凝庵所补刊。”《唐荆川公著述考》云：“《续集》《南北奉使集》则公在海上御倭时所刊。”以此推断，金陵薛氏在嘉靖三十四年《重刊校正唐荆川先生文集》十二卷本的基础上，于三十七年后补刊了《续文集》六卷、《南奉使集》二卷、《北奉使集》一卷、《敕命》二卷、《部札》一卷，合为一书，是为重修本。

（5）《唐荆川先生文集》十二卷，明万历间唐国达刻本，据安如石刻本重刻。据上海图书馆藏本录其版本特征：

---

① （明）王慎中《遵岩集》卷十七《中顺大夫永州府知府唐有怀公行状》：“公名阙字阙，常州武进人……乞致仕时年六十二，归十一年以疾终，嘉靖三十四年七月初一日也。”

② （明）李贽《荆川唐公传》：“甲寅倭奴起……适居有怀公丧。”嘉靖甲寅即嘉靖三十三年，时倭寇入侵，三十四年唐顺之居丧。明洪朝选《荆川唐公行状》：“工部侍郎赵公文华……素知公，荐公。及今侍郎胡公松于朝奉旨起公为南京兵部主事，公以有怀翁服未阕，辞不就。又改职方员外郎，坚卧如初。……罗公复劝之行，于是勉强就道至京师。未几升协司郎中，时嘉靖戊午也。”嘉靖戊午即嘉靖三十七年，可见唐顺之于嘉靖三十七年才出山抗倭。

③ 《明史・唐顺之传》曰：“三十九年春，汛期至。力疾泛海，度焦山，至通州卒，年五十四。”唐顺之自嘉靖三十七年出山抗倭，至嘉靖三十九年卒于通州。

每半叶十行，行二十字，白口，四周单边，单黑鱼尾，象鼻内镌“荆川先生文集”，版心内镌卷次，卷端题“晋陵荆川唐顺之著　秣陵振吾唐国达刊”。

王慎中《唐荆川先生文集叙》落为“晋江遵岩居士王慎中道思甫序”；目录十二卷，卷之一“策”（一首），卷之二“诗”（一百六十二首），卷之三“诗”（二百二十五首），卷之四“书”（四十二首），卷之五“书”（三十四首），卷之六“序”（十一首），卷之七“序”（二十七首），卷之八“记”（二十首）、“说”（四首），卷之九“墓志铭”（二十三首），卷之十“墓表”（十八首），卷之十一“传”（七首）、“祭文”（五首）、“杂文”（八首），卷之十二“杂文”（二十首）。

（6）《唐荆川先生文集》十二卷，明嘉靖二十八年（1549）安如石刻本，清丁丙跋。

（7）《荆川集》十二卷，《四库全书》本。

2. 十七卷本

（1）《重刊荆川先生文集》十七卷，《外集》三卷，附录一卷，明万历元年（1573）纯白斋刻本。十七卷本系统之祖本。据上海图书馆藏本录其版本特征：

每半叶十行，行二十字，白口，左右双边，单黑鱼尾，鱼尾下镌“荆川文集”“荆川外集”“荆川文集附录”。

卷端不著撰人名氏。

嘉靖己酉王慎中《重刊校正唐荆川先生文集序》，序终落为“嘉靖己酉冬十月望晋江遵岩居士王慎中思甫序”，序后镌“万历元年孟春吉旦重刊于纯白斋”。

目录十七卷，卷之一“赋、诗”，卷之二“诗”，卷之二“诗”，卷之三“诗”，卷之四“诗”，卷之五“书”，卷之六“书”，卷之七“书”，卷之八“书”，卷之九“书”，卷之十“序”，卷之十一“序”，卷之十二“记”，卷之十三“说、铭、诔、赞、祭文”，卷之十四“志铭”，卷之十五“志铭、行状”，卷之十六“墓表、传”，卷之十七“杂著”。

《唐氏先世著述目录》云：“……三刻于万历己酉，公外孙慎行取《正/

续集》、《奉使集》合编为诗文集十七卷，外集三卷，今上海商务印书馆照印入《四部丛刊》者是也。"前已考证三刻于嘉靖乙卯金陵薛氏，而非万历己酉。今《四部丛刊》影印本为明万历元年(1573)纯白斋刻《重刊荆川先生文集》十七卷本，《外集》三卷。以《唐氏先世著述目录》所云推论，顺之外孙孙慎行"取《正/续集》、《奉使集》合编为诗文集十七卷，外集三卷"即是明万历元年(1573)纯白斋刻本或刊刻依据本，孙慎行至迟在明万历元年就将外祖父诗文收集合编为十七卷本。而孙慎行生于嘉靖四十四年(1565)[①]，至万历元年(1573)才是一个年仅九岁的孩子，即便早慧，一个九岁的孩子也不可能为外祖父收编文集，因此笔者认为《唐氏先世著述目录》所云"公外孙慎行取《正/续集》、《奉使集》合编为诗文集十七卷，外集三卷"为讹误。《唐荆川公著述考》云："……至万历癸酉，公子凝庵取《正/续集》、《奉使集》合编为诗文集十七卷，外集三卷，简端有'万历元年孟春吉旦重刊于纯白斋'云云。纯白斋者，凝庵公所自署也。今上海商务印书馆照印入《四部丛刊》者是也。""凝庵"是顺之儿子唐鹤征的号，万历癸酉(1573)，唐鹤征三十六岁，为其父编刻文集是有可能的。唐鼎元先于《唐氏先世著述目录》云孙慎行编收十七卷本《荆川集》，后于《唐荆川公著述考》云唐鹤征编刻此本，看来他是后来发现了讹误，做了改正。

(2)《重刊荆川先生文集》十七卷，《外集》三卷，附录一卷，明万历元年(1573)纯白斋刻本，清陈元龙批校，刘峙跋。

(3)《重刊荆川先生文集》十七卷，《外集》三卷，附录一卷，明万历元年(1573)纯白斋刻本，清丁丙跋。

(4)《重刊荆川先生文集》十七卷，《外集》三卷，上海商务印书馆《四部丛刊初编》本。

3. 十八卷本

(1)《荆川集》十八卷，清康熙五十一年(1712)唐执玉刻本。据复旦大学图书馆藏本录其版式：

---

① (清)黄宗羲《明儒学案》卷五十九《文介孙淇澳先生慎行》云："崇祯改元……后八年有旨，择在籍堪任阁员者，先生与刘山阴、林宦胎同召，至京而卒，年七十一，赐谥文介。"孙慎行卒于崇祯八年(1635)，时七十一岁，以此推断，其当生于嘉靖四十四年(1565)。

每半叶十行,行二十一字,黑口,左右双边。

封面镌“荆川文集　二南堂藏板”。

卷端题“武进唐顺之应德著　六世孙执玉七世孙孝本少游八世孙敦化敦愫仝较”。

嘉靖己酉王慎中序,康熙五十一年唐执玉《荆川文集识言》。执玉曰:“旧刻先襄文公集十七卷、外集三卷,坊刻既失阙失,家藏旧板亦岁久漫灭,不复成书。壬辰岁,承乏澍之德清、薄书之暇与山阴刘子正谊订误补残,及儿子少游共相编次,正集十八卷,外集四卷。正在开雕,量移之信适至,为时匆遽,无暇细勘,仍不免于讹谬,而外集尚未授梓。”

卷末题“义务朱式端　山阴刘正谊　德清周鄜　乌程吴大有参订”。

《唐氏先世著述目录》云:“《荆川集》初刻于嘉靖己酉……四刻于康熙己亥,公六世孙唐执玉重编为《正集》十八卷,《外集》四卷,《外集》未及刊。”据笔者视野所及,已发现《荆川集》明代刻本五种,即上文所述安如石刻本、书林叶氏宝山堂刻本、书林金陵薛氏刻本、唐国达刻本、万历纯白斋刻本,唐执玉刻本刊于清康熙五十一年(1712),至少为六刻本。再者,清康熙五十一年(1712)是康熙壬辰年,康熙己亥是康熙五十八年(1719)。因此,《唐氏先世著述目录》中所述唐执玉刻本“四刻于康熙己亥”为讹误。《唐荆川公著述考》云:“《荆川集》初刻于嘉靖己酉……五刻于康熙己亥,公六世孙唐执玉重编为《正集》十八卷,《外集》四卷,《外集》未及刊。”虽对《唐氏先世著述目录》做了订正,改“四刻”为“五刻”,然仍是讹误。

(2)《荆川集》十八卷,清康熙五十一年(1712)唐执玉刻本,清卢文弨校。

(3)《荆川集》十八卷,清光绪二十一年(1895)盛宣怀刻本,《常州先哲遗书》收录。《唐氏先世著述目录》及《唐荆川公著述考》皆云:“光绪乙未,吾邑盛侍郎宣怀刻《常州先哲遗书》,即据康熙本刊入之,亦无外集。”

4. 集大成本

《荆川集》十二卷,《补遗》五卷,《外集》三卷,附录,清光绪三十年

(1904)江阴缪荃孙主金陵书局刻本。据上海图书馆藏本录其版本特征:

封面镌"荆川先生文集",封二镌"江南书局刊"。

每半叶十行,行二十字,黑口,左右双边,单黑鱼尾,鱼尾下镌卷名。

卷端不著撰人名氏。

嘉靖己酉王慎中《重刊校正唐荆川先生文集序》,序终落为"嘉靖己酉冬十月望晋江遵岩居士王慎中道思甫序"。

正集目录十二卷,卷之一"策一,奏议一",卷之二"诗",卷之三"诗",卷之四"书",卷之五"书",卷之六"序",卷之七"序",卷之八"记",卷之九"说、铭、赞、祭文",卷之十"墓志铭",卷之十一"行状、墓表、传",卷之十二"杂著";外集目录三卷,卷之一"策、诰、议、奏",卷之二"奏",卷之三"公移";补遗目录五卷,卷之一"诗",卷之二"书",卷之三"书",卷之四"书",卷之五"序、记、诔、赞、祭文、墓志铭、行状、杂著"。

此本在十二卷本的基础上,增刻了《补遗》五卷、《外集》三卷及附录,较之前三种版本,内容最为完备,可谓集大成本。《唐氏先世著述目录》《唐荆川公著述考》皆云:"光绪甲辰,江阴缪荃孙主金陵书局,刻《荆川集》,取嘉靖印本重刊之,以万历、康熙本续收诗文编为《补遗》五卷,并刊《外集》、附录,以成完书。"

《荆川集》版本众多,明、清两代持续刊刻,时间跨度大,所收录的作品卷数及种类出入较大,这是造成诸家书目著录《荆川集》卷数不同的原因。唐鼎元对此现象作了论述,可作参考。唐鼎元《唐氏先世著述目录》《唐荆川公著述考》皆云:"黄氏《千顷堂书目》载《荆川集》二十卷,《续集》六卷,《奉使集》一卷,《明史·艺文志》亦作《荆川集》二十六卷。《千顷堂书目》之二十卷,盖即指万历癸酉刻本合诗文集、外集言之,云《奉使集》一卷者,盖《北奉使集》先刊,《南奉使集》迟刊,《千顷》仅得一卷耳。《明史》称《荆川集》二十六卷,亦即指万历初刻本而又并入以前所刻《续集》言之。"

至于诸书目著录不同卷数的《荆川集》的版本及所收录作品内容、数量差异的具体情况,需别立课题,对各本进行互校,另辟篇章,以俟后考。

（二）其他别集

1.《续集》六卷

《千顷堂书目》《唐氏先世著述目录》皆著录六卷。《唐氏先世著述目录》载："《续集》六卷，《四库全书存目》。"

2.《南北奉使集》二卷

顺之出核蓟镇兵籍及视师江浙时所作。《千顷堂书目》卷二十三著录一卷，《四库全书总目》著录二卷，《唐氏先世著述目录》著录二卷。《唐氏先世著述目录》《唐荆川公著述考》皆云："黄氏《千顷堂书目》载《荆川集》二十卷，《续集》六卷，《奉使集》一卷……云《奉使集》一卷者，盖《北奉使集》先刊，《南奉使集》迟刊，《千顷》仅得一卷耳。"此处引用唐鼎元论，权作参考。至于实况，以俟后考。《四库全书总目》卷一百七十七集部三十《别集类存目》四云："是编一为《北奉使集》，乃其以职方郎中出核蓟镇兵籍时所作；一为《南奉使集》，乃视师江浙所作。两集俱载其筹边剿寇之事。先敕谕，次题疏，次启札，次诗篇，前后皆无序跋。《四库存目丛书》本。"

3.《唐荆川先生续文集》六卷，《奉使集》二卷

明唐鹤征刻本。据上海图书馆藏本录其版本特征：

每半叶十行，行二十字，白口，四周单边，鱼尾下镌"荆川续文集"或"北奉使集卷一""南奉使集卷二"。

续文集卷端不著撰人名氏。卷二首页镌"先人本不敢以文章名家，故诸文皆不及留稿而书柬更多散失，今据所存者梓之。倘诸老先生向曾辱交先人而书问犹有在者，不惜录示如梅林翁，实不肖之幸也，亦诸老先生生死之交情也。不肖孤唐鹤征谨启。"

奉使集似近初编成卷，依版心别为北、南两卷。北使集卷端题"兵部职方郎中唐顺之著"。

4.《唐荆川传稿》

顺之制艺文。《唐氏先世著述目录》云："《四书文》。有明制艺，阐发圣贤精微，可羽翼经传，尤以公及王守溪为一代宗匠。公《四书文》，无锡唐氏义庄有刊本。"《唐荆川公著述考》云："《四书文》四册。有明制艺，阐

发圣贤精微，可羽翼经传，尤以公及王守溪为一代宗匠。公《四书文》，无锡唐氏义庄有刊本。名曰《荆川传稿》。”

（1）《唐荆川稿》一卷，明陈名夏辑，存明末陈氏石云居刻《国朝大家制义》本。

（2）《唐荆川稿》一卷，清俞长城选评，存清康熙步月楼令德堂《可仪堂一百二十名家制义》本。

（3）《唐荆川传稿》不分卷，又名《四书文》，清吕留良评点，清康熙刻本。据国家图书馆藏本录其版本特征：

每半叶九行，行二十六字，白口，无鱼尾，版心上镌“唐荆川稿”。刻工：程文开、刘首华、刘国英、汤梅先等。

卷端题“御儿吕留良晚邨评点”。

目录前题“唐荆川稿毗陵唐顺之应德著　御儿吕留良晚邨评”。

孙慎行旧序，吕葆中识记。

分上论、下论、大学、中庸、上孟、下孟。

（4）《唐荆川稿》一卷，清俞长城选评，存清乾隆三年（1738）文盛堂怀德堂刻《可仪堂一百二十名家制义》本。

（5）《唐荆川传稿》不分卷，清光绪十八年（1892）无锡唐氏刻本。据上海图书馆藏本录其版本特征：

封面镌“唐荆川先生传稿”，封里镌“光绪壬辰四月无锡唐氏重刊”。

序文页及目录页有界行，每半叶九行，行二十二字；目录后正文页无界行，每半叶九行，行二十五字，白口，单黑鱼尾，象鼻内镌“荆川传稿”，正文每篇目下题有“唐顺之”。

卷端题“裔孙浩镇、济镇同校”。

目录前依次有黄宗羲《明儒学案·唐顺之传》、唐顺之外孙孙慎行《序》文、昆山叶淳《序》文、桐川俞长城《序》文。

此本收顺之制艺文一百六十三篇，其中上《论》三十二篇、下《论》三十一篇、《大学》十一篇、《中庸》二十二篇、上《孟》二十七篇、下《孟》四十篇。孙慎行《序》曰：“……则是集也，真六艺之羽翼。……总采诸名公批赞而重为阐行者。"叶淳《序》曰："制义体，圣贤言语，抒发其精义必其蕴于中也，清和蕴藉而发于外也。从容中度，神与法之间自有当然不易者，此为荆川先生所为。"俞长城《序》曰："荆川先生精于制义。教学里中有教学文，为吏部有吏部文，为中丞有中丞文。好学深思，至老不倦。文之传也，宜哉！"

5.《荆川公佚文》一卷

唐鼎元辑。《中国丛书综录》[1]著录，唐鼎元辑《武进唐氏所著书》《毗陵唐氏家谱》"德"册收录1948年铅印本，两本收录篇目相同。《毗陵唐氏家谱》"德"册《荆川公佚文》跋曰："右文一篇，书廿八篇，诗一篇。初《金坛与二弟书》见《明清名人尺牍》，诗一篇载任环《山海漫谈》附录中，余俱载《荆川续集》，《荆川续集》刻于嘉靖末年[2]。万历初，凝安公合《荆川前集》《续集》为《荆川全集》，而此二十余篇则遗之未以入也。然此二十余篇或论道德性命，或论兵戎应付事宜，而于公之晚岁出山心事与大节尤有关系，未解当时所以遗之故也。《荆川续集》战前于钱塘湖上仅一遇之，盖海内孤本矣，战后此书之存亡则不可知矣。当时曾录处之，按时分载入《荆川年谱》。兹复录为一帙，题曰《荆川公佚文》，可以汇而观焉。丁亥孟冬十四世孙鼎元谨跋。"

二、选集类

（一）《唐中丞集》一卷

顺之诗集，明俞宪辑《盛明百家诗》前编收录顺之诗并赋四百余篇。俞宪序《盛明百家诗·唐中丞集》云：

> 吾常唐荆川顺之，字应德……平生长于诗文，当世颇有定论，推为名家无愧也。兹刻诸诗尤为脍炙人口，并赋共四百余篇，与同好共之。

① 上海图书馆编《中国丛书综录》，上海：上海古籍出版社，1982年版。

② 《荆川续集》的刊刻时间，前文已作考辨，当刻于嘉靖三十四年。嘉靖四十五年为嘉靖朝最后一年，此处说"《荆川续集》刻于嘉靖末年"，欠妥。

(二)《唐荆川先生集选》六卷

顺之文集,明张汝瑚选《明八大家集》收录,清康熙刻本。“明八大家”是:宋文宪、刘文成、王遵岩、唐顺之、归有光、茅坤、方正学、王文成。此集共选收顺之文一百四十八篇,涉及十五种文体:议、序、记、传、训、读、说、题跋、赞、铭、志、书、祭文、墓表、墓志铭。张汝瑚对顺之人品与文品甚推崇,《明八大家集·唐荆川集序》云:

> 武进唐荆川先生,嘉靖间以理学名,其学则周子、程子之学,其文则欧阳子、韩子之文也。林居三十载,不炉不扇,痛自磨练,直欲扫去枝叶文饰,从根本上著力。余观近代士大夫,用心专而用功苦者,未有如先生者也。然犹自逊曰:“吾制义德方山,诗文德遵岩,学问德龙溪甚矣。友之不可不择,而从与改之。”夫先生之文,遵岩尝序之,推先生以上溯季扎、言偃之,统谓吴有文学三人焉,其言亦不为过。至遵岩之文,先生逡巡不敢序者数年,且曰:“俟吾学稍进,方敢为之。”究竟先生集中无序遵岩之作。此其小心敬慎不轻序名公之文,又非后人所能及也。……呜呼!今之为古文者,有能学先生之学,余将执鞭焉。然而我未之见也。

(三)《唐荆川文选》二卷

顺之文集,清刘肇虞选评《元明八大家古文选》收录,清乾隆二十九年(1764)步月楼刊本。“元明八大家”为:虞集、揭傒斯、杨士奇、王守仁、归有光、唐顺之、王慎中、艾南英。《唐荆川文选》收在《元明八大家古文选》卷之八、卷之九,凡三十二篇,涉及七种文体:序、书、记、墓表、墓志铭、读、说。刘肇虞对顺之古文评价甚高,亦推崇其时文,《元明八大家古文选·唐荆川文选引》云:

> 余尝读荆川时文,何其醇也!有明三百年,时文之盛,往往声、色、香、触俱绝者,荆川之时文也。比读其古文,又何其肆也!如长江万里,浩瀚汪洋,滔天汩日,不可涯涘。呜呼!于其古文之肆,可以想见其时文之醇矣。荆川古文,卷舒吐纳于《吴越春秋》、《国策》、贾谊、

晁错、子长、昌黎、苏氏父子间，超绝町畦，纵横驰骋，卓然成一家之言。其气昌而博，其神高而浑，其致清而折。余读之轩乎欲舞，不自知其所以然也。然则世之欲学荆川时文者，盖于古文窥其藩篱乎？

（四）《唐荆川先生文选》七卷

顺之文集，清李祖陶选《金元明八大家文选》收录，清道光二十五年(1845)刻本。“金元明八大家”为：元遗山、姚牧庵、吴草庐、虞道园、宋景濂、王阳明、唐荆川、归震川。此选集选收顺之各体文章七十九篇，其中书二卷，序、记二卷，祭文、志、表、传、杂著二卷，奏议一卷。李祖陶在《唐荆川先生文选叙录》中对顺之多种文体创作分别评析：

> 先生之学无所不有。……其持论与王、李之高谈秦汉者不同，故文亦无所不工。集中书最多，上者与人谈学问，务与根本上实下工夫；次者与一时贤士大夫讲经济，凿可见之行事。下亦自明出处本末，讨论文字渊源，皆于学术治术大有关者，一切寒温套语，无一字阑入其闲。序、记自抒所见，驰骋纵横，其议论足以开拓古今，其笔力足以震荡天地，即令苏子瞻见之，未必不变色而却步也。传、志之作多得史公风神，情致之篇，尤觉入妙。然以此体而论，终不足与元遗山、虞道园、宋景濂三家抗行。以先生于铭文最矜慎，一时大题目，多不落其手中也。至《叙广右战功》，则独出无古初，又为三家之所不逮矣。杂著中《读春秋》一篇，古今奇作。奏议《措置蓟镇兵事》与《条陈海防经略》，亦确可见之施行。综而录之，略其枝蔓不剪之词，取其精神独到之作，可以见先生无所不有焉，亦可以见先生无所不工焉。

（五）《唐襄文公文定》四卷

顺之文集，清崔征麟辑评。清刻本。唐鼎元《唐荆川公著述考》云：“是编为燕南崔征麟信夫评选。其自序有云：‘荆川尝与茅鹿门论文千余言，极力发明本色二字。故其所作，高卓闲淡，绝无求工而自工。间与人书疏往来，信口写出，无非本色流露，真先生所谓洗涤心源，独立物表，具古今双眼者，殆非道思辈可同日而语也。’当时朋友集录其文，刻以行世。

兹选三十六首，分为四卷，可称精约。”唐鼎元称“兹选三十六首，分为四卷，可称精约”，《明别集版本志》所载“兹选六十三首分为四卷，可称精约”，一说“三十六首”，一说“六十三首”，惜未亲眼见到此书，故不敢妄下断语，此处暂且存疑。

(六)《唐荆川集》不分卷

顺之诗文集，范鼎辑《广理学备考》第三函收录，清道光五年洪洞张恢等修补刊印康熙中五经堂本。选收各体文章三十二篇，选文大多为全篇，亦有部分篇章仅为节录，内容为谈论性命之学，是考察顺之心学思想的重要文献。仅选收十首诗，即《雪诗和苏韵十首》，诗后有选辑者注：“先生诗词大抵应酬者多，仅录《雪诗》十首，以存清高。”

(七)《唐荆川集》

顺之文集，林纾选编《林氏选评名家文集》收录，商务印书馆 1924 年印行。书末附著者传，书前有选评者序，卷端书名为《唐荆川集选》。选收各体文章四十五篇，每篇末有短评。

(八)《唐荆川文粹》四卷

日本村濑诲辅编《唐荆川文粹》四卷，日本文政十三年(1830)大阪青木嵩山堂刻本。

三、总集类

(一)《文编》六十四卷

顺之所编古文总集。《明史·艺文志》《千顷堂书目》《四库全书总目》均著录六十四卷。

《四库全书总目·文编提要》云：

> 是集取由周迄宋之文，分体排纂。陈元素序，称以真德秀《文章正宗》为稿本。然德秀书主于论理，而此书主于论文，宗旨迥异，元素

说似未确也。其中如以庄、韩、孙子诸篇入之论中，为强立名目。又不录《史记》《汉书》列传，而独取《后汉书·黄宪传》冠诸传之上，进退亦多失据。盖汇收太广，义例太多，踳驳往往不免。然顺之深于古文，能心知其得失。凡所别择，具有精意。观其自序云："不能无文，即不能无法。是编者，文之工匠，而法之至也。"其平日又尝谓："汉以前之文未尝无法，而未尝有法。法寓于无法之中，故其为法也密而不可窥。唐与宋之文不能无法，而能毫厘不失乎法。以有法为法，故其为法也严而不可犯。"其言皆妙解文理。故是编所录虽皆习诵之文，而标举脉络，批导窾会，使后人得以窥见开阖顺逆、经纬错综之妙。而神明变化，以蕲至于古。学秦汉者当于唐宋求门径，学唐宋者固当以此编为门径矣。

自正嘉之后，北地、信阳声价，奔走一世；太仓、历下，流脉弥长。而日久论定，言古文者终以顺之及归有光、王慎中三家为归，岂非以学七子者画虎不成反类狗，学三家者刻鹄不成尚类鹜耶？阎若璩《潜邱札记》有《与戴唐器书》，述宋实颖之言曰："荆川才大如海，评书有详有略。惟《文编》出陈元素者，非其原本。"又称"两本舍下俱有，他日呈寄自知之"云云。今世所行，惟此一本，其为原本、陈本，不复可考。要其大旨，固皆出于顺之也。

存明嘉靖三十五年(1556)刻本、明天启元年(1621)刻本、《四库全书》本。据上海图书馆藏明嘉靖三十五年(1556)刻本录其版本特征：

每半叶十行，行二十字，白口，四周单边，单白鱼尾，象鼻内镌"文编"及卷次，版心内题选文文体名及叶码。

版框高 19 公分，宽 14.5 公分。

唐顺之《文编序》终落为"嘉靖丙辰夏五月既望武进唐顺之应德甫书"，卷端镌"荆川武进唐顺之应德甫选批　门人丹阳姜宝廷善编次　知福州府垫江胡帛子行校刊"。前有总目，每卷有子目。

据上海图书馆藏明天启元年(1621)刻本录其版本特征：

每半叶十行，行二十一字，白口，四周单边，线鱼尾，象鼻内镌"文编"，版心内题有卷次。

版框高 22.8 公分，宽 14.5 公分。

嘉靖丙辰唐顺之《文编序》终落“嘉靖丙辰夏五月既望武进唐顺之应德甫书”，天启元年陈元素《重订唐荆川先生文编题词》，末曰“天启元年春正月后学吴郡陈元素书”。

(二)《明文选》二十卷

《明史·艺文志》《千顷堂书目》著录二十卷。存佚不详。

(三)《诗编》不知卷

《唐氏先世著述目录》云：“《诗编》不知卷数，见陈元素《文编序》。”《唐荆川公著述考》云：“见焦竑《右编序》、陈元素《文编序》。”焦竑《右编序》云：“荆川唐先生于载集无所不窥，其编纂成书以数十计。……所辑最巨者有《左编》《右编》《儒编》《诗编》《文编》《稗编》凡六种。世所行《左编》《文编》《稗编》，余未出也。”陈元素《文编序》云：“盛矣乎！唐中丞之于书也，无不网弋矣，搜剔矣，钩纂矣，芟之留之离之合之而诸编出。《左编》千古迥然之迹也，《右编》千古画然之论，《稗编》名稗，实千古之美种可以蒸为佳饭者也，《诗编》千古之性情也，《儒编》未出。今吾所订者《文编》……”未见诸书目著录，又焦竑《右编序》云“世所行《左编》《文编》《稗编》，余未出也”，疑《诗编》未刊行传世。

(四)《唐宋八大家文格》五卷

顺之编选唐宋八人文集，日本川西潜士龙对八家文分类重新编排。集中选文一百四十七篇，通计七十格，“格”即“类”。存日本文久三年(1863)刻本、日本明治十一年(1878)刻本。

据上海图书馆藏日本文久三年(1863)刻本录其版本特征：

每半叶十行，行二十字，无行线，白口，左右双边，单黑鱼尾，象鼻内镌“唐宋八大家文格”，鱼尾下镌卷次及格名。

书签处题“唐宋八大家文格”，封里镌“明唐荆川先生原选　川西函洲先生编次唐宋八大家文格　韩退之　柳子厚　欧阳永叔　苏允

明　苏子瞻　苏子由　曾子固　王介甫”；卷端题“明唐顺之应德甫原选　日本川西潜士龙编次”。

三篇《唐宋八大家文格序》，一为天保己亥仲夏仙台绿山氏家三作，二为天保己亥清和月艮斋安积信作，三为天保己亥夏川西函洲作。

卷五后有中井丰民的《唐宋八大家文格跋》，跋终落为“天保十年岁次己亥夏六月乾斋中井丰民识”，跋后题“香雪山晋书”，跋后镌“文久三年癸亥初春再刻”。

日本明治十一年刻本，又名《唐宋八大家文格纂评》，日本西京片山勤在川西潜士龙编次的《唐宋八大家文格》基础上，对唐宋八家文纂评。据上海图书馆藏日本明治十一年刻本，录其版本特征：

每半叶十行，行十九字，小字双行同，白口，左右双边，无鱼尾，应镌鱼尾处为二横线，版心题“八大家文格纂评”、卷次及格名。

书签处题“唐宋八大家文格纂评　川西格辅编次　片山勤纂评”，红色封面题“士龙川西格辅编次　子业片山勤纂评　唐宋八大家文格纂评京坂八家书房梓”。

天保己亥夏五月函洲川西潜的《唐宋八大家文格序》，戊寅孟冬精堂氏的《例言》，卷端题“明唐顺之应德甫原选　日本川西潜士龙编次　西京片山勤子业纂评”；书中天头内有眉批，文中有夹注。

（五）《六家文略》十二卷

顺之编辑韩、柳、欧、苏、曾、王之文集。《千顷堂书目》只著录篇名，未著卷数；《唐氏先世著述目录》《唐荆川公著述考》皆云：“《六大家文略》十二卷。编辑韩、柳、欧、苏、曾、王之文。然苏老泉、子瞻、子由俱在名，为六家，实八人焉。无锡顾宪成序。”存佚不详。

（六）《类编草堂诗馀》四卷

明田一隽所选的一部唐宋词集，顺之作解注。存明万历十二年(1584)书林张东川刻本。据上海图书馆藏本录其版本特征：

每半叶八行，行十六字，小字双行同，大黑口，四周单边，单黑鱼尾，鱼尾上镌“诗馀”。

何良俊《草堂诗馀序》，后镌“万历甲申年孟秋重刊正”，卷端题“翰林院荆川唐顺之解注　翰林院钟台田一隽精选”，卷四后有《草堂诗馀后跋》，跋后镌“甲申年孟春月吉　书林张东川绣梓”。

万历甲申年即是万历十二年。每首词正文中夹有唐顺之的注文，词后有唐顺之的评语。

（七）《二妙集》八卷

顺之选汉魏至明之诗集，明万士和编。《千顷堂书目》著录十二卷，《四库全书总目》著录八卷，以存世卷数为据。有《四库存目丛书》本。《四库全书总目·二妙集提要》云：

> 《二妙集》八卷，浙江范懋柱家天一阁藏本，明万士和编。……初，唐顺之选汉、魏至明之诗为《二妙集》，盖取陈献章论诗法“与理俱妙”之语以名其书。士和受业于顺之，因摘其中七言律诗、七言绝句二体，又益以顺之七言律诗一卷，共为八卷。唐取杜甫、王维、刘长卿、韦应物、王建、张籍、吕嵓七人，宋取王安石、黄庭坚、邵子、朱子四人，元取刘因一人，明取庄杲、王守仁二人。顺之长于古文，至诗道则全然不解。持论以谈理为宗，尤不可与口舌争。士和序中亦称集成而世无好者，则是非之心，人皆有之矣。

四、文史类

文史类凡1种：《策海正传》十二卷。《明史·艺文志》《千顷堂书目》均著录十二卷。存佚不详。

五、诗文评类

（一）《唐会元精选批点唐宋名贤策论文粹》八卷

《唐荆川公著述考》云：“《唐会元精选批点唐宋名贤策论文粹》八卷，

见范氏《天一阁书目》注云：'嘉靖己酉书林同源胡氏刊。'今天津图书馆有藏本。"李中麓序。

（二）《集古评释西山真先生文章正宗》二十四卷

宋真德秀辑，明唐顺之批点。存明万历四十六年（1618）野计斋刻本。据上海图书馆藏本录其版本特征：

> 每半叶十行，行二十字，小字双行同，白口，四周单边，单黑鱼尾，象鼻内镌"文章正宗"，版心内镌文体名、卷次、页码。
>
> 每卷首页版心下端镌"野计斋"，卷端题"后学毗陵唐顺之批点 男俞时鷟阅正 武林俞思冲补订 古越鲁参校定"。
>
> 万历戊午俞思冲之《补订荆川先生批点文章正宗序》，序终落为"万历戊午孟冬之朔后学仁和俞思冲撰"，万历戊午即万历四十六年（1618）；正德庚辰崔　　《旧序》，序终落为"明正德庚辰安阳崔　　序"；《凡例》；《集古评释西山真先生文章正宗纲目》；《集古评释西山真先生文章正宗总目》。正文中有夹注，每页天头内有眉批。

《唐荆川公著述考》云："《批点真西山文章正宗》二十六卷。近人长兴王季欢《怡庄楼书目》。鼎元曾观读。"唐鼎元所言《批点真西山文章正宗》，疑与《集古评释西山真先生文章正宗》为同一书。

第二节 经、史、子类著述

顺之经、史、子类著述，凡39种。

一、经类著述

（一）《乐》类1种

《乐论》八卷

《明史·艺文志一》著录八卷。存佚不详。

（二）《春秋》类 2 种

1.《春秋论》一卷

阐说《春秋》微言大义。朱彝尊《经义考》、《明史·艺文志》皆著录一卷。《唐荆川公著述考》云："《春秋论》一卷，见《明史·艺文志》及朱彝尊《经义考》，今刻入《荆川集》。顾宪成（字叔时，号泾阴）曰：'唐荆川先生所著《春秋论》甚佳，其说本孔子《礼乐征伐》一章。'李祖陶曰：'《读春秋》一篇，古今奇作。'又云：'此文与《叙广右战功》及《周襄敏传》，皆为黄陶庵先生所称，谓为他家所无。'"《唐荆川先生文集》卷十七有《读春秋》一篇，开篇即言："《春秋》王道也。天下无二尊，是王道也。礼乐征伐，会盟朝聘，生杀之权，一出于天子……"唐鼎元言"今刻入《荆川集》"，顾宪成曰"其说本孔子《礼乐征伐》一章"，李祖陶曰"《读春秋》一篇"，可见《唐荆川先生文集》中《读春秋》一篇即为《春秋论》。

2.《左氏始末》十二卷

顺之编。阐说《左传》。朱彝尊《经义考》、《明史·艺文志》、《千顷堂书目》均著录十二卷。《千顷堂书目》云："唐顺之《左氏始末》十二卷，分为十五门：曰后、曰宗、曰官、曰幸、曰奸、曰杀、曰逐、曰乱、曰盗、曰镇、曰战、曰戎、曰名臣、曰礼乐、曰方技。《始末》以《左氏内传》为主，而纤悉委曲，有逸出于《外传》《史记》者，亦入焉。"《唐氏先世著述目录》云："《左氏始末》十二卷，见《明史·艺文志》。嘉靖四十一年弟正之、立之刊，曾侄孙一麐序。分为十五门：……黄氏《千顷堂书目》亦载之。"《唐荆川公著述考》云："《左氏始末》十二卷，《陈渡阡表》作八卷，《明史·艺文志》《千顷堂书目》《经义考》，近人《诒庄楼书目》，袖海斋亦有藏本。嘉靖四十一年第正之、立之刊，曾侄孙一麐序。……万历甲寅徐鉴重刊。"万历甲寅即万历四十二年（1614）。存明嘉靖四十一年（1562）唐正之、唐立之刻本，明万历四十二年刻本。

（三）诸经类 1 种

《五经总论》一卷

《明史·艺文志一》著录一卷。存佚不详。

（四）小学类 1 种

《勾股等六论》一卷

算数之书。《明史·艺文志》《千顷堂书目》均著录一卷。存佚不详。《唐氏先世著述目录》云："《神机勾股算法》，疑即《勾股等六论》。"不知《神机勾股算法》为何著，与《勾股等六论》是否为同一书，存疑。

（五）其他 2 种

1.《获麟考》一篇

《唐氏先世著述目录》云："见朱彝尊《经义考》。"《唐荆川公著述考》云："《获麟考》一篇，据道光《武阳合志·艺文志》谓见朱氏《经义考》。然鼎元翻之《经义考》，未见也。姑识之，以俟详考。"笔者遍翻朱氏《经义考》，未见《获麟考》，存疑。

2.《选辑朱子全集》十五卷

《唐氏先世著述目录》云："《选辑朱子全集》十五卷，见《毗陵经籍志》。"《唐荆川公著述考》云："《选辑朱子全集》十五卷，见《毗陵经籍志》。浙江省立图书馆有藏本，共八册。"

二、史类著述

（一）正史类 4 种

1.《史纂左编》一百四十二卷

顺之编纂。纂集历代正史所载君臣事迹。《明史·艺文志》《千顷堂书目》《唐氏先世著述目录》《唐荆川公著述考》均著录一百四十二卷，《四库全书总目》著录一百二十四卷①，《唐氏先世著述目录》著录一百四十二卷。

《四库全书总目·史纂左编提要》云：

① 《四库全书总目》(整理本)卷六十五谓"《史纂左编》一百二十四卷"，后有编者按：今台北中央馆藏明嘉靖辛酉胡宗宪浙江刊本，惟题作《历代史纂左编》一百四十二卷，《总目》作一百二十四卷，误。

《史纂左编》一百二十四卷，安徽巡抚采进本，唐顺之撰。……是书以历代正史所载君臣事迹，纂集成编。别立义例，分君、相、名臣、谋臣、后、公主、戚、储、宗、宦、幸、奸、篡、乱、莽、镇、夷、儒、隐逸、独行、烈妇、方技、释、道，凡二十四门。其意欲取千古兴衰治乱之大者，切著其所以然，故其体与他史稍异。然其间详略去取，实有不可解者。如《君纪》只列汉、唐、宋三朝，偏安者皆不得与，而隗嚣、公孙述、李筠、李重进诸人乃反附入。于历代宦官、酷吏叙之极详，固将以垂鉴戒，而唐之杨复恭、来俊臣、周兴等尤为元恶巨憝，乃反见遗。又以房管为中兴之相，高骈为平乱之将，褒贬既已失平。以赫舍哩案，原作纥石烈，今改正，为人名，姓氏几于莫辨。其它妄为升降，颠倒乖错之处，不可胜言。殆与李贽之《藏书》狂诞相等。乃贽书犹多相诟病，而是编独未有纠其失者，殆震于顺之之名，不敢轻议欤？

存明嘉靖四十年(1561)新安胡宗宪刻本、明万历刻本、《四库存目丛书》本。《唐荆川公著述考》云："是编袖海斋及无锡唐氏义庄及鼎元均有藏本。"

2.《右编》四十卷

顺之编纂。采录历代名臣议事之文。《明史·艺文志》《四库全书总目》《唐氏先世著述目录》《唐荆川公著述考》均著录四十卷。

《四库全书总目·右编提要》云：

《右编》四十卷，直隶总督采进本，明唐顺之编。……是编所录皆历代名臣议事之文，凡分二十一门，九十子目。古来崇论宏议，切于事情可资法戒者，菁华略备。其曰"右编"者，取右史记言之义也。然其稿未定而顺之殁。后万历中，焦竑得其残本，南京国子监祭酒刘曰宁、司业朱国桢仿《左编》义例，为定其部分，且补其遗轶，付之梓。然其中所补之文，如司马师《上高贵乡公劝学书》、李斯《谏秦王逐客书》及唐武后时诸臣所上书，多以词藻见收，恐非顺之本意。又如《论晋铸刑鼎》一书，自是左氏之文，而题曰仲尼，尤为无识。盖明自万历以后，国运既颓，士风亦佻，凡所著述，率窃据前人旧帙，而以私智变乱之。曰宁等之补此书，亦其一也。

存明万历三十三年(1605)南京国子监刻本、《四库存目丛书》本、《续修四库全书》本。《唐荆川公著述考》云："是编袖海斋及无锡唐氏义庄及鼎元均有藏本。"

3.《新刊翰林考正纲目点音资治通鉴节安会成》

顺之编纂。存明万历四十三年(1615)敬贤书堂余氏刻本。

4.《新刊翰林考正纲目批点音释少微节要通鉴大全、外纪、续编》

顺之删定。存明万历书林张大业刻本。

(二) 杂史类1种

《广右战功录》一卷，又名《广右战功》。述沈希仪讨平广西诸蛮事。《四库全书总目》著录一卷。《四库全书总目·广右战功录提要》云：

> 《广右战功录》一卷，户部尚书王际华家藏本，明唐顺之撰。……此录述右江参将都督同知沈希仪讨平广西诸蛮事。顺之工于古文，故叙事具有法度，《明史》希仪本传全采用之。惟《录》称希仪为临淮人，而史称贵县人，稍有不同。盖希仪世官指挥，史据其卫籍言之，而录则仍书本贯也。其书已载《荆川集》中，此为袁褧摘出，录入《金声玉振集》。

此著被《金声玉振集·水衡》《借月山房汇抄》《泽古斋重抄》《丛书集成初编》《四库存目丛书》等丛书收录。

(三) 史评类3种

1.《两汉解疑》二卷

阐释两汉人物事迹。《四库全书总目》著录二卷。《四库全书总目·两汉解疑提要》云：

> 《两汉解疑》二卷，浙江巡抚采进本，明唐顺之撰。……是编摘两汉人物，论其行事，设为问难，而以己意解之。大抵好为异论，务与前人相左。以纪信之代死为不足训、以汉高之斩丁公为悖恩欺世之类，皆乖平允，不足为训也。

此著被《借月山房汇抄》《学海类编》《忏花盦丛书》《武进唐氏所著书》《四库存目丛书》等丛书收录。

2.《两晋解疑》一卷

阐释两晋人物事迹。《四库全书总目》著录一卷。《四库全书总目·两晋解疑提要》云：

> 《两晋解疑》一卷，浙江巡抚采进本，明唐顺之撰。持论与所作《两汉解疑》相类，而乖舛尤多。如贾充一条，称秦桧有息民之功，故得善终；冯道和蔼温柔，故有长乐老之荣，悖理殊甚。顺之学问文章，具有根柢；而论史之纰缪如此，盖欲出奇胜人，而不知适所以自败。前明学者之通病也。

此著被《借月山房汇抄》《学海类编》《忏花盦丛书》《武进唐氏所著书》《四库存目丛书》等丛书收录。

3.《评选两汉奏疏》十六卷

《唐荆川公著述考》云："《评选两汉奏疏》十六卷，与茅鹿门合评。见《东海楼书目》。"存佚不详。

（四）史抄类 6 种

1.《批选周汉文》十二卷

《唐氏先世著述目录》《唐荆川公著述考》著录。存佚不详。

2.《荆川先生批点精选史记》十二卷

《唐氏先世著述目录》《唐荆川公著述考》云："《批选史记》十二卷。见《传是楼书目》。"存明嘉靖刻本。

3.《荆川先生批点精选汉书》四卷

《唐氏先世著述目录》《唐荆川公著述考》云："《批选汉书》四卷。见《传是楼书目》。"存明胡宗宪刻本。

4.《精选史记汉书》

《唐荆川公著述考》云："即前《史记》十二卷《汉书》四卷合并。吴兴石公沈秀卿刻，王龙溪序。"存佚不详。

5.《汉书揭要》一卷

《唐氏先世著述目录》《唐荆川公著述考》云："《汉书揭要》一卷。是书胡文焕刊，入格致丛书。"

6.《宋资治通鉴节要》十七卷

《唐荆川公著述考》云："《宋资治通鉴节要》十七卷，《武阳合志·艺文志》。"存佚不详。

（五）地理类4种

1.《海防图论》一卷

顺之与郑若曾所共定海防图。《四库全书总目》著录一卷。《四库全书存目丛书》本。《四库全书总目·海防图论提要》云：

> 《海防图论》一卷，浙江范懋柱家天一阁藏本，明郑若曾撰。……是图乃若曾与唐顺之所共定，凡十二幅。其式以海居上地居下，乃画家远近之法，若曾具为之辨。胡宗宪所题为《海防一览》者，即此书也。其书成于《万里海防图》之先，盖草创未详之本。后其六世孙定远刊《海运图说》《黄河图议》等编，复并是书刻之云。

《唐荆川公著述考》云："《海防图志》八卷，见《明史·艺文志》及《千顷堂书目》。考胡梅林有《海防图论》，曾读之。此《图志》不知与有关联否？未获读也。"遍查《明史·艺文志》及《千顷堂书目》，未见二书目著录《海防图志》，亦未见他籍载录。从《唐荆川公著述考》所载来看，《海防图志》与《海防图论》似并不是同一书。存疑。

2.《历代地理指掌图》

《唐荆川公著述考》著录。存佚不详。

3.《淮扬图编》

《唐荆川公著述考》著录。存佚不详。

4.《大同三观图》

《唐荆川公著述考》云："《大同三观图》，见罗念庵《九边图跋》。"《念庵文集》卷十《跋九边图》云："唐荆川《大同三关图》。"存佚不详。

三、子类著述

（一）儒家类3种

1.《儒编》六十卷

《明史·艺文志三》著录六十卷,《千顷堂书目》只著录书名,未著录卷数。《唐氏先世著述目录》《唐荆川公著述考》云:"《儒编》六十卷,一作三十卷。"焦竑《右编序》云:"荆川唐先生于载集无所不窥,其编纂成书以数十计。……所辑最巨者有《左编》《右编》《儒编》《诗编》《文编》《稗编》凡六种。世所行《左编》《文编》《稗编》,余未出也。"疑《儒编》未刊行传世。

2.《诸儒语要》二十卷

编采诸儒之言。《千顷堂书目》著录十卷,《四库全书总目》著录二十卷,《四库全书存目丛书》本。以存世卷数为据。《四库全书总目·诸儒语要提要》云:

> 《诸儒语要》二十卷,浙江巡抚采进本,明唐顺之编。……是编采诸儒之言。十四卷以前以人分,凡周子、二程子、张子、谢良佐、杨时、胡宏、朱子、张栻、陆九渊、杨简、王守仁,十有二家。十五卷以下以类分。其为某人之言,或注或不注。阅之殊不甚了了。

3.《诸儒文要》八卷

采录诸儒之语及文章。《千顷堂书目》著录八卷,《唐氏先世著述目录》《唐荆川公著述考》云:"《诸儒文要》八卷。录宋濂溪、二程、横渠、龟山、上蔡、五峰、紫阳、东莱、南轩、象山、慈湖、白沙、阳明之语及文章。"存佚不详。

(二) 兵家类 2 种

1.《武编》十卷

顺之编纂。论用兵指要。《明史·艺文志》及《千顷堂书目》均著录十二卷,《四库全书总目》著录十卷。存明万历刻本、清木活字本、《四库全书》本。以存世卷数为据。《四库全书总目·武编提要》云:

> 《武编》十卷,江苏巡抚采进本,明唐顺之编。……是书皆论用兵指要,分前后二集。前集六卷,自将士、行阵至器用、火药、军需、杂术,凡五十四门;后集征述古事,自料敌、抚士至坚壁、摧标,凡九十七门。体例略如《武经总要》。所录前人旧说,自孙、吴、穰苴、李筌、许洞诸兵家言,及唐、宋以来名臣奏议,无不摭集。史称顺之于学无所

不窥，凡兵法、弧矢、壬奇、禽乙，皆能究极原委，故言之俱有本末。其应诏起为淮扬巡抚剿倭也，负其宿望，虚骄恃气，一战而几为寇困。赖胡宗宪料其必败，伏兵豫救得免。殆为宗宪玩诸股掌之上。然其后部署既定，亦颇能转战蹙贼，捍御得宜，著有成效。究非房管、刘秩迂谬偾辕者可比。是编虽纸上之谈，亦多由阅历而得，固未可概以书生之见目之矣。

2.《兵垣四编》五卷

顺之编纂。兵法之书。《明史·艺文志》《千顷堂书目》均著录五卷。存明天启元年(1621)苕上闵氏刊朱墨印本。

(三) 艺术类1种

《明唐荆川草书诗稿真迹》十五页，顺之书。上海艺苑真赏社影印本。据上海图书馆藏本录：

> 民国上海艺苑真赏社影印本，线装，书页版框高26.7公分，宽16.5公分；书签处题"明唐荆川草书诗稿真迹　锡山秦氏藏　艺苑真赏社印"，卷末题"荆川唐顺之稿龙溪先生请教　嘉靖丙申冬十月书"。

《诗稿》书写字迹流畅，字体逸秀，笔力劲拔。

(四) 类书类2种

1.《稗编》一百二十卷

顺之编纂。博采经史诸子百家之说。《明史·艺文志》《千顷堂书目》《天禄琳琅书目》《四库全书总目》皆著录一百二十卷。存明万历九年(1581)文霞阁刻本、《四库全书》本。

《天禄琳琅书目》云：

> 《荆川稗编》六函六十册，明唐顺之著，一百二十卷，前明茅坤序，次顺之自序，次茅一相序，并例义。按：顺之此书，博采经史诸子百家之说，凡农圃、医卜、方技一切小道，无不备载其书。为顺之门人毗陵左烝所刊，后茅坤侄一相，以其不载原书批点，为之镌入，其实仍为左氏原版。观书中每卷标题之下，仍各载考校门人姓氏，而左烝之名列

于卷首,是可证也。

《四库全书总目·荆川稗编提要》云:

《荆川稗编》一百二十卷,内府藏本,明唐顺之编。……是编义例略仿章如《愚山堂考索》,荟萃群言,区分类聚。其大旨欲使万事万物毕贯通于一书,故巨细兼陈,门目浩博。始之以六经,终之以六官。六经所不能尽,则条次以九流诸家之学术,凡为类二十有七;六官所不能尽,则赅括以历代之史传,凡为类二十有五。其门人左烝先为之考校付梓。烝没而书多残缺,茅一相复加厘正刊行。所引书名、人名原本错互不合者,一相亦为订正。然卷帙既繁,检校难遍,抵牾舛驳,尚往往而有。如程大昌《诗议》在所撰《考古编》中,而乃以为出自《新安文献志》;《正谏》本《说苑》篇名,而标之为论。《林泉高致集》所载荆浩《山水赋》、李成《山水诀》乃其人所自作,而概以为出郭思之手。敖陶孙,字器之,而讹作孙器之。陶九成《辍耕录》天阅之说与鉴戒无关,而滥引入宦者门中;褚渊、王俭虽身事二姓,然不可谓之佞臣,乃列其传论于幸门。此类不知为原本之讹,为茅一相之窜乱,玉瑕珠类,颇累全书。特以其网罗本富,涉猎攸资,当语录盛行之时,尚不失为征实之学,录备多识之一助,固亦无不可焉。

2.《韵学渊海》十二卷

顺之校。《四库全书总目》著录十二卷。有《四库全书存目丛书》本。

《四库全书总目·韵学渊海提要》云:

《韵学渊海》十二卷,内府藏本。旧本题明李攀龙撰,唐顺之校。其书前无序例,名曰《新刊增补古今名家韵学渊海大成》。盖取坊间伪托攀龙所著《韵学事类》《诗学事类》二书合并成编,于伪书之中又为重儓矣。

(五)天文算法类3种

1.《历法新书五》一卷

历法书,顺之与周述学合著。《文渊阁四库全书总目》卷一百六《子部十六·天文算法类》云:"《勿庵历算书记》一卷,浙江吴玉墀家藏本,国朝梅文鼎撰。……《历法新书五》,为唐顺之、周述学所撰……"存佚不详。

2.《历算书稿》

《唐氏先世著述目录》《唐荆川公著述考》云:"《历算书稿》十二册。吾乡李申耆有书。后明季黄宗羲谓公历法得自山阴人周述学,未识信否?"未见他书著录。存佚不详。

3.《回回历批本》

《唐氏先世著述目录》《唐荆川公著述考》均著录。存佚不详。

(六)其他3种

1.《四元宝鉴》,数学著作。

2.《奇门六壬》,术数类书籍。

3.《太乙》,阴阳道专门书籍。

以上三种,见《唐氏先世著述目录》《唐荆川公著述考》。

第五章　唐顺之的诗歌创作

《唐荆川先生文集》卷一至卷四收录诗歌570首,原注编年:卷一第一首诗《游西山碧云寺作得悦字》下自注"此下系翰林时作",凡95首;卷一《村居二首》下自注"此下系前家居时作",凡77首;卷二第一首诗《庚子岁海印寺再举同年会纪事四首》下自注"此下系春坊时作",凡26首;卷二《自述》下自注"此下系后家居时作",凡315首;卷四第一首诗《三屯营阅兵蓟镇总兵开府处》下自注"此下系职方并两奉使作",凡57首。题材广泛,有应制诗、送别诗、赠答诗、怀远诗、寓兴诗、抒怀诗、村居田园诗、纪游诗、咏物诗、咏史怀古诗、边塞诗、抗倭诗等,古、近体皆备。

顺之的诗歌创作具有明显的阶段性,可分为早、中、晚三个时期。嘉靖八年(1529)中第之前,专心于八股制艺,无暇文艺,十二年官翰林才开始诗歌创作。十四年称病告归,任翰林编修三年。十八年至十九年,起故官翰林编修兼右春坊右司谏。前后两次出仕相隔不远,诗歌创作从题材内容到艺术风格都很接近,故将这两个为官时期合二为一称"早年出仕时期",为早期,创作诗歌凡121首。两次为官时期的间隔,即十五年至十七年,是前家居时期,二十年至三十六年后家居时期。前后两次家居亦相隔不远,诗歌创作非常接近,故将两次家居时期合并为"前后家居时期",即中期,创作诗歌凡392首。三十七年至三十九年为"晚岁复出时期",是顺之诗歌创作的晚期,存诗57首。

第一节 早年出仕时期的诗歌创作

翰林院是中国历史上长期存在的一个带有浓厚学术色彩的官署,在院任职与曾经任职者,被称为翰林官,简称翰林,是传统社会中文化层次最高的士人群体。明代是翰林制度长足发展的黄金时期,翰林之盛,前代绝无。明代翰林院[①]在政治上具有特殊性和重要性,是朝廷考议制度、详正文书、咨议政事的文职机构。翰林官的主要活动多为朝廷日常性工作,如从事诰敕起草、史书纂修、经筵侍讲等,备皇帝顾问。主官为翰林学士,下有侍读学士、侍讲学士、修撰、编修、检讨等官。明代翰林院通过科举考试汇集、培养和储备高层优秀政治人才,涵养高层次学者。翰林官具有很多亲炙鸿儒、接近权要甚至出入内阁、宫廷的机会,可以饱览史料邸报,参加朝廷的一些朝政活动,诸如朝会、庆典、祭祀、廷宴等。翰林官居于翰苑,熟读经史,谙熟国家典章制度,学养高深,大多工于诗文,以文学见长。在明代,右春坊右司谏为詹事府属官,詹事府掌管东宫事务以辅导太子。詹事府官员由孝义笃行之士担任,负责教育训导太子。春坊司谏掌箴悔鉴戒,以拾遗补缺,规正伪谬。詹事府官员是太子身边的近臣,直接影响太子,职位异常重要。

顺之早年出仕,先后任职翰林编修与春坊司谏,他的官署生活大致是这样:备侍、受问于皇帝、太子,熟览史料典制以校累朝实录,参与一些朝政活动,接触权臣,出入宫禁,结交士夫京官为文酒之会,休假期间到京城附近游览小憩,政务暇余从事诗文创作等。这是此时期诗歌创作的生活基础,决定了诗歌的题材内容和形式风格。诗歌取材不外乎应制奉答、送别寄赠、咏史怀古、游览纪行、咏物抒怀等,诗中多写名物、器具、地理、典章、制度、职官等术语名词,用词生奇古奥、刻板文雅,抒写直露不婉,形成典实凝重、雍容华贵、平直雅正的诗风,具有浓厚的学者气息。

---

① 有关明代翰林院的论述参见《明史·职官志·翰林院》。

一、应制奉和诗

顺之早年任职翰林、东宫，接触皇帝、太子、权臣，参与朝政活动，出入皇家宫苑，闲暇与同僚宴饮游憩，清贵显要。此时期多作应制奉和诗，有“台阁”余风，庄重典雅，雍容华瞻，富贵满诗。《冬至南郊》与《奉天殿庆成侍宴》是官翰林时所作的两首非常典型的“台阁”应制诗：

> 明王敦大报，泰畤礼神君。位以南离正，宵从甲子分。月临太乙馆，星动羽林军。除道疑登岱，鸣箫异度汾。声容六变合，海岳百灵纷。封检微题字，屏帷悉画云。神光人共见，天语帝亲闻。盛迹谁能赋，多惭扈从群。
>
> ——《冬至南郊》

这是一首五言排律，通篇除首尾两联，其余皆对仗，对句严整，次第铺排，描绘皇家祭祀活动。始于周代的祭天也叫郊祭，冬至之日在国都南郊圜丘举行。“明王敦大报，泰畤礼神君”点出祭祀天神的主题，“明王”“大报”“泰畤”等古代祭祀语言的运用为全诗奠定了神圣、庄严的基调。接下来依次铺排祭祀的地点、时间、过程及场面、气氛。“位以南离正，宵从甲子分”，“南离”“甲子”分别表示方位和时间，用语文雅、正统，符合全诗的基调。“太乙馆”“羽林军”“登岱”“鸣箫”等描述国家事务的词语，展现宏大、庄严、浩荡、福泽的气势。可以想象，冬至那天，天还未亮，皇帝就率领朝臣百官，由羽林军开道护卫，整肃浩荡地开赴国都南郊，一路走过，阵容气势不亚于登泰山封禅之行。“声容六变”，祭祀典礼开始，鼓乐齐鸣，颂乐连续演奏，乐章改变六次以示庄重，祭典始成，报知天帝降临享祭，“海岳百灵纷”，四海五岳的神灵都因享受了人间皇家祭品而欢悦灵动。“封检微题字，屏帷悉画云。神光人共见，天语帝亲闻”，在雕梁画栋、错彩镂金的宫室内，皇帝将缄封的文书敬献给天帝，那是皇帝与天帝相沟通，以成功告于神明，并祈求天帝的护佑。“声容六变”“封检”“屏帷”令人想见祭祀典礼中皇帝与朝臣的恭敬虔诚，祭典仪式气氛的庄严肃穆。作者以雅正庄重、典实富艳之笔描绘了皇家祭祀天神的景象，规模场面宏大严整，气氛庄严肃穆，皇帝与百官神态恭敬虔诚。然而，对于富贵盛大的皇家祭祀仪式，作者认为无论多么绮丽典雅的语言，都难以形容其尽，因此，诗的末尾不无遗憾地写到“盛迹谁能赋，多惭扈从群”。富贵奢靡的皇家祭典乃国运昌隆之表征，每逢如此盛况，皇帝即会令身边的侍从文臣赋诗纪事，以歌其功颂其德饰其盛世，此诗命意即在此。另一首祭祀纪事诗《奉命分祀孔庙作》：

> 后圣礼先师，斯文今在兹。将陈百官富，讵止一牢祠。入室瞻遗器，圜桥展盛仪。乐堪三月听，奠想两楹时。执鬯元公肃，捧璋髦士宜。鄙儒叨小相，端甫奉前规。

此诗所纪是祭祀“至圣先师”孔子的祭奠典礼，比起《冬至南郊》，虽无富贵雍容的皇家气象，然同样不失庄重典雅、严肃敬慎的风格。

接下来看这首《奉天殿庆成侍宴》：

> 飨帝在仁人，郊雍景命新。方看受厘日，即是赐脯辰。警跸喧黄道，衣冠集紫宸。宰夫称燕主，蕃国备王宾。鹓鹭千班序，鱼龙百伎陈。钧天初听乐，玉食共分珍。礼厚过三爵，恩均洽四邻。小臣叨醉饱，拜舞祝千春。

祭祀完天帝，皇帝把祭祀用的牲肉赠给宗室臣下，称“赐胙”，即诗中所言“赐脯”，《奉天殿庆成侍宴》所纪就是郊祭之后君臣宴饮。作者采用颂赋表现手法，运用大量古奥文雅、典实富艳的典制辞语，极力铺写宴饮盛况，表现雍容繁华的帝王富贵气象。“受厘”“赐脯”“警跸”均是描述皇帝行为的御用词语，“紫宸”“宰夫”“蕃国”“鹓鹭千班序”也都是围绕皇帝或与之相对而言的人、物或事，传达出雍容高贵的帝王气象。“鱼龙百伎”“钧天”“五食”，花巧新奇的百戏伎艺，和谐雍雅的乐章，珍馐美味，展现了皇家气派的富贵繁华。“礼厚过三爵，恩均洽四邻”，是对皇帝赐于臣下优渥待遇、普天之下皆沐皇恩的隆赞。“小臣叨醉饱，拜舞祝千春”，侍宴之臣居鼎鼐和羹之重位，叨醉饱之深恩，自然拜谢隆恩、祝佑社稷千秋万代。同为书写君臣宴游的诗作还有一首《午日庭宴》，语言华美富贵，次第铺彩摛文：

> 南薰应律转朱旗，火帝乘离锦席披。榴吐千花承羽盖，蓂开五叶

拂瑶墀。冰盘错出仙人掌，金缕遥分织女丝。复道龙舟方竞渡，衔恩共许向昆池。

宫廷宴饮盛况表征盛世太平、国泰民安，侍宴之臣奉皇帝之命而作应酬诗，以华瞻欢愉之词呈庙堂气象，取悦君王，奉承当世。中国中古时期，尤其是专制的明王朝，皇权至上，臣属惟皇帝是从，即便如顺之以气节自许者，在皇权面前，亦不免低眉折腰应制赋诗了。

此时期诗歌富贵福瞻、镶金错玉的风格特征还体现在一些咏物诗上。先看几首咏花诗：

名卉来南土，奇葩曜上方。花迟疑避雪，叶早为迎阳。灵液滋玄干，仙云拂素裳。无言恒敛笑，不谢暗飘香。夕伴芝房月，朝承菟苑霜。飞窥玉女镜，舞扑羽人觞。拟结千年实，先呈五出妆。帝羹如可和，持此奉明光。

——《咏天坛梅花》

蜀地罗裁就①，漆园梦始通。何言金翅色，翻在碧林中。未辨逍遥影，争矜点缀工。采香蜂趁侣，啄蕊鸟衔虫。易湿缘多粉，难飞讵少风。美人笑来扑，误使损芳丛。

——《咏蛱蝶花》

西掖衡连翡翠城，笼烟袅雾百花明。祇谓紫薇初吐萼，忽言红药已敷英。红药葳蕤艳盛阳，万年春色在文昌。宁同邺下芙蓉苑，讵比洛阳桃李场。裁成异瓣千般锦，结就同心一样黄。金阁披时浑是画，绮楼临处并凝妆。濯枝故向风池上，裛露偏依仙掌傍。仙掌嶙峋对凤池，词郎侍直鹭鸳齐。玲珑玉佩花间映，摇曳罗衫叶下迷。花间叶下情无极，含笑含娇似相识。羞将鸡舌斗馨香，欲取鸃冠并颜色。翠幕分看态转新，朱阑斜倚不胜春。未采孤根助灵液，聊持芳蕊赠佳人。

——《同院寮观阁中芍药作》

仙曹飞雾晓氤氲，几树珍花望不分。纤萼蒙茸俱袭锦，高枝撩乱

① 自注：蜀有蛱蝶罗。

稍披云。初疑叶上缁尘染，转觉丛中淑气薰。为问江头歌绛采，何如玄女裛清芬。①

——《和咏雾中榴花》

咏花诗一方面直接描摹花卉的仙姿妙态，另一方面采用侧面描写的手法，通过描绘花所处的自然环境与人文环境来衬托花的高贵雅洁，辞采华艳，雕琢绮绘。如咏梅花，称之为"名卉""奇葩"，润其干者为"灵液"，拂其条者为"仙云"，长在"芝房"旁，生在"菟苑"里，有"玉女""羽人"风神品度雅致不俗者在旁边呵护品赏，梅花的高贵雅洁脱然而出。咏写蛱蝶花，"美人笑来扑"，同样以美人相映衬。咏写芍药的诗句，读来直让人感觉富贵气扑人面目：芍药盛开的地方在"西掖"，也就是宫阙西侧，那里被作者看成"翡翠城"，"笼烟袅雾百花明"，这里是皇家花苑；开在御苑中的芍药，春色葳蕤，艳胜古今，"宁同邺下芙蓉苑，讵比洛阳桃李场"，与之相提并论的是帝王之都的"芙蓉苑""桃李场"；芍药开在"金阁""绮楼"之侧，穿梭在花丛中的赏花人"玲珑玉佩""摇曳罗衫"，一袭富贵态；花瓣是"千般锦"，花蕊是"芳蕊"，娇艳金贵的红药，赠与"佳人"。咏石榴花的语言也是"仙""锦""淑"等，富艳秾丽。

描写宫廷御苑景致的写景诗，因取材宫禁而染宫苑色彩，非但华赡，更主要是气象隆贵，处处显示皇家景象。

建章今旦满清辉，朔雪缤纷应候飞。忽飘九陌从风散，渐积千门待日晞。素影偏摇宫女扇，轻花欲上侍中衣。最是相如能献赋，沾恩新向菟园归。

——《和陈编修约之禁中雪诗二首》其一

霭霭同云覆帝畿，银宫玉宇特相宜。飞花遍入披香苑，积絮微消太液池。三署晓光凝剑佩，九门寒色映旌旗。亦知圣主挥天藻，不羡周家黄竹词。

——其二

秦园卢橘标炎节，汉苑蘘荷驻羽旗。云气自依雕辇集，星辰故绕

① 原注：江淹《石榴赞》曰："红花绛采。"

画梁飞。林行草木皆成队，水戏鱼龙各合围。更取薰风调曲奏，已看旸谷藉光辉。

——《南苑》

两首咏雪诗诗题“禁中”两字表明作者所咏雪景在皇宫禁内。雪飞覆满“清辉”的房舍称为“建章”，“建章”宫是汉武帝刘彻于太初元年（公元前104）建造的宫苑，此处以汉喻明。彤云覆盖“帝畿”，银装素裹的宫廷建筑成了“银宫玉宇”，雪落之处是“披香苑”“太液池”，寒色凝重的“三署”“九门”可见佩剑护卫与猎猎旌旗，雪中往来人员是“宫女”和“侍中”，这些都是宫廷特有而民间绝无的景象。再看《南苑》景色，“秦园”“汉苑”以古托今，苑中“卢橘”“蘘荷”“林行草木”“水戏鱼龙”皆尽人工而成，“雕辇”“画梁”自是为皇帝悠游苑囿所备。

顺之为官时期的诗歌，典实富艳的诗风不仅体现在应制、咏物、写景等诗，即便纪事、赠答之类，亦见雕琢之迹。如作于官春坊时的《庚子岁海印寺再举同年会纪事四首》，其中也有“玉佩皆鹓侣，金河即凤池”“梵宫邻帝苑，长此集儒绅”等诗句。典型的雕琢诗作是《詹府燕集奉和上宰松皋公三首》，诗中的修饰性词语依次如“祥”“仙”“香”“琼”“金”“玉”“紫”“凤”“麟”等，满眼珠玉，香艳扑面。

二、送别赠答诗

顺之与官场同僚的交际应酬是生活的重要内容，迎来送往，酬赠和答，留下不少诗作，数量可观。“离别赋诗、别后寄赠诗成为官场风气，有无赠诗，谁来赠诗，已经关系到一个人的荣辱，乃至仕途的命运”①。王粲《赠蔡子笃诗》云：“何以赠行？言授斯诗。”钱易《南部新书》云：“大历来，自丞相以下，出使作牧，无钱起、郎士元诗祖送者，时论鄙之。”送别赠答诗在官场交往中发挥人际应酬功能，也是古典诗歌中最富有距离、情感起伏最为剧烈的诗歌。南朝梁江淹《别赋》云：“黯然销魂者，唯别而已矣。”严羽《沧浪诗话·诗评》云：“唐人好诗，多是征戍、迁谪、行旅、离别之作，往往能感动激发人意。”柳永《雨霖铃》云：“多情自古伤离别。”只叙离情别愁

① 陈向春《中国古典诗歌主题研究》，北京：高等教育出版社，2008年版，第98页。

不及具体事实的抒情方式是中国传统送别赠答诗的典型特征，表现的是传统的、普遍的别离者共同具有的离别情怀，而且送别诗的佳作多以此类居多。顺之官任期间的送别赠答诗却一反传统，很少表现共同的离情别绪，而是分人别况地叙写具体事实，语言纯雅，风格平直。试看：

书生非法吏，犹跨五花骢。山徭迎汉使，海国被王风。俎豆夷酋识，侏离译语通。尔乡有名宦，好去学文翁。

——《送焦提学往贵州》

祇役趋东观，校雠良以疲。偶乘青简暇，复与白云期。任性形骸豁，忘机鸟雀知。裘羊何不至，三径坐相思。

——《休沐家居简陈约之》

前一首为送别一位姓焦的友人任职提学往贵州赴任而作。“书生”点明焦提学的身份，“五花骢”是赴贵州的交通工具，“山徭迎汉使，海国被王风”两句偏义复指偏远的贵州山区迎来了朝廷的文教官员，以接受先进的汉文明的王化，“夷酋”“侏离”表明贵州是少数民族杂居的蛮夷之地。此诗有很强的叙事纪实性。后一首赠与好友陈束。顺之官翰林校累朝实录，“祇役趋东观，校雠良以疲”，休假时与陈束文酒诗会，“偶乘青简暇，复与白云期”，全是写实。类似送别赠答诗尚有很多，此不赘举。

顺之的送别赠答诗，多实写被送或所赠之人自身及所到之处的真实状况，不涉离情别愁，无关伤感，对所送之人大多是赞颂、安慰、劝勉、鼓励，态度平正，无意寒温，更无生离死别之大悲大痛，纪实有余，抒情不足，多是官场客套寒暄，与重抒情传统送别诗相较深远，缺少艺术感染力而难以打动读者。此类诗歌是顺之诗歌中成就较低的一类作品。

三、纪游抒怀诗

前述应制奉和、赠答送别诗是顺之官场生活的写证，是向外的应酬文章，很少触及作者的内心。政务之暇休假期间，到京郊做短暂的游憩，暂时抛开京城官场的喧嚣而置身于自然，释放身心疲惫，颐养精神。此时静心定神以审视自己的内心，梳理思绪，在纪游诗、抒怀诗中表达内心的真切感受。写于仕任期间的纪游抒怀诗，抒发宦途艰难的深切体会，对官场险恶的恐惧与厌倦，以及由此而生的弃官归隐的情绪，见于以下诗句：

端居滞文翰，久与赏心阕。出沐乘休豫，寻幽展欢悦。……跻险惕暝眩，逃迥欣超轶。……岩栖庶可希，从兹谢尘辙。

——《游西山碧云寺作得悦字》

解言脱屣易，岂惮拂衣难。

——《寓城西寺中杂言五首》其二

微材同樗栎，僻地当丘园。窃慕东方子，一官堪避喧。

——《寓城西寺中杂言五首》其五

方欣窥妙偈，遽拟谢尘踪。

——《同孟中丞游龙泉寺二首》其一

远师休禁酒，客醉欲逃禅。

——《同孟中丞游龙泉寺二首》其二

日日尘沙里，深愁行路难。孤亭自超旷，过客暂盘桓。霜重飘梧叶，云轻度石栏。不能千日醉，幸托一枝安。

——《息中山亭子》

栖迟异域南冠客，嘹唳长风北雁声。……古往今来成怅望，丛台孤月向人明。

——《永年公馆夜宿》

四、咏古拟古诗

以上所析几类诗歌，是顺之在京城为官时所作，可划归贵族文学的范畴，是他早年出仕时期诗歌创作的主流。主流之外另有别调，一些咏史怀古诗和拟古诗，一洗铅华，清新刚健，显露了顺之不俗的创作才情。如七言古律《皇陵行》：

皇陵郁郁标淮甸，泗上诸峰尽相面。衣冠月出鬼前驱，剑玺昼扃人不见。铜井沉沉碧砌寒，彩霞隐映红阑干。碧砌红阑松柏里，迢遥复道中天起。石马阴嘶万岁云，灵风暗卷长淮水。深山大泽两缠绵，白虎朱雀纷后先。日精月华相回旋，元气氤氲几百年。忆昔元朝赤县裂，争雄逐鹿俱豪杰。一朝此地黄龙飞，蝘蜓鲸鲵徒溅血。已闻帝王自有真，更说南阳多贵人。戈矛貔虎三千士，砺带河山十八臣。江左金陵扶地轴，汉家丰沛还汤沐。复户蠲租父老欢，重门列戟园陵肃。羽骑千屯护玉鱼，鬣封数仞堆金粟。御碑突兀表勋劳，百里无人敢樵牧。流传八叶到神孙，孝敬先知重本根。伏腊烝尝时不后，清明寒食更浇酒。貂褕中使日焚香，豸黼词官夜朝斗。君不见，骊山北邙尽蓁芜，五陵佳气空模糊。壮哉！兹陵从古无，天长地久垂鸿图。

描绘皇陵周边苍茫雄劲的景色，感怀群雄逐鹿的悲壮历史，呈现出历史的厚重感，格调高古，气势豪壮。再如，咏写楚汉相争历史的《荥阳行》："荥阳军垒高嵯峨，楚汉之战何其多。已向廒仓夺刍粟，还临鸿水割山河。大小一百一十战，组练峥嵘如闪电。存亡呼吸那可知，主客纵横忽然变。"感叹燕王养士的《金台行》："君不见，七雄割据势相均，得士者富失士贫。燕昭信义明日月，不惜千金买骏骨。"叹怀汉室兴废的《歌风台》："酒酣击节帝起舞，乐极歌残更流涕。游子谁不悲故乡，万岁吾魂犹乐沛。……台下黄河尽日流，瞬息人间几兴废。"这些拟古诗气格高古，风骨遒劲，慷慨刚健。还有几首古风，挥洒恣肆纵横，气势超脱高迈。如《结客少年场行》："长安少年胆气粗，生来耻作辕下驹。买交不惜千金产，使气能拼七尺躯。……侠士由来重然诺，一言妻子堪相托。"塑造了一个负气呈侠的长安少年的形象，堪比曹植《白马篇》中艺高报国的游侠少年。而《从军行送吕兵曹募兵辽海》可谓是唐人高适《燕歌行》的翻版，诗曰："匈奴十万入云中，烽火照耀甘泉宫。战士三春不解甲，天王一怒欲临戎。……匣里雄韬藏豹变，腰间宝剑作龙鸣。敕散万金收猛士，身骑匹马出长城。……共道百年胡运息，直教一战虏尘消。归来奏凯献天子，功名绝胜汉班超。"展现了明人驱除北虏、消除边患、保家卫国的豪情壮志，其气魄直追大汉强盛武功。尤为脍炙人口的一首是《狂歌行赠孟中丞有涯》：

我生苦缠缚，雅志在泉石。不嫌步兵散，翻笑中散窄。前年奏赋天北隅，颇道君王爱子虚。衣冠对日趋香署，剑佩通宵过紫衢。紫衢香署千官聚，五陵豪气健如虎。鹦鹉何曾惯锦笼，爰居元不识钟鼓。焉能俯首学侏儒，局促羞为辕下驹。从古长安夸巧宦，张汤为智汲黯愚。以兹谢病且归去，钓竿远拂富春树。终日遭逢眼未青，三年尘土衣犹素。今日亦何日,忽如入尘门。公也襄阳夫子之耳孙,升堂更不问寒温,写尽肝膈相与论。朝看贤隐山,暮折申台柳。坐我白玉筵,劝我青荷酒。谈诗公作指南车,对局谁看射雕手。君不见,中郎倒屣迎王生;又不见,北海忘年交祢衡。相知何必结交早,一言合意千金轻。狂歌未断壶未倾,门外惊闻征马鸣。落叶东还西,乱云纵复横。花间月下傥相忆,请公诵我狂歌行。

此首古风,句子长短不拘,韵律流畅,语言汪洋恣肆,是顺之以歌行古体向好友孟洋言志之作。诗歌开头即破题表明心志:"我生苦缠缚,雅志在泉石。"接下去阐发主旨之佳句连连,若"焉能俯首学侏儒,局促羞为辕下驹","以兹谢病且归去,钓竿远拂富春树。终日遭逢眼未青,三年尘土衣犹素","朝看贤隐山,暮折申台柳。坐我白玉筵,劝我青荷酒","相知何必结交早,一言合意千金轻",疏狂超迈,才情骏爽,颇有李太白之遗风,读来令人荡气回肠。此诗展示顺之疏狂自放的一面。与《狂歌行赠孟中丞有涯》类似的拟古歌行体还有《点苍山歌赠雪屏赵考功》,诗中清词丽句,如"点苍山,十九峰,峰峰巧削玉芙蓉,炎天赤日雪不融。峰顶涌出十九泉,一峰一泉相萦缠,流到峰前共一川。雪花乱落绿波里,迭岛连洲镜中起","羡君结庐山之窟,窗里诸峰互出没,夜夜读书常映雪","位高官要身不闲,惟有清梦到故山","一说名山心若洒,何时与君共坐雪峰下",雪峰飞泉,波涌洲岛,如同仙境,读来直令人心神往之。

此时期诗歌有一显著特征,就是堆砌大量典章名词、名物术语,语言晦涩难懂,诗风典重古雅。顺之于学无所不通,杂收博取,加之初入仕途便任职于翰林院,熟通经史典制,是个博学多识的学者。广博的学识体现在诗歌创作中,形成典型的学究特征,体现在各类诗歌中。前引《奉天殿庆成侍宴》即是典型的学究诗,运用了大量古奥文雅的典制名词或文史术语:"飨帝""郊雍""受厘"都是古代皇家祭祀的专用名词,属于历代礼制;"警跸"指古代帝王出入所经路途侍卫警戒,清道止行;"黄道"是天文名词,天文学把太阳在天球上的周年视运动轨迹,既太阳在天空中穿行的视路径的大圆,称为"黄道",此处是指皇帝出行所经过的道路;"紫宸"泛指宫廷,这里是指皇帝接见群臣的地方;"宰夫"本是《周礼》的官名,执掌朝堂仪式、考核百官治绩，报上级予以奖惩，这里是指御膳房的膳夫，所掌为膳食；“鹓鹭”，鹓和鹭飞行有序，此处比喻班行有序的朝官；“钧天”是宴会上演奏的和谐雅正的音乐。一首五言古诗，仅有八十个字，竟然用了那么多古雅难懂的名词，若没有广博的古代文史专业知识，读此诗便会懵然不懂，若了解这些名词的意思，扫除了语言形式的障碍，其实这首诗很容易读懂，平写直叙，章法布局、表现手法并无深婉含蓄之处。再看一首纪游诗《庆寿寺斋宿》：

独坐花宫月，疏钟报晓晴。地超三象外，人觉万缘清。茹素分僧饭，观空入化城。真诠今已悟，宁畏毒龙惊。

这是一首五言律诗，全诗仅四十个字，却使用了五个佛教用语：“三象”“万缘”“化城”“真诠”“毒龙”，“三象”指日、月、星，“万缘”是佛家认为一切事物皆由缘而生，“化城”一词从佛教中来，意项很多，此处指幻化的城郭，佛教用以比喻小乘境界，“真诠”指佛理真谛，“毒龙”是佛家用来比喻邪念妄想的术语。这些都是佛教专门术语，如此密集地运用在同一首五言律诗中，的确是对读者佛教知识的一种考验，不熟悉佛教的读者确实难以读懂此诗。诸如此类的诗歌很多，生奇雅奥的词语俯拾皆是。若是博学多识的学者，尚能读懂这些诗歌，甚至还会细细品味，反复咀嚼。而对于文化学养不太高深的普通读者，若不借助精深准确的注解，初读此类诗歌实在是茫然不解，味同嚼蜡，大量的古奥典实的词语令人难以卒读，望而生畏。即便是能读懂此类诗歌的学者文人，多数也会因为其饾饤凝滞不化而失去审美愉悦，正是“诗家总爱西昆好，独恨无人作郑笺”。

第二节　前后家居时期的诗歌创作

顺之前后家居约二十年，始居宜兴山中，继居陈渡庄，俱远离城市。《与王尧衢书》如此描述的他的家居生活：“春来卜居阳羡，此中山水绝清，无车马迎送之烦。出门则从二三子登山临水，归来闭门，食饮寝梦。尚有余闲，复稍从事于问学。”《与李少卿中麓》①云：“弟数年来闭门乡居，谢遣业缘，交游既简，铅椠亦疏。暧暧虚里，桑梓满眼，自是天壤间乐事。”顺之安于悠闲恬淡的乡居生活，乐为天地间一樗散闲人，“盖欲槁形灰心，自同木石豕鹿之间，使宇宙广阔，着此一闲人足矣”②。此时期的诗歌创作，相对于早年出仕时期，风格为之大变。《荆川唐都御史传》云：“唐子既抵墟里，鸡犬柴门，依依桑梓，谢却业缘，便有终焉之计矣。诗文更进一格，以其侍从庆成朝堂雍容之作，而为村樵渔父歌咏太平之词。”前后家居时期的诗歌主流作品为家居归隐诗，其次是送别赠答诗以及为数不多的几首古体状物诗、祝寿诗等，基调是田园隐逸，风格自然清新、平淡萧散、超脱高蹈。大致以嘉靖二十五年(1546)为界，后家居时期四十岁以后的十来年，眼界由高华雅清转向低俗庸颓，诗歌创作明显一变而为下格，从取材、命意、格调到语言词句，皆转向卑俗俚白，风格颓放衰沉，多不足取。

一、家居归隐诗

顺之家居所作以归田隐逸为旨趣的一大类诗歌统称家居归隐诗，细分包括这样几类：记述乡村生活的村居诗，描写山光水色、田园景致的山水田园诗，书写归隐情怀的述怀诗等。几类作品内容上互有交叉，常常纪事、写景、述怀兼有，不能截然分开，为了论述方便因其侧重点不同进行分类。

虽然身居乡村，“白首为农誓不谖”，然顺之并没有躬耕于陇亩，亲事稼穑，而是以士大夫的心态过着乡下农人的生活，自称“山人”，诗中呈现文人的生活情趣，如以下几首村居诗：

偶然灌园兴，不是学于陵。醉卧松间月，行攀岩下藤。睢于窃自愧，捭阖又无能。惟应白社里，谈笑共高僧。

——《村居二首》其一

山人颇好事，蓬户掩还开。四野绿禾满，三秋白雁来。授衣裁短褐，饮蜡献新醅。即此堪投老，栖栖竟何哉。

——其二

---

① 《唐荆川先生文集》卷六。

② 《唐荆川先生文集》卷五《答周约菴中丞》。

山居足清赏，独恨不能琴。偶接青溪客，因听白雪音。寒暄乍翻复，丘壑转深沉。谁道嵇中散，风流更可寻。

——《夏日听沈君弹琴诗三首》其一

知君技入神，一歇一番新。拨处疑非指，声中似有人。空山鸣落叶，暗水跃潜鳞。何独吹箫客，能生阴谷春。

——其二

忽听使人惊，空山迸一声。能令草树里，齐作秋虫鸣。暂与松风远，还同石涧清。曲终人欲散，纤月照南楹。

——其三

身名幸自谢笼樊，白首为农誓不谖。惯住山中知鹿性，数行树下识禽言。巾车每许邻翁借，书帙间同道士翻。醉后渐看松月上，满村鸡犬寂无喧。

——《山庄闲居》

初退官场，居于村野，乡村淳厚朴素的环境让他感觉到退出官场的自由轻松，“身名幸自谢笼樊”，欣而入园：“偶然灌园兴”，一时兴起，偶涉田圃；“蓬户掩还开”，打开门户，接纳乡邻，和谐共处，“巾车每许邻翁借”；“授衣裁短褐，饮蜡献新醅”，脱去宽袍大袖的绣服青衿，换上短小紧索的农家衣裤，岁末与乡人同祀腊祭，共饮乡酒。毕竟是学者士夫，退居乡村并非真正为农，闲散拙朴的乡农生活未能淹泯士大夫的精神风貌，反而折射作者出较高的文化修养，显示了高雅的文人情趣。饮酒赏月，登山寻幽，“醉卧松间月，行攀岩下藤”，“醉后渐看松月上”；听琴养性，“偶接青溪客，因听白雪音”，优美的琴声令人忘我自失，“曲终人欲散，纤月照南楹”；读书作诗，与高僧仙道谈佛论经，“谈笑共高僧”，“书帙间同道士翻”；禾满雁飞的农田进入作者的审美视野，在他眼中是美丽的风景，“四野绿禾满，三秋白雁来”，山中的野禽林兽成为他的友伴，“惯住山中知鹿性，数行树下识禽言”，自然被雅致地人文化。

一些村居诗通过对乡村生活、乡村景致的描绘，以及作者的生活感受，可以深入透视作者居乡的心境。如以下几首诗：

纤月生西浦，流光照北林。群喧一以息，百籁相与吟。始悟丘园里，能生清净心。悠悠何所叹，独坐抚瑶琴。

——《村夜》

微月挂孤壁，四山何悄然。因穿萝径去，忽造竹林边。丛木深寒气，平芜淡野烟。徘徊兴复尽，还就茅斋眠。

——《夜宿王氏庄》

阎侯贫已甚，尚有种瓜田。潭岩相映带，农圃与周旋。刈秫尽供酒，卖蔬时得钱。躬耕岂不苦，所贵无牵缠。

——《题阎泉川副使庄》

经时不到此，花落遍庭芜。开馆犹如客，凭轩忽丧吾。蝶飞看栩栩，鸟唤听呜呜。便欲题丘壑，于今总姓愚。

——《题陈渡庄》

《村夜》展示了作者乡村月夜所见、所闻、所感，纤月西照，清辉满林，月华如水般穿流于树丛中，白昼的喧嚣渐渐停息，夜晚的各种自然之音悠和交响，如此安谧、宁静、祥和的自然环境，作者的心境与之高度吻合。自然之境是作者心境的主观写照，眼中月亮“纤”美、月光“流”丽，耳听“百籁”交响，和谐欢悦，“一切景语皆情语”，表明作者内心充盈祥和不空寂，宁静清凉不幽冷。作者自述正作了表白：“始悟丘园里，能生清净心。”“独坐抚瑶琴”表现了他的悠然自适。《夜宿王氏庄》与《村夜》类似，“悄然”的月夜，作者并无睡意，游兴正浓，“穿萝径”，“造竹林”，兴致盎然，尽情领略富有水墨神韵的“丛木深寒气，平芜淡野烟”的山村夜景，徜徉徘徊，兴尽而归，于“茅斋”安然入眠。其中蕴含作者乡居安闲舒和的心情，带有淡淡的欣喜和愉悦。《题阎泉川副使庄》一诗道出作者辞官归乡的心声，“刈秫尽供酒，卖蔬时得钱”，既然归乡的生活如此悠然自得，“躬耕岂不苦，所贵无牵缠”，即便躬耕劳苦，亦在所不惜，因为身无所困，心无所缚，清净无扰，恰似陶诗“沾衣不足惜，但使愿无违”。然《题陈渡庄》流露的心境则不同，久不居人的庄院里，落花遍地，蝶虫翻飞，令人眼花心乱，鸟鸣“呜呜”，难为人听，叫人耳烦，此情形是作者心情烦闷失意所致。同样的心境还表现在《宿游塘书怀二首》“脉脉常多病，睢睢竟寡谐。……槁木任形骸。……且师河上叟，毋使虑营营”，作者故作超脱，表明内心烦恼杂念难消，《病中试新茶》"久不窥园圃,多应遍落花",《舟郭外泊有感》"愁多番夜短,村郭又鸡鸣",《同褚生滔徐生大复夜过城濠水榭作二首》"坐疑尘世隔,鸡犬亦无哗""纵然逢醉尉,不是故将军"等。

顺之村居诗表现两种不同的心境。《村夜》《夜宿王氏庄》等诗作于前家居时期,表现作者安闲祥和的心情。此次归乡,顺之自行告归而非罢官,当时权臣张璁执意挽留,若继续为官前途未为不美,即便辞官,将来亦有复职的可能,可谓"行藏在我"。因此,心情并无失落,而是摆脱官场名利缠缚后的闲适自得。第二次归家就不同了,是因为疏请皇太子出御文华殿受群臣朝贺一事被罢官,还差点丢了性命,一场惊险之后离京归家,再次复官的可能性几乎没有,则是"用舍由人"。顺之为忠耿气节之人,被朝廷弃而不用,精神颇受打击,绝意仕进。《题陈渡庄》《宿游塘书怀二首》《病中试新茶》《舟郭外泊有感》等诗作于后家居时期,流露出苦闷、烦恼、失意的心情。

中国古典山水田园诗①发生很早,可以追溯到《诗经》《楚辞》。汉魏时期,山水田园开始进入文人的审美视野而成为独立的审美对象,山水田园诗自此独立成为中国古典诗歌的一大类别。东晋陶渊明将道家风骨与士大夫的归隐意识融入山水田园诗中,为后世文人树立了人格和诗格的双重典范。随后千百年来,山水田园诗成为文人士大夫释放身心疲惫、安顿失意心灵的精神家园。顺之的山水田园诗承继了中国古典山水田园诗的传统,描写优美怡人的山水田园自然景观,抒发超脱高蹈的隐逸情怀,塑造悠然自适、返璞归真的隐者主人公形象。看他山水田园诗描绘的生动灵秀的山水田园美景:

> 四野绿禾满,三秋白雁来。
>
> ——《村居二首》其二
>
> 清溪知几曲,惟见白云深。……春莺未停啭,夏叶始繁阴。
>
> ——《暮春游阳羡南山四首》其一

---

① 有关古典山水田园诗的论述参见王凯《自然的神韵—道家精神与山水田园诗》,北京:人民出版社,2006。

花落已成蹊，村村绿叶齐。

——《暮春游阳羡南山四首》其四

峰微片云度，谷静众禽鸣。

——《同皇甫子循游横山二首》其二

开帘见白鸟，隔院度清香。

——《游马迹山宿许道士房有赠二首》其一

万川疏沃野，百室竞春蚕。

——《送白尉往湖州》

新雨郊原草木柔……藤垂小径蝉声满，苔合荒庭鸟迹留。

——《游神墩寺次壁间韵二首》其一

古藤千尺犹自柔，布叶垂阴满院幽。

——《游神墩寺次壁间韵二首》其二

从竹袅袅迎风柔，古墩掩映清湖幽。断烟白鸟双洲远，落日青山半景留。

——《登墩》

苍山百转见炊烟，茅屋高栖古树颠。细雨薜萝侵石径，深秋粳稻满山田。云中望影迷遥岫，草里闻声觉暗泉。

——《广德道中》

青苹袅袅漾微风。

——《淮上五日泛湖同蒋别驾世和》

虫语喧清夜，藤花媚小斋。

——《宿游塘书怀二首》其一

雨过草木好，夜来池馆清。

——《宿游塘书怀二首》其二

岸岸夹丛竹，清溪几许深。

——《过清溪庄值主人不在》

站站夕时鸟，欣欣雨后秧。

——《答陈澄江佥事村居韵八首》其一

野燕登蚕箔，山鸡雏麦秋。

——《答陈澄江佥事村居韵八首》其五

流处玉琴响，绕来茅屋清。

——《题徐君渊泉号》

山鸟矜春语，湖烟淡夕流。

——《题孤山林隐居祠二首》其二

月出照松关，松阴正满地。

——《松关》

层冰结平川，积雪埋高树。

——《梅坞》

面面隔深竹，茅斋在何处。

——《�径》

层楼对回溪，溪边草新绿。

——《会远楼》

百泉自奔注，更不费疏凿。雨歇天气清，临池看洗鹤。

——《山池》

春催金谷晓，一望百花齐。

——《听莺阁》

顺之描写山水田园景色所选用的底色是青、白两种冷色调："青山""青苹""白雁""白云""白鸟""炊烟""湖烟"的色彩是青黑色，"绿禾""绿叶""草新绿"是青绿色，青、白两种色调相搭配，富有水墨神韵，构成水墨山水画素淡的意境，传达出南宗画的韵味。在以青、白为基础色调的山野田园环境中，作者的精神感受达到孤高超然、脱拔流俗的清雅境界，所见所感归结到"清"："清溪""清香""清湖""清夜""池馆清""茅屋清""天气清"。清淡雅静的山野园田充满生机、欣欣荣动，诗中的植物类意象有"绿禾""夏叶""古藤""丛竹""古树""薜萝""粳稻""雨后秧""麦""松""百花"等，禾稼茂旺，草木葱茏，一派繁荣；动物类意象有"白雁""春莺""众禽""白鸟""春蚕""蝉声""虫语""夕时鸟""野燕""山鸡""山鸟""鹤"等，鸟飞虫喧，生机盎然。顺之山水田园诗的整体风格是清新雅淡、生机荣动，这既不同于谢灵运的精工富丽，也不同于陶渊明的平淡自然，又异于王维的空寂幽冷，是继承中国古典山水田园诗传统的同时形成的独特个性。

身处如此清雅澄静、不染尘缁的自然中，抬眼悠云远山，回身泉溪淙淙、花鸟禾木，作者澄心静虑，忘世销忧，超然物外，悠游闲隐。如《暮春游阳羡南山四首》其一云“清溪知几曲，惟见白云深。一入蘼芜径，欣闻樵采吟。春莺未停哢，夏叶始繁阴。乘此纵长啸，悠然物外心”，其二云“洞口石纵横，流泉复有声。柴门何处入，鸡犬自相迎。灵草知昏晓，时禽识雨晴。非因罢官久，谁得此闲行”。又如《游马迹山宿许道士房有赠二首》其一云“开帘见白鸟，隔院度清香。……偶来分半席，遽使世情忘”，《游神墩寺次壁间韵二首》其一云“新雨郊原草木柔，葛巾黎杖此寻幽。藤垂小径蝉声满，苔合荒庭鸟迹留。隐几翻经聊习静，凭高望远一销忧。相逢更是烟霞客，携手同为汗漫游”，《登墩》云“耳听鸣蝉知换节，坐移芳草觉忘忧。兴来更望华阳顶，想见仙人驾鹤游”，《淮上五日泛湖同蒋别驾世和》云“青苹袅袅漾微风，轻舸逍遥暂此同。客里绿蒲惊节换，尊中清酒觉愁空”。作者陶醉于山水田园，这是他脱离官场后的精神安憩之处，抱朴守拙，“勿嫌疏散甚，吾亦是愚公”（《暮春游阳羡南山四首》其三），自得其乐，“横金岂不贵，此乐复何如”（《题清溪庄三首赠顾副使》）。顺之山水田园诗实为写心之笔，作者眼中的自然景物清新明净，不染尘缁，实是作者澄心静虑、空明超脱精神境界的外化。居家苦修，中年悟道，消除欲障以求“天机”灵明混成，遂有“天机说”，其山水田园诗蕴含“心学”境界，可与王维山水田园诗禅机禅意相媲美。

顺之家居归隐诗中有一部分作品以直抒胸臆的方法表达抱朴守拙的隐逸情怀，如“本非食肉相，犹是饭牛身。负郭无新业，灌园有旧邻。矶边独钓客，陇上偶耕人”（《自述》），“缨冠本非分”（《荆溪上塘庵述怀》），表达作者辞官归里、安分守拙的心愿。家居日久，不事生产，且持节甚严，“长贫不受钱”（《赠春岩王尹朝京》），顺之陷入贫病窘境，加之苦修理学，晚又倾向佛道，泯心禁欲，形神枯槁，自认贫拙无用，此种情形多见于他在诗中的自述：

> 脉脉常多病，睢睢竟寡谐。鸴鸠知分量，槁木任形骸。……逃虚何足叹，心迹幸无乖。
>
> ——《宿游塘书怀二首》其一

似瓠甘无用，为膻厌有名。且师河上叟，毋使虑营营。

——《宿游塘书怀二首》其二

酬答惭居士，衣冠谢鄙儒。……禅栖吾所好，来往亦随缘。……病身宁礼束，懒性已书捐。兴到成开口，逢人更默然。

——《宿荆溪上塘庵述怀余向曾游此匆匆十年矣》

世网幸疏如野马，微名犹在愧山樗。

——《陈渡草堂二首》其二

本欲逃名山林，栖隐岩下，以求内心空澄无欲，天机自运，然而欲空何曾空，无奈道来：

青天自是无逃处，何事灵均更问天？

——《又迭前韵二首》其一

避人不敢厌高深，逃影何如学息阴。楚客又成蕉鹿梦，漆园未了是非心。纷纷世事看花发，默默天机听鸟吟。可笑维摩真病在，无言说处是金针。

——《自述》

以上三类诗歌，侧重点各有不同，但总的核心命意是“隐”。中国古代社会是传统的农业社会，整个国家、社会以农为本，所有国人的根基皆在农村。官员士夫或致仕、或罢官，只要离开朝廷，绝大多数人要回归农村，或进一步退居山中。因此，家居即是归田，或归农、归山。归田之人，即便无须躬耕，也要逐渐适应并接受乡村生活方式，安于山野田园，息交绝游，不问朝事，是为归隐。家居诗作纪事、写景、抒情甚至议论所用意象、典故、称谓等，大多是山中、乡村、田野、园圃中的事物景象，这些事物景象长期被众多诗人反复咏写而积淀为“隐逸”的特定文化内涵。顺之家居归隐诗中的景物有溪、涧、泉、洞、池、杉、松、竹、禾、草、烟、鸟、虫、花、藤、蚕、茅屋(斋)等，人物称谓则是高僧、山人、樵夫、茶女、钓童、道士、渔父、医士、处士、村叟、野老、村甿、田叟、逸民等，典故人物多为古代隐士高人诸如于陵、嵇康、扬雄、阮籍、张衡、赤松子、刘伶、王维等。

二、送别赠答诗

顺之家居时期的送别赠答诗数量可观。此时期的送别赠答诗较之早年出仕时期的同类诗歌，有一小部分与之特征相同，也是具有很强的纪实性，然大部分作品从内容到命意，都较以前发生了新变，笼罩在去官家居大背景下而染上浓厚的在野意识、乡村田园色彩及归隐情绪。典型之作是两首寄赠京师旧游的赠答诗：

姓名不复挂朝参，鱼鸟由来性所耽。箧里符经都已废，山中药草渐能谙。疏狂自分三宜黜，懒病其如七不堪。深谢故人推毂意，莫将阳羡比终南。

——《闻复官报寄京师友人》

莫须弹铗叹无鱼，自爱山东构草庐。雨后乱蛙生敝灶，秋深落叶伴闲居。身随老圃偏能惯，论学潜夫愧不如。故人休讶无相讯，中散从来懒作书。

——《代柬寄京中旧游》

又如：

逝将归旧林，复此别知音。绾鱼惭分薄，解剑感交深。目送三河使，身分十亩吟。从兹一相失，长叹隔飞沉。

——《谢病赠别高参政子业》

久已废逢迎，萧然世外情。因君访茅屋，相送到江城。远岫雪中绿，寒流冰下行。可堪此时别，独自返柴荆。

——《丹阳别王道思三首》其一

卧病不知久，见君三徙官。还将鹖冠贱，来伴豸衣欢。秉烛惊宵曙，同衾属夜寒。平生学禅寂，犹自别离难。

——其二

书生多落魄，羡子最逢时。绣服官方显，青衿职所司。铸人称道术，倚马见文辞。徒抱弹冠意，迂疏自可嗤。

——其三

昔日京华居，同君直玉庐。蛾眉宁见妬，樗散自知疏。佩印紫薇署，垂纶沧海鱼。为农吾已矣，作吏子何如？

——《次韵赠陈后冈》

已甘踪迹滞丘樊，暂逐行麾思欲翻。才薄最宜明主弃，身贫独感故交存。苍苔掩径谁相过，芳草怀人未敢言。知君王事方鞅掌，不记于陵长灌园。

——《家居赠别陈佥事约之》

告病归家临行时赠别高叔嗣的诗《谢病赠别高参政子业》，开首表明心迹："逝将归旧林"，志在田园："身分十亩吟"，诗末感慨去朝后与友人的分别将是路遥时长："从兹一相失，长叹隔飞沉。"《丹阳别王道思三首》"久已废逢迎，萧然世外情"表明早已安于家居，萧然世外，很少与人交往，"远岫雪中绿，寒流冰下行"，本在心闲，眼观耳闻，尽现悠然。有意识与王慎中区分朝野之别，王慎中身为朝官，著官服"豸衣"，自己居家则头戴隐士之冠"鹖冠"，王慎中"绣服官方显，青衿职所司"，而自己则"徒抱弹冠意，迂疏自可嗤"，意在表明他的在野身份。《次韵赠陈后冈》表白心志："为农吾已矣。"

家居日久，"某自屏居以来，自以罪隶，不敢复齿于荐绅之后"①，"渔樵久作群"(《常山怀罗念庵》)，顺之交游逐渐由官场士大夫让位于山人处士、医卜僧道、村夫野老等民间人士。生活背景、心态环境及交往对象的变迁，决定了其交际应酬诗歌思想内容和审美意趣的相应变化。相当一部分送别赠答诗书写山野隐居的景观情致、隐逸之感，而不见离情别绪的抒发。《答陈澄江佥事村居韵八首》名为和答，实写村居田园：

番嫌结社闹，独往筑秋场。已谢二千石，何须八百桑。站站夕时鸟，欣欣雨后秧。感时聊一适，不是阮生狂。

——其一

昔岁理人术，今朝种树书。太恩番是累，非种亦须锄。身老兼栽药，家贫待畜鱼。求羊还愧我，肯许叩精庐。

——其二

酒隐君能惯，青天白眼宽。貌肥占道胜，禄去易身安。鸟迹携书

① 《唐荆川先生文集》卷五《答周约庵中丞》。

对，藤花倚树看。枋榆非不乐，何用羡扶抟。

——其三

君往惬幽意，吾留厌市声。园庐本相接，喧寂不同情。褊心违请谒，病骨废耘耕。出处两无着，空惭大隐名。

——其四

城市终当徙，开轩向绿畴。老知学稼好，穷带著书愁。野燕登蚕箔，山鸡雊麦秋。村甿无曲调，出口自成讴。

——其五

南国频饥后，飡麸胜酪酥。比间虽麦穗，盗贼尚萑蒲。阖室供缫茧，分沟竞辘轳。田家莫厌苦，试看荷戈夫。

——其六

樗散甘为笑，逢迎已觉迷。渐能谙豕牧，宁复舞鸡啼。村居邻北郭，野语学东齐。此是潜夫宅，吾将为子题。

——其七

葺屋才支漏，新茅不用添。风清田叟鼓，雨应社神签。野荫炎还冷，村醪酸亦甜。高人方对卷，晒麦也能兼。

——其八

这组诗从题目看是赠答诗，然“村居”二字实为题眼。诗的内容有对田园景象的描绘：“站站夕时鸟，欣欣雨后秧”，“开轩向绿畴。……野燕登蚕箔，山鸡雊麦秋”，“阖室供缫茧，分沟竞辘轳”；有对村居生活的记述：“鸟迹携书对，藤花倚树看”，“村甿无曲调，出口自成讴”，“渐能谙豕牧，宁复舞鸡啼。村居邻北郭，野语学东齐”。田园内禽鸟活泼，禾稼繁茂，农事忙碌，生机勃勃，乡村生活淳朴恬淡，闲适安谧。第八首所描述的农村生活，新茅葺屋，风清雨应，野荫甜醪，开卷读书而可兼晒麦之农活，可见作者退居乡村内心的欣慰与满足，另有作者抒怀言志之句可资为证：“感时聊一适，不是阮生狂”，“枋榆非不乐，何用羡扶抟”。再如：

倏然一逸民，山郭往来频。乞药从贫士，传方自异人。草间收伏菟，涧畔煮香莼。叹息市中客，谁知百岁身。

——《赠宜兴张医二首》其一

生长白云岩，仙书宿所探。千金方不惜，百草味俱谙。采药行山外，藏身住市南。独抱文园病，逢君试一谈。

——其二

御气曾闻老氏柔，寄身偏爱水云幽。道书数卷只自注，生计一钱常不留。卖药人间应是谪，挂瓢树下复何忧。犹言妻子能相累，自戴黄冠学远游。

——《次韵赠施道人》

自笑久磷缁，还真已是迟。偶寻赤松子，更结白云期。短褐身将老，微言世莫知。吾生同智北，从此问无为。

——《赠王山人》

幽栖谢俗客，相对只清湖。野服裁芳芰，时蔬剪绿蒲。行吟向渔父，着论比潜夫。前洲双白鸟，识得主人无。

——《赠吴宾湖》

这四首赠答诗分别赠予之人为医士、道人、山人、处士。作者以疏淡优美的文笔描写他们闲隐超逸、恬淡萧散的世外生活，字里行间流露出叹赏之情。作者揽镜自照，以友人反射自己，抒发隐逸之感。

还有一些为庆贺寿诞而作的祝寿诗：

早谢浮名绊，生涯常宴如。春来江上棹，老去枕中书。东郭闲居惯，南荣世虑疏。看君足道貌，自与俗人殊。

——《寿诗》

自爱悬车早，经今十岁余。薄游沧海客，大隐市城居。坐阅人间世，时翻肘后书。里中问耆旧，羡尔更谁如。

——《董进齐寿诗》

我识南村叟，矍然一逸民。卜居三让里，击壤百年身。城府入来少，桑麻乐处真。一经今有子，环堵岂嫌贫。

——《蔡南村寿诗》

家世法真余，清名人不如。高年推亥字，大隐寄廛居。逸客闲相过，机心老更疏。多君能教子，余庆在诗书。

——《法慕庵六十》

蚤躭玄寂谢尘氛，身隐犹嫌名可闻。自着道衣辞汉阙，因寻仙箓礼茅君。行随胜迹曾无住，藏向名山更有文。南国夜来占气色，少微渺渺动江云。

——《寿张通政》

古貌翛然山泽臞，力田还是汉人余。久谙汜胜齐民术，闲读周侯风土书。桑榆暧暧随行径，弟子欣欣与燕居。驷马从来足忧患，羡君身世更何如。

——《赠宜兴闵翁八十寿诗》

以上祝寿诗寿主皆被赞为“隐士”：《董进齐寿诗》言董进齐“薄游沧海客，大隐市城居”，《蔡南村寿诗》曰“我识南村叟，臞然一逸民”，法慕庵则“大隐寄廛居”，张通政“蚤躭玄寂谢尘氛，身隐犹嫌名可闻”，宜兴闵翁“古貌翛然”，“桑榆暧暧随行径，弟子欣欣与燕居”。祝寿之诗本应祝愿寿主长寿多福，朗健安康，然诗中却不见祝福之语，而是通篇称赏寿主如何淡泊隐逸。作者居乡结识的乡村野老，只是乡下居民，何来真正隐士？然作者因“心隐”之故，将自己的主观情感投射到这些乡村野民身上，借题发挥，他们在作者眼中也便成了隐士，是作者主观情感的外化，以人喻己，《寿诗》所绘就是作者的自画像：“早谢浮名绊，生涯常宴如。春来江上棹，老去枕中书。东郭闲居惯，南荣世虑疏。”

三、日常理俗诗

四十岁成为顺之人生的分水岭，其健康状况、生活、思想和文学皆于四十岁左右发生转变。他与友人的信函反复提到四十之关：

年近四十，疾疢忧患之余，乃始稍见古人学问宗旨。

——《寄刘南坦》

自惟年垂四十，已蹈无闻之戒。……以此来岁更欲作一闭关之计，生徒尽已谢遣，交游亦且息绝。……文词技能种种与心为斗，亦从生徒交游之例，尽谢遣之，尽息绝之，不然犹是闹攘套子也。

——《与薛方山郎中》

今年且四十，益觉进德之难。

——《与张西磐尚书》

吾数年来日用操炼中，颇见古人学问头脑。四十年散乱精神尽从收拾，自此发愤努力，或可不辜负此生耳。

——《与王体仁》

如仆者，年迫四十，齿发渐衰，自念此身竟未有安顿处，正坐其初入头，元不是真根子。

——《答冯午山提学》

仆多病之躯，年入四十，已更衰落，不觉尘心灰尽，枯坐素食，兀然一老瞿昙矣。

——《与与槐谢翰林》

顾年垂四十，尘机与老态渐长，道心与壮气销落，盖已蹈无闻见恶之戒矣。

——《答喻吴皋御史》

仆自四十外，非特世事灰心，向来一切诗文伎俩，亦从扫抹。

——《与李中溪知府》

年及四十，尪羸卧床，已成废人，此皆诸公所共亲见所共垂悯者。

——《与刘寒泉通府》

近年来痛苦心切，死中求活，将四十年前伎俩头头放舍，四十年前意见种种抹杀，于清明中稍见得些影子。

——《答王遵岩》

自年近四十，则心益苦，盖尝参之闭门静坐之中，参之应接纷扰之中，参来参去，如是者且十年，而茫乎未之有得也。

——《与聂双江司马》

此后尚有文债二十余篇，若便了此，则四十余年业障一时顿销。

——《与洪芳洲书》

年近四十，觉身心之卤莽而精力之日短，则慨然自悔，捐书烧笔，于静坐中求之，稍稍见古人涂辙可循处，庶几补过桑榆，不尽枉过此生。

——《答蔡可泉》

四十岁时，此心已成灰冷。及虏骑入京师，激于臣子大义，不觉热中一番。

——《寄赵浚谷》

自四十以前，虽屡经废锢，至于为国为民一念，每饭未之敢忘。

——《与万两溪吏部》

如此多次向友人提到四十岁如何如何，可见顺之四十岁左右人生的确出现一系列变化。健康状况自幼年不佳，“幼时尝竭精神于举业，几成瘵疾”，三十岁未老先衰，“且少婴疾疢，三十以后齿发渐衰”①，四十岁后日渐病虚体弱。“委形既然，志亦随之”②，心态与生活日渐封闭，“自惟年垂四十，已蹈无闻之戒。……以此来岁更欲作一闭关之计，生徒尽已谢遣，交游亦且息绝”，“弟数年来闭门乡居，谢遣业缘交游”。《答顾东桥少宰》③所言更为透彻：“仆迂戆无能人也，过不自量，尝从诸友人学为古文诗歌，追琢刻镂，亦且数年。然材既不近，又牵于多病，遂不成而罢去。及屏居山林，自幸尚有余日，将以游心六籍，究贤圣之述作，鉴古今之沿革，以进其识而淑诸身。又牵于多病，辄复罢去。既无一成，则惟欲逃虚息影，以从事于庄生所谓堕体黜聪，以为世间一支离之人，耕食凿饮，以毕此生，而不敢有觊乎其外。”“闭关”之后潜心修道，不在文学上用力，“仆自四十外，非特世事灰心，向来一切诗文伎俩，亦从扫抹”，“艺苑之门，久已扫迹”④，视诗文为左道末技。潜心修悟而得“天机说”，对文学思想影响很大，以致“本色论”产生。“本色论”提倡以作家独立的主体自觉精神，创作具有独到见解与真情实感的诗文作品，反对剿袭前人、模拟太重、缺乏自我精神的文学拟古主义，此为上乘的文艺思想。然“本色论”所倡“直写胸臆”的创作方法，易形成流弊。作家若学养不厚、才情有限，或用力不够，运用此法创作，容易失之粗率，走向俚俗。顺之在“本色论”文学思想与方法指导下，大约四十岁之后诗文写作走向粗率俚俗，随心所写，率性而为。王世贞《艺苑卮言》云：“近时毗陵一士大夫始刻意初唐，精华之语，亦既斐

①② 《唐荆川先生文集》卷五《答周约庵中丞》。

③ 《唐荆川先生文集》卷五。

④ 《唐荆川先生文集》卷六《与李中溪知府》。

然。中年忽自窜入恶道，至有'味为补虚一试肉，事求如意屡生嗔'，又'若过颜氏十四岁，便了王孙一裸身'，又咏疾则'几日囊疣是雨淫'，阅箭则'箭箭齐奔月儿里'，角力则'一撒满身都是手'，食物则'别换人间蒜蜜肠'等语。遂不减定山'沙边鸟共天机语，檐上梅挑太极行'，为词林笑端。"①王世贞的评价较为中肯。顺之中年以后的诗歌创作确实失之粗率，取材率性随意，甚至庸俗无聊，如写"囊痈""疟病""漂布架""袜架""有司查脚色""观猫捕鼠"等，以这些事物作为诗歌题材，意义甚微，加之语言卑俗，除了王世贞所举上述例句外，还有若"金冶由他不由我，狼胡是病亦是天"，"檐角偶欣猫捕鼠，反观尚觉杀心存"等，已毫无诗味。明代前期理学畅兴，文坛流行师法邵雍的性理诗。尤其是永乐以降，邵雍的《伊川击壤集》深受理学家推崇，薛瑄、陈献章、庄昶等理学名家模仿邵雍《伊川击壤集》作诗，形成流行一时的"邵尧夫体"，或称"陈庄体"。邵雍作诗文"意所欲言，自抒胸臆"，"不苦吟以求工，亦非以工为厉禁"，自然表达，不刻意求工，亦非失之粗率，正符合顺之"本色论"。然浅学者则只效其形式，而"失邵子之所以为诗矣"，便形成理俗乏味的性理诗。顺之中年以后最为推崇邵雍，《与王遵岩参政》②云："三代以下之诗，未有如康节者。"刻意仿效邵雍，《答皇甫百泉郎中》③云："其(唐顺之)为诗也率意信口，不调不格，大率似以《寒山》《击壤》为宗，而欲摹效之而又不能摹效之然者。"正是"不能摹效之然者"，导致顺之中年之后的诗歌走向恶俗衰颓。

四、忧患家国诗

顺之家居隐逸，超脱名利世俗，然对于家国民生，并没有真正忘怀。《与罗念庵修撰》④云："年来世事扰扰，忧国一念，未能弥忘。"关注国事民生的诗作表现了浓厚的忧患意识：

愁多畨夜短，村郭又鸡鸣。更听邻舟语，行看海日生。新秋河汉

---

① (清)陈田辑撰《明诗纪事》戊签卷九引《艺苑卮言》，上海：上海古籍出版社，1993年版(下同，不注)，第1535页。《历代诗话续编》本《艺苑卮言》、齐鲁书社1992年版罗仲鼎校注《艺苑卮言》均无此条，不知陈田据何本。

② 《唐荆川先生文集》卷七。

③④ 《唐荆川先生文集》卷六。

影，竟夕桔槔声。谁能讼风伯，一使甘霖倾。

——《舟郭外泊有感》①

海上倭方急，云中虏又侵。缨冠本非分，抱膝复何心。

——《宿荆溪上塘庵述怀》

丝茧东南急，羽书边徼繁。忧时在君辈，野老复何言。

——《宪副饶湖田见过陈渡草堂赋此为赠》

圣明如有问，正可绘流民。

——《赠郡倅纲运》②

塞垣万里事防秋，选将分兵出帝州。白马幽并游侠客，金兜肺腑冠军侯。请缨曾抱迂儒志，借箸谁当帏幄谋。己酉年来堪窃愤，翩翩胡骑入关游。

——《病中秋思八首》其四

何年海上入妖氛，满地楼台尽一焚。刃露雪霜惊壮士，阵翻蛱蝶扫疲军③。星河避影宵烽逼，砧杵停声哭巷闻。野老无能效筹策，空弹长铗对秋云。

——《病中秋思八首》其七

吴地连年尽豺虎，野人何处觅莼鲈。

——《病中秋日作四首》其一

忽报吴门兵燹尽，古来佳丽说南州。

——《病中秋日作四首》其三

责守一无聊自慰，且忘倭寇过苏州。

——《病中秋日作四首》其四

岁岁吴侬事水耕，朝朝占雨愁云轻。泽中不闻鸠语合，田际但见龟文生。野老舐糠犹自得，书生炊桂亦何情。东南生计已如此，闻道山西又点兵。

——《次人忧旱作》

---

① 自注：时旱灾甚。
② 自注：时江南早（引者按：应为旱）甚。
③ 自注：倭夷有蛱蝶阵。

以上诗作可称为忧患家国诗，顺之一再感慨国事维艰、民生苦难。苦于身处山林，不居庙堂，纵然有志报国，却无处请缨。无奈反复感叹“抱膝复何心”“野老复何言”“野老无能效筹策，空弹长铗对秋云”，只能以身无职守聊以自慰：“责守一无聊自慰。”从这些诗句看，由于家国之难，顺之终老山林之矢志受到强烈冲击，这为他晚岁复出作了心理铺垫，也埋下了伏笔。

第三节　晚岁复出时期的诗歌创作

自嘉靖二十六年(1547)起东南闽浙沿海倭患加剧，五六年倭侵不仅没有得到遏制，反而愈加惨烈，已经延伸到顺之家乡苏常一带，“吴地连年尽豺虎”。“海上倭方急，云中虏又侵”。东南沿海遭受倭寇侵残杀掠之时，北方边界自二十九年起屡受俺答侵犯，“翩翩胡骑入关游”。陈鹤征《陈渡阡表》云：“庚戌，虏寇阑入古北口，一夕薄都城，远近震骇。”顾宪成撰《郡志传·唐顺之传》亦载：“庚戌，虏薄都城，人情汹汹。”南忧北患，国难当头，顺之面对国事忧心忡忡，“心事江湖思报主”①，“请缨曾抱迂儒志”。然此时顺之罢官退居山林，责守一无。时工部侍郎赵文华力荐顺之，三十七年顺之遂出。人生最后两年，所处之地一是蓟北塞外，一是东南海防，所历之事皆抗击外敌，所作诗歌标“职方并两奉使作”，收入《唐荆川先生文集》卷四。这一时期的诗作不多，主要是边塞诗和抗倭诗。

一、边塞诗

嘉靖三十七年(1558)秋七月，顺之赴蓟镇核查兵额。蓟镇是明代长城防御边线的一个重镇。明代多数时间沿长城一线作为北部边界，长城即为守备前线。长城干线设有九个防御重镇②，其中蓟镇长城，东起山海关，西至居庸关，从东、西、北三面拱卫京师，是明代万里长城九镇中最重要的一镇，也是建筑最坚固、最雄伟的一镇，蓟镇稳固则京城无虞。《明

① 《唐荆川先生文集》卷四《至职方作》。
② 《明史·兵志三》。

史·兵志三》载:“蓟之称镇,自(嘉靖)二十七年始。”①顺之赴蓟镇查阅兵营状况,游历辖区,查察关隘塞口的地势地形,领略东北边地的自然景观和风物人情,深有感触,诗以纪之:

股肱北平郡,烽火度辽营。特以郎官节,来巡都护兵。橐驼参阵马,筚篥应军钲。三令先庚后,八门死地生。妖星枉矢堕,杀气蓐收行。象缀吴都燧,羊分宋士羹。生羌休近塞,熟虏敢渝盟。阅罢时登眺,虹螺忆古城。

——《三屯营阅兵蓟镇总兵开府处》

亭徼逢秋雕羽轻,良家六郡试雄兵。一夫天险卢龙塞,万炬星飞翼虎营。清笳乍歇闻鸣镝,突骑才回见伏旌。有道四夷方设守,年年长此护神京。

——《密云阅兵作》

穹庐元以射雕称,一骑常先万马腾。意气肯甘胡地老,勋名终属汉坛登。斫残右臂方挥刃,殪尽追锋未释冰。归自虏中还破虏,古来名将亦谁曾。

——《副总兵马芳芳陷虏中十二年而归在虏中亦称为骁将》

三屯营是蓟镇总兵府驻地,顺之到达蓟镇后,参与了在此处举行的阅兵活动,并以纪实笔法特写阅兵活动实况。《三屯营阅兵蓟镇总兵开府处》开宗明义写到蓟镇护卫京师的重要战略位置:“股肱北平郡”,由于鞑靼部的屡屡南犯,朝廷才委派钦差重臣巡查蓟镇,“特以郎官节,来巡都护兵”。作者阅兵时所见军队已处于战备状态,摆兵布阵,军容整肃,诗中原注有“虏中得三橐驼,摆阵,用之为冲”“营中火器颇整”等。作者抗击外敌、保家卫国的信心更加坚定:“生羌休近塞,熟虏敢渝盟。”《密云阅兵作》一诗则以抒情的笔调描写了蓟镇边地的烽火险塞,“一夫天险卢龙塞,万炬星飞翼虎营”,艰苦卓绝而又斗志昂扬的军旅生活,“清笳乍歇闻鸣镝,突骑才回见伏旌”,同时抒发了由衷的爱国主义热情。第三首诗咏写抗虏骁将,歌颂英勇抗敌、忠心报国的副总兵马芳芳,“一骑常先万马腾”“斫残右

① (清)张廷玉等《明史》卷九十一《兵志三》,第2241页。

臂方挥刃”,“归自虏中还破虏”的非常经历为他增添了英雄传奇色彩,表现了作者的英雄主义精神。

贡道走东胡,关门控北都。每逢金镜节,来献玉骢驹。酋长花当后,山川松漠纡。天衣沾蚪蟒,国马出騊駼。乞赏孙随祖①,专兵妇代夫②。珥珰珠落错,襁褓锦氍毹。盘舞呈鞮革,侏言译象胥。白狼回右衽,黑水作通衢③。明堂端拱日,王会正堪图。

——《喜峰口观三卫贡马》

潮河北来几千里,夹岸穹庐杂军垒。传闻汉官旌节至,惊咄欢迎竞罗跪。抹额貂皮并系腰,胡妇赤脚胡儿履。中有老胡能汉语,辫发一条银鼠尾。告言天暖弓力弱,箭垛乞移三四咫④。蹲腰捎目满弯弧,箭箭齐奔月儿里。当轩赐与锦缠头,汉人喝采胡人喜。自矜长技正未竭,一跃上马事驰突。珠帽半仄卖敧邪,铁骢骄嘶弄觥䚟。可怜人马如争巧,人藏马腹马人立。翻身倒卧马背上,马尾鬅松乱人发。忽然马去不闻声,一路惊尘向空没。满眼流星透烟雾,道是胡儿飞箭发。想见天山射雕时,意气雄豪谁可越。归人散悄无喧,卸却牙旗卷秋月。

——《古北口观降夷步射复戏马驰射至夜》

这两首诗内容侧重描写边地胡汉民族生活。喜峰口即喜峰口关,是燕山山脉东段的隘口,古称卢龙塞,路通南北。自古喜峰口一带便是汉族与北方及东北方少数民族交往频繁之地。“三卫”是明代在东北建州女真聚居地设置的三个地方军事行政机构的合称,包括建州卫、建州左卫、建州右卫,委任各部首领,俾仍旧俗,各统其属。《喜峰口观三卫贡马》一诗叙写作者所见三卫所辖女真族人向明朝廷进贡马匹的情景,“每逢金镜节,来献玉骢驹”。进贡后,部落酋长带领部下男女老幼讨赏。诗中描绘了东北少数民族大异于汉人的服饰穿戴、习俗语言等民族特征,“珥珰珠落错,襁

---

① 自注:大酋挈子孙十余人讨赏。

② 自注:有四五妇女领部落入贡。

③ 自注:黑水靺鞨。

④ 自注:胡精于射而不能远,又弓解胶之时,跪告移垛稍近,盖模写实也。

裀锦氍毹。盘舞呈鞮革，侏言译象胥”。诗的结尾“王会正堪图”，流露出作者巩固汉族政权、以夏治夷的民族思想。《古北口观降夷步射复戏马驰射至夜》一诗笔调轻松和谐，展示了古北口少数民族与汉人的杂居生活，描写胡人擅于骑射的矫健，可取之处是写出了胡汉友好和睦相处，“当轩赐与锦缠头，汉人喝采胡人喜”，表现了民族融合的事实，“中有老胡能汉语”。既然胡汉能够友好相处，共同生活，又何必发动战争涂炭生灵、毁坏财富呢？此诗反映了作者反思战争、向往和平以倡民族融合的可贵思想。

然而，汉族传统士人一向有着强烈的华夷之辨的思想，以汉族华夏文化为中心，四夷为附属。明王朝又是代蒙族政权而立的汉族王朝，明汉族士人尊汉排夷的思想更为浓厚。顺之是汉族传统士大夫，又是朝廷派往边塞的钦差大臣，身处边塞，时遭虏侵，维护汉族政权、强调华夷之分的思想意识，在他的边塞诗中表现得非常突出，称谓少数民族的词语“虏”“羌”“胡”“夷”等带有明显贬义，诗中字句蕴含汉人居高临下俯视四夷的优越感，如“有道四夷方设守，年年长此护神京”，“明堂端拱日，王会正堪图”，“传闻汉官旌节至，惊咄欢迎竞罗跪”，“几时丑虏忽东徙”等。

顺之的边塞诗描写边塞风物景观，可分为自然风物景色和战争军旅景观。漠北塞外的自然风物景色，与中原、江南大不同。蓟镇地处东北，靠近山海关，作者有诗《山海关陈职方邀登观海亭作》，登观海亭看到“万里群山尽海头”，海面上烟波莽阔，“水潦初清海雾收”，“风恬浪细鱼鳞起，隔岸隐隐见东牟”，气势阔大渺茫。内陆边塞之风景则苦寒荒凉，“峡束雨湫高怒水，山凹树窍激秋声”（《宿黄崖营》），“绝塞逢秋已觉凉，此中气候讶非常”（《游遵化汤泉》），“漫漫岚气半晴阴，撼撼庭柯叶乱吟。……孤鸢影跕寒岩草，鸣蜩声连野戍砧”（《闰月十五日太平寨始见秋色》），“去乡只觉蝉声似，出塞方知马脊危”（《晓发喜峰》）。塞外城池孤寞，人烟稀少，“高城落月雁飞斜，数亩沙田稻亦花。路绕曲河十八度，人栖磠石两三家”（《石塘道中》）。《度潮河》与《登怀柔城》两首诗较为全面地表现了塞外秋景：

流浅沙明自可怜，未经秋潦转澄然。马腹浮河仍饮水，甲光映日更摇川。几处穹庐移就草，数家瓯脱曲依泉。沿堤犹见青杨柳，只觉南州乡思悬。

——《度潮河》

塞下孤城古白檀，半临平野半依山。秋来亭徼无烽火，官马千家苜蓿闲。小邑萧条恰似村，日中市井已扃门。山田砂砾希禾黍，只有城西种果园。

——《登怀柔城》

塞漠河流浅明，游牧人家逐水草而居。孤城小邑，市井冷清，山田砂砾，禾木稀疏，无比萧条。

边塞诗中的战争军旅景观体现在以下诗句中：

关外胡笳关内柝。

——《山海关陈职方邀登观海亭作》

岩立星辰孤堕影，野清刁斗空传声。戍楼倚月横吹动，虏帐烧腥远火明。

——《夜上石塘岭关》

堠烟山霭争明灭，戍笛秋声并惨嗟。闻道松亭遣探骑，时时愁被熟夷遮。

——《石塘道中》

鼓角千峰虎旅散，汉胡一路犬牙交。熟夷生虏递番覆，怪石崩川争怒号。

——《古北口城》

几家戍鼓渔阳掺，联骑铙歌蓟北行。

——《宿黄崖营》

三秋豹旅方乘障。

——《登喜峰古城》

戈甲满山乘塞卒。

——《闰月十五日太平寨始见秋色》

这些诗句饱含大量边塞军旅意象："胡笳""柝""刁斗""戍楼""虏帐""堠烟""戍笛""鼓角""虎旅""戍鼓""铙歌""渔阳掺""蓟北行""豹旅""戈甲""塞卒"等，表现了边塞军旅生活的艰苦，传达出浓郁的边塞战争气息。表达作者对以身殉国英雄的怀念与敬仰:“魏将殒身曾此地,边人语及尚沾缨。”(《夜上石塘岭关》)“魏将”是指参将魏祥,诗中有自注“正德末,魏年参将祥难被于此”。抒发作者戍边卫国的豪情与自信:“到此令人思猛士,天山万里纵鸣弰”(《古北口城》),“戈甲满山乘塞卒,天骄何处欲相侵”(《闰月十五日太平寨始见秋色》)。体现作者同情戍边士卒的人道主义情怀:“辛苦下情何计达,早年曾诵《采薇》诗。”(《晓发喜峰》)

二、抗倭诗

顺之奉命赴浙江海疆抗倭前线,以重病之躯投入抗倭战斗。在海疆一年有余,军务之暇间有诗作,有一部分诗歌便是以沿海抗倭为题材的抗倭诗。收入《唐荆川先生文集》的抗倭诗35首,内容较为丰富,艺术上亦见创新。

有的抗倭诗描绘了倭寇鄙陋粗丑的相貌装扮,如《偶感十一首》其十云:“眉目粗顽发指冠,乡人权作大王看。”有些作品描述倭寇入侵的行为伎俩,如《病中秋思八首》其七云“刃露雪霜惊壮士,阵翻蛱蝶扫疲军(自注:倭夷有蛱蝶阵)”,写倭寇使用倭刀作为兵器,并配以蝴蝶阵作战,再如《海上凯歌九首赠汤将军》其二云“纷纷盗窃尔何知,岸上斫人水上嬉。自咤一身都是胆,欲将巨海作潢池”,描述的是倭寇擅习水性、肆无忌惮从海上来犯的情境。更多的抗倭诗反映了倭寇在吴中地区烧杀掳掠的暴行,若《病中秋日作四首》其三云“忽报吴门兵燹尽”,《病中秋思八首》其七云“何年海上入妖氛,满地楼台尽一焚”,《偶感十一首》其二云“贼来窥户正临妆,虏得吴娃似孟姜。箫鼓满船催送酒,大王今夜作新郎”。

抗倭诗有两类重要内容:海战与海洋风光,具有浓郁的海洋色彩。《海上凯歌九首赠汤将军》其五云“海上秋高朝气清,营中贾勇竞先鸣。叠屿乱翻旌帜影,惊涛尽作鼓鼙声”,写海上的水军营寨,战旗翻扬于海岛,惊涛怒潮与鼙鼓之声交织,士兵竞勇,一派兵临海疆、出海作战的海上军旅景象。《海上凯歌九首赠汤将军》其二云“偃旗休角寂无猜,百丈楼船泊不开。夜半贼营流矢满,才惊汉将是飞来”,其六云“沉船斩馘海为膻,潭底潜蛟喷血涎。髑髅带箭逐波去,可道孙恩是水仙”,这两首作品描写海上战斗的惨烈场面,膻血泛海,骷尸随波,战船瞬间沉入海底,比起传统边塞诗描绘的戈壁大漠马倒人翻、血流成河的厮杀场面，过无不及。奇异瑰丽的海洋风光在抗倭诗中得以表现，如《月夜渡蛟门》云“大洋万里无拳石，却见群山亘海中。忽然石壁开双峡，坐觉楼船耸半空。岛以户宽延满月，潮缘口窄弄惊风”，万里海面，石壁乍开，山岛耸峙，惊涛骇浪中楼船随潮头颠簸起伏，惊险万状；亦有潮定风息后的海上平静景象，《自乍浦下海》云“昨夜波潮怒，中宵云雾披。天澄镜光发，风嫩谷纹滋”，《三沙病后夜起玩月抒怀》云“海能尽月空无水，潮定期风飒有铓”，诗中布满了海洋意象：海风、浪潮、波涛、礁石、岛夷、丛苇、桅樯、鲸鲵、鲛鼍等。

抗倭诗洋溢着昂扬悲壮的杀敌斗志，表现誓死抵御外侮保家卫国的爱国思想。看下面两首抗倭诗：

> 岛夷频不静，玉节远何之。誓清万里寇，敢惮一身危。闽卒精风候，吴儿惯水嬉。黄头纷百队，白羽扬千旗。击鼓灵鼍应，挥戈海若随。龙惊冬不蛰，鲛畏昼停丝。昨夜波潮怒，中宵云雾披。天澄镜光发，风嫩谷纹滋。邹衍瀛洲数，庄生秋水词。乾坤元莽阔，人世自牵羁。已傍渔山泊，还寻马迹期。日升看晷转，途变识针移。双屿崖门险，半洋礁石奇。从来惟贼路，今日有王师。待献经营绩，三山勒一碑。
>
> ——《自乍浦下海》

> 大洋万里无拳石，却见群山亘海中。忽然石壁开双峡，坐觉楼船耸半空。岛以户宽延满月，潮缘口窄弄惊风。谁能一矢穿蛟窟，只忆枞阳汉武雄。
>
> ——《月夜渡蛟门》

这两首诗描绘了作者海上视察所见海疆景观，抒写杀敌报国的豪情壮志。顺之抵浙即下海视察，一昼夜行六七百里，出没惊涛骇浪之中。随行者皆惊愕呕吐，顺之却意气风发，谈笑自如，第一首诗即纪此行。作者所见抗敌水军精通水战：“闽卒精风候，吴儿惯水嬉。”英姿飒爽：“击鼓灵鼍应，挥戈海若随。”以致于“龙惊”“鲛畏”。海上天气变化迅倏，“昨夜波潮怒，中宵云雾披”，海面莽阔无涯，礁屿奇险，海上航行需十分谨慎，“日升看晷转，途变识针移”。如此艰苦恶劣的海疆环境，作者并非畏惧退缩，而是豪迈悲慷:“誓清万里寇,敢惮一身危。”对抗敌胜利充满信心,只待刻石勒功:“待献经营绩,三山勒一碑。”《月夜渡蛟门》描写的是风惊浪恶的蛟门大洋,群山横海,石壁耸立,潮涨潮落,此处航船惊险无比,然作者仍是满怀豪情,追慕武功强雄的汉武帝:“谁能一矢穿蛟窟,秪忆枞阳汉武雄。”顺之亲赴抗倭前线剿杀倭寇,《海上归来病手足疮兼血疾伏枕》云“一身自试妖狐穴,六月深驱瘴海兵”,不顾病痛而勤于军务,《三沙抱病夜坐柬梅林督府》云“日御短衣巡壁垒,夜支倦体阅军书”。《海上凯歌九首赠汤将军》其四云“水军队队黄头郎,迎潮直上凌扶桑。已知海若先清道,万里沧波定不扬”,可见高昂的斗志,对剿灭倭寇充满坚定的信念。

抗倭诗艺术上有一定创新。比如语言,《自乍浦下海》“风嫩谷纹滋”一句“嫩”字用得新颖绝好,以“嫩”写海风,生动贴切,因为风从海上起,挟裹着海水的湿气,“风嫩”给人的感受是海风的柔和湿润,一个“嫩”字点出了海风含水湿柔的特征,可见作者语言运用的独具匠心。再如描写的新视角,作者以“闽卒精风侯,吴儿惯水嬉”描写福建、江浙水军英勇善战,从士卒精通风侯、谙习水性的角度来写,侧重于士兵的“软战力”描写,实大不同于传统边塞诗中以长于骑马射箭、矫健雄壮描写将士的勇武善战。

抗倭诗是在明代抗倭战争背景下产生的,时代背景、边塞环境、作家群体以及诗歌内容、审美风格等诸多特征,都与传统边塞诗大不同,这是一个值得重视的文学现象。本文仅简略论述了唐顺之的抗倭诗,对于明代抗倭诗的整体,将另列课题,再作探讨。

第四节　小　结

以上三节分三个时期对顺之的诗歌作了初步探讨,每个时期的具体创作分别具有各自不同的特征。然所有的诗歌作品毕竟出自同一作者笔下,从宏观视角观照具有整体特征,本节就顺之诗歌创作的整体特征作简要论述。对于顺之诗歌创作的评价,自明代迄今不绝如缕,本节简要梳理历代评价,并尝试给出笔者的判断。

一、整体特征

（一）阶段分明

顺之的诗歌创作与其人生经历密切相关。前文已述，依据生平经历其诗歌创作期明显分为三个阶段：第一个阶段是“早年出仕时期”，这个时期由于清贵之职的政治背景、宫苑官署的生活环境，诗歌创作主流可划归贵族文学的范畴，取材多关宫廷朝务、官场仕宦，风格雍容典雅、富华雕绘，应制诗是第一创作阶段特有的诗歌类型；第二个阶段是“前后家居时期”，长达二十年，相对于第一个阶段，此阶段的诗歌创作面貌大为改变，诗歌的核心主题是归隐，几乎所有作品都染上浓重的隐逸色彩，诗风恬淡超逸、闲适萧散，家居归隐田园诗是此阶段的代表性作品，艺术性较高；第三个阶段是“晚岁复出时期”，顺之受命于危难之际，南北奉使，蓟镇核兵，东南抗倭，所历皆兵戎之事，诗作多关国事边防，诗歌风貌又为之一变，风格转向豪爽矫健、慷慨悲壮，新特之作是别开生面的抗倭诗。王国维有“一时代有一时代之文学”之论断，以大观小，顺之的诗歌创作可谓“一阶段有一阶段之诗歌”。

（二）应酬文学

顺之诗歌创作的每个阶段都有代表性诗歌类型，第一阶段是应制诗，第二阶段是家居归隐诗，第三阶段是抗倭诗。代表性诗作最与作者人生背景相符，成就较高，然在数量上并不占优势，从整体上看占绝对数量的不是几种代表诗歌，而是那些用于交际应酬的诗歌作品。应酬性的诗歌包括应制诗、送别诗、赠答诗、祝寿诗、挽诗等。《唐荆川先生文集》收录诗歌五百七十余首，其中应酬性作品近四百首[①]，约占诗歌总量的三分之二，因此顺之的诗歌就整体而言可称为应酬文学。

应酬性诗歌在人际交往中发挥交际应酬功能，作者常常会将此类作品

① 因为诗歌分类具有交叉性，所谓应酬性诗歌并不能从整体中截然分出，只能根据诗歌内容侧重点进行较为宽泛地分类，因此应酬性诗歌的数量也只能统计为约数，而非确数。

当作随意驱使的文字工具，往往言不由衷，很难在诗中表达真情实感，伴生的是审美效应的贫乏。应制诗奉皇帝之命而作，写这类诗须揣摩君王心理，须歌颂盛世、取悦皇帝，作者内心真情大多掩藏不露。寿诗为寿主祝福祈愿，多为溢美之辞。送别赠答诗抒发离情别绪，相对来讲易于表现真情以感动人心。然而，顺之的送别赠答诗多言事实，少及离情，难以感发人意。顺之诗歌整体上应酬性突出，抒情性欠缺，情感不足，理性有余。

（三）追慕汉魏

顺之各时期诗歌均流露追慕汉魏的强烈怀古情绪，主要表现在两个方面：一是大量使用汉魏六朝的典故，二是咏史怀古诗多取材汉魏史实、古迹。

顺之诗中使用的典故，绝大多数出自汉魏六朝的历史事件、历史人物、古迹地名、作品典籍等：

1. 历史事件之典

狗监谁相荐，成都一布衣。

——《唐荆川先生文集》[①]卷一《送王生归蜀》

独有子云甘寂寞，闭门自草太玄书。

——卷一《结客少年场行》

中郎倒屣迎王生……北海忘年交祢衡。

——卷一《狂歌行赠孟中丞有涯》

徒抱弹冠意，迂疏自可嗤。

——卷一《丹阳别王道思三首》其三

卿家勋贵似诸袁，两世三登八座尊。

——卷二《赠许太宰》

纵然逢醉尉，不是故将军。

——卷二《同褚生滔徐生大复夜过城濠水榭作二首》其二

史书征德化，更是一冯君。

——卷二《赠冯午山提学》

① 本文所引诗句皆出自《唐荆川先生文集》，下同，不注，只标卷次。

田园旧在海东头，海上新归张翰舟。

——卷三《赠张赣州致仕还吴次达夫韵》

霍家襁褓更封侯。

——卷三《南征歌十二首》

谁能一矢穿蛟窟，只忆枞阳汉武雄。

——卷四《月夜渡蛟门》

陈汤挛痹缘西域，韦叡虚羸为北征。

——卷四《海上归来病手足疮兼血疾伏枕》

2. 历史人物之典

东晋高僧支道林：

俗子惭玄度，名僧即道林。

——卷一《寓城西寺中杂言五首》其三

西汉辞赋家东方朔：

窃慕东方子，一官堪避喧。

——卷一《寓城西寺中杂言五首》其五

曼倩滑稽有至言。

——卷三《读东坡诗戏作》

魏文士阮籍、嵇康：

不嫌步兵散，翻笑中散窄。

——卷一《狂歌行赠孟中丞有涯》

山人旧姓嵇。

——卷一《暮春游阳羡南山四首》其四

谁道嵇中散，风流更可寻。

——卷一《夏日听沈君弹琴诗三首》其一

感时聊一适，不是阮生狂。

——卷二《答陈澄江佥事村居韵八首》其一

东汉名将班超：

功名绝胜汉班超。

——卷一《狂歌行赠孟中丞有涯》

西晋文学家潘岳：

应传潘岳有新诗。

——卷一《送朱建阳》

南朝齐诗人谢朓、西汉学者扬雄：

谢朓诗篇差可拟，子云笔札焉足夸。

——卷一《送陈贡士刺上思州》

后世还闻有子云，为耽寂寞卧江滨。

——卷一《寄题顾东桥侍郎戴酒亭》

独惜杨雄名位薄，世人谁识太玄书。

——卷一《和朱子学迁居》

嗜酒杨雄只寂寥。

——卷三《病中秋思八首》其二

东汉车骑将军窦宪、西汉骠骑将军霍去病：

旧客谁过窦车骑，新知尽入霍嫖姚。

——卷一《结客少年场行》

西汉史学家司马迁：

好奇徒愧马迁才。

——卷一《游龙门》

东汉廉吏蒋诩、西汉学者扬雄：

开径自须同蒋诩，著书元不愧杨雄。

——卷一《咏崔后渠书屋》

东汉经学家马融：

不独传经似马融。

——卷一《潞河别林汝雨提学浙江》

西汉政治家张良：

共说留侯在汉京。

——卷一《张相公寿诗》

尊俎奇谋仗子房。

——卷三《赠督府张半洲兼柬周中丞石崖四首》其四

东晋诗人陶渊明：

送酒虚疑陶令家。

——卷一《九月晦日钧州公馆见菊》

西汉人冯唐：

自笑冯郎将白首。

——卷二《送王翰林浙江兵备副使》

魏文士阮籍、东汉学者张衡：

阮生常避俗，平子正归田。

——卷二《题清溪庄三首赠顾副使》其一

东汉高士梁鸿：

地即梁鸿宅。

——卷二《题清溪庄三首赠顾副使》其三

西汉外交家张骞：

老去张骞皮骨在。

——卷三《病中秋思八首》其五

西晋名士刘伶：

戒酒刘伶终酒性。

——卷三《又迭前韵二首》其一

西汉辞赋家枚乘：

才谢枚生能作赋。

——卷三《至常熟陈中丞白训导邀登福山看海二首》其二

东汉高士徐孺子、魏文士阮瑀：

耕稼吾非徐孺子，才华尔亦阮元瑜。

——卷三《赠宜兴王丞次韵》

吴将周瑜：

东南大略输公瑾。

——卷三《赠督府张半洲兼柬周中丞石崖四首》其四

西汉军事家李广：

李广何心计数奇。

——卷三《赠都督万鹿园四首次思节韵》其二

李广雁门今罢守。

——卷四《再官京师怀赵浚谷中丞》

西晋诗人刘琨：

抚剑刘琨本善诗。

——卷三《赠都督万鹿园四首次思节韵》其四

东汉史学家班固：

不是班生表人物。

——卷三《万思节以集中无名作诗见贻二首》其一

东汉文士杨修：

颖悟最居德祖后。

——卷三《送冯子声赴试》

蜀相诸葛亮：

卧龙何日起隆中。

——卷三《观道士祈雨二首》

3. 古迹地名之典：菟苑、章台、细柳营、甘泉宫、邺下、石渠、建章宫、茂陵、兰台、宣室等

菟苑俱将命。

——卷一《答陈编修约之栢乡见寄》

疏钟出长乐，明月照章台。

——卷一《春夕皇甫膳部见过索观鄙作留夜坐》

烽火照耀甘泉宫。

——卷一《从军行送吕兵曹募兵辽海》

复道新屯细柳中。

——卷一《从军行送吕兵曹募兵辽海》

宁同邺下芙蓉苑。

——卷一《同院寮观阁中芍药作》

诏赐绨缃出石渠。

——卷一《题张学士仰宸楼楼藏赐书》

石渠校籍坐然藜。

——卷四《寄姜白二子》

建章今旦满清辉……沾恩新向菟园归。

——卷一《和陈编修约之禁中雪诗二首》其一

吾生耻学茂陵郎。

——卷一《送林宜兴迁官南部》

兰台佐羽觞。

——卷二《送陆舍人调辽府长史》

宣室正须公等在。

——卷三《答朱刑部士南见寄》

插羽飞书入建章。

——卷三《赠督府张半洲兼柬周中丞石崖四首》其四

丹青彷佛见章台。

——卷三《次韵题王孟端春流出峡图》

4. 作品典籍之典：司马相如《凌云赋》《子虚赋》，仲长统《潜夫论》，扬

雄《太玄》，孔稚圭《北山移文》，张衡《归田赋》，贾思勰《齐民要术》等

愧乏凌云赋。

——卷一《春夕皇甫膳部见过索观鄙作留夜坐》

颇道君王爱子虚。

——卷一《狂歌行赠孟中丞有涯》

论学潜夫愧不如。

——卷一《代柬寄京中旧游》

文章真与太玄邻。

——卷一《寄题顾东桥侍郎戴酒亭》

独惜杨雄名位薄，世人谁识太玄书。

——卷一《和朱子学迁居》

子虚今在楚，作赋有辉光。

——卷二《送陆舍人调辽府长史》

闲诵北山文。

——卷二《同褚生滔徐生大复夜过城濠水榭作二首》其二

只有归田赋，曾无问舍谋。

——卷二《载迭前韵二首赠莲渠》其一

著论比潜夫。

——卷二《赠吴宾湖》

久谙汜胜齐民术。

——卷三《赠宜兴闵翁八十寿诗》

除了在诗中密集用典，顺之的咏史怀古诗更是集中笔墨咏写汉魏六朝的历史掌故、人文古迹。《登孙登啸台》①所咏为“阮籍闲登啸处”②：“晋时肥遁士，长啸此山阴。……宁知千载后，更有阮生寻。”《嵩阳宫柏》③所写柏树“乃汉武帝所封将军柏”④：“嘉树植崆峒，年长势更雄。已无秦帝

① 《唐荆川先生文集》卷一。
② 题目后自注。
③ 《唐荆川先生文集》卷一。
④ 题目后自注。

幸，尚有汉皇封。"《荥阳行》[1]感叹楚汉战争："荥阳军垒高嵯峨，楚汉之战何其多。……大小一百一十战，组练峥嵘如闪电。"赞颂舍身救汉王以致焚死的忠烈英雄纪信将军："英姿烈烈纪将军，志不可夺身可焚。"《歌风台》[2]抒写了作者登上刘邦所唱《大风歌》之故址所感发的古人幽情："酒酣击节帝起舞，乐极歌残更流涕。游子谁不悲故乡，万岁吾魂犹乐沛。"表达了感慨朝代兴亡的历史伤感："台下黄河尽日流，瞬息人间几兴废。"《卢龙行·咏田畴》[3]缅怀称赞助曹操攻破乌桓的谋士田畴："田生义侠久知名，驻车虚左亲邀迎。……当时策士如云拥，奇谋却属一书生。"即便是借乐府旧题写时事的《从军行送吕兵曹募兵辽海》[4]，亦托汉事而起兴："匈奴十万入云中，烽火照耀甘泉宫。"立功边疆以抗击外敌、保家卫国的雄心壮志亦比于汉人："归来奏凯献天子，功名绝胜汉班超。"

顺之诗由衷缅怀、仰慕两汉的文治武功，对魏晋六朝英雄、名将、文人、高士赞颂、欣羡，此种追慕汉魏的历史文化心理在明代尤其是到了明中叶，具有一定的代表性。终明一代，士人都怀有复古情结。中国封建社会在盛唐发展到巅峰，"安史之乱"后走向衰落。两宋军事卑弱，多受游牧民族欺凌，元蒙政权以夷变夏，至明代中国封建士人重振华夏雄强国威的民族国家理想已压抑了数百年。明王朝的建立，令当时的士子阶层精神大为振奋，他们认为恢复汉唐盛世的时代到来了。"自明初以来，明朝士大夫就抱有一种强烈的幻觉，以为明朝建国是天地重辟，日月重光，是古今历史发展的一大运会，恢复唐、虞盛世的机会来到了"[5]。明王世懋《窥天外乘》[6]中的一段话较为典型地反映了明代士大夫的这种心理：

> 原夫自古开创之君，皆在中原。而我朝独自南混北，意若曰元起漠北，阴之极也。今自南之北，明以阳而胜阴也。盖自骊山烽举之后，迄于洪武建元，而天地始为之位置，日月始为之开朗，山川始为之洗涤。故语功则远驾乎尧、舜，论正则陋视乎殷、周。谓之曰乾坤一

①②④　《唐荆川先生文集》卷一。

③　《唐荆川先生文集》卷四。

⑤　廖可斌《明代文学复古运动研究》，第 65 页。

⑥　《丛书集成初编》本《凤洲杂编》二附。

小开辟,讵不然欤?即以比于洪濛之初,臣不能知,要难以中世汉、唐为例矣。

经过明前期的发展,至明中叶社会经济、政治、文化都呈现繁荣景象,明士人再创汉、唐盛世的封建理想愈发高涨。这种理想在文人士大夫的文学创作中多有表现,顺之的诗歌创作便是其中一例。在诗中多用汉魏六朝典故还源于作者的学术修养,顺之治史学于汉魏六朝史用功最多,其史学著作[①]有《两汉解疑》《两晋解疑》《评选两汉奏疏》《批选周汉文》《荆川先生批点精选史记》《荆川先生批点精选汉书》《精选史记汉书》《汉书揭要》等。由于谙熟汉魏六朝的史实掌故,在诗歌创作中使事用典,故能信手拈来,涉笔成章。

二、历代评价

明、清、近现代人对顺之诗歌的评价:

(一)明人评价

明李开先撰《荆川唐都御史传》云:

> 唐子既抵墟里,鸡犬柴门,依依桑梓,谢却业缘,便有终焉之计矣。诗文更进一格,以其侍从庆成朝堂雍容之作,而为村樵渔父歌咏太平之词。

明王世贞《艺苑卮言》云:

> 近时毗陵一士大夫始刻意初唐,精华之语,亦既斐然。中年忽自窜入恶道,至有"味为补虚一试肉,事求如意屡生嗔",又"若过颜氏十四岁,便了王孙一裸身",又咏疾则"几日囊疣是雨淫",阅箭则"箭箭齐奔月儿里",角力则"一撒满身都是手",食物则"别换人间蒜蜜肠"等语,遂不减定山"沙边鸟共天机语,檐上梅挑太极行",为词林笑端。

---

① 详见第四章《唐顺之的著述》。

明顾起纶《国雅》云：

唐中丞应德诗称名家。早居翰苑，便跻贞观、武德华躅。及还毗陵，直造开元、大历妙处。并足流响词林。

明胡应麟《诗薮》云：

嘉靖初，为初唐者，唐应德、袁永之、屠文升、王汝化、任少海、陈约之、田叔禾等；为中唐者，皇甫子安、华子潜、吴纯叔、陈鸣野、施子羽、蔡子木等，俱有集行世。就中古诗冲澹，当首子潜，律体精严，必推应德。①

明陈子龙《明诗选》云：

应德气象爽迈，才情骏发，使能深造，当有超乘。其后驰骛功名，诡托讲学，遂颓然自放。②

明穆敬甫云：

唐公诗典雅舂容，绰有盛唐体裁。③

明顾玄言云：

中丞古体如云津跃龙，幻变莫状；近体如风涧鸣琴，幽逸有致，并足流响词林。④

明蒋仲舒云：

弘、正间，李、何辈出，海内遵之。迨其习弊。音响足听，意调必归，剽窃雷同，正变云扰。太史振之为初唐，宏丽该整，足称羽仪。⑤

明黄清甫云：

应德初务清华，晚趋险怪。考其所撰，若出二辙。故誉有所自，

① （明）胡应麟著《诗薮》续编卷二《国朝下》，上海：上海古籍出版社，1979 年版，第 363 页。
② （清）陈田辑撰《明诗纪事》戊签卷九引《明诗选》，第 1536 页。
③④⑤ （清）朱彝尊辑录《明诗综》卷四十一，第 1987 页。

毁亦随之。①

（二）清人评价

清钱谦益《列朝诗集小传》丁集上《唐佥都顺之》云：

正、嘉之间，为诗者踵何、李之后尘，剽窃云扰，应德与陈约之辈，一变为初唐，于时称其庄严宏丽，咳唾金璧。归田以后，意取辞达，王、李乘其后，互相评砭，吴人评其初务清华，后趋险怪，考其所撰，若出二辙，非通论也。②

清陈田《明诗纪事》云：

嘉靖初学初唐者，如薛君采、皇甫子安，七古诗便不能佳，无论余子。盖其调圆转流利，须择题而施。惟何大复《明月篇》最为杰出，以其才自度越寻常也。五律一体，人握隋珠，君采、子安兄弟、高苏门、袁永之、唐应德、陈约之辈，不可胜数。应德古文自是明一代大家。诗学初唐，律体自有佳篇。厥后谈兵讲学，不复能唱《渭城》，潦倒颓放。弇州、卧子之论具在，不必为之讳也。③

（三）今人评价

笔者查阅了视野所及的近现代研究唐顺之及"唐宋派"的学术文献，论者多关注他的文论和古文创作，对于诗歌创作鲜有研究和评价。

明、清两代评价可以归结为两个要点：一是对其早年效仿初唐之作称赞有加，二是点出其诗歌创作前后期的变化，后期创作趋于消沉颓放，不足取。这些评价，综合来看是较为核心的论断，应该说比较中肯。然失之笼统与偏颇，不够具体全面，对其早年创作不免有过誉之嫌，而对其家居与晚年之作又全部否定，无视其间仍有一定佳作。

---

① （清）朱彝尊辑录《明诗综》卷四十一引，第1988页。此条（清）陈田辑撰《明诗纪事》戊签卷九引自《国琛集》，笔者查阅中华书局1985年影印《丛书集成初编》本（明）唐枢著《国琛集》，未见有此条。

② （清）钱谦益撰《列朝诗集小传》，第375页。

③ （清）陈田辑撰《明诗纪事》戊签卷九"田按"，第1536页。

顺之诗歌创作的整体面貌，本章已做了较为细致具体的分析论述。早年为官时期的应制奉和诗确有初唐之风，辞藻典雅华瞻，气度雍容宏远，然堆砌术语、饾饤不化的典重晦涩的学究诗风，是为一弊端。再者，此时期长于纪事而短于抒情的送别赠答诗，脱离了"诗言志"或"诗缘情"的传统审美原则而流于呆板枯淡。顺之前后家居时期的归隐之作，有不少描述村居、田园的诗歌，清新流美，气韵生动，是难得的佳作，而明、清两代竟少有人论及，倒是与顺之同时代的李开先颇有见地，认为此期较为官时期"诗文更进一格"，笔者亦持同论。中年（约四十岁）以后的诗歌创作趋于衰颓俚俗、消沉自放，多为时人与后人所诟病，《答皇甫柏泉郎中》[①]自我评价此时所作"应酬文字"或"率意信口"之诗，"率鄙陋无一足观者"。晚岁复出所作边塞诗与抗倭诗，豪壮矫健，风骨慷慨，高处不减盛唐，可能是数量较少的缘故，明、清两代无人论及。

① 《唐荆川先生文集》卷六。

第六章　唐顺之的散文创作

中国散文有古代散文与现代散文之分，本章散文概念和文体指古代散文。古代散文的概念界定，自古至今争议纷纭，迄今尚无定论。“散文”一词始见于魏晋南北朝时期的文献，晋木华《海赋》云“若乃云锦散文于沙内之际，绫罗被光于螺蚌之节”，南朝梁刘勰《文心雕龙·明诗》云“观其结体散文，直而不野，婉转附物”，此期“散文”无文体意义。作为文体概念的“散文”，据华南师范大学马茂军教授《中国古代散文概念研究》[①]一文考证，初现于北宋初年的佛经，指与偈颂、诗赋等韵体文相对的散体文。自宋以来至近代，古代散文的概念和范围不断变化，无统一的标准界限，大体可分为广义与狭义两类。此两类观点直接或间接源于《文心雕龙》与《昭明文选》。魏晋南北朝时期虽无文体意义上的散文概念，但《文心雕龙》与《昭明文选》两部书昭示了对散文文体和范围的理解。广义的散文概念论继承的是梁刘勰《文心雕龙》的散文观，范围比较宽泛，凡“无韵之笔”皆为散文；狭义的散文概念论遵循梁萧统《昭明文选》的散文取舍标准，所录者须为“事出于沉思，而义归乎翰藻”的作品，即文学散文[②]。

近现代学者对古代散文的界定，各家观点不尽一致。成书于 1937 年的陈柱《中国散文史》[③]，收录古代散文的范围很广泛，反映出著者宽泛的散文概念。陈著收录的古代散文有：钟鼎铭文、先秦诸子著作、对策文、碑文、史传文、辞赋、骈文、上疏、唐宋古文、明清八股文等，既有形象性、抒情

---

① 马茂军《中国古代散文概念研究》，第五界中国古代散文研究国际研讨会会议论文，2005 年 7 月，武汉大学、湖北教育学院和中国古典散文学会联合举办。

② 参见谭家健《中国古代散文史稿》第一章《导论》第一节《古代散文概念和范围的变化》，重庆：重庆出版社，2006 年版（下同，不注）。

③ 陈柱《中国散文史》，上海：上海书店，1984 年版。

性很强的文学散文，也包括平实质木的应用文字。初版于1986年的郭预衡先生所著《中国散文史》[①]，一定程度上继承了陈柱的古代散文观。郭先生将中国古代散文定义为“汉语文章”。基于此定义，郭著《序言》中有三段论述界定古代散文：

> 从汉语文章的实际出发，这部散文史的时代上限，就不是从那所谓“文学的自觉时代”开始，而要上溯到甲骨文、金文记事的殷商之世。甲骨刻辞和彝器铭文虽然简单质朴，却是早期的散文形式。
>
> 从汉语文章的实际出发，这部散文史的文体范围，也就不限于那些抒情写景的所谓“文学散文”，而是要将政论、史论、传记、墓志以及各体论说杂文统统包罗在内。
>
> 从汉语文章的实际出发，这部散文史的文体范围，还不仅包罗了各体论说杂文，而且连那骈文辞赋也都包括在内。

刘振东、高洪奎、杜豫《中国古代散文发展史》则认为散文应是“包属中国文学史上诗歌、辞赋、小说、戏剧以外所有具有文学性的文章。它是指当代中国文学研究者，运用现代概念对中国古代文学中一种固有的文学现象所作的新概括”[②]。周明《中国古代散文艺术·绪论》[③]引用《中国大百科全书·中国文学卷》[④]之《中国文学》中的散文概念：

> 在中国传统的文学观念中，与诗词并列为文学正宗的，还有另一重要文体，即散文。散文在中国文学史上有几种不同的概念：①“散文”相对于“韵文”讲，是广义的，泛指一切无韵的文字。②“散文”相对于“骈文”讲，是广义的，指那些单行散句，不拘对偶、声律的语文体，即唐宋以后所称的“古文”。

周明主张采用《中国大百科全书》中的“第一个广义的概念，即与诗词并列

① 郭预衡《中国散文史》(上册)，上海：上海古籍出版社，1986年版。

② 刘振东、高洪奎、杜豫《中国古代散文发展史·绪论》，郑州：中州古籍出版社，1991年版。

③ 周明《中国古代散文艺术》，南京：江苏教育出版社，1994年版。

④ 《中国大百科全书》编辑委员会编《中国大百科全书·中国文学卷》，北京：中国大百科全书出版社，1986年版。

的文体，它包括着历代的辞赋和骈体文”，而他又参照现代散文的概念，把形象性、社会性、情感性作为具有文学性的尺度，来衡量古代散文作品，将一些过于质实而毫无文学色彩的应用文字，有选择地剔除在中国古代散文范围之外。张梦新《中国散文发展史·前言》①云：

> 至于散文，自古有之，泛指一切以散语行文的文章。……现代文章学家所谓的散文有广狭二义。……广义散文则与韵文相区别，举凡不拘韵对而以散语行文的文章，不论是文艺性的，还是非文艺性的，长制短制，都一概归之于散文之列。……本书所说的散文，指的是广义散文，而前人所拘持的骈、散之分，则不复为用，所以本书也包括骈体文。……不仅一切政令之文、哲理之文、史传之文、学术之文、应用之文都是本书所谓的散文；就是并不讲求声韵格律的文艺之文，也一并归之于本书的散文范畴(长篇巨制除外)。

谭家健《中国古代散文史稿》对中国古代散文的界定，根本原则就是把散文与非散文加以区分：

> 第一、应该把散文和韵文分开。……第二、要把散文和小说区别开来。……第三、在广义散文之中，又可分为纯文学散文、具有文学性的散文和一般文章三类。……第四、在具体评价作品时，要把文集和单篇、全书和章节分开来看，不宜笼统地说某人的文集或某本书算不算散文。……第五、从纵的方面看，随着时代的发展，散文的范围应有所不同。②

以上是20世纪以来学术界对中国古代散文概念和范围界定的几种有代表性的观点，虽仍存在分歧，但整体上倾向于宽泛的广义散文概念。本文对中国古代散文概念和范围的界定，参照目前学术界普遍的观点倾向，从本文散文研究对象的实际情况出发，采用较为宽泛的广义散文定义：诗、词、曲、说唱文学等具有严格的声韵与格律要求的文学形式和小说之外的文章，均视为散文。

---

① 张梦新《中国散文发展史》，杭州：杭州大学出版社，1996年版。

② 谭家健《中国古代散文史稿》第一章《导论》第二节《古代散文的界定》，第9—10页。

本文散文研究对象是顺之的散文,包括古文和时文。古文是自唐代起出现的与时文相对的散文别名,古文与时文皆属于广义散文范畴。明代,与古文相对的时文是八股文。顺之是明代古文和时文大家。《唐荆川先生文集》正集十七卷,《外集》三卷,附录一卷。卷一之首所录一篇赋《游盘山赋》、卷五至卷十七所录各体文章、《外集》三卷收录的公文,皆为散文。卷五至卷九收录书牍 204 篇,卷十至卷十一收录序 49 篇,卷十二收录记 22 篇,卷十三至卷十六收录说 4 篇、铭 12 篇、诔 1 篇、赞 12 篇、祭文 14 篇、墓志铭 31 篇、墓表 8 篇、行状 2 篇、传 7 篇,卷十七收录杂著 17 篇,数论 5 篇。《外集》三卷收录应用公文:策、诰、议、表 7 篇,奏疏 15 篇,公移 6 篇。八股文集《唐荆川传稿》,又名《四书文》,收录顺之八股制艺文 163 篇:上《论》32 篇、下《论》31 篇、《大学》11 篇、《中庸》22 篇、上《孟》27 篇、下《孟》40 篇。

顺之散文文体有八股文、书牍、序、记、说、铭、诔、赞、祭文、墓志铭、行状、墓表、传、赋、策、诰、议、表、奏疏、公移、杂著、数论等,凡二十余种,众体兼备,俱有可观者。

第一节 书 牍

书牍是中国古代发生、成熟很早的一种常用的应用性文体,也称为书。"书"是古代书信的总称,实际上包括两种文体。明吴讷《文章辨体》[①]卷二十六云:"按昔臣僚敷奏,朋旧往复,皆总曰'书'。近世臣僚上言,名为'表奏';惟朋旧之间,则曰'书'而已。"褚斌杰《中国古代文体概论》进一步阐释:"古代臣下向皇帝陈言进词所写的公文与亲朋间往来的私人信件,均称为'书'。因此,古代以'书'名篇的文字,实包括两种文体。为了加以区别,一般把前者称为'上书'或'奏书',属公牍文的'奏疏'(亦称'奏议')类;后者则单称'书',或称为'书牍'、'书札'、'书简',属应用文

① (明)吴讷《文章辨体》五十卷,明天顺八年(1464)刻本。

的'书牍'类。"①可见,书牍是专指亲朋好友之间交往的私人信件。本节将要论述的文体即是顺之与亲友交际往来的书牍文。

书牍最突出的特征,"就是它的实用性和内容的广泛性。书信是人与人之间的交际工具,最具有实用价值;而书信所涉及的内容,又几乎无所限定,无论是军国大事,讨论学术,评述人物,推举自荐,倾诉个人境遇,以至日常所感所思,皆可入书,其内容可以包罗社会生活、个人生活的各个方面。因此在所有文体中,书信所可容纳的内容是最为广泛多样的,而在写法上,也是最为灵活的,它可以叙事,可以说理,可以言情;可以长,也可以短,完全看作者的需要而定"②。《文心雕龙·书记》云:"详总书体,本在尽言,言以散郁陶,托风采,故宜条畅以任气,优柔以怿怀;文明从容,亦心声之献酬也。"顺之书牍文涉及的内容尤为广泛,与友人探讨文艺学问、指点时政兵事、谈论世风士习、感慨自身身世、关注友人悲喜等等,展示了当时社会生活多方面的情况,是考察其生平、思想、交游等方面的重要资料。顺之书牍文最主要的写作方法为议论说理,议论风发,词畅意深,识见超卓,许多语句富于思辨色彩。阐理论证,常借助设譬取喻,形象生动。篇章长短不拘,语言亦庄亦谐,遣词用字,不避俚俗。行文挥洒随心,信手写来,"开口见喉咙者","率意信口,不调不格",较之他其它文体的文章,最能体现"本色论"。

一、谈文论学

顺之主要交游即文友与学友,常在书信中与友人切磋文艺,探讨经济学问。

中国古代专门的文艺理论著作不多,许多文人的文学思想、创作经验常常散见于书牍之中,如魏晋时期曹丕的《与吴质书》、曹植的《与杨德祖书》,唐代韩愈的《答李翊书》、白居易的《与元九书》、柳宗元的《与友人论文书》等,皆是文学批评史上经典的"文艺书简"。顺之书牍文某些篇章即

---

① 褚斌杰《中国古代文体概论》(增订本),北京:北京大学出版社,1990 年版(下同,不注),第 387 页。

② 褚斌杰《中国古代文体概论》(增订本),第 388 页。

是与友人探讨文艺，著名者有《答茅鹿门知县》(一)、《答茅鹿门知县》(二)、《与洪方洲书》、《与王遵岩参政》等。①

《答茅鹿门知县》(一)云：

> 来书论文一段，甚善。虽然秦中、剑阁、金陵、吴会之论，仆犹有疑于吾兄之尚以眉发相山川，而未以精神相山川也。若以眉发相，则谓剑阁之不如秦中，而金陵、吴会之不如剑阁可也。若以精神相，则宇宙间灵秀清淑环杰之气，固有秦中所不能尽而发之剑阁，剑阁所不能尽而发之金陵、吴会，金陵、吴会亦不能尽而发之遐陋僻绝之乡，至于举天下之形胜亦不能尽，而卒归之于造化者有之矣。故曰有肉眼、有法眼、有道眼，语山川者于秦中、剑阁、金陵、吴会，苟未尝探奇穷险，一一历过，而得其逶迤曲折之详，则犹未有得于肉眼也，而况于法眼、道眼者乎？愿兄且试从金陵、吴会，一一而涉历之，当有无限好处无限好处耳。虽然惧兄，且以我吴人而吴语也。

此书是顺之答茅坤的文论，谈论文艺鉴赏问题。作者不是以抽象的理论来说明问题，而是通篇运用比喻，多层设譬，形象地论述了从形式、内容不同层面鉴赏文学作品从而得出不同的结果。以“山川”喻文学，以“眉发”喻文学的形式，以“精神”喻文学的内容，以“秦中、剑阁、金陵、吴会”喻不同的文学作品。“若以眉发相，则谓剑阁之不如秦中，而金陵、吴会之不如剑阁可也”，如果只着眼于文艺形式，如同看山一样，愈奇险诡异愈好，则作品的语言辞藻、形式技巧愈绚丽奇巧，即是好作品。“若以精神相……至于举天下之形胜亦不能尽，而卒归之于造化者有之矣”，如果从文章的内容命意着眼，则如同山川，各山有各山的独特之处，不同命意的作品则各有不同于其他作品的可取之处。文艺鉴赏本是枯燥抽象的理论问题，此书巧用比喻，将枯燥的文艺理论形象化，既生动又易于理解。

《答茅鹿门知县》(二)云：

> ……只就文章家论之，虽其绳墨布置、奇正转折，自有专门师法，至于中一段精神命脉骨髓，则非洗涤心源、独立物表、具今(按：应为

① 以上篇章均见《唐荆川先生文集》卷七。

"千")古只眼者不足以与此。今有两人,其一人心地超然,所谓具千古只眼人也,即使未尝操纸笔呻吟学为文章,但直据胸臆,信手写出,如写家书,虽或疏卤,然绝无烟火酸馅习气,便是宇宙间一样绝好文字;其一人犹然尘中人也,虽其专专学为文章,其于所谓绳墨布置则尽是矣,然翻来覆去不过是这几句婆子舌头语,索其所谓真精神与千古不可磨灭之见,绝无有也,则文虽工而不免为下格。此文章本色也。

即如以诗为谕,陶彭泽未尝较声律雕句文,但信手写出,便是宇宙间第一等好诗,何则?其本色高也。自有诗以来,其较声律、雕句文,用心最苦而立说最严者,无如沈约,苦却一生精力,使人读其诗,只见其捆缚龌龊,满卷累牍,竟不曾道出一两句好话,何则?其本色卑也。本色卑,文不能工也,而况非其本色者哉!

且夫两汉而下文之不如古者,岂其所谓绳墨转折之精之不尽如哉!秦汉以前,儒家者有儒家本色,至如老庄家有老庄本色,纵横家有纵横本色,名家、墨家、阴阳家皆有本色。虽其为术也驳,而莫不皆有一段千古不可磨灭之见。是以老家必不肯剿儒家之说,纵横必不肯借墨家之谈,各自其本色而鸣之。为言其所言者,其本色也。是以精光注焉,而其言遂不泯于世。唐宋而下文人莫不语性命谈治道,满纸炫然,一切自托于儒家,然非其涵养畜聚之素,非真有一段千古不可磨灭之见而影响剿说。盖头窃尾,如贫人借富人之衣,庄农作大贾之饰,极力装做丑态尽露,是以精光枵焉,而其言遂不久湮废。然则秦汉而上,虽其老、墨、名、法、杂家之说而犹传,今诸子之书是也。唐宋而下,虽其一切语性命谈治道之说,而亦不传。欧阳永叔所见唐四库书目,百不存一焉者,是也。后之文人欲以立言为不朽计者,可以知所用心矣。

……

此书是顺之著名的"本色论"论文,屡为文学史、文学批评史、文论史、文论选等收录引用,是考察顺之文学思想的重要文献。这篇书论深刻阐发了"本色论"的文艺观。"本色论"强调文章思想内容方面要具有"精神命脉骨髓""真精神与千古不可磨灭之见",此书阐发顺之在文艺上的真知灼见：文章应有“本色”，“本色”高的文章为好文章，“直写胸臆”、意出于己才能写出“本色”文章，“文字工拙在心源”。此文举事例、设比喻以论证，语言通俗浅俚，信手写来，直抒胸臆。如举陶渊明、沈约作诗的例子，论证文章本色高卑的问题，举例典型、鲜明，给人以具体、感性的印象，观点易于理解。论证剿袭他说之举以“贫人借富人之衣，庄农作大贾之饰”作比喻，形象生动。文中语句如“然翻来覆去不过是这几句婆子舌头语”“竟不曾道出一两句好话”等，率意信口，言不求工。

顺之与友人论学的信札更多，如《答张甬川尚书》《答王南江提学》《答洪芳洲主事》《与田巨山提学》《与两湖书》《答冯午山提学》《答吕沃洲》《与张本静》《与蔡白石郎中》《答王遵岩》《与聂双江司马》《与万思节主事》《与顾箬溪》等等，这些书简探讨经济学问，深刻睿智，思辨精邃。《答张甬川尚书》《答吕沃洲》《与聂双江司马》阐发理学思想。《与聂双江司马》是写于王门弟子聂豹的书信，与聂豹交流参悟理学的心得体会：

> 仆素迂愚人耳，然不敢不谓有志于学也。自年近四十，则心益苦。盖尝参之闭门静坐之中，参之应接纷扰之中，参来参去如是者且十年，而茫乎未之有得也。虽其茫乎未之有得，而隐约之间，若或有一罅之见焉，则亦不敢自昧也。

阐明“天机说”思想：

> 盖尝验得此心天机活物，其寂与感，自寂自感，不容人力。吾与之寂，与之感，只自顺此天机而已，不障此天机而已。障天机者莫如欲，若使欲根洗尽，则机不握而自运。所以为感也，所以为寂也。天机即天命也。天命者，天之所使也，故曰天命之谓性。立命在人，人只是立此天之所命者而已。白沙先生“色色信他本来”一语，最是形容天机好处。若欲求寂，便不寂矣，若有意于感，非真感矣。

此书虽是谈论玄思幽深的哲学命题，然用语力避艰涩，行文自然流畅，语言通俗易懂，若“自寂自感，不容人力”，“天机即天命也。天命者，天之所使也”，信手写来，明白如话。与此篇类似的还有《答吕沃洲》，亦探讨理学问题，书中有一段：

大率此学只论有欲无欲，不论宁静扰动。若本无欲障，则顷刻之间念念迁转，即是本体。若欲障未尽，则虽穷年默坐，能使一念不起，亦只是自私自利根子。白沙先生尝言“静中养出端倪”，此语须是活看。盖世人病痛，多缘随波逐浪迷失真源，故发此耳。若识得无欲种子，则意真源波浪本来无二，正不必厌此而求彼也。

此段论“消除欲根以见天机”之说，立论精当，正反对比论证，富有思辨色彩。

其他篇章阐释理学的精言妙句俯拾皆是，语辞平俗晓畅却不失隽永：

人心存亡，不过天理人欲之消长。而理欲消长之几，不过迷悟两字。

——《答王南江提学》

昔人谓有意为不善与有意为善皆能累心，如瓦石屑、金玉屑皆能障眼，惟“慎独”二字是千古正法眼藏。若于此参透，则终日履道，只是家常茶饭，平平坦坦，不作一毫声色，世间一切好题目恶题目皆不能累我矣。

——《答洪方洲主事》

天机尽是圆活，性地尽是洒落，顾人情乐率易而恶拘束。

——《与两湖书》

天理愈穷，则愈见其精微之难致；人欲愈克，则愈见其植根之甚深。

——《与张本静》

近年来痛苦心切，死中求活，将四十年前伎俩头头放舍，四十年前意见种种抹杀，于清明中稍见得些影子。原是彻天彻地灵明混成的东西，生时一物带不来，此物却原自带来。死时一物带不去，此物却要完全还他去。

——《答王遵岩》

二、谈兵论政

顺之常与友人在书札中谈兵论政，洞见时弊，见解独到，较为典型的若《答徐存斋相公》(二)、《答翁东崖总制》、《答曾石塘总制》(一、二、三)、《与河南李中丞石迭》、《寄内阁及本兵诸老书》、《与胡梅林总督》、《与吴筠泉宗伯》、《答李中溪御史》、《与吕沃洲巡按》、《与李龙冈邑令》、《与郑户部》、《答王北崖郡守论均徭》等等。

顺之曾研习兵法,有兵书《武编》十卷、《兵垣四编》五卷行世。不少书牍文谈及军兵要务,忧患家国之赤心与兵家帷幄之卓识并现其中。若《答曾石塘总制》(一)云:

> 使节莅东土,两辱惠书至山中,深感道谊之爱。山人于世故无所知,然窃观近事,内则闱中之变,外则夷狄之患,推之天下事,其可隐忧者多矣。

继而《答曾石塘总制》(三)就敌我对抗作战过程中涉及到的战略战术问题,阐发了自己的观点:

> ……兵家之变,不可尽言,而疏中所论用间设伏与夜斫营掎角八九条,则大约备之。用间使其自相疑而自为斗,最是攻夷上策。然非深得敌情则不能用间,非熟于地形则不可以成掎角之势而夜袭敌营。但谲诈凶狡,虏人所长。且自我兵形既露,虏人亦日夜为备,而匿实示虚,匿近示远,匿精壮而示羸弱,百计以疑我者,宜亦深矣,则得敌情为难。自百余年来,中国无一人一骑入套中者,此路闭塞已久,则得地形为难。而今之所谓得敌情地形者,只是据降胡侦卒一二人之口,万一实事未必尽传,传事未必尽实,则听信之际,毫发少有差池,至于当机合刃,呼吸便有安危,此其多方参伍,使较若画一,全在吾丈胜算耳。
>
> 虽然,此犹是攻战之说,而未及乎经营善后之计也。大率今日之事,不惟一战逐虏扫空巢穴之为难。而虏人既遁之后,城堡未立之前,军士经时旷日,野处露宿,散布于二千里空虚之地,能使恋巢残虏一无所窥伺突发乘间之为难,又非特杜塞虏人窥伺乘间之为难。而一时迁徙二千里之军民,一时创筑二千里之墙堡,以填实二千里百余年空虚之地,能使内境一无惫敝骚动之为难,故不难于攻而难于守。守之所以难者,不足虞于敌人而足虞于内境者。人谓平吴之后,更劳

区画，今胜虏之后，更劳区画耳！守之所以难者，姑未暇言。而攻战之难，则敢窃陈迂阔之论，或可以少备胜算之采择。大略以为千里而袭人，必潜形匿影，乘其不备，而后可以得志，复套之议两年于兹矣。我之兵形既露，而彼之为备亦密；我之间谍虽精，而彼之窥伺亦熟；我能分兵以相攻，而彼亦能并兵以相待；春夏之虏马以乏草瘠，而我马于此时固亦不能籍草于敌。虏弓以春夏解胶，而春夏多雨，湿我之火药火器，亦有时而不适于用。我恃火器以攻虏，而辎车络绎于深草丛莽之间，亦宜防敌人火攻之便。且夫兵法非十不围，非五不攻。万一虏人自知不敌，结连套外之虏，并聚于套中合力以抗我，其骑兵必且十余万计，而我六万之兵分为五六路，彼于地利既熟，知其何路为险，而于我兵且窥觇其何路为虚，彼将空其诸路以疑我，而并力一路以邀我，是以彼之十万而当我之万，据彼之险而击我之虚，或一路稍有疏虞，则诸路闻之摇动，如宋人燕云五路之役，可虞也；或我出则彼遁，我归则彼复蹑之，如吴人所以疲楚人之术，可虞也；或彼远其辎重部落诱我深入，如赵信教虏之计，可虞也。盖必我知虏所以聚兵之处，而彼不知我所以出兵之路；我能散敌党之合，而敌不能乘我兵之散；我常得重地，可据之利以扼虏人轻地易走之势。然猾虏穷寇之情，兵凶战危之虑，出于意料之外者，殊不止此。盖宁可过为多算而慎之，不得少算而轻之也。……

结合敌我双方的情况，论及“攻占之说”与“善后之计”，提出“非深得敌情则不能用间，非熟于地形则不可以成掎角之势而夜袭敌营”“不难于攻而难于守，守之所以难者，不足虞于敌人而足虞于内境者”“大略以为千里而袭人，必潜形匿影，乘其不备，而后可以得志”等观点，深得兵家要领。论证对比敌我状况、列举历史战例，若：“我之兵形既露，而彼之为备亦密；我之间谍虽精，而彼之窥伺亦熟；我能分兵以相攻，而彼亦能并兵以相待；春夏之虏马以乏草瘠，而我马于此时固亦不能籍草于敌”，“宋人燕云五路之役”，“吴人所以疲楚人之术”，“赵信教虏”，等等。语言平实晓畅，语句多用排比、对仗，语气充沛流转。名为书牍，实为论兵之文。

《寄内阁及本兵诸老书》从宏观上讨论东南海防与西北塞防军用事体

的不同，对比分析后，得出“西北诸边莫急于振旧废，东南海备莫急于定新规”的深刻见解，书云：

东南事体，绝与西北诸边不同。西北诸边虽是兵财殚弱，而成法具在，储粮畜兵，岁有画一，只是废坠不举耳。若东南事体，一则以海寇猝起，事属于草创，一则以连年被寇，力尽于支吾，取办一切未虑经久。其大者臂指相使之体统未明，唇齿应援之机宜莫辨，至如浙直所募之兵，则朝南而暮北，有今日在浙江应募、明日在淮扬应募者。如暂时顾倩之人，主人不得而有之，又安得而用之？军需则移东以补西，一年之财只够半年支用。无名之费，百出于民，而军人告缺。四月、五月缺粮者往往而是，大率昔人所谓不终岁之计也。祖宗时备倭规制，沿海屯田水寨诸法，漫然无迹可考矣。故西北诸边莫急于振旧废，东南海备莫急于定新规，此其大较也。

《答李中溪御史》论当时“举劾”之政：

且夫抚按之权，举劾最重。百官之所以劝惩，公道之所以开塞，其系于抚按，举劾亦最重。然而今世所谓举劾者，仆窃异焉。仆尝备员郎署矣，尝得日闻邸报矣。或曰“今日某巡抚举劾奏至矣”，仆不问而知之矣；或曰“今日某巡按举劾奏至矣”，仆不问而知之矣，何也？其所举者，可不问而知其必藩臬方面大官也；其所劾者，可不问而知其必通判县丞小官也。其所举者，可不问而知其必牵朋联伍，不数十人不止也；其所劾者，可不问而知其必寂乎寥乎，才三两人也。如此则是贤者尽大官，而不贤者尽小官也，则是贤者甚多，而不贤者甚少也。夫使贤者尽大官，又使贤者甚多而不贤者甚少，则宜其政平而讼理，苞苴不行于上，怨毒不结于下，天下可以卧而帖帖矣。而顾不能然，则是大官不能尽贤，与贤者不必甚多，而不贤者不必甚少也；大官不必尽贤，而贤者不必甚多，不贤者不必甚少。则彼举大而劾小者，毋乃大官，则足以树恩，而小官无伤于任怨也欤？又毋乃势弱者易凌，而根固者难拔也欤？而其所举所劾之多与少，又毋乃厚市恩而薄引怨也欤？如此，则人心奚而得劝惩，公道奚而得不塞也。

“举劾”是明代重要的政治制度，关系到整个国家政治。顺之致书御史李中溪谈及“举劾”，直言指陈“举大而劾小”的弊端：“其所举者，可不问而知其必藩臬方面大官也；其所劾者，可不问而知其必通判县丞小官也。”言辞锋利，一语见地，不失为政论之灼见。

《与李龙冈邑令》论述赋税之“轻赍之法”：

窃惟国家之赋，其水旱可得而减免者，兑运以外之数也，虽水旱必不可得而减免者，兑运以内之数也。水旱不可以不恤，而兑运又必不可减免，于是有轻赍之法。盖米自江南而输于京师，率二三石而致一石，则是国有一石之入，而民有二三石之输。若是以银折米，则是民止须一石之输，而国已不失一石之入。其在国也，以米而易银，一石犹一石也，于故额一无所损；其在民也，以轻而易重，今之输一石者，昔之输二三石者也，于故额则大有所减矣。国家立为此法，盖于不可减免之中而寓可以通融之意，不必制其正赋之盈缩，而但制其脚价之有无，不必裁之以丰凶之敛散，而但裁之以本折之低昂，一无损于国而万有利于民，此其法之尽善而可久者也。

岁凶民莩，顺之致书武进县令李龙冈，阐述“无损于国而万有利于民”的“轻赍之法”，望其能“佐百姓之急”而“百方图之”。此段论述明白浅俗，不格不调，率意道来，如话家常。

许多谈论兵政的书信体文章俱见精彩，然限于篇幅，此不赘引。一些书牍中的兵政论辞，虽语句短少，然语言活泼、诙谐、隽永，见解尤为精辟，略举几例如下：

东南海寇出没，于国家虽为疥癣，而百姓则不堪荼毒。

——《答徐存斋相公》(二)

仆窃闻之，古者将受命之日则忘其家，临桴鼓则忘其身，是阃外效忠之道则然，军功爵赏皆决于外不从中覆，是庙堂委任之道则然。不然，则锋镝交于原野而决策于庙堂，机会变于斯须而制胜于九重，此自古豪杰之士所以每患于掣肘而功之难成也。

——《答翁东崖总制》

损边关以宽腹里，是谓舍急算而就缓图；损腹里以益边关，亦为空肠胃以奉肢体。

——《与严介溪相公》(六)

大率十年一役虽极重,亦甘心。一年一役虽极轻,亦不愿,此人之大情。而新旧两法之利病,可以一两言尽之者。曾闻人言胡虏愚蠢,只怕鞭朴,更不怕杀,盖零零星星痛苦难忍也。此言虽可笑,然亦可以喻人情矣。

——《答王北崖郡守论均徭》(二)

三、谈世论士

顺之出身儒林,人生道路曲折,洞察世风世事,对儒士文吏尤识之甚深。书牍中与友人谈世论士,兴致所至,灼见如灵光闪现,少则几句,多者一段,精当深刻绝妙处令人击节拍案。

《答王遵岩》①与王慎中谈起无锡安子介为他刊刻诗文集之事,联系当时世风,信口道来:

仆居闲,偶想起宇宙间有一二事,人人见惯而绝是可笑者。其屠沽细人有一碗饭吃,其死后则必有一篇墓志;其达官贵人与中科第人稍有名目在世间者,其死后则必有一部诗文刻集,如生而饭食死而棺椁之不可缺。此事非特三代以上所无,虽唐汉以前,亦绝无此事。幸而所谓墓志与诗文集者,皆不久泯灭。然其往者灭矣,而在者尚满屋也。若皆存在世间,即使以大地为架子,亦安顿不下矣。此等文字,倘家藏人畜者,尽举祖龙手段作用一番,则南山煤炭竹木当尽减价矣。可笑可笑!

此段议论是针对明代妄作谀墓之文、滥刻诗文集的时代风气而发,以辛辣诙谐的语言讽刺、揶揄世人病态,真切深刻,一针见血。

顺之有关世风世事的议论文字,大多类于上文所引讽刺世人刻文集一段,揭露、批判当时社会的负面,文笔尖削,鞭挞入木。节录若干段如下:

---

① 《唐荆川先生文集》卷六。

彼世间，取高第、为大官、享耆寿、势力赫奕，不知几何人。即其沉酣饱满于声利间，当时莫不自以为最得意，然才汲身，便与臭腐粪土何异?①

东南势利之习，薰塞宇宙，腥秽人心，盖末世气习尽然，而东南靡利之乡则为尤矣。昔人所谓非百年必世不可得而变也，非知命不惑不可得而改也。②

天下事鱼烂极矣，非特边陲戎狄之患然也。愚夫知其必有隐忧，而恃禄固宠之士，无人敢出一口气，间有一人慷慨言之而出身任事，则众共恶之必挤去之而后已。③

且近世丧葬日奢日靡，富贵人家一日至享数十家之奠，自启殡至葬，数日间大牲小牲，刳割狼藉，且百千计。鬼神情状与人情不相远，鬼而无馁，所食几何？今若此，不惟使生者靡费，抑亦使卒者不忍。④

乡贤之祀，关闾巷万口公论，关国家彰瘅大典，非势位可得而干，非子孙可得而私。若可以势位干，则鲁国之祭乡先生于社者，当太牢于三桓，而不当太牢于一栖栖伐树削迹之人矣。若子孙可得而私，则三桓之有力，皆当奉其祖父以从祭于社与祭于大烝矣。⑤

但世间眼孔甚小，其卑者则既恋恋以保惜富贵为生涯，其高者则又以兢兢守护名节为大事。⑥

以上所录诸段文字，直言怨刺，不假含蓄，暴世间种种丑态跃然纸上。出语尖辣，近乎诘谩，若“然才汲身，便与臭腐粪土何异?”“薰塞宇宙，腥秽人心”，“天下事鱼烂极矣”，“鬼而无馁，所食几何?”于此可见，顺之虽然身隐山林，然内心却是何等的愤世嫉俗！

顺之论及当时的儒士文吏，诟病多于赞扬。撷取几段议论如下：

---

① 《唐荆川先生文集》卷五《答王生宗道》。
② 《唐荆川先生文集》卷六《与张本静》。
③ 《唐荆川先生文集》卷六《与胡柏泉参政》。
④ 《唐荆川先生文集》卷七《辞宜兴诸友为亡妻举奠》。
⑤ 《唐荆川先生文集》卷七《与人论祀乡贤》。
⑥ 《唐荆川先生文集》卷八《答喻吴皋中丞》。

学问虽是人人本分事，然非豪杰不能志，非刻苦不能成。当世学者悠悠，只是说好看话，做好看事，过却一生，到底终无结果。可时时将忘食忘寝旧案参对，便见得吾人今日工夫较古人疏密，何如也？如鸡抱卵，如龙养珠。①

自儒者不知反身之义，其高者则激昂于文章气节之域，而其下者则遂沉酣濡首于蚁膻鼠腐之间。②

迩来士风浇薄，而江南重以侈靡浮荡，比之他所尤甚。大抵富贵功利之习，糊人心目，如处丰蔀之中，举眼皆蔀也，蔀外更不见一物矣。是以迷惑颠倒，莫知所止。③

今之职守令者，苟有能饰簿书清狱讼者，则为贤有司矣。至于为百姓根本之虑，则未之及也。今之司学校者，苟有能品藻文字严督程课，则为好提学矣。至于为学校根本之虑，则未之及也。④

今士子中，有实行者多不长于文字，工文字者多不修于实行。盖淳朴之与浮华，往往相病。⑤

近来学者，本不刻苦搜剔洗空欲障，以玄悟之语文夹带之心，直如空花，竟成自误。要之与禅家斗机锋相似，使豪杰之士又成一番涂塞。此风在处有之，而号为学者多处，则此风尤甚。⑥

其懦熟承迎者，虽善于集事而不加喜；其直抗悃愊者，虽近于迂钝而在所恕；其矫诡欺诞者，虽在大吏而有所必惩；其忠实为民者，虽在小吏而无所蔽。⑦

大凡年少高志之人，于事未必备尝，故或病于疏；文藻雅逸之士，多不奈烦，至以簿书狱讼为溷亵，故或病于华而无实；而谪官迁客，纵不怨尤，又往往以简旷不事事为得体，故或病于惰窳而苟禄。此三

---

① 《唐荆川先生文集》卷五《与王体仁》。
② 《唐荆川先生文集》卷五《寄黄士尚》。
③ 《唐荆川先生文集》卷五《与项瓯东郡守》。
④⑤ 《唐荆川先生文集》卷五《又时警庵为提学》。
⑥ 《唐荆川先生文集》卷六《与张本静》(二)。
⑦ 《唐荆川先生文集》卷九《与叶东园御史》。

事，虽号为贤士大夫者，或不能免也。[1]

以上文字批评当时儒林学风浮泛，道德沦下，官吏失于职守不敬其业，这确实是明中叶的社会现实。文笔犀利，直指时病，不隐不讳，真是开口见喉咙般痛快淋漓。

顺之针对学士大夫论谨愿之士与狷者的异同、士出于野、仕隐二道等，颇有识见，原文如下：

狂者固不待言，至于谨愿之士与狷者，其不为不善，亦较相似。但狷者气魄大，矫世独行，更不畏人非笑。谨愿之士气魄小，拘拘謭謭，多是畏人非笑。狷者必乎己，而谨愿者役于物，大不同耳。[2]

学士大夫间所谓人才者，兄大略闻之矣。而所谓磊落超脱者，往往多出于黄冠草服之间，岂所谓礼失而求之野者耶？[3]

仆闻之仕隐二道，仕者则蜚声竹帛，或立旄纛、表阀阅，且不为侈；隐人则深林窈谷，杜门栈径，群木石鹿豕，且不为陋。况仆含瑕积垢，以此终世，惟应躬耕灌园，矢沟壑之志，保桑榆之路，补东隅之失。[4]

四、谈己论友

顺之经常以书牍与友人诉衷肠，谈及人生诸多方面。夫子自道不免自谦，然仍不失为中肯的自我评价。早年两度为官，创作诗文，负气持节；中年后罢官归隐，安于林泉，逃虚息影，潜心理学。顺之多次与友人谈起人生转变，大致勾勒人生轨迹，《答顾东桥少宰》[5]云：

仆迂戆无能人也，过不自量，尝从诸友人学为古文诗歌，追琢刻镂，亦且数年。然材既不近，又牵于多病，遂不成而罢去。及屏居山

① 《唐荆川先生文集》卷九《答蔡可泉判官》。
② 《唐荆川先生文集》卷五《与项瓯东郡守》。
③ 《唐荆川先生文集》卷六《与洪芳洲郎中》。
④ 《唐荆川先生文集》卷九《与郭似庵巡按》。
⑤ 《唐荆川先生文集》卷五。

林，自幸尚有余日，将以游心六籍，究贤圣之述作，鉴古今之沿革，以进其识而淑诸身。又牵于多病，辄复罢去。既无一成，则惟欲逃虚息影，以从事于庄生所谓堕体黜聪，以为世间一支离之人，耕食凿饮，以毕此生，而不敢有觊乎其外，盖亦所自量者审也。

这是作者的自我描画，类似的文字散见于多篇书牍。现选取几处较为典型的段落，分别节录。《寄刘南坦》①云：

仆禀气素弱，兼以早年驰骋于文词技艺之域，而所恃以立身者，又不过强自努力于气节行义之间，其于古人性命之学，盖殊未之有见也。至如所谓“心似蛛丝游碧落，身如蜩甲化枯枝”，以耗散其精神于故纸间，不知返者，则日夜有之。是以未老而病，无病亦衰。盖明公之所以为仆虑者，真可谓先得我心矣。年近四十，疾疢忧患之余，乃始稍见古人学问宗旨只在性情上理会，而其要不过主静之一言，又参之养生家言，所谓归根复命云云者，亦止如此。是以数年来绝学捐书，息游嘿坐，精神稍觉有收拾处。然宅舍摧塌，修补为难，譬如败家荡子，早年纵浪于声色狗马，糜费百端，及至转头而囊箧枵然矣。

《与薛方山郎中》②云：

自惟年垂四十，已蹈无闻之戒。世间事既幸不复关涉，一个身子又自不能了，终日碌碌，竟是何事？回头一看，不觉噱笑。以此来岁，更欲作一闭关之计，生徒尽已谢遣，交游亦且息绝。非敢望于坐进此道，亦庶几作天地间一闲人，不落闹攘套中，尽有受用矣。康节云：“岂谓此身甘老朽，尚无闲地可盘桓。”每诵此语，怅然太息。文词技能种种，与心为斗，亦从生徒交游之例，尽谢遣之，尽息绝之，不然犹是闹攘套子也。山林之士，终是入山深入林密，乃是安稳地面。而日侍老父，必须居城中。如前所说，欲效古人隐身尘市陆沉于俗者，不识能乎否耳。

《与刘寒泉通府》③云：

---

①② 《唐荆川先生文集》卷五。
③ 《唐荆川先生文集》卷六。

仆少不知学，而溺志于文词之习，加以非其才之所长，徒以耽于所好，而苦心矻力穷日夜而强为之。是以精神耗散而不能收，筋骨枯槁而不能补，积病成衰，年及四十，尪羸卧床，已成废人，此皆诸公所共亲见所共垂悯者。仆平日伤生之事，颇能自节，独坐文字之为累耳。反之于心，既非畜德之资，求之于身，又非所以为养生之地，是以深自愧悔。

《与李少卿中麓》①云：

弟数年来闭门乡居，谢遣业缘，交游既简，铅椠亦疏。暧暧虚里，桑梓满眼，自是天壤间乐事。时复据小楼，隐几兀坐，一种枯木寒灰趣味更别，乃知造物者置我于此，意良不薄。且端居多暇，更有丹丘羽人之想，闻牢山海岛仙灵窟宅，甚欲一往焉。

以散淡衰闲的语言，消极颓废的语气，略带伤感地将自己的心路历程缓缓道来，字里行间散发出深山幽林与世隔绝的虚无空寞的出世气息，若“耕食凿饮，以毕此生”，“绝学捐书，息游嘿坐”，“生徒尽已谢遣，交游亦且息绝。……亦庶几作天地间一闲人”，“积病成衰，年及四十，尪羸卧床，已成废人”，“枯木寒灰”，等等，这些言辞语句读来令人心灰意冷，遂生遁世之念。

顺之反复向友人诉说的另一重要内容是他立身处世、待人接物的原则态度。节录若干如下：

仆年来自计已熟，大抵人用之不敢以隐，人不用必不敢以求，亦必不敢以悔，终吾身而已矣。②

这是写于王慎中信中所说的一句颇富哲思的话，表达顺其自然、任运随缘的人生态度，包涵了参悟人情世故的人生智慧。

仆于甲科人才，固未尝专有眷眷搜罗之心；其于岩穴之士之贤者，亦何尝敢忘相与切磋之心哉？其于卑鄙龌龊越礼放法者，固未尝

① 《唐荆川先生文集》卷六。

② 《唐荆川先生文集》卷五《答王南江提学》。

敢有雷同随俗之心。①

此段文字表明顺之真心归隐、安守本分的处世原则，高不眷眷甲科新贵，低不合污龌龊之徒，所交仅限于岩穴贤士。

悬釜带索，枯槁丘壑，虽穷死而不肯悔者，仆自谓能之；随逐行队，进退以旅，以徼幸于衣锦乘轩之华，仆非不欲勉强学焉，恐竟不能也。②

仆固陋之人，所以自立于世者，守区区之礼义而已。如老嫠守节，盖亦几十年苦心。若一旦忘哀冒利恬不知耻，则所谓举其平生而尽弃之，生不如死也。③

吾才质本迂，骨相又薄，非惟力不能与人争荣进之途，素心亦甚耻与人争荣进之途，天日可鉴也。④

这三段话展示了顺之坚守气节行义、清高孤介的立身行事原则，宁可固守清贫，淡泊名利，而耻为汲汲于富贵容进的卑贱行为。

顺之性情恬淡，消极避世，然对于家国却有自觉、强烈的使命感和责任感。东南海疆遭受倭患，他不顾一生名节，毅然复出抗倭，却因此遭遇众口毁谤。顺之舍身为国不被人理解，《与白伯伦仪部》(二)⑤一吐内心苦闷：

平生不自量，吃亏处正是欲拣难事做。朝廷原用我做视军情官，我是看人干事的。假如我只高坐省城或苏州，今日一道文书江北督总兵，明日一道文书江南督兵备，谁论得我者？矢石驰驱，风波漂荡，岂是人情所乐。今日惹出许多议论，皆吾之好难，非起于吾之避难也。自出山以来，看尽世事，只少一宁武子之愚。圣人此一句议论，千古少不得也。至如三沙之役，尤有不得已者。抚公告病候代，巡公

① 《唐荆川先生文集》卷五《答俞教谕》。
② 《唐荆川先生文集》卷五《与王尧衢书》。
③ 《唐荆川先生文集》卷八《与曹子泰评事》。
④ 《唐荆川先生文集》卷八《与白伯伦仪部》。
⑤ 《唐荆川先生文集》卷八。

丁忧，巡江自五月交代，至今未至，苏松皆缺正官，江南无一上司，吾若又推脱担子，贼未必不登老岸矣。然贼登老岸，人却又责不得我，我非守一处地方官也。此等使乖处，五十岁外老人，岂便智不能及此？念平昔素是愚人，只干愚人事耳，成败利钝，不敢计也。

所言情真意切，发自肺腑，抗倭前线“矢石驰驱，风波漂荡，岂是人情所乐”。在恶劣的抗倭环境中，有的将领寻机退缩，而顺之却“拣难事做”，本只是视察军情，只须督战便是尽责，而他却亲临前线，冲锋陷阵，结果遭人非议。世道不公，人心不公，顺之内心异常愤懑，言辞直白地发抒了满腹牢骚和不平，思想感情坦露无遗，正如赵翼评价苏轼诗风所言：“爽如哀梨，快如并剪，有必达之隐，无难显之情。”①语言本色通俗，如“吃亏处正是欲拣难事做”“我是看人干事的”“今日惹出许多议论”“此等使乖处”等，皆是口语白话，浅俗晓畅。

顺之谈论自我的文字很多，难以一一征引，兹再举几例，以多方透视作者：

顺之粗顽非畜德之器，迂疏非适用之才。徒以粗顽近乎质木，迂疏类乎澹泊。②

仆少不自揆，亦尝有四方之志。而才器迂滞，本不适时。加以弱冠从仕，重以负气，学未及成而骤试之，且少年负气不识忌讳。以迂滞之气而试未成之学，重以负气之习，此其动辄罹咎也，岂足怪哉！③

弟自入京师，病脾骨立，扶病往蓟门。两月间，登驰绝徼峭壁三数千里之途，阅过铁靴铜面之辈十万余人，一一欲办其弱强，腥风酸鼻，惊沙暖面，归来席未暖也，又复将荷戈渡海，冒惊波而斗鬼夷。④

顺之有专门评论友人的书信如《与周约庵中丞论项守》⑤《与魏立峰

① (清)赵翼《瓯北诗话》卷五，霍松林、胡主佑校点，北京：人民文学出版社，1963年版，第56页。
② 《唐荆川先生文集》卷五《答张甬川尚书》。
③ 《唐荆川先生文集》卷五《答周约庵中丞》。
④ 《唐荆川先生文集》卷八《与罗念庵》。
⑤ 《唐荆川先生文集》卷九。

宪司论吕提举》①等。以知己之见论友人，常常充满真挚深情，如评论挚友王畿：

> 夫兄爽朗超脱，得之性成，仆每窃叹，以为即使兄不学不知道，亦当作物外高流，如弘景、和靖之徒，绝非食烟火辈人。……仆窃观于兄矣，惟兄笃于自信，是故不为形迹之防，以包荒为大，是故无净秽之择；以忠厚善世，不私其身，是故或与人同过而不求自异。此兄之所以生深信深慕于相知者，亦所以生微疑于不相知者也。②

顺之与王畿是至交，知之甚深，言其“爽朗超脱”“笃于自信”“不为形迹之防，以包荒为大”，精确地刻画了王畿的品格秉性，龙溪当曰“知我者，唐子也”！

《谢欧阳石江巡抚》③开篇即以赞美的声调评价欧阳石江，文字不多，却文采斐然，四六句式，对仗工稳：

> 伏惟明公负康济之硕材，当东南之重寄。振恤疮痍，如春风所扇，不间于阴谷寒门；搜拔幽滞，如药笼所储，无间于牛溲马渤。

《与周约庵中丞论项守》是顺之向周约庵中丞举荐好友项乔而写的一封荐书。顺之认为“乔之为人，必能在处有所树立”，项乔在中丞周约庵属下两三年，周约庵荐三郡守独不及乔。顺之深为好友不平，遂致书周约庵中丞，力推项乔：

> 兹启。仆友人有项乔者，其人温雅纯实。虽自处若谦退，而其志常欲为古人；虽其貌朴野，而其中实耿耿然；虽多卧病，若不任事而蹇蹇奉职，不肯一日尸乎其官。仆于交游中，知之最深而资其切磋之益，亦最久矣。又自罗翁当国，为缙绅所辐辏，而永嘉之人根株附丽，攫美官、鼓声势者尤众。乔与罗翁又有葭莩之亲，乃独泊然自守不乱于群，甘心隐约不觊非望。然此士人居身之常，不足以称乔。而乔之不苟，大率可见也。

此荐书措辞得当，委婉曲迂，于友人的平常处甚至缺陷处开掘其优长：温

---

①③ 《唐荆川先生文集》卷九。

② 《唐荆川先生文集》卷五《与王龙溪郎中》。

雅、耿实、奉职、淡泊等。恳切朴实的言辞饱含真诚的称扬，对中丞纳贤给予暗示性建议。

《与魏立峰宪司论吕提举》是顺之为获罪乡人吕朋说情的一封书信。为昭雪吕朋冤屈，顺之白于宪司，辨析其真实品格以矜其所长：

> 敝乡人提举吕朋，以夷人事获罪上官。虽其一时疏虞，或不能免，而其平生心事，则固可亮。东南风俗，鲜识廉耻。而朋自少独刻苦植立，励一介之操，又恬静不妄干进。惟其刻苦自立，是以历官十七年，而家无一椽一垄之增；惟其恬静不求，是以受旌荐者十余，而竟回翔乎州县冗散之间。此其平生心事，信于乡人，而尤见信于鄙人父子间者也。盖世俗所谓矫激修饰之过则有之，而谓其忍于自污或未然也；小心怕事之过则有之，而谓其敢于卖法或未然也。

上文从四个方面分类分析了顺之的书牍文，另有两篇书牍不在以上所述范围之内，然颇具特色，犹值得一读，即《与安子介书》《与雷古和提学》。

无锡安子介的女儿出阁，顺之送去布被一端作为嫁礼，并致书安子介。仅此一件日常小事，作者却生发出一段妙趣横生的议论：

> 谨具布被一端，奉为令爱送嫁之需。布被诚至质且陋矣，然以之而厕于刺绣结绘、绫绮绡金、缀翠玄朱，错陈之间，则如苇箫、土鼓而与朱弦、玉磬、金钟、大镛相答响，乃更足以成文。又如贵介公子张筵邀客，珠履、貂冠、狐裘、豹褎联翩杂座，既美且都，而有一山泽被褐老人，逍遥曳杖其间，乃更足以妆点风景，而不失其为质且陋也。且夫桓少君之事，兄之所以养成闺行而出乎习俗之外者，岂足多让古人哉？

此文的论点是“布被诚至质且陋，而不失其为质且陋也”，作者运用两个形象的比喻，论证质陋因妆点、映衬华美而不失其为质陋的道理。这实际上反映了作者孤高超脱、不同流俗的品格精神内涵。

《与雷古和提学》是顺之书牍中最富感情色彩的一篇。生死之交陈束病逝，顺之照料抚恤遗孀遗孤，致书雷古和提学：

> 执事仗节秉义，当世之至不可干以私者也。仆平生颇知守区区

之孤介，未尝敢干人以私者也。以平生不敢干人以私之人，而辄干之于必不可干以私之上官，而又未尝有一面之识也，虽愚者，亦知其足以触罪而无所得矣。而仆乃不揣冒为之，则其情亦可察矣。

为了救助朋友，顺之不惜违背自己做人处世的原则，在己必不可为却因友人为之，乞求从未谋面之人，足见顺之为人之仗义厚道。接下顺之向雷古和讲述了陈束品格与死后家况：

故河南提学陈后冈束者，鄙人生死之交也。念其生死之交，而欲为之庇其后，此鄙人之私也。陈君自束发，即知苦学砥节，其为翰林，不肯谄屈于权贵人，遂为奸谗所中，而权贵人斥之外藩，继以夭殁。今其棺槥浮寄客土，历十余年而不能葬。以四十余岁之病妻，抚十六七岁之弱子，两口一家，僮仆无倚，伶仃牢落，行道所悲。陈君历官十四五年，未尝有百金之产，止靠死后数百两赙金，仆不得已为之经营，而岁还之息，妻子生计，如是而已。

所述陈束生前身后之状，高洁凄苦，令人顿生恻隐之心。尤其是“以四十余岁之病妻，抚十六七岁之弱子，两口一家，僮仆无倚，伶仃牢落，行道所悲”数句，凄凉哀婉，催人泪下，动人之处不亚于李密《陈情表》“外无朞功强近之亲，内无应门五尺之童。茕茕孑立，形影相吊”之句。顺之以此无限凄婉之语言，意在打动雷古和提学以博取同情之心，请求救助陈束遗孤：

且夫悯其以砥节遭蹇，而欲为之庇其后，此亦观风者之责而天下之公也。今其子渐能读父书，或厕之学校之中，则庶可以不坠先人之业。以仆愚昧，岂不知奔竞进学，浙中风俗之大蠹，而执事之所最禁哉。以为好修砥节，陈君既是善类，而士大夫妻子流落，又未有如陈君者。倘执事能处其子于常格之外，只足以为志士畸人之劝，而不足以为请嘱贪競之援例也。此仆所以不敢干之他人而必干之执事，以为执事能直道于炙手炎炎之辈，必能垂怜于清寒牢落之家，能必不为世俗人之所为，必能为世俗之所不为也。知我罪我，惟执事教之。

情感之真挚深厚，语言之恳切凄婉，数百年之后犹令人为之动容。

第二节 序

古代以“序”名篇的文体，主要有文序、赠序、寿序、序记等几类[1]。文序，是在著作完成后，对其写作缘由、内容、体例和目次，加以叙述、申说、评价的文字，通常写在一部书或一篇诗文前面[2]。宋王应麟《辞学指南》云：“序者，序典籍之所以作也。”[3]明徐师曾《文体明辨》[4]卷四十四云：“《尔雅》云：‘序，绪也。’字亦作‘叙’，言其善叙事理，次第有序，若丝之绪也。”于是，序又写作“绪”或“叙”。文序主要有议论与叙事两种写作方式，这两种方式往往交织在一起，有的文序不乏抒情色彩。赠序，是专门为了送别亲友所作。清代姚鼐《古文辞类纂·序目》云：“赠序类者，老子曰：‘君子赠人以言。’”[5]唐宋以后出现专为赠人而写的文字，即“赠序”。虽也以“序”名篇，但文体性质与文序不同，另属一类。赠序文的内容，一般以述友谊、叙交游、道惜别为主，有些赠序文还表达作者的理想、识见，吟咏怀抱，议论时事，以及抒发亲友之间的真挚感情。赠序写作方法叙事、论说、抒情等兼有。寿序，大类上属于赠序，因具有较为鲜明独特的文体特征而另列一体。寿序文是专为祝寿而写的序文，亦可以称为“寿言”“寿颂”。以文为寿，始于明代。寿序文的内容一般是颂扬寿主生平令人敬仰的事迹，若寿主是亲朋好友，也可以叙亲情、友谊或寓劝勉等。寿序文写法叙事、议论、抒情均可，篇幅可长可短。序记用以记宴饮盛会，主要写盛会的场面和宴饮之乐，名篇如晋王羲之《兰亭集序》、唐王勃《滕王阁序》等。

《唐荆川先生文集》收录序体文有文序、赠序、寿序，凡49篇。

---

① 关于“序”文体的论述，参见褚斌杰《中国古代文体概论》(增订本)第十一章《古代文章的各种体类》第三节、第四节。

② 据褚斌杰《中国古代文体概论》(增订本)所述，序的正式出现大约由汉代始，初期序文都置于全书之后，后来写在诗文或书的前面，并成为通例。

③ (宋)王应麟《辞学指南》，《玉海》(第六册)卷二百四，上海：上海古籍出版社，1992年版，第340页。

④ (明)徐师曾《文体明辨》八十四卷，明万历建阳游榕铜活字印本。

⑤ (清)姚鼐《古文辞类纂》，胡士明、李祚唐标校，上海：上海古籍出版社，1998年版，第8页。

一、文序

《唐荆川先生文集》收录文序25篇，皆是书前序。

一般来说，书序意在叙述所序之书的写作缘由，介绍内容，评论该书的价值，推荐给读者。顺之的书序创作却别出机杼，大多数篇章并非开篇直接介绍、评价所序之书，而是以起兴之法，借序言之体，著自我文章。起兴，本是《诗经》六艺之一，即先言他物以引起所咏之物，是《诗经》常用的一种写作方法，后来成为中国古典诗歌的传统创作方法。本文所言起兴之法，是指顺之写书序多数情况下先写与所序之书相关的其它内容，以此起兴，引出对所序之书的申说、评价。用来起兴的文字可独立成章，与原文分离而不失完整性，或议论，或叙事，或描写，或抒情，即所谓“借序言之体，著自我文章”。这些用来起兴的独立成章的文字，是书序中最具文学价值的部分。书序文中语句常用对仗、排比，骈散相间，错落有致，工稳流畅。语言清深简雅，辞采丰茂。

顺之书序多数篇幅以议论起兴，开篇先阐发一通理论，然后序书之文承接而来，篇首议论不待下文而具有独立性和完整性。如《笔畴序》是顺之为《笔畴》一书所作的序言，开篇片言只字不及《笔畴》，先论一番“苟可以诱世而劝俗者，君子不废也”的道理：

> 苟可以诱世而劝俗者，君子不废也。匹夫一怒，挺而两斗，于是时而庄语之以《诗》《书》《礼》《乐》，则益其怒而疾其斗耳。而滑稽之士为之微言冷击、嘲谐诙谑于其旁，则释然一噱而散。小夫、妇人恣睢凶毒于冥冥，或惧之以士师理官之法，彼有傲然而已矣。巫儿、佛媪为之张皇神鬼，指征机祥，则彼且瞿目缩舌而骇汗。夫苟可以解急斗，则嘲谐诙谑或捷于《诗》《书》《礼》《乐》；苟可以惧冥凶，则神鬼机祥或痛于士师理官。滑稽、机祥之说，非君子之说，其要于解斗而惧凶，则君子所以为劝于世也。由此言之，其苟可以为劝于世，虽其戏如滑稽，诞如机祥，且不废也，况其言之根据古先而不诡于绳墨者乎！

此段议论举了两个生动的事例，一是滑稽嘲谐解匹夫之急斗胜于《诗》《书》《礼》《乐》，一是神鬼机祥惧夫、妇恣睢凶毒痛于士师理官，因“戏如滑稽，诞如机祥”有助于诱世而劝俗，所以行于世而不废。此番道理论完之后，顺理成章引出对《笔畴》一书内容、价值的叙述以及作者为该书作序的缘由：

《笔畴》之为书，自居身御物至于家人细琐之事皆备，自经史百氏至于小说衢巷之谈多所采摭，盖亦不尽雅醇，而其大旨要于使人畏慎柔宽，择步而蹈以避咎。其知足少欲、忍辱濡下、宾名去华，大率称引老庄。然而古先所以厚施薄责、惩窒忿欲之绪言，亦往往而在也。昔人谓老庄处危世、触骇机，欲以曲自全，故往往上柔弱、黜刚强，至自处于材不材之间。迷阳郄曲以晦世而免祸，为是书者，其意毋乃出于此欤？虽然使明哲之士读之，则自可以观其深刻其驳焉，而节取其是者；以闾巷乡曲之士读之，且将悚然有动乎其心，怵于祸而冀于全，去其狷忿斗争恣睢凶毒之习，而庶几乎谦柔长厚宽身之道，岂非志于劝俗者之一助欤？

类似《笔畴序》以议论起兴导引序文的书序，还有《明道语略序》《巽峰林侯口义序》《王君注握奇经序》《江阴县新志序》《右编序》《文编序》《福建乡试录后序》《东川子诗集序》《吴孺人挽诗序》《董中峰侍郎文集序》等。《东川子诗集序》与《董中峰侍郎文集序》两篇较有特色，涉及文艺理论，颇显作者卓见。

《东川子诗集序》可谓一篇专门探讨文艺理论的文章，分前后两部分。前一部分讨论文学地域性问题，立论为“西北之音慷慨，东南之音柔婉，盖昔人所谓系水土之风气”。此部分从序文整体中分离出来独立成篇而无割裂之痕。以前一部分起兴引出后一部分，介绍、评论东川子诗实为“西北之音慷慨”的具体例证：

西北之音慷慨，东南之音柔婉，盖昔人所谓系水土之风气。而先王律之以中声者，惟其慷慨而不入于猛，柔婉而不邻于悲，斯其为中声焉已矣。若其音之出于风土之固然，则未有能相易者也，故其陈之则足以观其风，其歌之则足以贡其俗。后之言诗者，不知其出于风土之固然，而惟恐其妆缀之不工。故东南之音，有厌其弱而力为慷慨；西北之音，有病其急而强为柔婉。如优伶之相哄，老少子女杂然迭进，要非本来面目，君子讥焉，为其陈之不足以观风，歌之不足以贡俗也。余读《诗》至《秦风》，其言尽田猎战斗之事，其人翘然自喜，忾然有跃马贾勇之气。已而读《楚骚》诸篇，其言郁纡而切怛，则愀然有登山临水、羁臣弃妇之思。夫《秦风》慷慨而入于猛，《楚骚》柔婉而邻于悲。然君子不废，岂非以其虽未止乎中声而不失其风土之固然？其陈之也可以观其风，其歌之也可以贡其俗乎？

东川子家秦中，盖昔人所谓汧渭之间。与其所为载歇骄游北园，故处往往而在。东川子雅喜为诗，尝寄余诗百余篇，皆跌宕疏健，绝去脂粉纤冶之态。虽其于中声未知必合与否，然可谓不失其土风者。其塞垣诸曲，余尤爱之，如“边城鼓角春寒梦，沙塞旌旗日暮云。天寒细柳营嘶马，草满长城水饮驼。榆关千里秦云暮，羌管一声汉月秋”，较其音节，倘亦有《驷铁》《无衣》之遗否耶？然则读是诗者，不必问其何人，而知其必为秦人之诗无疑也。余南人也，而不能为楚声。窃喜东川子之为能为秦声也，乃为之题其首。后有采风谣者，自当得之。

此文可观处主要有两点，一是关于文学地域性的见解卓越，二是语句工整流畅、言辞文雅精当。作者论及南北诗风因风土不同而有别，此观点已被我国古典诗歌的创作实际所证明。初唐时，魏徵就曾阐发过类似的见解，论南北朝诗风：“江左宫商发越，贵于清绮；河朔词义贞刚，重乎气质。气质则理胜其词，清绮则文过其意。理深者便于时用，文华者宜于咏歌。此其南北词人得失之大较也。若能掇彼清音，简兹累句，各去所短，合其两长，则文质彬彬，尽善尽美矣。”（《隋书·文学传序》）此文多见对仗语句，如“西北之音慷慨，东南之音柔婉”，“慷慨而不入于猛，柔婉而不邻于悲”，“其陈之则足以观其风，其歌之则足以贡其俗”，“东南之音，有厌其弱而力为慷慨，西北之音，有病其急而强为柔婉”，等等，工稳整齐，抑扬顿挫，语气流畅，朗朗上口。此文的语言雅致简练，用词准确恰当，如论以《诗·秦风》为代表的北方诗风是“慷慨而入于猛”、以《楚骚》为代表的南方诗风是“柔婉而邻于悲”，评《楚骚》的语言“郁纡而切怛”，“愀然有登山临水、羁臣弃妇之思”，评东川子诗歌“跌宕疏健”、无“脂粉纤冶之态”，等等。

《董中峰侍郎文集序》是考查顺之文学思想的一篇重要文献，阐述了

古文创作理论——章法论。全文可分三段两部分,第一部分为前两段,第二部分为第三段。第一部分如下:

喉中以转气,管中以转声,气有湮而复畅,声有歇而复宣,阖之以助开,尾之以引首,此皆发于天机之自然。而凡为乐者,莫不能然也。最善为乐者则不然,其妙常在于喉管之交,而其用常潜乎声气之表。气转于气之未湮,是以湮畅百变而常若一气;声转于声之未歇,是以歇宣万殊而常若一声。使喉管声气融而为一,而莫可以窥,盖其机微矣。然而其声与气之必有所转,而所谓开阖首尾之节,凡为乐者,莫不皆然者,则不容异也。使不转气与声,则何以为乐?使其转气与声,而可以窥也,则乐何以为神?有贱工者,见夫善为乐者之若无所转,而以为果无所转也?于是直其气与声而出之,戛戛然一往而不复,是击腐木湿鼓之音也。言文者,何以异此。

汉以前之文,未尝无法,而未尝有法,法寓于无法之中,故其为法也密而不可窥;唐与近代之文,不能无法,而能毫厘不失乎法,以有法为法,故其为法也严而不可犯。密则疑于无所谓法,严则疑于有法而可窥。然而文之必有法,出乎自然而不可易者,则不容异也。且夫不能有法,而何以议于无法有人焉?见夫汉以前之文,疑于无法,而以为果无法也?于是率然而出之,决裂以为体,饾饤以为词,尽去自古以来开阖首尾经纬错综之法,而别为一种臃肿佶涩浮荡之文,其气离而不属,其声离而不节,其意卑其语涩,以为秦与汉之文如是也,岂不犹腐木湿鼓之音?而且诧曰:“吾之乐合乎神。”呜呼!今之言秦与汉者纷纷是矣,知其果秦乎汉乎否也?

这一部分论述了“章法论”,是该文的价值所在。第一段以喉管发声于天机之自然比喻文章章法之妙出乎自然,生动贴切。第二段分“汉以前之文”与“唐与近代之文”阐述古文章法,语言简雅严整。第二部分承第一部分余绪,简要申述董中峰之文严于章法的特点。名为董中峰文集作序,实借题发挥,阐述文学思想。

顺之书序有以叙事起兴者,推介所序之书前叙述该书作者的平生事迹,描摹其生活行状,知人论世,以人定文,此部分文字最为精彩。此类书序有《郑君〈元化正典〉序》《山堂萃稿序》《剑泉奏议集序》《声承集序》《钤山堂诗集序》《书水西集》等。如《郑君〈元化正典〉序》叙写作者郑君：

会稽金锡、竹箭之产甲天下，其钟为人文，大率峭拔清慧，能以文章勋伐耀于当世。至于方外之士，亦往往能俶傥环怪，以露其奇，盖所谓地气然也。会稽郑君，少喜谈兵，读"韬钤"诸书，尤工于风角鸟占。尝北抵宣大，东历辽蓟，掀髯谒诸边帅，谈笑油幕间。每虏镝骤飞，发一语策胜败，屡屡奇中，以是撼贵珰老将而出其橐中之金。短衣飞鞚，目中无百万貔虎，气当此时，盖一机智勇辨之士。及长揖边帅，故裘南归，乃究意黄老内养之学。翱翔吴会，与娵娵骚人墨士相征逐。寄身药肆中，呐然守柔，下廉昼卧，人不识其有雄气者。盖郑君始终若此，亦奇矣哉！

此段文章以记叙为主，间有描写。以清雅简洁的语言，疏略记叙了郑君青少年、壮年直至老年的简明经历事状，各人生阶段特征鲜明突出。刻画了郑君不同人生阶段的不同形象——少年风华倜傥、壮年雄豪神勇、老年萧隐散淡。文笔所至，辞采斐然，形象传神，读来令人感觉清爽流转，亲切生动。

《前后入蜀稿序》以描写风景取胜：

山泽好奇之士，往往以极幽遐诡谲之观，博搜山川草木鸟兽变化之情状为快，然其耳目有所滞而不能遍，于是有侧身四望之思。宦游羁旅之士，其力足以穷悬车束马之径，凌跕鸢挂猱之阻，然其情志有所累而不能遣，于是有怀乡去国之忧。情志与耳目常相违，而山川之与人常不相值。惟蜀僻在西垂，古所谓别为乾坤者也。雪岭、大江之雄浑，峨、巫、青城之窈丽，仙灵之所窟宅，其胜甲于天下。然陆则拒以飞崖断栈，水则陋以惊江急峡，斗雷霆而翳日月，其险且远，亦甲于天下。

自古好奇之士慕其胜，而以其险远不能至，于是有梦而游、寤而叹焉者，自非游宦与羁旅。终其身无因而一至焉，其至者，怵于险而忘其为胜。于是羁臣迁客之思深，而轻举宜搜之好移，变衰摇落之感生，而雄浑窈丽之观改。盖昔人所赋"侧身西望阻岷峨"者，既足以著山泽好奇、缱绻顾慕不能自遂之情；而其所记峡州至喜堂者，亦足以尽宦游羁旅、憔悴无聊不能自遣之状。夫虽幸为耳目之所接，而夺于情志之所不快；与虽幸为情志之所快，而限于耳目之所不接。其耳目所不接者，既不能使景就乎情，而工为凿空揣悬之言；其情志之所不快者，又不能使情就乎景，而泄其和平要眇之音。于是大夫缺于登高能赋之义，而骚人奇士纵欲原本山川、极命草木，亦无所凭焉以聚其精而发其辨博。

这是顺之书序难得的佳作，描摹蜀地雄山胜水之奇险，畅议好奇之士耳目与情志不能共享山水之胜之不快。写景逼真，森然在目，议论切实，如感其情，文笔浑厚劲拔，功力老成。

二、赠序

《唐荆川先生文集》收录赠序文 17 篇。赠序文古已有之，盛行在唐宋时期。唐代古文家韩愈拓展了赠序文的内容和写法，除了传统的叙友谊、惜别情外，还阐述见解、指陈时事、抒发怀抱、反映社会现实等，蕴含丰富的思想内容，写法也灵活多样。韩愈《送孟东野序》《送李愿归盘谷序》《送董邵南游河北序》等都是思想性很强的名篇。唐代柳宗元，宋代欧阳修、苏洵、朱熹等人的赠序文与韩愈作品类似，都有充实的内容和思想。顺之的赠序文上承唐宋诸家余绪而来，又有新变，写法上以议论说理为主，以赠序体述主张、论见解、议时事、劝德行等，很少叙及交游友情，亦很少道惜别、表祝愿。结构上往往以议论作铺垫，大力渲染、蓄势，最后点出对受赠人的赠文意图，或赞颂褒扬，或坚志勉励，或寄予厚望，或宽解安慰，或兼而有之。语言苍劲浑厚，文风温雅敦正。

若《赠郡侯郭文麓升副使序》一文首先论证古今廉吏为廉的不同，作为下文赞颂郭侯为古之廉者的铺垫，最后交待作序的缘由与意图：

廉吏自古难之，虽然今之所谓廉者有之矣。前有所慕于进而后有所惧于罪，是以虽其嗜利之心不胜其竞进之心，而其避罪之计有甚于忧贫之计。慕与惧相持于中，则势不得不矫强而为廉。其幸而恒处于有可慕有可惧之地，则可以终其身而不至于坏，而世遂以全节归之。其或权位渐以极，泄然志盈而气盛，则可慕者既已得之，而无复有惧于罪。至如蹉跎沦落不复自振，则可慕者既已绝望，萎然志销，而气沮且将甘心冒罪而不辞。是故其始也，缩腹镂骨以自苦，而其后也，甚或出于饕餮之所不为。人见其然，则曰："若人也，而今乃若是。"而不知始终，固此一人也。虽然此犹自其既坏言之也。方其刻意为廉之时，而其萌芽固已露矣。苟捐之足以为名，而得之足以为罪，则千金有所必割；苟捐之不足以为名，而得之不足以为罪，则锥刀有所必算。人见其千金之捐，乃其奇节，而不知锥刀之算，其真机也，从而谓之曰廉。嗟乎！是安知古之所谓廉者哉？古之所谓廉者，必始于不见可欲。不见可欲，故其奉于身者薄。奉于身者薄，故其资于物者轻。虽其一无所慕与无所惧，而未尝不廉，盖虽欲不廉而无所用之也。

此段文论题的核心字眼是"廉"。作者以精当的语言深刻论证今之廉者是刻意为廉，实质是"慕与惧相持于中，则势不得不矫强而为廉"，古之廉者是自然为廉，实质是"虽欲不廉而无所用之也"。对于今之廉者刻意为廉的心态行为，作者可谓洞见骨髓，不遗余力地刻画、分析、揭露，论见极其精辟。接下笔锋一转，叙述与郭侯相识、相处的过程中，闻其言，观其行，察其志，由不知到知之，从而确认郭侯为古之廉者。作者钦佩、赞颂郭侯清苦淡泊、无欲自廉为难能可贵，遂在郭侯升迁离任之时，为其作此赠序，意在颂其廉：

郭侯治吾常以平易岂弟，与民休息为政，而尤以清苦绳约自律。余始见侯如是，则亦以为今之所谓廉者耳。徐而与侯处，听其议论，察其志之所存，乃知侯非今之所谓廉者也。侯性本澹泊，苦厌纷华，又尝讲于欧阳南野先生，盖知从事于无求饱无求安之学者，尝言曰："我蔬食则喜，肉食则不喜。布裀，则寝乃安，纻裀，则寝不安。"其奉身率如此。然则虽欲不廉而无所用之也，侯盖古之廉者也。闻侯之夫人，亦乐于粝食敝衣，与侯所嗜好无异。然则古之廉者，犹或不免于室人交谪，于是益知侯之为难能也。

侯居常三年，升山东副使以去。侯之僚霍君、裘君与其属武进尹杨君征余文为侯赠。夫侯之廉,人既已尽知之,而奚俟乎余之言耶?虽然,余知侯之廉非出于慕与惧,而方其为守,则犹在有可慕、有可惧之地也。自今以往,官益峻而望益隆,将可慕者得而可惧者去矣,侯之廉犹是也。而后人信之曰:"侯果非慕与惧者也。"然则知侯者,莫如余先也。而乌得无言乎?

又如《赠蔡年兄道卿序》是一篇意在勉励友人坚志精进的赠序文,在结构上与上文略有不同:

嘉靖己丑,余始识道卿于同年中,已而同事于吏部。后数年,道卿为刑部郎,余见之京师。又数年,道卿谪为广德同知,余游金陵,而道卿适在焉,于是又见之于金陵。自始见道卿,则貌朴而气温,如良金之蕴于矿也。再见之,其貌炜然,其气充然。问之以古人之书,无所不通。间或作为文辞,率能与一时文士相驰骋上下,如虎豹之不肯自晦其章,而蔚炳时见乎外也。又再见之,则貌之炜然者以凝,气之充然者以虚。与之语,非六经之蕴不以言;从而叩之,非君子之儒不以存诸胸中,如草木之将落其华,敛其元气而归乎其根也。道卿年未三十,而余三见道卿,亦不过四五年间耳,既已屡变不可涯涘,而且卓然有志于道。借使过此数十年,余不知几见道卿,不知道卿容貌辞气又何如,而其于道何如也。其所谓速化者欤?

开篇叙述作者与友人蔡道卿相识相处的交游经历,描绘其容貌辞气的精进变化。记叙简明条畅,描绘深婉传神,语言朴厚温雅。其下转为议论:

夫学者,非其才之足贵,而闻道之难。圣贤之道易以简,而学者每病其难闻,何也?其毋乃多歧误之欤!故学者必一其所志,而后精乎其进。百家众艺,莫不皆有可喜可慕,而皆可以附托于圣贤之道。后生耳目好奇而不择,方其力蓄而气锐。力蓄则必有所涌泄,非泛滥不足以肆;气锐则耻于一艺之不及,又安能夺其可喜可好,而专事于淡乎无味之至道哉?其习之也,惟恐其不博,而不知博之适足以溺心;其罗而张之也,惟恐其不文,而不知文之适足以丧质。及其力刓于无所不搜,气竭于无所不恢,于是向之可喜可慕者,或如搏影而不可得，或得之又不足以理身而养性，而适以溺乎其心，丧乎其质，于是始欲反之于道，则力已刓而不能果，气已竭而不可鼓。大率少年刚锐之士，不患乎进之难精，而常患乎志之不一；至于力刓而气竭，则虽或不患乎志之不一，而常患乎进之难精。

作者就治学原则阐发议论，提出“故学者必一其所志，而后精乎其进”的论点，详细论述其“志一而后精进”的治学思想，以此比附于蔡道卿之学业治道，认为其已“一乎其志”，若能聚力精进，他日定有所成。蔡道卿迁官庐州之际，作者赠之以文，欲坚其志、励其进：

道卿既已落其华，归其根，以一乎其志矣。夫聚其全气与力，无所渗泄，而一以输之于道。至于久而未有闻焉者，吾不信也，在道卿精进之而已。于是道卿迁官庐州，将行，广德诸生彭某辈来求余文以赠。余欲坚道卿之志，而励乎其进也。故聊为之言，以俟异日更见道卿云尔。

《赠何沈两公归蜀广序》是一篇以抗倭为时事背景的赠序文，反映生动的社会现实，抒发作者的不平之情。序文记叙明嘉靖年间东南沿海倭患肆虐，镇守蜀、广的何柏村、沈紫江两将军奉命调往海防一线抗倭。何、沈两将军均有定邦安疆之才，被国家倚为西南长城达二十年之久。然而在抗倭战场，两将军却智勇一无所展，无功而返。何、沈两将军的遭遇深深触动了作者，在两人返回蜀、广之时，为他们写下这篇赠序文。文中感慨良多，叙事之前就江水遇空洞之石而发声的现象感发议论：

尝闻石钟之说乎？江自蜀走海数万里，寂然未尝有声，一经石钟山下，则噌吰鞺鞳，骤发而骇作。夫声藏于水，本非无声，偶遇空洞之石与之相得，而一露其奇耳。使数万里间不一遇空洞之石，则遂终无声矣。使其为空洞之石者，不止石钟一处为然，而濒江处处多有之，则声当满天地矣。终于无声与声满天地，而声之在水者，自如也。人之遇于世，亦若此矣。

长江流经石钟山，遇空洞之石，石穴与风水相激，声如洪钟，为一大奇观，作者于此感悟人生哲理。江流万里，悄无声息，遇中空石洞才骤发宏声，空洞之石为江水提供了发声的条件和机遇，石洞愈多，发声愈频。若无石洞，江流入海，遂终无声。江流无声抑或有声，在于是否遇到空洞之石，在石而不在水。作者引申出“人之遇于世，亦若此矣”的道理。人生在世，如同江水一般，是默默无闻，还是轰轰烈烈，在于是否有“石洞”之遇，人的成就如何在于人生际遇。作者对于人生际遇的认识形容何、沈两将军的遭遇很贴切：

> 柏村何将军之在蜀，紫江沈将军之在广，以身系两镇安危，国家倚长城者二十年。松茂线路，辟百余年之塞，而牂牁两江，烽燧帖息。盖柏村之沉毅，如太阿之在匣而不可测；紫江之敏锐，如太阿之出匣而不可拟，两将军意气不同，而同为一时名将。顷倭寇起东南，驽帅数蹶事，人人以为非二老将不可，而庙堂亦遂召之。及两将军之来，俯仰诸当路间，则舌若胶噤而不能谋，臂若蜷缩不能展。谋焉而率不见奇，展焉而率不如意，贾勇而来，垂翅而去。何其智于蜀与广而拙于东南也？倭奴恣睢，岂必劲于西番南猺？江海沮洳，岂必险于松茂、牂牁？而利钝顿异。人或以此歉两将军，两将军亦未必不以此自歉。昔者李、郭两公专制一面，则挫安、史、方、张之锐而有余。及与九节度逡巡，相州之役则熄朝义既灰之烬而不足此一人也，何哉？权之在不在焉而已矣。使今两将军于东南，其所遇如蜀与广，得自专制，安知不且为东南长城？使向在蜀与广所遇，一不得自专制如东南，即毫毛之功未可必立，况能以身系两镇安危耶？呜呼！士不能自为材，岂不信乎？两将军归矣，松茂、牂牁之间人人相迎，曰：“我公归矣！吾镇无事矣。”两将军亦感于东南之垂翅，而慨然于故所立功处，将不有技痒而心动，曰：“我思用赵人乎否也？”然则人其可无歉两将军，而两将军可以无自歉矣。

何、沈两将军为一时名将，在蜀、广得自专制，权力在握，能够施展才智，所以“以身系两镇安危”。然两人在东南所遇异于蜀、广，权之不在，不得自专，遂“谋焉而率不见奇，展焉而率不如意”，只得“贾勇而来，垂翅而去”。两人西南、东南所遇之别，犹如江流遇石洞与否，功败在于时遇而非自身。

作者为两人作不平之鸣："使今两将军于东南，其所遇如蜀与广，得自专制，安知不且为东南长城？使向在蜀与广所遇，一不得自专制如东南，即毫毛之功未可必立，况能以身系两镇安危耶？呜呼！士不能自为材，岂不信乎？"作者以解脱之语宽慰两将军失落之心："人其可无歉两将军，而两将军可以无自歉矣。"

三、寿序

明以前没有寿序这种文体，明代才有人创作寿序文。清方苞云："以文为寿，明之人始有之。"①明归有光《默斋先生六十寿序》②记当时重视生日之礼的风俗："吾昆山之俗，尤以生辰为重。自五十以往，始为寿。每岁之生辰而行事，其于及旬也则以为大事。亲朋相戒毕致庆贺。玉帛交错，献酬燕会之盛，若其礼然者，不能者以为耻。富贵之家往往倾四方之人，又有文字以称道其盛。"生日之礼盛行催生了寿序文，祝寿之家往往请托文人撰写寿序颂扬寿主。明代的寿序文多为虚美的应酬之词，清代方苞曾责之云："所称则男女之美行皆备，而不可缺一焉；而族姻子姓之琐琐者并著于篇。……其文无以信今而传后。"③

《唐荆川先生文集》卷十一收录寿序文 6 篇。两篇为业师而写，四篇为他人而作。为他人所作寿序文多泛泛议论，掺杂数句颂扬之语，没有实际内容，多不足取。为两位业师所写的寿序叙述具体生动。《叶包庵先生寿序》是为幼时塾师叶包庵先生六十生辰所作的寿序，叙述叶师治《诗》与授《诗》之情况，言之切实：

> 今吾包庵先生，其古所谓经为人师者？非耶。先生行修而志洁，其于书无不涉也，而尤攻于《诗》。先生治《诗》且三十年，虽一以传注为宗，然训诂名物之外，往往能深探古人之精微而发之于文。自邑中诸先辈，故多以《诗》名家，至先生乃益精。先生之出，邑子以《诗》为业者，大半多先生弟子。先生为学者说《诗》，丝联发

---

① (清)方苞《方望溪先生全集》卷七《张母吴孺人七十寿序》，清咸丰元年(1851)戴均衡刊本(下同，不注)。

② (明)归有光《震川先生集》卷十二，《四部丛刊》初编本。

③ (清)方苞《方望溪先生全集》卷七《张母吴孺人七十寿序》。

比，关窍开解，音节洞朗，学者俯而听之，如身殷周之间而聆《猗那》《关雎》之响也。

第三节 记

古代以“记”①命名的文体称为“杂记体”。刘勰《文心雕龙·书记》云：“书记广大，衣被事体，笔札杂名，古今多品。”“书记”类细分为二十三小类，文体概念很宽泛，“记”类文章只是其中的一部分。明代徐师曾《文体明辨》卷四十九云：“《金石例》云：‘记者，纪事之文也。’”清姚鼐《古文辞类纂·序目》阐释“杂记”：“杂记类者，亦碑文之属。碑主于称颂功德，记则所纪大小事殊，取义各异。故有作序与铭诗全用碑文体者，又有为纪事而不以刻石者。柳子厚纪事小文，或谓之‘序’，然实‘记’之类也。”②近代学者林纾在《春觉斋论文》中对杂记类文章进行了归纳、分类：“所谓全用碑文体者，则祠庙厅壁、楼台之类；记事而不刻石，则山水游记之类。然勘灾、浚渠、筑塘、修祠宇、纪亭台，当为一类；记书画、记古器物，又别为一类；记山水，又别为一类；记琐细奇骇之事，不能入正传者，其名为书某事，又别为一类；学记则为说理之文，不当归入厅壁；至游宴觞咏之事，又别为一类：综名为记，而体例实非一。”③以上几家对于杂记文的界定及分类，都有合理性，但皆因为范围过于宽泛、流于繁琐而欠妥当。褚斌杰《中国古代文体概论》将杂记文简约地分为四类：台阁名胜记、山水游记、书画杂物记和人事杂记。然据现存的“记”文内容复杂广泛，记人、记事、记器物、记书画、记名胜古迹、记池苑台阁、记堂馆墓庐、记山水风景，等等。褚氏分类似乎又过于简略，难以概括杂记文广泛的内容。笔者以为应根据研究对象的实际情况，具体分析，具体分类。杂记

① 关于“记”文体的论述，参见褚斌杰《中国古代文体概论》（增订本）第十一章《古代文章的各种体类》第二节《杂记文》。

② （清）姚鼐在《古文辞类纂》，胡士明、李祚唐标校，上海：上海古籍出版社，1998年版，第14页。

③ 林纾《春觉斋论文》，北京：人民文学出版社，1959年版，第70页。

文的写法多样，叙述、议论、描写、抒情，或一文兼用几种方法，不拘一格，随文而定。

《唐荆川先生文集》卷十二收录“记”文 22 篇。卷十一所收《石屋山志序》记述石屋山图，虽以“序”名，然属画记文①，故归入“记”文类。顺之的杂记文根据具体内容可分为人事杂记、池苑阁庐记、画记三种。

一、人事杂记

杂记文中人事杂记占半数以上，又可分为记事之文与记人之文。写人、记事实为一体，不可截然分开，事由人为，人因事见。人事杂记文有以叙述事件为中心与以描写人物为中心之分。本文为了论述方便，因写作中心不同细分为记事之文与记人之文。以叙述事件为中心的文章称为记事之文，以描写人物为中心的文章为记人之文。

记事之文虽因记事而作，然每篇都是大半篇幅泼墨于议论，所议亦为泛泛平常之论，不见精卓奇彩处，叙事退为其次，议论后寥寥数语，简而记之。因此记事文多不可取。记人之文虽篇数不多，倒有两篇非常精彩之作:《胡贸棺记》与《叙广右战功》。

《胡贸棺记》一文以记胡贸之棺木为题，实为胡贸的人物传记，塑造了一个贫苦、艺高、嗜酒、疏狂的书佣形象，同时叙述作者与胡贸的深厚交谊。文章开篇以简练的语言点出胡贸的家世身份：

> 书佣胡贸，龙游人。父兄故书贾，贸少乏资，不能贾，而以善锥书，往来诸书肆及士人家。

此为典型的传记笔法。接下来以侧面之笔间接描写了胡贸高超的佣书技艺：

> 余不自揆，尝取左氏历代诸史，及诸大家文字，所谓汗牛塞栋者，稍删次之，以从简约。既披阅点窜，竟则以付贸使裁焉。始或篇而离

① 褚斌杰《中国古代文体概论》(增订本)第十一章《古代文章的各钟体类》第二节《杂记文》云:“古代有一类专为记述书画和其他一些器物、物品而题写的小文……这类小文除以‘记’名篇外，有时也署‘序某’或‘某序’，如柳宗元的《序饮》、《序棋》，白居易的《荔枝图序》，它们与序跋之‘序’不同体，从性质上看，乃属记文类。”第 366 页。

> 之,或句而离之,甚者或字而离之。其既也,篇而联之,句而联之,又字而联之。或联而复离,离而复联,错综经纬,要于各归其类而止。盖其事甚淆且碎,非特他书佣,往往束手。虽士人细心读书者,亦多不能为此。贸于文义不甚解晓,而独能为此,盖其天窍使然。余之于书,不能及古人蚕丝牛毛之万一,而贸所为,则蚕丝牛毛之事也。嗟乎!书契之不能还于结绳,书契又繁而不能还于简也,固也。然余所以编书之意远矣。非贸,则予事无与成。

作者没有直接描写胡贸如何佣书,而是先叙述自己因删改连缀历代文史典籍而造成书籍篇句词字联离淆碎的形态,以致于平常书佣对此束手无策,即便是细心读书的士人亦无从下手整理。侧面烘托到一定程度后笔锋一转:“贸于文义不甚解晓,而独能为此。”仅此一句,即点出胡贸佣书的技艺何等高超,笔墨极其经济。

胡贸虽贫苦无资,却无戚戚潦倒状,而是得钱买醉,疏放散脱:

> 贸平生无他嗜好,而独好酒,佣书所得钱无少多,皆尽于酒。所佣书家,不问佣钱,必问酒能餍否?贸无妻与子,佣书数十年,居身无一垄之瓦,一醉之外,皆不复知也。其颛若此,宜其天窍之亦有所发也。

用语不多,以白描的手法勾勒出胡贸嗜酒成性、无牵无累的社会下层漂泊者形象。正是由于胡贸贫苦无依,作者怜其死后无人为其置棺以善后事,遂于其生前“以一棺畀之”,并记之:

> 贸无妻与子,无一钱之蓄,死而有棺无棺不可知。念其为我从事久也,亦以一棺畀之,而书此,以为之券云。呜呼!百余年后,其书或行于世,而又或偶有好之者,慨然追论其故所删次之人,则予之勤因以不没,而贸乃无以自见,是余专贸之功也。余之书此,亦以还功于贸也。

字里行间透露出作者与书佣胡贸的深厚情谊,此正是本文异于其他人物传记的地方。一般的人物传记,只叙写所传人物的事迹行状,不涉作者。而本文记写书佣胡贸掺入了作者温厚的人道情感,尤为动人。

《叙广右战功》收入《唐荆川先生文集》之前，曾以一卷本行世，名曰《广右战功录》，《四库全书总目》列入史部杂史类，提要云户部尚书王际华家有藏本，述右江参将都督同知沈希仪讨平广西诸蛮事，《明史》希仪本传全采用之。可见《叙广右战功》类同于史传文学，在顺之人事杂记文中文学性最强。此文深得太史公笔法之神理，置于《史记》诸列传中，亦毫不逊色。

《叙广右战功》是《唐荆川先生文集》中字数最多的一篇文章，凡八千余字。作者精选沈希仪镇守广西二十余年中的七件战事：永安战、临桂战、荔浦战、平岑猛、定柳州、俘岑金、护盐船上峡等，于此文中精心组织，叙述描绘，塑造沈希仪英勇善战、足智多谋的一代名将形象。此文虽为纪实文章，然描写生动传神，叙事委曲详尽，寓褒贬于叙事之中，具有较高的艺术性。其思想性在于赞颂沈希仪平定一方的卓著战功，然此中亦有需批判之处。

此文起笔不凡，先声夺人，开篇即以生动细致的笔墨描写激烈惊险的永安之战，将沈希仪神勇英武的战将形象迅速推到读者面前：

> 紫江沈公，自袭指挥使，时未弱冠，已能驰马手搏贼，贼惮之。未几，调征永安，尝以数百人捣陈村寨。贼墙立山上，公一人拍马而登，贼却下山，诱公入淖中。马陷，以吻拄淖中，而腾其足，及于陆。三酋前，趋淖劫公，一酋镖而左，一酋刀而右，夹马，一酋彀弩十步外。公捩颈以过镖，而挑右足以让刀，镖离颈寸而过，刃着于镫，鞳然断铁。公射镖者，中缺项，殪。左挂弓而右掣刀，斫刀酋于镫间，断其颊，车折齿，殪。弩者恂，失弩，偻而手行上山，公又射之，中膂。既连毙三酋。

沈希仪身处强敌之围，一人战三酋而毙之，孤胆勇猛。其捩颈过镖，挑足让刀，张弓射敌，掣刀斫酋，招式凌厉恨准，身手敏捷不凡，显示了高超的武功和过人的胆略。战斗场面在作者的笔下具体鲜活，一招一式，都描写得非常清楚。此段语言简洁，句子简短，语气急促，此种文风正适于描写惨烈险恶、扣人心弦的短兵相接的厮杀场面。永安之战可谓狭路相逢勇者胜，是以勇胜敌的典型战例，类似的战斗还有临桂之战：

贼奔，公独逐一酋，酋骑而走崖，窘，释骑，跳而下涧，公骑跳而下涧。涧深没颠，马浮而岸，毛尽湿。束湿马于树，缘涧而求酋。酋泅而逃，瞩水中影射之，血缕水上，入水斩之。后骑相属至崖，望见公提人头立水中，崖峻不可跳，乃寻路从公。则贼遁已远。公乘湿马与诸骑追之，犹斩数十级而还。

沈希仪逐敌，骑跳峻崖，斩酋于涧中，骁勇悍健，震破敌胆。而荔浦之战则是智胜：

荔浦贼八千余，渡江而东寇，谍者告，公仓卒率五百人待于江岸。驻白面寨，去蛟龙、滑石两滩各数里。谍者又告，贼饱而归，将及江。公以为，滑石滩狭，牵线而济，虽众，可薄也；蛟龙滩阔，成列而济，众难图矣。吾欲夺其阔而致之狭。令制旗，军中无尺布，伐岸竹，揭竿而编篾，以为缕。刻顷成数百旗，插之蛟龙滩，令羸卒数十人守之，燃柴烟以疑贼。贼至，果避蛟龙趋滑石。公分兵两岸，而潜以小舰载劲卒数十，伏蒹苇中。贼营于中洲以护济，济且半，公以舰乘泷急冲之，两岸军噪而前。有酋骑而水立，挺镖当舰。公舍舰跳水，斩镖酋，人骑皆踣。洲上贼辟易，贼济者西奔巢，未济者却，东走上山，而复潜趋蛟龙滩以济。洲贼孤舰军攻洲，两岸军始至，下水夹攻之。洲贼后行挤堕渊溺死无算，其前行尽俘之，得生口首级若干。收贼所掠牛畜之在两岸者。是役也，以五百人破八千余贼。公用奇，往往如是。复以功迁都司同知。

此次战役以少胜多，取决于沈希仪的智谋。他令羸卒守在难以攻敌的蛟龙滩，插旗燃柴以疑敌，诱敌避蛟龙而趋滑石，而他则率劲卒潜伏于滑石滩蒹苇中，于敌半济时聚而歼之，创造了以五百人破八千贼的智胜战例。

以上是文章的前半部分，主要描写几场恶战的战斗场面，展现沈希仪的勇武善战。接下记叙平岑猛、定柳州、俘岑金几件事，突出沈希仪的胆识谋略，表现其性格阴柔黠慧、奇深莫测的一面。

嘉靖六年(1527)，土官岑猛叛乱。剿平此次叛乱，沈希仪不是直接攻打叛军，而是使用反间之计，利用岑猛与其岳父岑璋之间的罅隙，离间分化叛军，借助岑璋的力量，顺利平定岑猛之乱。平叛之前，沈希仪对岑猛各方面的情况分析透彻准确，对敌情了如指掌，方运筹帷幄，胸有成竹：

嘉靖六年，岑猛叛，聚兵数万人，督府奏诛之。一日，督府召公，计曰："归顺岑璋，猛妇翁也，助猛，奈何？"公素能得土官阴事，曰："璋女失宠，而璋心恨猛，徒貌合耳。"公复密语督府云云如此，可使璋擒猛。督府复曰："猛乘上流之势，拥兵建瓴而下，则邕、梧诸郡危矣，奈何？"曰："此不足忧。土官大率饱富贵、恋巢穴，所以叛者，惧诛耳，非有他志也。猛离田州，而子女玉帛皆在彼，或乘虚袭之，猛安得不虑乎？"督府又虑猛且走交趾，曰："猛走交趾，则闭不能归矣。猛安得不虑乎？"猛果如公所料。

平叛过程中，沈希仪以高超的智慧巧妙化解与内部将领的矛盾，避免内讧。一是借粮之事：

而粮且尽。湖兵五千人请于公，愿得一饱而死敌。公时仅有自赍家粮五十石，与湖兵，人给之升，而官军缩腹张目，以观湖兵分米不敢言，公无以为计。时左哨将与公隔江而军，公潜济江就左哨，将乞粮而请并兵，攻工尧。左哨将以分地拒公，公笑而还。公曰："兵粮吾自有之，姑试公耳。"左哨将惭。

左哨将不顾大局，不施援救，沈希仪轻松一笑，以假化真，令其羞惭。然在岑猛被俘后，左哨将却欲索猛争功。沈希仪亦不与其直理相争，而是"明修栈道，暗度陈仓"，左哨将争功之图遂落空：

左哨将移军压归顺境索猛，欲破败公事，自为功。璋以二十牛、百瓮酒犒军，而谓左哨将曰："猛诚有之，公无急也。"于是醉猛，而斩其首，亟送督府。斩他囚首贯猛尸，而以与左哨将。左哨将喜于得猛而抽军，献猛首督府，则猛首已枭一日矣。

定柳州、俘岑金是全文记叙、描写的重点，沈希仪充分施展超群的韬略才干。作者对这两件事的记叙，很少直接描写战斗场面，主要叙述沈希仪在破敌过程运筹帷幄，叙事中刻画其机警有胆略、智计绝人的名将形象。沈希仪以参将驻守柳州。柳州城处于群山包围之中，城外山中布满贼巢，军民室庐妻子数被贼焚劫，无家无田，甚至不敢出城，百余年来官兵对其束手无策。沈希仪到任亦攻不破，遂改变策略，以间谍之法智破贼。先是招募商贩，用为间谍：

公以为图胜算，莫如得贼情，得贼情则莫如谍。而使官府人为谍，则贼生疑，于是阴求得素与猺人商贩者数十人，假以买物，召至府，密谓之曰："吾素知若辈通猺，吾不罪若。更与若银为贩本，若试为我诇贼。"众感诺。乃人给银五两，使益买物散入诸峒中。诸猺虽凶暴，乐杀人，然贩者至，则寨寨传送，护卫饮食，恐损一贩者，则诸贩不至。是以虽绝栈深箐，贩者无所不历。每有动静，贩者辄先知，奔走报公。

继而又借助猺妇，探得敌情：

已而，猺妇五六人来，夫人好言慰劳，赏之针线包帕诸物，以银簪簪其头。又命诸妾婢灌之以酒，人数大碗，察群妇中其夫尝以贼事报者，则又阴摘之他所，劳苦之，曰："若夫为吾大人尽力良苦。"私赏之包帕银簪诸物，倍于人前所赏者，而益以珍果美物塞其袖中，又阴戒之，勿令人知也。诸猺妇既多得赏，又酒醉，踉跄舞手出府门，猺夫望见之，欢喜争前，掖而归巢。自是诸猺妇来者至数百人。夫人倾筐箧针头线尾皆尽，犹不能给。而猺妇相戒以勿令人知者，猺妇又泄之，以所独得珍果美物夸诸猺妇，以为夫人爱己。诸猺妇皆怏怏心羡，嗾其夫使报贼，冀己入府，得珍果美物。而公间使人往诸巢中，阴以夫人之命赐物诸猺妇。自是贼中消息或诸猺不肯言，则猺妇嗾之使言；或诸猺竟不肯言者，则诸猺妇自以使人至巢赐物时，附耳语，云云："若勿向我老公语也。"

沈希仪深谙为将之道，熟知"将在外，君命有所不受"的古训，统军发兵，机警灵活，不囿于旧制，且能不为上责：

公始议发兵。故制，欲发兵，必请督府，督府檄下乃发。公以为："吾治文书，吾掾史知之。文书上府，府檄下我，府掾史知之。多人知则泄。又柳去督府千里，待报逾时，坐失机会。而书檄往来水陆，诸巢络绎，能保不为贼得？"于是凡率兵入巢，未尝先请。既胜，则上首房督府，而以邂逅追贼至巢为解，于是督府不能以文法诘，而兵谋得无泄。

沈希仪以武力破贼的同时发动心理攻势，以达到不战而屈人之兵的最高兵家境界，文中所述：

公又每以甚雨凄冻风冥之夜，察贼所止宿处，四散遣人赍火铳，以筒贮火，衣毯、衣毳，帽与草同色，潜至贼所，夜声铳者三。贼尽惊："老沈至矣！"挈妻子裸而蒲伏上山顶，儿啼女咷，往往寒冻死，或触崖石死，不者且为虎咬。诸妻子更相嗟怨："汝为贼之利至此！"黎明下山诇之，则寂无人。阴使其党至城诇之。时公所遣衣毯者，四散诸巢，同夜举铳。明日，诸巢所使为诇者亦同会于城旁，西巢人谓东巢人曰："老沈昨夜来吾巢。"东巢人谓西巢人曰："老沈昨夜来吾巢。"则固已更相怪骇。已而诇之城中人，则老沈固安坐城中，不出也。益怪骇曰："昨声铳者谁耶？鬼耶？"诸猺又自相吓曰："虎咬人者，老沈所使也。"自此贼益胆落，或易面为好猺獞。而柳城四旁，一童子牵牛行深山数百里，无敢诃者。其军民往往寄牛于猺家以耕，或索鸡酒于猺，猺不敢不与。

文中所述俘获岑金的部分最为精彩，沈希仪的谋划作为神乎其神。嘉靖十六年(1537)思恩岑金托言因叛乱被诛土官岑浚之子，以小主人的名义招募岑浚旧部死党，数千人响应，气势汹汹，欲复故地。沈希仪审时度势，沉着应变。没有贸然发兵强攻，亦没有如平岑猛用反间之计、定柳州使间谍之法，而是阳为安抚，暗中诱捕，耐心等待最佳时机，缓缓图之。沈希仪诱捕计划的第一步是假意相信岑金确为岑浚之子，以赐官为诱饵招安岑金，并与之深相结纳，以期取得岑金的信任，文中叙述：

公方虑岑金之危思恩……闻留言，独心骇……此事大，不可急图，宜以计款之。……欲以深动留，而呼留至密所，曰："为我一言语金，若欲官，必毋杀人劫城，若欲杀人劫城，任汝自为之。金能听我言，可以状诉我及诸上司。"留唯唯，公遂与留银十两，而以花纻方折之，纳留怀中："为我寄金，得官后，为衣衣之，可常念我也。"公复绐留，曰："金欲官，非赂我万金不可。"留曰："金诚当尽力。然金方倥偬，安能办此？”公笑曰：“吾岂遽责金耶？且欲得一帖为信耳。”自是益信公无他肠矣。……留诣金，且如公言，金大喜，真谓倚公可得官矣。因率其兵五千人，诣宾见公。至城门，门者惧而报公，请无内金。公怒骂曰：“金非贼，奈何不内？”觇者以告金，金心益安，率其众散入城，而与留及其亲信二十人皆束甲见公。公曰：“金来乎？”留曰：“来矣。”金叩头，潜以万金帖子奉公，公复笑曰：“若穷鬼，安得此乎？”金曰：“赖公力得官，不穷矣。赖公力，诚不敢忘，报公子孙。”公戏曰：“汝土官多不知恩，汝得官且忘我矣，况子孙乎？”

沈希仪不露痕迹，谈笑间控敌于掌中。岑金深信沈希仪，言听计从，一步步走向沈希仪所设的圈套。文中描绘沈希仪牵制岑金使其甘心就范的情形有数处，如诱其至南宁的途中：

复谓金曰：“吾与汝往南宁，倘贵、五伏人于路，暗箭射汝，不若易汝土官装，衣青衣，杂掾史中而先我马，令五千人后行。”金如公言。路中饮食，公与金同席，语金曰：“贵、五以重赂赂吾庖，使毒汝，则奈何？自今以后，吾所食，汝亦食，吾所勿食，汝亦勿食，可也。”金如公言，而益以公为爱己。行七十里，至思龙驿。公晨起，耳语金曰：“今往南宁，南宁人皆言汝叛，声甚恶。以五千人往，则人益疑汝。不若散遣三千人，而选心腹从卒二千人以往。是汝不撤卫而坐息人言也。”金以为然，选二千人往，复行一日，去南宁百里，公谓金曰：“汝至南宁久候，而诸从人衣粮惧不给，不若以千人营于此，而以千人从为便。”金亦以为然。从金至南宁者，才千人。金入见巡按，巡按好语慰之，曰：“吾为汝奏。”明日巡按遣人至金营，犒其众，而留金以待奏。居五六日，公度金众衣粮且尽，复谓金曰：“思恩去南宁近耳，何不遣其半取衣粮，而坐待粮尽，众且散矣。”金复遣其半众行。金所遣千人营百里外者，久之，亦以衣粮乏，稍稍散去，而独五百人尚散处城中。

沈希仪在途中如同剥笋抽丝一样，逐步分散岑金随从兵力，五千兵力去之十之九，只有五百人随金入城，而岑金竟然对沈希仪的意图毫无察觉。可见沈希仪何等老谋深算，玩敌于股掌之上，如同儿戏。最后，沈希仪将岑金又诱至柳州，周密布置，慎之又慎，在万无一失的情况下，兵不血刃，生俘岑金：

> 金至柳，入参将府。……谋既定，因酒中戏谓金曰："痴儿子，汝往时惧诛，又惧贵、五逼，意常不乐，今无事矣。何不痛饮？"金与诸酋皆尽饮至醉。其夜遣狼兵，缚之。

至此，众人方解沈希仪之计，遂服佩不已，谓其深不可测，作者作结云：

> 当是时，使公不先款留，则金必不至，而且攻城杀人。使公在南宁、宾州缚金，则困兽之闻（按：应为"斗"），何所不噬？使公听韦、徐甘心于金，则两客相哄，而主受其衅。惟公缓之又缓，以渐脱金于五千人之手，若剥笋然，待其为一夫而后缚之，人以是益多公之算，而韦、徐诸土酋亦益谓公不可测也。

《叙广右战功》是顺之为沈希仪歌颂平广西诸蛮战功而作，通篇叙事、描写之中洋溢着褒赞。此文纪实亦暴露了沈希仪平蛮过程中残暴的一面，如文中所述"所获剧贼，多不杀，剜两目，刵两耳""平时公所俘贼妻子，尽以与狼兵为赏""剜扶谏目，截耳，劓心，手足斩之，而四悬诸城门。诸猺出入城者，见之无不股栗"，于此可见中世纪的野蛮、残忍与血腥，人道主义的缺失。对于沈希仪以暴制蛮的行为，作者在文中并没有予以批判，仍作为其战功的一部分给以肯定，甚至赞颂，这一点削弱了此文的思想性。

二、池苑阁庐记

顺之杂记文池苑阁庐记一类有7篇，数量不多，然文学性很高。此类文章文笔简洁清新，语言优美雅健，立意深远，旨趣隽永，每篇各具特色。

《大观草堂记》是顺之受尚书张西盘之托而作，是一篇寓理之文。草堂主人名其草堂曰"大观"，富含深意在其中，期望借作者之笔阐明其义，"愿子为我言'大观'之义"。然草堂主人并未言明其何意寄托于大观草堂，作者亦不敢妄加猜度，文中写到：

> 矧公之所谓大观，盖得乎心而寄之草堂者也。公之得乎心者，既深乎其不可窥，而想象乎公之草堂之景，则其戴形肖貌，露情献态，森然而萃，以纵乎公之所观者。吾又未能即而登焉以观公之所观也，而

恶足以知公之大观，而又恶能为公记之？

其后不再探究张西盘之草堂如何，将笔锋转向自我，描写登己之草堂所观之景，抒发登堂观景的自我感受：

虽然，余未能登公之草堂以观公之所观，而尝登吾之草堂以观吾之所观矣。方吾之心闲而无事，以逍遥乎草堂，而观于鱼鸟之飞鸣而潜泳，烟云之出没而隐映，融然若有凝于精，爽然若有释于神，是以物无逆于目，目无逆于心，而心无逆于物。一旦情随事以迁，勃焉而有斗，于是而心逐逐焉，而目慌慌焉。凡向之飞泳而出没，若有凝于精而释于神者，举皆不知所在矣。徐徐焉，斗解而机息，乃始还而观之，则草堂向之草堂，而烟云鱼鸟向之烟云鱼鸟也，于是为之怃然而一笑。

此段描述寓含"'天机'昏明在于欲障有无"的道理，此为顺之"天机说"的一个方面。他认为若是心无欲障，则"天机"自然流行，澄明清静，若为欲障蒙蔽，则变得混沌昏暗，必待消除欲障，"天机"灵明始得重见。正如文中所述，心闲无事，即无欲障蒙翳时，内心澄明清净，所见鱼鸟烟云，鸣泳隐现，皆自得自适，自然而然，观者则"物无逆于目，目无逆于心，而心无逆于物"。然一旦欲念起动，"情随事以迁，勃焉而有斗"，则心逐目恍，向前所见清明自然景致不复呈现，一切尽入混沌之中。而待恢复逍遥无事之闲心，即"斗解而机息"，清明自然景致则又现于目前。可见，人心若为私欲所障，则晦塞不明，狭隘阴暗，虽"游乎瀛海之表""骋乎块漭凭虚之域"，却目无所观。若心无欲障，则"不蔽于欲而物不能匿"，便可"通宇宙而为观"，即"大观"也。文章最后作结，点出"大观"之真义：

嗟乎！嗜欲有蔽乎其中，则凡物举皆得而匿乎其外。物举皆得而匿乎其外，则虽与之游乎瀛海之表，而骋乎块漭凭虚之域，亦窅然若无睹也，而况于草堂乎？夫"大观"者，通宇宙而为观也。……以为公之能得其大观，盖不蔽于欲而物不能匿也。

此文富含玄远的哲思，以清新优美的文字写景寓理，托物言思，景理交融，具有启迪智慧的睿智美。

《任光禄竹溪记》与《永嘉袁君芳洲记》是受人之托的颂德之作，作者在文中表明自己的人生价值取向，赞扬对方的人格品质。

《任光禄竹溪记》是顺之为舅父任光禄园林所作的记文。作者无意于记述园林景致布置，而是借题发挥，起笔就京师人贵竹与江南人贱竹的不同态度而风发议论，以此为铺垫，引出光禄任君于荆溪治竹园之事：

> 余舅光禄任君，治园于荆溪之上，遍植以竹，不植他木。竹间作一小楼，暇则与客吟啸其中。而间谓余曰："吾不能与有力者争池亭花石之胜，独此取诸土之所有，可以不劳力而蓊然满园，亦足适也。因自谓'竹溪主人'，甥其为我记之。"

任君身处江南，却无江南人贱竹之世俗偏见，反而在园中"遍植以竹，不植他木"，并自号"竹溪主人"，寥寥几句刻画了任君不同流俗、志趣清雅的高士形象。接下来作者赋予竹子清高孤傲、超然脱俗的人格精神，文中写到：

> 昔人论竹，以为绝无声色臭味可好。故其巧怪不如石，其妖艳绰约不如花，孑孑然，孑孑然，有似乎偃蹇孤特之士，不可以谐于俗。

作者不羡奇花怪石而独赏竹，赞其清高孤特、卓尔不群的独立气质。然未停留在颂竹的层面，而是进一步以竹比人，终极目的是赞颂竹溪主人任君光禄：

> 君生长于丝华，而能不溺乎其中，裘马、僮奴、歌舞，凡诸富人所酣嗜，一切斥去，尤挺挺不妄与人交，凛然有偃蹇孤特之气，此其于竹必有自得焉。

任君之所以如此爱竹，是因为他本人正具有如竹子般"偃蹇孤特"的高洁品质，此为他知竹爱竹的精神根源。

《永嘉袁君芳洲记》是顺之为友人袁宗乔橘洲而记。文章开首叙述永嘉袁君独好橘，于洲上种橘数十，自号曰"橘洲主人"，又曰"芳洲主人"。对于袁君芳洲的描述，仅限于此。接下去作者就橘"专一耿介"的美好品德横发议论：

> 夫趣有所适，则不必其地之所胜；意有所钟，则不必其土之所珍。

尝试观于草木之生，虽其奇花异卉至不易生之物，或绝远生在海外，苟以人力移之，而树艺拥灌之如其法，则东西南北惟所徙焉。既久，而炎冷燥湿之性亦随变矣，而橘也确然独异乎是。盖昔骚人为之颂曰："受命不徙，生此南国。"是草木中之专一耿介者也。夫骚人荟萃天下之香草美木，以况其幽馨窈窕之思，然皆未有特为之颂者，其于橘也特为之颂，岂偶然感触而假物以发兴也哉？取其臭味之深有合焉耳。

如同《任光禄竹溪记》将主人清高孤傲的精神品格投放到竹子上，又以竹子比德任君，此处则将志行耿介专一的品质赋予橘，又以橘比附赞颂袁君：

宗乔少业儒，而以医自进。其志行耿介，又雅慕王乔、羡门子之道，翩然有迫隘斯世轻举远游之思。窥其貌，盖未尝以肉食之故而变其山泽之臞也。其自寄于橘也，殆亦有骚人之意乎？

顺之杂记文有两篇墓记，写得疏脱清秀，适然旷达。因墓怀人，不见逝后哀伤凄森，但有生前自适悠乐。《吴氏墓记》写墓主吴翁委命顺化的生死观，旷达超脱的人生态度。文章起笔从越人范蠡善于治产说起，论证治产以营生的道理，接着叙吴翁工治产、营别业，以致自置墓葬：

吾乡吴翁，众所指为朴忠长者。然翁自少工治产，累数十年，遂以赀推邑中。……翁始家邑之南隅，既老，则治别业于徐湖之上，穿池养鱼，优游其间，又于其旁度地为葬。所杂植材木蓊然，茔窆、羡道、室庐、门垣既周以固，朝夕往游而乐之，以待其终而葬焉。

写至此只是刚开题，接下去才进入主题。作者先是惟妙惟肖地刻画治产者为物所累、拘泥世俗的猥琐形象：

呜呼！死者，人之所必不免也。而世俗多讳言死，至以石火易尽之身而枉苦其心神，豫忧逆数，动辄为门户千百年计虑，皆若可以目睹而足履。曾不量其身之不待，及形气衰枯，死征已见，而尚持筹操钥，勾较米盐，斤斤如不及，不自虞其死。至于病且死也，徘徊顾慕，周览其家之所有，恋恋不能舍一物而去，此又世之殖产者恒态。

此为铺垫，以此反衬出吴翁身为治产者却旷达超脱、不谐于俗的精神品格：

> 吴翁乃于生时预为葬地。其营圹也，如营其室家；其植木于墓也，如植于园圃。往来松楸墟拢之间，不为之凄怆悲怀，而顾以为适，颇似能视死为归，而知生之不可贪，死之不足患。庶几委命而顺化者，其与没溺牵缠于厚利不能自反者，固有间欤？墓可数亩，材木可数百株，土石之工，皆朴而不华。祀田若干亩，带墓左右。以翁之力，能自侈其坟墓，而所为仅若此，此又可为世之破产厚葬，虚地上以实地下者之一劝乎？

《吴氏石亭埠新阡记》是一篇怀念逝者、安慰生者的文章，作者以轻松舒达的笔调写出了墓主生前的悠游自适，并以此予以安慰宾从亲友凄怆悲伤的情怀。开篇即写石亭埠独特的地理环境，周边优美的自然风景：

> 石亭埠，在郭南五里，盖阳羡一小山耳。而发其奇者，自颐山吴公始。阳羡诸山多峭拔，而是山独蹲伏蜿蜒。以其伏也而峭拔者，乃若环而揖焉。诸山皆竞秀，而是山独若不见其秀者。然登是山，则诸山之秀可尽揽而有之，如人之谦而尊，又如人之深藏不自炫露，而萃众文以文其身也。

首写石亭埠的自然环境之美，为吴公之葬作铺垫。吴公卒后，即葬于石亭埠：

> 公游焉，以为奇，于是出之灌莽豺狐之窟，而筑之室以居。因其泉甃，而曲之以为池，间则与客即而觞焉。自是石亭之胜闻于邑中，而地理家亦以是为吉也。即山居之旁而壤树之，以为生墓。及公之卒也，则遂葬乎其中。

逝者入土为安，亲友不必过于悲伤。随后作者追忆吴公生前在石亭埠与亲友同游的美好欢乐情景，并想象其逝后亦能于此游而乐，以此怀念吴公并安慰亲友：

> 昔者公之来游也，当其朝烟方散而夕霏又凝，春华始歇而夏木载

阴，宇宙之景既日新而不穷。投壶赋诗，惟意所适，鸣琴角弈，分曹更进，人事之乐亦递代而不厌。于斯之时，孰不以为此乐未极，而公则已僬僬然，亟为身后之图培垄树檟，若恐后之。以公之达，盖不待奏雍门之曲，而知乐之必有尽。其从公游者，又不待闻山阳之笛，而知聚之必有散矣。

夫葬者，藏也，藏者，息也，此其无知而不可以生致者也。虽然，高台未倾，曲池如故，果木花卉，手植犹存，其有知而可以生致者，又安知其不且往来嬉戏乎？其间春猿之与吟，而秋鹤之与飞矣乎？以公之生而游也，有不忘乎其死之图，孰知公之死而息也，有不遗乎其生之乐者耶？此可与通乎幽明。生死之故者，道也。故余为此言以慰公，而且以慰夫尝从游而凄怆悲哀于公者。

此篇富有文采，语言清秀畅美，情感温厚，辞情并茂。

第四节　人物散传

我国古代传记文学很发达，种类繁多。韩兆琦《中国传记文学史》将古代传记文学分为五个门类：

我国的古代传记文学大概可分为五个门类……其一是史传文学，以《史记》《汉书》为代表。……而我们这里所说的“史传文学”则仅是指纪传体史书中的人物传记部分，而且还得是文学性强，比较善于刻画人物的。……其二是杂传，也可以称之为类传，如《古列女传》《唐才子传》等。……或按地域、或按人品、或按职业，总之是以类相从，内容庞杂。……其三是散篇传记文学，简称散传。这是指成部的纪传体史书和杂传类传以外的文学性强的各种单篇传记以及各种具有传记性质的作品，如传状、碑铭、自序等。……“散传”这个名称是我们从前人的作品中借来的，如明李开先作有《亡妻张宜人散传》即是一例。……其四是专传。这是指篇幅较长的中篇以上的单人文学传记，它不像一般的散传那么短；它单独成册但又不像杂传那样多人以类相从。……其五是传记体小说。①

韩兆琦发表于《北京师范大学学报》1997 年第 4 期的论文《中国古代传记文学略论》，再次阐述了中国古代传记文学的分类，较之专著，论述更详实具体，深入清晰。对于"散传"的论述：

> 其二是"散传"，这是指历代文人所写的具有传记性质的单篇作品。这类作品名目繁多，在当时有不少是用于各种场合的应用文，如碑文、墓志铭、墓表、祭文、行状，以及某些著作的自序和他人所写的序言等等。至于以"传"命名的单篇的人物传记，则产生得比较晚，而且在相当长的时间里不占重要地位。……这种局面直到明代才有改观，明清是碑文、墓志铭等应用文体逐渐退出文学舞台，以"传"命名的单篇人物传记逐渐兴盛的时期。

根据韩兆琦对于古代传记文学类别的论述，可以将《唐荆川先生文集》收录的属于散传一类的人物传记文章归在一起讨论。《唐荆川先生文集》卷十三至卷十六收录人物散传 72 篇，包括诔 1 篇，赞 12 篇，祭文 10 篇②，墓志铭 31 篇，行状 2 篇，墓表 8 篇，传 7 篇。

《王御史毅斋诔》分序与诔辞两部分。序文追记王毅斋因弹劾某侍郎而遭祸致死的缘由，诔辞部分用四言韵语写成，记述逝者的生前事迹，对其恪守御史职守、忠耿执法的品格、德业进行颂扬，并寄以深切怀念与哀悼。赞文十二篇，皆篇幅较短，句子整饬，骈散相间，韵语为多，语言雅正庄重，藻思清深高古。然内容浮泛空洞，对所赞之人称赏赞颂，浮于形表，叙事流于梗概，无具体事件和人物的描述刻画，更谈不上形象生动，多不足取。祭文有散篇，有韵文。韵文篇文辞精美，语句整齐流畅，然内容失之空泛虚华，既乏深挚情感，亦无传神描绘，不过是遵常套而写。较为优秀的篇章是散篇，不落常套、别具一格者如《永州祭柳子厚文》，记述交游饱含深情厚谊者如《祭丘思庵文》，系乎时事以此怀念逝者之文若《祭胡评

① 韩兆琦《中国传记文学史·绪论》，石家庄：河北教育出版社，1992 年版，第 3—4 页。

② 《唐荆川先生文集》中收录祭文凡 14 篇，前 10 篇是祭人之文，后 4 篇是祭告人物之外的事物的文章。本节只论述人物传记类文章，祭告人物之外事物的祭文不在本节讨论之列。

事省斋文》,《祭有怀府君文》是充满哀痛伤悼感情的追念亡父之作。墓志铭是散传中数量最多的一类文章,多为受人之托而作,应酬性很强,不乏有谀墓之嫌,不过有些篇章具有鲜明的文学色彩,是很不错的作品。顺之为多位女性亲属作墓志铭,记述家常琐事,刻画人物形象,皆在耳目之内,犹见真切深挚的人伦亲情。类于墓志铭的文体是墓表,二者的主要区别在于前者立于地上,后者埋于地下。行状两篇,篇幅俱长,一状家人——《月楼唐翁行状》,一状他人——《程少君行状》。《程少君行状》叙事尤为详尽委曲,人物状貌形象鲜明。有单篇人物传记七篇。

一、祭文

祭文是为祭奠逝者而写的哀悼文章,用以追记逝者生平,称颂逝者功德。一般写得哀痛伤感,具有浓厚的感情色彩,抒情性很强,即所谓"祭奠之楷,宜恭且哀"①。祭文的语言或用韵文,或为散体,以用韵语为常格。祭文通常是在祭奠时宣读,有固定的表示祭享的首尾格式,文首若"维年月日,某某谨以清酌庶羞之奠,祭于某某之灵",结尾则为"呜呼哀哉,尚飨"。中间是正文,一般多用四言韵语。顺之所作祭文不管是韵文,还是散篇,都省略了首尾格式。有几篇优秀的祭文颇具特色。

《永州祭柳子厚文》是顺之父为永州府知府时所作,题目下有"代父作"的字样。此祭文突破常套,既不记述柳子厚的生平大略,也不颂扬其在永州的惠政功业,而是论其贬官永州偃蹇困顿之下倾心于永州山水而发为佳美文章,文曰:

> 窃惟山川之与人文同于擅天地之灵秘,顾若有神物爱惜乎其间,深扃固钥而不轻以示。永之山水,天作地藏,经几何年,埋没于灌莽蛇豕之区,至公始大发其环伟,而搜剔其荒翳。公之文章,开阳阖阴,固所自得。至于纵其幽遐诡谲之观,而邃其要眇沉郁之思,则江山不为无助。而公之穷愁困厄,岂造物者亦有深意?盖公之自《记钴鉧小丘》也,尝以贺兹丘之有遭,而韩退之亦以公穷不久斥不极,或不能以文自见于世,历千载而较失得,亦何尤乎偃蹇而摈弃。

① (明)徐师曾《文体明辨·祭文》,明万历建阳游榕铜活字印本。

之后作者抒发切身感触，因其文对柳子厚临土凭吊：

> 某少而诵公之文，见其模写物状，则已爽然神游黄山之颠、冉溪之涘。今来吏兹土，周览四顾，而亲睹其所谓回奇献巧者，则又恍然若见乎公之文，而挹其余波之绮丽，自顾樗散之才未能。庶几乎公之愚而戒贪于鼠惩猛于蛇，敢不因公言以自励，睠风景之如昔？想公之神恒，往来于斯地，聊奠觞而陈词，尚彷佛其来至。

此祭文别具一格，名为祭人，实则强调柳子厚才高淹蹇，文穷而后工，表达对柳子厚文学成就的称颂及对其政治遭遇的同情。

《祭丘思庵文》追述作者与友人丘思庵生前交游情投意契的情形，两人狷狂的言行举止，倾心相交的友谊。文中有两段记述：

> 子既睨空一世而偶余，余亦块然独居而偕子。然不知者，则以为吾两人皆若狂；其知者，则以为相与切劘文章、砥砺节气而已。至其散发而箕踞，瞬目而跳啸，其所快然会意处，虽余两人亦不能自知也。但觉吾见子则然，见人则不然耳。及余以雕虫末技得厕声利之途，饧腥染膏终日攒眉，而子以樗栎托迹，遂志寂寞之野，茹菽齿冰，终日嬉嬉然。子在寂寞之野，而余未尝羡子之高；余涉声利之途，而子未尝疑我之腻，以为犹是心也。余以疏率，果非适用，屡进屡黜，得返初服以从子。子见余且泣且笑，曰："不意子之能自全也。"自是相与过从，议论如曩时，而情好有加焉。
>
> ……
>
> 余尝中夜与子卧，偶论一二心事，妻子不得闻者。子曰："吾恨不为浣沙女。"余笑曰："子之信岂待投濑哉？"嗟乎！自子之存，吾于乡曲得友一人焉；自子之没，则一人亦尽矣。

没有悲伤哀痛地抒发感情，而是追忆与亡友生前过从的亲密与欢乐，此种笔法是以乐景写哀情。以往相与过从的欢乐情景如在目前，而斯人长逝，切劘文章，砥砺节气，肺腑交谈，已无人相对，正如文中所写："嗟乎！自子之存，吾于乡曲得友一人焉；自子之没，则一人亦尽矣。"笔墨至此，哀悼亡友的伤痛之情自字里行间汩汩涌出，尤见沉郁悲伤。

《祭胡评事省斋文》又是一篇不落窠臼的祭文。文中所写此文"系乎时事”，以明代东南海防抗倭战争为写作背景。胡省斋生前经营海防，为东南沿海营造平安，常展发韬钤变幻之言论。然时人并不以为可贵，反而认为其迂阔。待其死后，倭寇嚣张，海防告急，此时世人方才想起倚胡公御强敌，却“冀公之一强聒而不可得”。两相对比，则觉世人眼光短浅，不识国器，而尤显胡公为国之栋梁，其逝令人深痛惋惜和怀念，作者作此祭文以寄哀思。文中以“病而需艾、溺而需瓠”比喻胡公为国家危难时之支柱，恰如其分。全文如下：

> 呜呼！事有至急者，病而需艾、溺而需瓠是也。然当其膏肓无虞，则三年之艾，等于腐草；舟楫足恃，则千金之瓠，轻于敝帚。自公之存，东南承平且二百年，戴白老侬不识兜鍪殳戟为何物，缙绅学士相与弄笔墨婉娈嬉游而已。公方且日夜经营乎纵横韬钤之变，每宾客满座，谈锋迅发，真若旗鼓相对，霆雹交缴，何其壮也！然持三年之艾，而贯于饱食健步之人，怀千金之瓠，而衔于安流稳楫之时。则言者类于迂阔，听者厌其强聒。一旦盗骇海隅，毒满郡国，上官诸公乃始倚公以计谋，而公颓乎老且病矣。公既死，海氛益张，谋夫喑哑，于是向之婉娈嬉游目公为迂阔者，皆凛凛愁不保其孥相与注心聚耳，冀公之一强聒而不可得。呜呼！此何以异于膏肓亟矣而适丧其蓄艾，中流失船而又碎其一瓠也哉！其时之不遭乎公，公之不遭乎时也。然公之子亘，公尝教之武举，而习闻乎家庭韬钤之说，则夫效三年之用而收千金之赏，又安知不在后人也耶？某因祭公而叙公之存没，系乎时事者若此，他可略也。惟公享之。

《祭有怀府君文》是顺之祭奠父有怀翁而写的悼文，是其祭文中最富情感的一篇。作者涕泣而诉，对父亲孝不尽至而愧恨不已，谨遵父教而自立报国，父亲殒殁在其为“终天之痛”，哀至立骨。情文并茂，真挚感人，篇幅不长，全文如下：

> 顺之不孝，罪恶深重。居常不能承顺颜色，临病不能尽心医药，以致先考殒殁。终天之痛，无所复言。每一哀至，恨不即死，早侍先考于地下。行复自念先考百年门户付托之重，苟活至今。顾平生颇无富贵之心，年垂五十，用世一念亦渐冷落不图。丧期内外，两承朝

命，臣子之义不敢逡巡，谨于三月间赴京。顾世事之安危休戚不敢知，此身之祸福利害不敢知。苟时有可为，不敢不竭驽钝之才；时遇多艰，不敢忘致身之义；时或可退，不敢昧保身之几。此先考之所以垂教，而顺之之所以自立者也。

二、墓志铭 墓表

古代墓志铭、墓表都属于墓碑文①，墓志铭埋于地下，墓表立于地上。墓志铭通常有志文和铭文两部分组成，前为志文，用以记述死者生平，后为赞颂体的铭文。刘勰《文心雕龙·诔碑篇》云："属碑之体，资乎史才，其'序'则传，其文则'铭'。""序"即志，是散体文，照例应包括死者的世系、名字、爵位、行治、寿年、卒葬月日、子孙大略和葬地等事项。"铭"用韵体文，内容是对死者褒扬赞颂。墓志铭一般是死者家属请人代笔而作，常体属于应用文，一些平庸作品记述死者生平，似同流水账，又因其应酬性强，常有谀墓之作。但有些墓志铭构思精巧，突破常格而为变体，且叙事生动，辞采华茂，有很强的文学性，无疑是优秀之作。墓表是叙述死者学行德履，以表彰于外的意思。墓表文又称神道碑铭，或称墓碣文，后世常作墓前碑文的总称。从宋代起，凡称"表"的全是散文，不再有后面的韵语了。

顺之墓志铭、墓表作品多循常体，又有所变化。技法娴熟，叙事条畅，叙事中穿插对人物的评价，间有刻画人物性格，可视为人物评传。较为不错的作品有《刑部郎中唐嘿庵墓志铭》《仪宾李公墓志铭》《茅处士妻李孺人合葬墓志铭》《杨母唐孺人墓志铭》《封孺人庄氏墓志铭》《弟妇王氏墓志铭》等。

《刑部郎中唐嘿庵墓志铭》很大一部分笔墨颂扬唐侃在武定知州任上的政绩，其中有一个片段，生动的叙事中刻画唐侃不畏强权、铁骨凛然而又睿智从容的廉吏形象，栩栩鲜明：

嘉靖戊戌，章圣梓官往承天，道山东，上官檄君德州供张。至则诸内奄牌校横索百端，挟威凌侮，声势汹甚。奴叱诸尊官，鞭挞州县，

① 关于墓志铭和墓表的文体概述，参见褚斌杰《中国古代文体概论》（增订本）第十一章《古代文体的各种体类》第九节《碑志文·墓碑文》。

假言供张不办，捕死矣，欲以恐吓钱物。诸同事者皆惧逃去，君独横身当之。先是，君命从者畀一空棺，密置旁舍中，及诸人索钱急，君佯谓曰："吾与若诣钱所受钱。"乃引之旁舍中指棺示之，曰："吾已办死矣，钱终不可得也。"诸人乃稍稍引去，事遂以办。

《仪宾李公墓志铭》写仪宾李麟的德行品格、人生际遇，文笔清新洞达，描写李麟的形貌性格、才学品度：

公生而岐嶷，既长，颀而髯，读书善悟解，洞于声律，尤工字书，得子昂体。……公本儒家子，既为王族馆甥，又清以闲。而公性故坦率，一切不营营于产。至于声色狗马驰骋，凡诸纨绮贵戚素态，又公所不好。既清且闲，而又无外累与他好，是以能游心于载籍。或登高赋诗，把笔肆书，奕棋饮酒，清谈酣笑，睥睨宇宙，逍遥人世之外，以极骚人逸士之乐，而翱翔于诸王孙与乡里耆旧之间，以此适其志而终乎其身。盖自诸史百家、星官堪舆、道书释经，下至稗官小说，皆能涉其津涯。而发之诗歌，清远飒爽，类其为人。

作者以清丽流畅的语言叙述李麟寄心诗书酒奕、逍遥世外的贵戚生活，描绘其超脱尘俗、萧然清闲的高雅逸士形象。以此种文墨写墓志铭，增强了文章的文学性。

《茅处士妻李孺人合葬墓志铭》是顺之为好友茅坤的父母所写的合葬墓志铭。文中叙述茅坤与父之间的故事：

先是，庚寅之岁，处士尝病，几死。会有相者过处士，曰："翁相未死，勿忧也。"已而，私谓坤曰："翁其死于鼠之岁乎！"后十年，坤举进士，例得请归省，而岁在鼠，坤家居。顷之，乃就选。然心独念相者言。欲去处士，则不忍，欲留，又难于为言。而处士在布衣中，雅喜为诗，又耽好山水，尝欲邀诸诗客相与入天台、雁宕，访赤城佳处以为快。于是坤即婉谓处士曰："大人不记天台、雁宕之游乎？儿一旦绾印绶作吏，纵欲归，必不可得，何不令儿以此闲时奉大人往游其间？"坤意姑欲以是缓行耳。于是处士揣知其意，骂曰："吾日夜固望女立功名。幸始入仕，奈何以吾故趑趄？且吾欲往游，即自往耳，固不令女废公家事从我。"坤不得已，乃就选。

事件鲜奇，叙事徐迂详尽，具体生动。从中可见茅坤孝纯谨唯的品质，更加衬托其父茅处士爱子情深、深明大义的长者形象。下一段鲜活的人物对话描写，表现茅坤父亲淡泊超然的一面：

初，处士同邑施翁隐居行义，崔太史子钟铭其墓曰："古之乡先生也。"处士每过翁墓，辄慷慨低回。久之，叹曰："人生何必赫赫。吾他日窃从游于地下，第为里隐君子，不负此生矣。"间尝语坤曰："即吾死，谁当铭我者？"坤跪而请曰："唐司谏乎？"处士喜曰："可矣。"

顺之的两位姑姑、妹妹、妻子、弟媳的墓志铭，皆由顺之撰写。顺之对她们的行为事迹、品格状貌亲眼所见，知之甚深，故墓志铭所叙家庭琐事以及蕴含其中的人伦亲情，真实亲切，诚挚感人。《杨母唐孺人墓志铭》是顺之长姑的墓志铭，文首云：

唐孺人者，余大父给事中曾可公之女，余父永州知府有怀翁之姊，余顺之之姑，知冠县晋斋公讳溢之妇，太学生东墅君讳墉之妻。

篇中叙述唐孺人"历于夫家与母家"之"三世而三变"的人生经历：

自孺人始嫁时，杨氏门户方盛，舅姑皆无恙，家事一不以关孺人，而衣食饶给。周孺人又甚爱其女，欲数见之，孺人不数月辄一来。每来，必月留乃去。既去，则我馈遗问讯之，使日不绝于路，孺人亦数相报以为常。当是时，孺人不知为妇之劳，而晏然有为女之乐。后周孺人既没，舅知县公亦物故，东墅与其兄析产。东墅又少读书，不善治生，则家日落于曩时。孺人上奉寡姑，下厘家务，井臼蚕绩，必自掺之，而亦不能如曩之饶给也。后东墅又死，其子又析产为四，则家又益落。自周孺人之没，而孺人独与其弟妇相际，则岁乃一来。其后又独与其诸侄妇相际也，或四三岁乃一来。其馈遗问讯之，使其数与疏，亦率如其来之数。孺人往来母家既稀阔，诸子又各自谋生，或携妻子往田庐治田，或往赘于妇家，孺人更悄然寡居而黾勉有无。至老且病，或不自休也。盖孺人所历于夫家与母家，凡三世而三变。呜呼！此可以知人世之感矣。

以家常话语娓娓道来，真实自然地记述姑母自青年至老年的生活变化，叙次井然简明。朴实平常的语言中寓含人世沧桑，表达对姑母的怀念与哀悼。

《封孺人庄氏墓志铭》是顺之为妻封氏所写。开篇即写封孺人因故患病，因病而逝的情状：

> 孺人病，逾三年，嘉靖戊申冬十一月二日而卒，年四十有一。孺人之病也，积于惊，发于悲，蹙于郁。庚子冬，余以狂谬俟罪者二十七日，孺人寤寝惕惕，若其夫蹈不测而已不能以生然者。既蒙恩免归，孺人抱余惊就途抵家，热蒸骨，如是者数年。热渐解，而瘠则不复肉矣。未几，母陈孺人卒，临尸而骤淋，盖医家悲动肺之证也。每淋，辄晕死，如是者又二年。淋既止，而生气耗矣。自是□肿瘕泄，百痛间作。既病甚，则念其二女未有所归，又以为女纵得所归而已。且旦暮死，不能终其奁具褵帨之事，以为郁郁。虽其病必不起，而其蹙之也，则若以是然者，丛三不可解之情，以竟成三不可药之疾。呜呼！其可哀也已。

封孺人患病数年而逝，数年间病情的起伏变化，都记叙得很详细，若非身边至亲，长期相处，很难写得这么细致。细细的叙说中，令人感受到作者未曾直言的对亡妻的深情悼念。

《弟妇王氏墓志铭》是顺之弟媳王氏的墓志铭。作者以赞美的笔调刻画了弟媳朴实勤劳、警慧爽豁的美好家妇形象：

> 其生而贵家女也，既嫁，而骤见余儒生家所尚，一旦解去所御金簪珥，悉易以银，而褫其华衣。至于中馈女红，率常身先诸僮奴。其所解去金簪珥，又以之易银为本，而经营什一之息，拮据勤生，若素处穷约然者。其性警慧爽豁，故于人情世务不习而晓，家人尊卑上下，一无不宜。其舅称之曰："余中妇最能洁茗精馔，以适我意。"于是，宾客茗馔有不尽以分属之诸妇，而多以属之中妇者。其母徐孺人闻之，曰："是在我侧固然，固知其能事舅也。"其姒余妻庄称之，曰："吾婶最能得我心事。"于是，心腹委曲有不可以谘于其夫，而必以谘之姆婶间者。其姊妹闻之，曰："是在姊妹中固然，固知其能睦于其姒也。"

文中所叙展示王氏美好形象的事情，仅限于日用穿戴、茗馔食饮等细琐家事，令人倍感真实切近。

顺之这组亲属墓志铭，描写家庭琐事，刻画家妇形象，体现出对家庭日常生活的重视。这一特色与归有光的散文相呼应，只是数量与质量均不及归文。

三、行状　传

行状和传都是人物传记文章①。行状指一个人的德行状貌，刘勰《文心雕龙·书记》云："状者，貌也。体貌本原，取其事实，先贤表谥，并有行状，状之大者也。"古代行状内容包括死者的名字、爵里、生平事迹、享年、交待撰写目的等，是一些有名望的人死后家属请人所撰。最初的用途是为了替死者向朝廷请求谥号，或请求史馆为其在正史中立传。后来，大量的行状文用作为死者撰写墓志铭的参考资料。由于行状文的特定用途，与一般的以"传"命名的传记文比起来有两个特点：一是它叙事详尽，篇幅较长，二是它对人物有褒无贬，是为颂扬死者而写，不像传记文对传主有褒有贬。由作家文人而非史官所写的单篇人物传记的独立与成熟，是从唐代开始的，至明清而兴盛。这类人物传记通常有较强的文学性，可称为传记文学。

顺之所作传状作品按所写人物性别分为两类：一类作品的主人公为男性，另一类作品的主人公为女性。以男性为主人公的传状文运用《史记》"太史公"笔法，以事件写人物，即选取主人公生平的典型事件，通过对事件的具体细致的描述，刻画人物性格，凸显人物形象。女性传记则是叙述琐细零碎的家庭妇女的日常言行作为，很少有典型完整的事件描述，不外乎勤俭持家、贞孝明理、相夫教子等，赞颂符合儒家伦理道德规范的妇道妇德。写得较为出色的传状文有《程少君行状》《周襄敏公传》《旸谷吴公传》等。

《程少君行状》实际上是一篇优秀的人物传记。作者选取典型事件，从多个侧面刻画程少君的性格形象。文中叙程少君仲兄试其能之事，表

① 有关行状和传的文体概述，参见褚斌杰《中国古代文体概论》(增订本)第十一章《古代文体的各种体类》第八节《传状文》。

现程少君的大智若愚：

少君幼朴鲁，人以为不慧，大父瑞独心奇之，曰："是儿类我，我少尝如是。"少君稍长，益疏散不喜事，独常之沼上，观所蓄鱼为乐。封御史君弗善也，然心念大父言，欲试之，乃使之应乡中役，以微观其能。已而乡中役称办，乡人以为少君不苛而事办，则始相与推择少君，而封御史君亦始喜少君之能任事也。后封御史君老聩，仲君宦，长君且多疾，家事一决于少君。少君有所规画，无弗当封御史君意，封御史君又益喜。

此段叙述风趣生动，程少君年幼被认为朴鲁不慧，稍长常独自沼上观鱼为乐，愈见愚钝，令人发笑。然其大父却不以为然，其仲兄信疑不决，以乡役试其能，程少君"不苛而事办"显示了才干。大父之言，仲兄之为，从正反两方面衬托出程少君潜慧于中的品质。程少君性格主要通过几件典型的事情表现出来。事件之一程仲君罪累及程家人下狱，此时程少君不在家而在吴地，吴地有人恐其亦入狱而欲将其藏匿，然程少君不独匿于外，而是疾驰归家，面数有司，营救父兄，磊落戆直的性格于此可见：

初，仲君为御史时，勾检内帑财籍。至是仲君死，内帑财物失阑出入事觉，主者穷，本坐程御史。事下歙县案御史罪状，而御史已前死，法当原，有司误论程御史家坐徙，乃悉逮，系程御史家于歙县狱鞠之。而少君时在吴，吴人欲谋匿少君，毋往俱絷为也。少君曰："父兄在，吾焉所匿？且我家故无罪，乃有司谬论之。我左右营救，可竟白也。即不白，我何爱一死以徇父兄？"亟驰归，抵家，会事以前解。少君即面数有司，有司不能难，其戆直如此。

另外几件事情描述如下：

少君为人淳质，无所猜，对人辄见肝膈，人或愚之，终不为变诸。尝与人言事，恣意语无隐，人阴属之曰："若毋泄我语。"乃君竟泄其语，用是触人忌讳。人亦廉少君无他肠，不深疾之。而少君亦不以语泄故，遂自惩闭口也，他事又恣意语，无隐如故，而人乃益推少君性直云。闻宦氏子弟矜耀者，则曰："唉！我兄为御史时，我常恐人谓我御史弟指目我，我乃深自避匿。乃今何为诩诩然若扬锦而招于市者？吾羞之。”家僮尝病疫，或请禳，少君怒曰：“疫无鬼，即禳何益？使疫有鬼，吾且刃之。”遂不禳，疫亦竟止。

此段所述三件事，依次是程少君恣意泄人隐语、指责宦家子弟招扬、怒斥禳疫，表现程少君心胸坦荡、淳质刚直的性格特点。程少君虽常出为贾，然并非满面铜臭庸商气，而是喜慕文雅，授儿经书，友于文士，常事诗字：

少君虽游于贾中，然喜文雅。自为儿子受《论》、《孟》、小学书于塾师，诵熟之。及游吴时，慕张君东海之为人也。张君者，松江人，善诗字，字尤工。程少君乃学张君字，至或罢眠食。居常，以手画腹，及堵间，作钩剔状。即又学张君所为诗，讽咏之。其妻宋安人诮曰：“君宁当作老博士耶?”少君笑曰：“汝谓必作博士，始事《诗》《书》耶?”

通过以上诸多事件描述，程少君的人物形象相当丰满，一个外朴内慧、坦荡磊落、刚直不讳而又文雅的儒商形象，栩栩如生地立在读者面前。

《旸谷吴公传》是一位御医的传记。武进人吴杰是一位民间名医，医术精湛，被征至京师御药房，得幸于明武宗，以医至大官，他的一生颇富传奇色彩。顺之亦是武进人，与吴杰相识，深识其人。为吴公立传，作者精心选取其一生中的典型事件，集中笔墨突出吴公高超的医术与过人的德行品格，描绘了一个德艺兼备的御医形象。如展示吴公医术之精的典型事件：

弘治间，以明医征至京师，遂以医游诸公卿间。公医既精，而仪观磊落阔达，善谈说，颖然见锋锷。于是，诸公卿争迎致为上客。京师诸老医与公同时所征诸郡国医，莫不望风下之。是时，都御史王钺镇大同，奏乞吴某调治边军。未及行，御史颜颐寿、给事中李良度皆奏言吴某宜在供奉，不宜弃之边地。下礼部，礼部尚书集所征郡国医试之，卒无逾公者。

……

正德几年，掌院事李宗周竟荐公入御药房，而同荐者凡八人。有与宗周同官争权者，因左右谗之上，曰：“宗周所荐多私人，且通贿，实不能医。”上曰：“吾当自试之。”时上病喉痹，遂按名召公，一药而愈，上喜甚，叹曰："有医若此，乃不以医朕耶？"因厚赐公，诘责谗者，而谓宗周为忠，公自是得幸于上。

上每病，未尝不属公。公治之，未尝不立愈。一日，上猎射还，惫甚，感血疾，公进犀角汤，愈。命进一官，赐彪虎衣一。尝幸虎圈，虎腾而惊，公疗之，愈。命进一官，赐银五十两，表里一。顷之，试马御马监，腹卒痛，公进理中汤，立愈。赐绣春刀一，银三十两。自是上所游幸，公必从。

吴公至京师进御药房、得幸于上、受赏加官，皆因精于医。传中记述了吴公为御医时的三件事，于此可见其仁厚忠义、睿智周慎的人品性格，不独善自身，而兼济他人。其一为：

故事，高等入御药房，中等入院，最下遣还郡，而当遣者若干人。公为之请曰："国家三四十年才一征医耳，若等幸被征，又待次都下十余年。而又遣还，诚流落可悯。愿不入御药房，而与若等同入院。"尚书义而许之。

吴公被选入御药房，为医者梦寐以求之荣耀，然同征者若干人被遣还原郡。吴公请求尚书留用他们，甚至情愿降级入太医院以换取被遣者留下的机会。尚书被吴公的仁爱大义感动，竟答应了其请求，保全了若干人的前途命运。另两件事是吴公与皇上武宗的一次冲突及与皇上幸臣江彬的周旋较量：

某年，上南巡，公以医谏，且泣曰："圣体尚未安，不宜远行。"上怒曰："汝医官也，敢乎？"叱左右，掖出，公留京师。驾行至淮，渔于清江浦，遂病，还临清，梦见公。急遣校尉召公，公驰至临清见上，上泣曰："而不忆我耶？"公亦泣。遂扈从，还通州。时权彬握兵在左右，见上病，一旦不讳，惧诛，欲据窟穴为乱，力请复幸宣府。公脉，已惊甚，密言诸大奄曰："疾亟矣。幸可及还内耳。脱至宣府不讳，吾与若辈即死，宁有葬地乎？"奄以为然，乘间百方说上，上意动。而彬亦数从公觇问上病何如，即诡言曰："且愈矣，勿忧也。"已而驾还京师，崩，彬坐诛。

此段描写绘声绘色，人物对话，细节刻画，遣词用字尤具表现力，有助于展现人物性格，反映人物心理。吴公谏阻皇上南行，用“泣曰”，而皇上则“怒曰”，一“泣”一“怒”，则表现了吴公对皇上的忠耿，内心的惶惧，武宗的刚愎自用与荒唐跋扈也得以展露。至于皇上的病况，吴公与诸宦官“密言”实情，对江彬则“诡言”，以睿智谨慎的谋虑周划顾全大局，保全了自己，亦惠及他人。

第五节 其他散文

以上四节分别论述了《唐荆川先生文集》中的书、序、记、人物散传，还有一部分散文没有论及，为赋、策、说、铭、杂著、公文、八股文等。卷一收有一篇赋《游盘山赋》，也是《唐荆川先生文集》中仅有的一篇赋。策文一篇《廷试策》，收在《唐荆川先生文集》外集卷一，是嘉靖八年唐顺之廷试所作。卷十三收说文四篇，铭文十二篇，其中有十篇是各种砚台之铭。卷一至卷四某些诗歌后附有散体文章，亦有可观处。卷十七所收文章文体较杂，总曰“杂著”，其中有些篇章文学性还比较强。外集三卷，收有公文若干，本论文暂不拟讨论。顺之的八股文创作甚为可观，在明代影响很大，八股文集《唐荆川传稿》收录八股制艺文 163 篇。

本节拟讨论顺之的其他几篇较有特色的散文及八股文。

一、《游盘山赋》

《游盘山赋》是顺之与罗户部同游苏州盘山所作。盘山是苏州名山，位于苏州城西南，于平地突兀而起，分为上、中、下三盘。山境奇险，风景旖旎，石、泉、松是主要景色因素。《游盘山赋》铺陈排比，描摹胜景，历历如绘。如写山石之千姿百态：

> 或藉草而羊眠，谅仙术之幻诈；或负嵎而虎蹲，诧饮羽之神射；或鼿鼿而欲走，类灵鞭之叱咤。或屹立而不动，岂思妇之所化？既簇队以纵横，亦累卵而高下。纡十步而九曲，枉矢乎石罅。逮礌磈之历

尽，忽拔起乎孤峰。

写泉鸣松涛：

泉触石而鸣筝，松受风而响涛。时琤琮而乍噎，倏悲吟而怒号。忆连旬之巡历，厌金鼓之嘈嘈。审闻性之不异，任群籁之相遭。

写山势之奇险：

境逾奇而路逾棘。方蹐躬而俯穿，又缩足而仰扪。惊半踵之在外，愁欲度之猱猿。得平柯于高顶，接云间之飞翼。山童秃而无木，响草虫之唧唧。岫远拱而戟森，冈近绕而弧弯。

此篇赋偶散相间，字句整齐流畅，语言朴实，颇具本色文风。铺排敷陈，势如河下，写景状物，惟妙惟肖，是一篇较为不错的散体赋。

二、杂著

《唐荆川先生文集》卷十七名为“杂著”，指此卷收录的文章文体较杂，不便于归类而统称为“杂著”。此处暂不从文体的角度探讨该卷所录文章，只选取其中文学性较为突出者，加以论述。

《书〈秦风·蒹葭〉三章后》是“杂著”中文学性最强的一篇。这是一篇读后感，以下是全文：

嘉靖戊申，秋七月廿五日夜，雷雨大作，万艘震荡。平明开霁，则河水增高四五尺矣。余与褚生泛小舠，如陈渡，临流歌啸，渺然有千里江湖之思。因咏《秦风·蒹葭》三章，则宛如目前风景，而“所谓伊人”者，犹庶几见之。

且秦时风俗，不雄心于戈矛战斗，则痒技于猃歇射猎。至其声利所驱，虽豪杰亦且侧足于寺人、媚子之间，方以为荣而不知愧。其义士亦且沈酣豢养，与君为殉而不可赎。盖靡然矜侠趋势之甚矣。

而乃有遗世独立，澹乎埃壒之外若斯人者，岂所谓一国之人皆若狂，而此其独醒者欤？抑亦以秦之不足与，而优游肥遁，若后来凿坏、羊裘之徒者，在当时固已有人欤？

余独惜其风可闻而姓名不著，不得与凿坏、羊裘之徒并列隐逸传。然凿坏、羊裘之徒以其身而逃之，《蒹葭》"伊人"者乃并其姓名而逃之，此又其所以为至也。

噫嘻！士固有不慕乎当世之荣，而亦何心于后世之名也哉？因慨然为之一笑，遂书以示褚生。

由陈渡泛舟所见《蒹葭》中风景，想到此背景下"所谓伊人"，由此说开去。抛开《诗经》学史上"伊人"的多种解释而阐发自己的独立理解，以抨击为声利所驱的"矜侠趋势"者为对比，而尊崇遗世独立的"隐逸"者，即作者向往的"所谓伊人"。此文兴寄高远，含蓄宛转，意味隽永，表达作者希图保持独立人格的理想，反映淡泊出世的道家思想。

三、诗跋

《唐荆川先生文集》中许多诗后附有短篇的散文，与诗相与证显。有些诗后短文非常优美，是典型的美文小品。卷三有一首诗：

赠庵中老僧

（僧解相人术，少尝游历江南，晚归庵中。）

早从祝发事栖岩，为礼名师每向南①。业净六根成慧眼，身无一物寄苑庵。

厨边引涧宁须汲，松下翻经几到龛。若使焚香能证道，前身应说是香严。

这首诗是顺之嘉靖二十六年(1547)游龙池山所作，赠予山中老僧。诗后附有这样一段短文：

嘉靖丁未春，余以病客荆溪，遂同杭子宣登龙池。僧居嵌岩中，如鸟巢。梯其门以登，值二老僧相对煨笋，遂以笋供余二人。因留宿，与老僧坐至夜分，谈说楞严因缘事。老僧意甚朴野可爱也。明日晓起，岚气满山，乾坤如混沌状，阶前竹柏亦在摩荡中，咫尺不可物色。日且午，始开霁，则诸峰历历，澄湖隐映，楼观草树，百里之外，若在几前，盖宇宙间晦明不常若此。既午出，往石屑。石屑两山夹涧，

① 自注：用华严事。

山高百余仞,而涧道仅阔四五十步。人家缘涧以居,惟亭午则见日色,盖其胜又与龙池异观矣。既午饭,遂从西霞步入舟,意兴悠然,如有得也。呜呼!此岂可与沉酣声利者道哉。遂书以贻子宣,使藏之。

这是一篇短小精炼的山水游记,全文不足三百字,却运用了叙事、描写、议论、抒情等多种写作方法。全文整体上处于叙事中,篇首点出游山的时间是"嘉靖丁未春",然后以具体时间为顺序而叙事,从前一天晚上留宿庵中,到第二天晨起开始游览龙池山,至午后游踪既止,叙事井然有序,清晰可辨。叙事中贯穿着描写,首先写山中二老僧的朴野可爱,其后描写山中的自然风景,以清新淡远的语言写云气、竹柏、澄湖、楼观草树、山涧、山里人家等,着墨不多,点染景物,妙得其神,俨然一处超脱尘俗的世外仙境。作者身历其中,心境随之得以净化,精神得以超脱,最后抒发感触"此岂可与沉酣声利者道哉",将一篇普通游记文章的命意提升到人生境界的高度。

此篇小文虽然如此短小,且附于诗后,然却是《唐荆川先生文集》中罕见的美文。其文学艺术性,上追柳宗元、欧阳修的山水游记之精品,下启晚明优美的山水小品文,确为顺之散文中的佳作。

四、八股文

明代科举鼎盛,应试文体是八股文,被称为明代时文,又称制艺、时艺、八比文。明代八股文①创制于洪武年间,经过几代发展,体制格式至嘉靖年间达到成熟、全盛。明代八股文题目出自《四书》《五经》,要求应试举子阐发儒家经典义理,代圣人立言。八股文的文体格式及其严格,基本结构可分两大部分:题前部分和正文部分。题前又分为破题、承题、原题、起讲、入题几个部分,主要是用以破解、申明八股文文题中所蕴含的意义,确定全文的主旨,从起讲开始发挥。正文分为提比、出题、中比、过接、后比、束比、大结几个部分。正文要根据提前破解出来的题意,围绕已确定的文章主旨阐发儒家经典的微言大义。其中,提比、中比、后比、束比每比分为二股,共计八股,是全文的主体部分。

---

① 有关明代八股文的、八股文史及八股文作家等的论述,参见龚笃清《明代八股文史探》。

在明代科举的催生下，研习八股文的风气风靡天下，出现很多擅写八股文的大家，顺之便是其中之一，首创“以古文为时文”[①]改造八股文，开创了八股文创作的新局面。顺之的八股文创作师承明代中期最受推崇的八股文大家王鏊，又自有特色。下面是一篇典型的以古文笔法所写的八股文：

晋人始则改行以从善，终则徇人而失己也。（破题）

夫改过贵于有终也，冯妇既已为善士矣，而犹搏虎焉，何其不知止哉？孟子盖以此为发棠喻也。（承题）

盖曰，君子之道，时行则行，时止则止。吾谓复为发棠，犹之冯妇者。冯妇何如人哉？彼兽之难搏者莫如虎。晋人有冯妇者，则善于搏虎者也。搏者善宜乎负其能而不知返矣？（起讲）

冯妇则谓以勇力自逞，非所以尚德也，与猛兽相角，非所以爱身也，翻然改其素习之行，而趋于善士之归，冯妇于此，亦自以为终身不复搏虎矣。（前股）

一日而行于野，适有虎焉，而众人逐之，虎见人之逐己也，则负嵎以张其势，人见虎之负嵎也，则畏缩而不敢撄。撄之且不敢，而况搏之也！于是众人之技穷，而众人之心亦且皇皇然无可奈何矣。（中股）

适见冯妇之至也，趋而迎之。当此之时，人之与虎相抗者，其势诚急；而其求助于有力者，其情诚切也。冯妇于是攘臂下车，岂不以偶一为之，于吾未有所损，而赴其所急，于人深有所济乎？（后股）

吁，若冯妇者，其始之搏虎也，不知其卒为善士也；其已为善士也，不知其复为搏虎也。然则人之望我复为发棠，亦何异于冯妇之攘臂下车也哉！（结语）

——《晋人有冯妇者　冯妇攘臂下车》[②]

此篇题出《孟子·尽心下》第二十三章，全章如下：

---

① （清）方苞《钦定四书文·正嘉四书文》卷二归有光《五十有五而志于学》后评曰：“以古文为时文，自唐荆川（顺之）始，而归震川又恢之以闳肆。”《文渊阁四库全书》本。

② 唐顺之《唐荆川传稿》，清光绪十八年（1892）无锡唐氏刻本，第 302 页。

齐饥。陈臻曰："国人皆以夫子将复为发棠，殆不可复。"孟子曰："是为冯妇也。晋人有冯妇者，善搏虎，卒为善士。则之野，有众逐虎。虎负嵎，莫之敢撄。望见冯妇，趋而迎之。冯妇攘臂下车。众皆悦之，其为士者笑之。"①

作者以此章为题写作八股文《晋人有冯妇者　冯妇攘臂下车》。从文章格式上看，这是一篇八股文，然究其写作精神，则是古文创作方法。此文行文活泼新颖，不似正体之八股文僵直刻板。文中运用叙述、描写、议论三种写作方法，三者紧密结合，浑融生动。尤其是中股和后股两部分，以叙事为主，夹叙夹议，间有动作和场景描写，完全是古文写法。此篇八股文调动多种写作手段，构思严整，情节组织转承有序，情景形象，语言凝练流畅，篇幅短小精致，是八股文中的精品。

《唐荆川传稿》中的八股文佳作很多，如《子莫执中，执中为近之，执中无权，犹执一也》、《武王缵太王、王季、文王之绪》等，皆是难得的制义典范。顺之的八股文创作可与古文创作鼎立而列，然限于论文篇幅和笔者精力，本文只略谈至此。

第六节　小　结

本章以上五节按文体讨论了顺之的散文创作，每一种文体的文章数量和质量均不相同，思想性和艺术性各有特色。然这些文章毕竟出自同一作者之手，它们会打上共同的作者主观烙印，因而具有整体特征。顺之文学创作的成就主要在散文方面，对于他的散文创作，自明代嘉靖始至目前，历代都有较高的评价。当然，这些评价的标准不统一，难免见仁见智。若将顺之散文置于纵向的文学史中考察，再与同时代的散文创作相较，所得评价结果相对就会客观准确得多。本节从以下三个方面，对本章内容作一小结，以期完成对顺之散文创作的完整论述。

① 《孟子·尽心下》第二十三章，杨伯峻译注，中华书局 2005 年版，第 332 页。

一、整体特征

（一）应酬性

本文第五章第四节《小结》谈到顺之诗歌的整体特征，其中有一条就是应酬性。他的散文与诗歌在这一点上相同，也是应酬文学。《唐荆川先生文集》中的书牍文、赠序文是为了朋旧之间的交往而作，书序、寿序文、杂记文中的池苑阁庐记，人物散传中的祭文、墓志铭、墓表、行状、传文等是受人托请所作，他常常在文章中反复说明受人之托而迫不得已作应酬文字。这些为应酬而写的文章在《唐荆川先生文集》中占绝大多数，因此他的散文从整体上看，应酬性是一大特征。

应酬文章往往因为作者敷衍应付和言不由衷的写作态度，以致文学色彩大减。然从以上各节的分析讨论来看，顺之为应酬而作的文章仍有不少文采斐然的佳作，如《答茅鹿门知县二》《前后入蜀稿序》《大观草堂记》《任光禄竹溪记》《弟妇王氏墓志铭》《程少君行状》《旸谷吴公传》等，都是传世名作。这是因为顺之毕竟是古文大家，功力深厚，才情出众，即便是应酬为文，亦是文采自现，不求工而自工。

（二）道学气

顺之的散文散发出浓厚的道学气息，主要有两种表现方式。其一，很多文章大段大段甚至整篇直接谈论道德学问，宣扬礼制教化，这在书牍文、书序文和赠序文中表现最为典型，杂记文等其它文章中也有表现。其二，直接论述道学思想之外的另一些文章描景、写人、记事，亦染道学色彩。顺之笔下的景色描写，大多萧远明淡，这是他内心澄明寡欲的外化。写于友人的书信谈到自己近乎自虐的日常生活，反映理学理念中的禁欲主义。许多文章中评判人和事，遵循理学所奉行的伦理道德规范。如为多位女性所写的墓志铭中，常常以非常赞扬的语气叙写墓主为夫纳妾、夫死守节等行为。

文章道学气浓，相应的感情色彩就淡。顺之散文的确情感不足，理性有余。就拿为多位亲人写的墓志铭来说，痛失亲人，其文本应饱含悲切之情，然即便是为亡妻所作，文中亦不见哀伤真情的明显流露。

（三）本色风格

顺之文学理论中最有价值的部分是“本色论”，散文创作整体上实践了这一理论。顺之作文无剿袭剽窃之病，绝大多数篇章都表达自己的独到见解，有些见解尤为深刻，可谓“真精神”。从词章上说，语言朴实本色，少有雕琢刻绘的华章丽句。最具本色风格的文章是书牍文，收发随心，率意信口，不事雕饰，犹如茂草丛生，不意修剪，却郁郁葱葱，颇显生机。这也是“本色论”的生命力所在。

（四）长于议论

顺之散文长于议论，精于说理。议论是散文中用得最多的写作方法，因此他的散文有很强的思想性。其文往往借题发挥，议论先行，作为铺垫，引出主题，此种作文法度姑且称之为“荆川笔法”。长于议论说理的特征见于顺之各体文章中，是“文以明道”文学观念的体现。

长于议论的文风承宋文“尚理”特征，宋文重议论，富于“理趣”。然顺之散文议论的内容与宋文不同，其文论道学、宣教化、谈学问，宋文议论因人因文而异，论题范围很广，具有充实的思想内容，积极的社会意义，甚至有进步的科学意义。顺之文有浓厚的道学气而无宋文式“理趣”。

二、历代评价

（一）明人评价

“嘉靖八才子”之一李开先是最早评价唐顺之散文的人，他在《吕江峰集叙》中云：“详其所作……唐荆川以明畅。”其后多位明人对其散文创作做过评论，现将主要评价列举如下：

明李攀龙《送王元美序文》[①]云：

---

① （明）李攀龙《沧溟先生集》卷十六，包敬弟标校，上海：上海古籍出版社，1992年版（下同，不注）。

今之文章，如晋江、毗陵（按：代指唐顺之）二三君子，岂不亦家传户诵？而持论太过，动伤气格，惮于修辞，理胜相掩。

明王世贞《与陆浚明先生书》①云：

某所知者，海内王参政、唐太史（按：唐顺之）二君子，号称巨擘。觉挥霍有余，裁割不足。

明王世贞《答王贡士文禄》②云：

理学之逃，新建造基，晋江、毗陵藻棁六朝之华，昌谷示委，勉之泛澜，如是而已。

明王世贞《寄敬美弟》③云：

若晋江、毗陵二三君子有作，每读竟，辄不快者浃日，以是尽出世嗜刿心古，则词坛之盟，历下牛耳。

明袁宏道《叙姜陆二公同适稿》④云：

有为王（世贞）、李（攀龙）所摈斥，而识见议论卓有可观，一时文人望之不见其崖际者，武进唐荆川是也。

明袁宗道《答陶石篑》⑤云：

我朝文如荆川、遵岩两公，亦有几篇看得者。

明艾南英《李龙溪近艺传》⑥云：

震川、荆川始合古今之文而兼有之，然未及于国也。

（二）清人评价

清人对顺之散文创作的评价列举如下：

---

① （明）王世贞《弇州四部稿》卷一百二十五，《文渊阁四库全书》本（下同，不注）。
② （明）王世贞《弇州四部稿》卷一百二十七。
③ （明）王世贞《弇州续稿》卷一百八十八，《文渊阁四库全书》本（下同，不注）。
④ （明）袁宏道《袁宏道集笺校》卷十八，上海：上海古籍出版社，1981年版（下同，不注）。
⑤ （明）袁宗道《白苏斋类集》，钱伯城标点，上海：上海古籍出版社，1989年版（下同，不注），第234页。
⑥ （明）艾千子《天佣子集》卷五，台北：艺文印书馆股份有限公司，1980年版（下同，不注）。

《明史·唐顺之传》云：

顺之于学无所不窥。……为古文，洸洋纡折，有大家风。

《四库全书总目·荆川集提要》云：

其文章法度具见《文编》一书，所录上自秦汉以来，而大抵从唐、宋门庭沿溯以入。故于秦汉之文，不似李梦阳之割剥字句，描摹面貌；于唐宋之文，亦不似茅坤之比拟闲架，掉弄机锋。在有明中叶，屹然为一大宗。

清储大文《答曹谔庭》①云：

……唐应德辞气跃露，体虽三变，终是有震曜功名景象在。

清刘肇虞选评《元明八大家古文选·唐荆川文选引》云：

余尝读荆川时文，何其醇也！有明三百年时文之盛，往往声色香触俱绝者，荆川之时文也。比读其古文，又何其肆也！如长江万里，浩瀚汪洋，滔天汩日，不可涯涘。呜呼！于其古文之肆，可以想见其时文之醇矣。荆川古文，卷舒吐纳于《吴越春秋》、《国策》、贾谊、晁错、子长、昌黎、苏氏父子间，超绝町畦，纵横驰骋，卓然成一家之言。其气昌而博，其神高而浑，其致清而折。余读之轩乎欲舞，不自知其所以然也。然则世之欲学荆川时文者，盍于古文窥其藩篱乎？

清李祖陶选《金元明八大家文选·唐荆川先生文选叙录》对顺之多种文体创作分别评析：

先生之学无所不有。……其持论与王、李之高谈秦汉者不同，故文亦无所不工。集中书最多，上者与人谈学问，务与根本上实下工夫；次者与一时贤士大夫讲经济，凿可见之行事；下亦自明出处本末，讨论文字渊源。皆于学术治术大有关者，一切寒温套语，无一字阑入其闲。序记自抒所见，驰骋纵横，其议论足以开拓古今，其笔力足以震荡天地，即令苏子瞻见之，未必不变色而却步也。传、志之作多得

① （清）储大文《存研楼文集》卷十六，《文渊阁四库全书》本（下同，不注）。

史公风神，情致之篇，尤觉入妙。然以此体而论，终不足与元遗山、虞道园、宋景濂三家抗行。以先生于铭文最矜慎，一时大题目，多不落其手中也。至《叙广右战功》，则独出无古初，又为三家之所不逮矣。杂著中《读春秋》一篇，古今奇作。奏议《措置蓟镇兵事》与《条陈海防经略》，亦确可见之施行。综而录之，略其枝蔓不剪之词，取其精神独到之作，可以见先生无所不有焉，亦可以见先生无所不工焉。

唐鼎元《唐荆川公著述考》论及清崔征麟辑评《唐襄文公文定》，转述清崔征麟的评论：

是编为燕南崔征麟信夫评选。其自序有云："荆川尝与茅鹿门论文千余言，极力发明本色二字。故其所作，高卓闲淡，绝无求工而自工。间与人书疏往来，信口写出，无非本色流露，真先生所谓洗涤心源，独立物表，具古今双眼者，殆非道思辈可同日而语也。"

（三）今人评价

近现代，学界对顺之散文创作的评价有代表性的观点有以下几家：

1922 年，夏崇璞《明代复古派与唐宋文派之潮流》云：

慎中、荆川，力重欧、曾，演迤详赡，卓成大家。

钱基博写于抗战期间的《中国文学史》①第六编《近代文学》第一章《明文》论及顺之散文：

而所自为文章，则浑茫演迤，庶几灭尽针线迹，以跻于无法；而洮汰锻炼之功，或有未暇。……集中书牍最多，大半肤言心性，多涉禅宗，而喜为语录鄙俚之语，殊为不取。惟《答曾石塘总制第二书》，感慨振发，学韩愈《与鄂州柳中丞书》，逊其雄遒；而言外见讽，意思深长，则故过之。其他序记诸作，则多简雅清深，不失大家矩矱。而传志表墓之文，最为可观。其尤著名者，《叙沈希仪广右战功》一篇，至八千二百言，古今推为奇作。其中叙次历历如绘，备极声色；《明史·

① 钱基博《中国文学史》，上海：东方出版中心，2008 年版（下同，不注）。

沈希仪传》采之，焯有生气。然自捕韦扶谏以下，稍嫌支蔓。所记诱缚岑金事，虽曲折尽情，而亦拉杂有小说气。且此两事皆不得谓之"战功"，若改其题为"书事"，则无病矣。其他叙事谨严，确有史载，而于故旧之际，情韵不匮，抑扬往复，上接欧阳修，下开归有光，在有明中叶，屹然为一大宗。

郭预衡《中国散文史》评论顺之散文主要可归纳为三点：

1. 所为文章，多涉及军国大事。此类文章，虽然未必都"具千古只眼"，但论政谈兵，颇有见地，信手写来，洞见时弊。

2. 为世传诵的文章是记、序之文。

3. 顺之为文，取法唐宋，有的文章，波澜意度，颇与唐宋之文近似。

现行多种文学史多是论述顺之的文论，很少评论其散文。即便论及散文创作，也是只言片语，一笔带过，不见专章评价。

三、文学史地位

综观以上所列历代对顺之散文的评价，可谓毁誉参杂，持论不一。但综合所有评论，可归纳出核心观点：一是为文自成一家，不剿袭前人；二是议论纵横，长于说理。除此核心特征外，本色风格亦是其重要特征。

顺之散文继承前代很多，主要有三方面的源头：其一是继承先秦诸子散文中纵横驰骋的文风，卷舒吐纳，扬厉排阖，笔力遒劲；其二是得汉代《史记》风神，叙述事件，摹写人物，曲折传神；其三是宗宋尚理，长于说理，富于哲思。虽然继承前代，然并不剿袭前人，而是自成一家，独树"本色"，以此反拨"前七子"本质为剽窃的文学拟古主义。顺之"本色论"对创作影响很大，散文率意信口、不格不调，语言显出由文雅向俚俗的转变，呈现出对明代前期"台阁体"高雅雍容文风的变革。顺之倡导"本色论"，为文收发随心，直抒胸臆，成为后来"公安派""性灵派"的先导。

第七章 “唐宋派”考辨

现行多种文学史与文学批评史将顺之归入一个名为“唐宋派”的明中叶作家派别，被认为是“唐宋派”的主要成员甚至领袖。此作家派别主要成员除顺之外，还有王慎中、茅坤、归有光等人。20世纪以来，文学史的这种论断几成定论。然近年学界许多学者对此持不同观点，围绕“唐宋派”的一系列问题进行质疑，形成一个仍在争议的学术公案。本章拟对所谓的“唐宋派”进行考辨，试图廓清迷雾，还原真貌，以正学史。

第一节 “唐宋派”称名由来及命名理由

笔者查阅古今文献，对“唐宋派”称名由来做详细梳理，并归纳命名理由。

一、明清文献表述

明、清两代文献论及明代中期文学，常将王慎中、唐顺之、茅坤、归有光四人（简称“王、唐、茅、归”）中的两人或三人直至四人并称。

1. 王慎中、唐顺之最早被联名并提：

明李攀龙《送王元美序文》[①]云：

> 今之文章，如晋江、毗陵二三君子，岂不亦家传户诵？而持论太过，动伤气格，惮于修辞，理胜相掩。

① (明)李攀龙《沧溟先生集》卷十六。

明王世贞《古四大家摘言序》①云：

明兴，弘、正间学士先生稍又变之，非先秦、西京弗述，彼见以为溯流而获源，不知其犹堕于蹊也。夫所谓古者，不能据上游以厌群志，而一时轻敏之士，乐于宋之易构而名易猎，群然而趣之，其在嘉靖间，而晋(江)、(毗)陵为尤甚。

明王世贞《与陆浚明先生书》②云：

某所知者，海内王参政、唐太史二君子，号称巨擘。觉挥霍有余，裁割不足。

明王世贞《赠俞山人允文》③云：

仲蔚足下亡恙，长沙新建，据高收广，挟声起听，号为霸儒。逮迩，晋江、毗陵欻起创立耳。观之辈蝇袭若狂，五鹿岳岳，畴能折角哉！

明王世贞《答王贡士文禄》④云：

国初之业，潜溪为冠，乌伤称辅；台阁之体，东里辟源，长沙导流；先秦之则，北地反正，历下造玄；理学之逃，新建造基，晋江、毗陵藻棁六朝之华，昌谷示委，勉之泛澜，如是而已。

明王世贞《寄敬美弟》⑤云：

至读献吉文，心则已疑之，又一时驰好。若晋江、毗陵二三君子有作，每读竟，辄不快者浃日，以是尽出世嗜刿心古，则词坛之盟，历下牛耳。

明王世懋《贺天目徐大夫子与转左方伯序》⑥云：

① (明)王世贞《弇州四部稿》卷六十八。
② (明)王世贞《弇州四部稿》卷一百二十五。
③ (明)王世贞《弇州四部稿》卷十三。
④ (明)王世贞《弇州四部稿》卷一百二十七。
⑤ (明)王世贞《弇州续稿》卷一百八十八。
⑥ (明)王世懋《王奉常集》文部卷五，明万历刻本。

于鳞辈当嘉靖时，海内稍驰骛于晋江、毗陵之文，而诗或为台阁也者，学或为理窟也者。于鳞始以其学力振之，诸君子坚意唱和，迈往横厉。

清人撰《明史·王慎中传》①云：

慎中为文，初主秦、汉，谓东京下无可取。已悟欧、曾作文之法，乃尽焚旧作，一意师仿，尤得力于曾巩。顺之初不服，久亦变而从之。壮年废弃，益肆力古文，演迤详赡，卓然成家，与顺之齐名，天下称之曰王、唐，又曰晋江、毗陵。

2. 王慎中、归有光并称：

明朱鹤龄《传家质言》②云：

崆峒、圭峰学秦、汉者也，而所诣何如王济之？弇州、于鳞亦学秦、汉者也，而所诣何如王道思、归熙甫？

3. 唐顺之、归有光并称：

明袁宏道《叙姜陆二公同适稿》云：

有为王（世贞）、李（攀龙）所摈斥，而识见议论卓有可观，一时文人望之不见其崖际者，武进唐荆川是也；文词虽不甚奥古，然自辟户牖，亦能言所欲言者，昆山归震川是也。③

明艾南英《李龙溪近艺传》④云：

当国初时，制举一道尚属草昧，故金华（宋濂）之文章有以八股名，而三杨不以程文课士为相业。震川、荆川始合古今之文而兼有之，然未及于国也。

《四库全书总目·白华楼藏稿提要》云：

坤刻意摹司马迁、欧阳修之文，喜跌宕激射。所选《史记钞》《八

① （清）张廷玉等《明史》卷二百八十七。

② 转引自邬国平、王镇远《清代文学批评史》第三章，上海：上海古籍出版社，1995年版。

③ （明）袁宏道《袁宏道集笺校》卷十八《叙姜陆二公同适稿》。

④ （明）艾千子《天佣子集》卷五。

家文钞》《欧阳史钞》，即其生平之宗旨。然根柢少薄，摹拟有迹。秦汉文之有窠臼自李梦阳始，唐宋文之亦有窠臼，则自坤始。故施于制义则为别调独弹，而古文之品，终不能与唐顺之、归有光诸人抗颜而行也。

清储大文《答曹谔庭》①云：

……唐应德辞气跃露，体虽三变，终是有震曜功名景象在。归熙甫荟萃册子渊粹语，尚鲜心解。若当代作者集成道法，能以定宇复所之静，修师道之闲养，而发应德、熙甫之硕学，亦庶乎其可矣……

4. 王慎中、唐顺之、归有光并称：

明王世贞《颜廷愉》②云：

愿足下多读《战国策》、史、汉、韩、欧诸大家文，意不必过抨。王道思、唐应德、归熙甫旗鼓在手，即败军之将，偾群之马，皆我役也。

明艾南英《与陈人中论文书》③云：

当代之推宋人者，如荆川、震川、遵岩三君子。嗟乎！古文至嘉隆之间，坏乱极矣！三君子当其时，天下之言不归王（世贞）则归李（攀龙），而三君子寂寞著书，傲然不屑，受其极口丑诋，不少易志。古文一线得留天壤，使后生尚知读书者，三君子之力也。

明袁宗道《答陶石篑》④云：

我朝文如荆川、遵岩两公，亦有几篇看得者。比见《归震川集》，亦可观。若得尽借诸公全集，共吾丈精炼一帙，开后来诗文正眼，亦快事也。

清黄宗羲《郑禹梅刻稿序》⑤云：

---

① （清）储大文《存研楼文集》卷十六。

② （明）王世贞《弇州续稿》卷一百八十二。

③ 蔡景康《明代文论选》，北京：人民文学出版社，1993 年版，第 392 页。

④ （明）袁宗道《白苏斋类集》，第 234 页。

⑤ （清）黄宗羲《南雷文定》三集卷一，《续修四库全书》第 1397 册，第 468 页，上海：上海古籍出版社，2002 年版。

当王、李充塞之日，非荆川、道思、与震川起而治之，则古文之道几绝。

清陈廷敬《翰林编修汪钝翁墓志铭》①云：

……顺治十一年经魁其乡，明年举进士。时进士观政于诸曹，先生以二甲得通政。未几，假而归，研古纂辞，一扫绝今文陋迹。尝慨然念前明隆、万以后古文道丧，沿溯宋元以上唐韩、柳，宋欧、苏，迄明之唐应德、王道思、归熙甫诸家，盖追宗正派而廓清其夹杂不醇者，卓然思起百数十年文运之衰，此先生之志也……

清董正位《归震川先生全集序》②云：

明三百年，文章之派不一。嘉靖中，有唐荆川、王遵岩、归震川三先生起而振之，而论者又必以震川为最，岂非以其学之深、力之大欤？

5. 王慎中、唐顺之、茅坤并称见于贾开宗《侯朝宗古文遗稿序》。

6. 唐顺之、茅坤、归有光并称：

清吴伟业《致孚社诸子书》③云：

至古文辞，则规先秦者失之模拟；学六朝者失之轻靡；震川、毗陵扶衰起弊，崇尚八家；而鹿门分条晰委，开示后学。

7. 王慎中、唐顺之、茅坤、归有光并称：

清蔡世远《书李杲堂集后》④云：

明初诸家，方正学气烈近苏，刘青田属词近子，宋潜溪该贯浏亮，体势近欧，要皆词气疏畅，不肯作骫骳险僻。何、李兴，遂为有明树帜，然何不及李远甚。王、茅、二川相继作，卒不能掩北地而上之。

清周亮工《南昌先生四部稿序》⑤云：

① （清）陈廷敬《午亭文编》卷四十四，《文渊阁四库全书》本。
② （明）归有光《震川先生全集》，上海：商务印书馆，1935 年版。
③ （清）吴伟业《吴梅村全集》卷五十四，上海：上海古籍出版社，2006 年版。
④ （清）蔡世远《二希堂文集》卷十一，乾隆二十二年（1757）重刊本。
⑤ （清）周亮工《赖古堂集》卷十四，康熙本。

前代名贤起而推挽之，势渐蕴隆，相寻至启、祯之际，千子大振坛坫，而(陈)士业、(徐)巨源、(万)茂先、武子诸君子相与后先倡道，文章遂复炳中天。然迹其所为碑、表、志、序、诗、传、铭、赞、古体，与应德、遵岩、鹿门、震川诸先生相契量，而与七子绝远。

二、近现代文献表述

明、清人虽将“王、唐、茅、归”中的成员并称，但尚无明确的流派意识，更没有以“唐宋派”呼之。“唐宋派”称名最早见于近代学者夏崇璞《明代复古派与唐宋文派之潮流》一文：

永乐以还，三杨台阁体，积弊日深。为文者习于肤廓冗沓，精气销亡。物极而反，弘治七子之以复古倡，势也。七子中，以李梦阳、何景明为首，其言文必秦汉，诗必盛唐，非是者弗道。曰古文之法亡于韩，曰视古修词，宁失之理。故其为文，诘屈聱牙，句荆字棘，至难句读，与唐宋文大相径庭。海内风从，粗犷晦涩，真可谓文章一厄矣。当时砥柱中流者为王慎中、唐荆川、王守仁等。守仁为文，不主一家。慎中、荆川，力重欧、曾，演迤详赡，卓成大家，足与北地派相抗。至嘉靖中，王世贞、李攀龙复嘘李、何之焰，而排王、唐。徐中行、谢榛等五人附之，是谓嘉靖七子。于鳞谓文自西京，诗自天保(引者按：当为“宝”)而后，俱不足观。其文粉饰太甚，精气不足。归有光以一举子，起排世贞方张之焰，诋之曰妄庸巨子。世贞久亦心折，观其为有光作赞，盖大有悔意焉。有光深于经术，其文以欧、曾为归，时茅坤评刊荆川所选八家文而行之。艾千子又建豫章社，以衍有光之绪，而三袁亦创公安体，以宗眉山，唐宋派势力益巩固。虽夏允彝、陈子龙辈，试畅弇州之流，然已如死灰之不可复燃矣。①

其后二十世纪早期的几种文学史，若谢无量1918年出版的《中国大文学史》②(卷六)第四编《近古文学史》第二十二章为《嘉靖万历文学》，第

① 夏崇璞《明代复古派与唐宋文派之潮流》，《学衡》杂志1922年第9期，江苏古籍出版社1999年影印本。

② 谢无量《中国大文学史》，郑州：中州古籍出版社，1992影印1918年中华书局本。

一节题为《嘉靖八才子及归有光之古文》，将"嘉靖八才子"与归有光置于同一节中论述，重点介绍了王慎中、唐顺之、茅坤和归有光的文学成就。郑振铎完成于1932年的《插图本中国文学史》①下册第二十六章将王慎中、唐顺之、茅坤、归有光四人放在一起讨论。陈柱1936年写就的《中国散文史》称其为八家派：

> 有明一代之散文，可分为七派。一曰开国派，刘基、宋濂之徒主之。二曰台阁派，杨士奇、杨荣之徒主之。三曰秦汉派，亦可名曰真复古派，前后七子是也。四曰八家派，亦可名曰反七子派，唐顺之、茅坤、归有光之徒主之。五曰独立派，不旁古人，自写胸臆，陈白沙、王守仁之徒主之。六曰公安派，袁安（引者按：应为宗）道、宏道之徒主之。七曰竟陵派，钟惺、谭元春之徒主之。……八家派受前七子文必秦汉之反响，而以唐宋八家矫之。始之者为王慎中，继之者为唐顺之、茅坤，而归有光集其大成焉。②

钱基博写于抗战期间的《中国文学史》③第六编《近代文学》第九节以《王慎中　茅坤　唐顺之　归有光》为题，介绍"王、唐、茅、归"四子的文学创作，这一部分直接采自1934年商务印书馆出版的其所著《明代文学》。朱东润作于1943年的《中国文学批评史》、刘大杰出版于1949年的《中国文学发展史》皆将四人放在同一章节论述。以上文学史著作俱沿袭了明、清人将王慎中、唐顺之、茅坤、归有光四人并称同论的做法，然均未使用"唐宋派"这一名称。

1947年，郭绍虞《中国文学批评史》④第四部分《近古期—自北宋至清中叶》以《唐宋派的文论》为标题，论述了王慎中、唐顺之、归有光的文论，明确运用了"唐宋派"这一概念，将"王、唐、归"定为主要成员，并得到学术界的认同。1949年至目前的十几种文学史，俱以"唐宋派"的概念指称王慎中、唐顺之、茅坤、归有光等为主要成员的作家派别：

---

① 郑振铎《插图本中国文学史》，上海：上海人民出版社，2005年版，第1087页。
② 陈柱《中国散文史》，影印1937年本，北京：商务印书馆，1998年版，第274页。
③ 钱基博《中国文学史》。
④ 郭绍虞《中国文学批评史》，第352—360页。

1. 游国恩等主编《中国文学史》第七编《明代文学》第十章《明中叶后的诗文》明确提出“唐宋派”：

嘉靖间，继承南宋以来推尊韩、柳、欧、曾、王、苏古文的既成传统，作为前后七子的反对派而出现的，有王慎中、唐顺之、茅坤、归有光等，因为他们更自觉地提倡唐宋古文，所以被称为“唐宋派”。①

2. 刘大杰《中国文学发展史》(修订版)下卷第二十四章云：

嘉靖年间，拟古之风更盛，……所谓“视古修辞，宁失诸理”，正说明拟古主义者只摹仿形式不重内容的创作原则。在这种思潮中，在理论、创作上不随波逐流，与七子相抗的，有唐顺之、王慎中、归有光、茅坤诸人。他们的成就有别，见解大略相同，世称为唐宋派。②

3. 中国社科院文学研究所中国文学史编写组编著《中国文学史》之《明代文学》第四章《成化至隆庆时期文学》云：

起来反对复古派的文学理论并且明确提出自己文学主张的，是王慎中、唐顺之、茅坤和归有光。他们的文学见解相近，推崇唐宋散文，并且有意识地把它们当作典范来学习，因之被称为“唐宋派”。③

4. 敏泽《中国文学理论批评史》第十六章云：

首先起而反对复古派，并明确提出自己的文学主张的，是“唐宋派”。“唐宋派”的首领是王慎中(1509—1559 年)、唐顺之(1507—1560 年)、茅坤(1512—1601 年)和归有光(1506—1571 年)等人。王慎中和唐顺之早年都曾受到复古派的影响，后来有了转变。因为他们共同地推重(引者按：应为“崇”)唐、宋散文，并且在创作上将它作为楷模来学习，因此，被时人称为“唐宋派”。④

---

① 游国恩主编《中国文学史》，北京：人民文学出版社，2004 年版(下同，不注)，第 145 页。
② 刘大杰《中国文学发展史》(修订版)，上海：复旦大学出版社，2006 年版，第 98 页。
③ 中国文学史编写组《中国文学史》，北京：人民文学出版社，1962 年版，第 883 页。
④ 敏泽《中国文学理论批评史》，北京：人民文学出版社，1981 年版，第 693 页。

5. 李修生《中国文学史纲要》第九章云：

嘉靖间，反对前后七子的拟古主义，主张学习唐宋古文作家的王慎中、唐顺之、茅坤、归有光等，被成为“唐宋派”。①

6. 郭预衡《中国古代文学史》第七编《明代文学》第二章《明代诗文》云：

当前七子余风未艾，后七子声势正盛之时，又有归有光、唐顺之、王慎中、茅坤等提倡唐宋古文。归有光撰《项思尧文集序》，指责王世贞等“庸妄”，并针对王世贞等所谓“元无文”之说，不仅主张唐宋，而且称赞宋元。他认为“宋元诸名家”，“足以追数千载之上而与之颉颃”。与此同时，唐顺之编著《文编》，将韩、柳、欧、苏、曾、王之文与秦汉之文兼收并蓄。茅坤编选《唐宋八大家文钞》，更明确地将此八家之文合为一编。由于宗唐拟宋，这派作者乃有“唐宋派”之称。②

7. 吴志达《明清文学史》(明代卷)第十一章《明中叶后诗文革新运动》云：

对“文必秦汉”的主张予以反拨，提出修正意见的，是王慎中、唐顺之、茅坤、归有光等另一批复古派。他们以唐宋之文来矫正李梦阳、何景明所提倡的秦汉之文的弊病。虽然也是模仿古人，但其模仿对象，不是遥远的秦、汉，而是时代距离较近的唐宋(主要是欧阳修、曾巩之文)，易诘屈聱牙为文从字顺，比较之下，就显得切近现实，也自然流畅，容易为人们所接受。史称唐宋派。③

8. 袁行霈《中国文学史》第四卷第七编第四章第四节《归有光与唐宋派》云：

嘉靖年间，文坛又有以王慎中、唐顺之、茅坤、归有光为代表的另一文学复古流派——唐宋派。该文学派别将李梦阳、何景明等前七子师法秦汉作为自己反拨的对象，提倡唐宋文风，在当时有着一定的

---

① 李修生《中国文学史纲要》，北京：北京大学出版社，1987年版，第101页。

② 郭预衡主编《中国古代文学史》，上海：上海古籍出版社，1998年版，第47页。

③ 吴志达《明清文学史》(明代卷)，武汉：武汉大学出版社，1991年版，第481—482页。

影响。……唐宋派虽说总体上主要推崇韩愈、柳宗元、欧阳修、曾巩等唐宋古文名家，而各人的趣味则有所不同①。

9. 郭英德《中国古代文学史》下册第十一编第三章《文章创新与词学中兴》云：

嘉靖年间，作为前七子文章理论和文章创作的反拨，唐宋派兴起于文坛，代表作家有王慎中、唐顺之、归有光、茅坤等。唐宋派并不全然否定先秦、两汉古文，唐顺之的《文编》便同时选入《左传》、《国语》、《史记》等和唐宋八大家的作品。他们特别提出宗法唐宋诸家古文，是要学其"开阖首尾、经纬错综之法"，又力求神似，"出乎自然"（唐顺之《荆川先生文集》卷十《董中峰侍郎文集序》）。他们将王守仁哲学意义上的"理"演变为文学意义上的"言适与道称"（归有光《震川先生集》卷二《雍里先生文集序》）；将王守仁哲学意义上的"心"演变为文学意义上的"直抒胸臆，信手写出"（《荆川先生文集》卷七《答茅鹿门知县》），并且主张将"言适与道称"与"直抒胸臆"合而为一，落实到创作实践中。②

10. 董乃斌、钱理群《彩色插图本中国文学史》第七编《明清小说与其他》之《明代散文》云：

这一时期实绩最卓著，影响最大的一个散文流派，是由王慎中、唐顺之、茅坤、归有光等组成的唐宋派。这些人主张作文要重点学习唐宋八大家的法度，反对前七子一味模拟秦汉文，强调要"自为其言"。他们的散文，多能直抒胸臆，做到朴素自然，文从字顺，因此流行较广。③

11. 徐朔方、孙秋克《明代文学史》第六章《明中叶文坛的危机及开脱》第五节《复古派的对立面初现文坛》云：

---

① 袁行霈主编《中国文学史》，北京：高等教育出版社，1999年版，第88页。

② 郭英德《中国古代文学史》，成都：四川人民出版社，2003年版，第402—403页。

③ 董乃斌、钱理群《彩色插图本中国文学史》，贵阳：贵州文学出版社，2004年版，第259页。

嘉靖初年文坛的一个新气象，是王慎中、唐顺之等高张唐宋八大家旗帜，发起了对七子的批判，复古派的对立面初现文坛，这就是文学史上的唐宋派，归有光、茅坤也是其代表人物。这个流派在时间上出现于前七子之后，延绵与后七子同时，有趣的是，其领袖“王唐”都曾追随过李梦阳。……《列朝诗集小传》(丁集)王慎中传和茅坤传载，王慎中曾得意地对李开先说：你只敬服荆川(唐顺之)，却不知道他是得我余绪。茅坤亦心折于唐顺之，举世惟推唐顺之一人。……在理论和创作上，唐宋派前期以王慎中、唐顺之，后期以归有光为代表。茅坤虽著作多文学成就却不高，所编《唐宋八大家文钞》为这个流派树立了一个不同于七子的新偶像。①

12. 袁世硕、张可礼《中国文学史》下册第三十八章《明中期的诗文复古》云：

在前后七子相继崛起之间，与之抗衡的是唐宋派。唐宋派主要是一个散文流派，但产生的影响却不限于散文领域。……唐宋派自王慎中发轫，唐顺之对此派的文学主张进行深入的阐述，其后茅坤编选了《唐宋八大家文钞》，扩大了此派的影响，归有光则在创作方面取得了不俗的成就。②

综观以上文学史对“唐宋派”的表述，持此论的根据不外是这样几个要点：“王、唐、茅、归”诸人反对七子的“文必秦汉，诗必盛唐”的文学复古主义，自觉提倡唐宋文，主张为文师法唐宋；“王、唐”深入阐述了文学主张，顺之《文编》选编唐宋文，于八家外无所取；茅坤在顺之《文编》的基础上选编《唐宋八大家文钞》，树立了不同于前七子的新的学习偶像；归有光在创作方面取得不俗的成就。若对这些理由加以仔细辨析，便会发现这些根据俱不足以支撑“唐宋派”之论。近年来，众多学者从不同的角度对“唐宋派”论进行质疑，引发了争议。

① 徐朔方、孙秋克《明代文学史》，杭州：浙江大学出版社，2006年版，第232—233页。

② 袁世硕、张可礼《中国文学史》，北京：中国人民大学出版社，2006年版，第622页。

第二节　有关"唐宋派"的争议

20世纪90年代以来，有关"唐宋派"的争议，主要有以下几种观点：

陈建华认为：

世称王慎中、唐顺之、茅坤、归有光为"唐宋派"，严格地说，倡始者王、唐乃是宗宋派。……至于归有光，同他们无直接联系。董其昌评他的古文："前非李、何，后非晋江、毗陵，卓然自为一家之书。"归有光也反模拟之弊，但出发点与王、唐不尽一致。其思想与创作自成一家。所以，不应当把他与唐宋派一概论之。①

章培恒、骆玉明《中国文学史》下册第七编《明代文学》第二章《明代中期诗文》第三节《唐宋派及归有光》云：

所谓"唐宋派"是指对嘉靖间文坛颇有影响的、以反拨李、何为主要目标的文学派别。该派作家主要从事散文创作。一般把王慎中、唐顺之、茅坤和归有光都列入"唐宋派"，其实是很含混的说法。严格说来，所谓"唐宋派"的主脑人物王慎中和唐顺之，实际上是宗宋派——说得更清楚些，是道学派，因为他们真正推崇的，首先是宋代理学而不是文学。唐氏说："三代以下文，莫如南丰（曾巩）；三代以下诗，未有如康节（邵雍）者。"（《与王遵岩参政》）王氏也说："由西汉而下，（文章）莫盛于有宋庆历、嘉祐之间，而粲然自名其家者，南丰曾氏也。"（《曾南丰文粹序》）曾巩之文，邵雍之诗，即使在宋人中，文学气息也最为淡薄。所以，这里虽在论诗说文，评价的基准却是道学。茅坤在理论上附和唐、王，但不那么极端，态度常有些游移，他的"文人"气也比较重些；在散文方面，他以编选《唐宋八大家文钞》著称，也是以唐宋并举。正如宋代理学家指责韩愈所言"道"驳杂不纯，宗宋与唐宋并举是有区别的。但在崇道的基本意义上，固不妨将唐、王、茅

---

① 陈建华《中国江浙地区十四至十六世纪社会意识与文学》，上海：学林出版社，1992年版，第247页。

诸人合称为“唐宋派”。

至于归有光的情况则有所不同。他同唐、王等人既无直接联系，在一些基本观点上亦与之存在歧异，所以董其昌评他的古文“前非李、何，后非晋江（王慎中）、毗陵（唐顺之），卓然自为一家之书”（《凤凰山房稿序》）。把他从“唐宋派”中分离出来，似更为妥当。①

廖可斌撰文《唐宋派与阳明心学》云：

唐宋派的真实面目，包括它兴起和盛行的原因、内部构成和发展过程、主导倾向及创作得失等，至今还掩映在一层薄雾般的帷幔之中，明代文学思潮发展史的一个重要环节也因此显得模糊不清。我认为，要对这些问题做出圆满回答，必须对唐宋派与阳明心学的关系、唐宋派与嘉靖年间八股文风尚的关系、唐宋派与严嵩及嘉靖中后期朝廷党争的关系、归有光与唐宋派的关系等进行全面研究。②

黄毅撰文《归有光是唐宋派作家吗?》云：

在历来的文学史和文学批评史中，以及在其他一些研究明代文学的著作中，在谈及归有光时，都毫无例外地将他和王慎中、唐顺之、茅坤四人一起归入“唐宋派”，把他看作是唐宋派的代表作家之一。……但是，倘若对唐宋派四大家，尤其是归有光的文学思想和创作风格作深入地考察和分析，就会产生这样的疑问：归有光能称为是唐宋派的代表作家吗？作为一个文学流派，应该起码具有以下特点，即：其成员之间有较为密切的交往，具有共同的思想倾向和文学观念，以及相近的创作风格。本文将从这三个方面来论述归有光并不能称作是一位“唐宋派”的代表作家。③

张梦新《茅坤研究》云：

通常，人们往往因为七子推崇秦汉古文而称七子为“秦汉派”；而许多人由此认为“唐宋派”则唯唐宋古文是崇，甚至一些通行的古代

① 章培恒、骆玉明《中国文学史》，上海：复旦大学出版社，1996年版，第247页。

② 廖可斌《唐宋派与阳明心学》，《文学遗产》1996年第3期，第78页。

③ 黄毅《归有光是唐宋派作家吗?》，《中国典籍与文化》1997年第1期，第10页。

文学史和教材也都这样认为。比如游国恩先生主编的《中国文学史》云："王慎中、唐顺之、茅坤、归有光等，因他们更自觉地提倡唐宋古文，所以被称为'唐宋派'。"（人民文学出版社 1984 年版，第四册 P138）刘大杰先生的《中国文学发展史》也说唐宋派"都以散文见长，反对'文必秦汉'的论点，提倡唐宋古文"（上海古籍出版社 1982 年版，下册 P913）。这其实是一种误解，至少是论述片面。①

贝京《归有光研究》②第二章《归有光与唐宋派关系辨析》第二节《唐宋派命名的缺失》论述了唐宋派命名的表象化及偏颇性，认为唐宋派不能算作严格意义上的文学流派，其命名理由不够严密充分，派别成员构成也含混不清。何天杰《归有光非唐宋派考论》③则继黄毅之后，对唐宋派的主要构成问题再作探讨，认为归有光并非唐宋派成员。

归纳以上诸家观点，对"唐宋派"的争议核心观点有二：一是以"唐宋派"命名王慎中、唐顺之等人组成的作家流派是否合理，二是归有光是否属于该作家流派。本章后文将以上述争议作为参照，拟对以王慎中、唐顺之等人为主要成员的作家流派进行考辩，还原其真貌。

第三节　"唐宋派"称名不能成立

明、清人各自具体根据不同的标准并称"王、唐、茅、归"中的部分成员，近代学者则趋向于将四人放在一起讨论，看来古人与近人都意识到他们具有一定的共性。全面客观考察明代中期文坛状况及"王、唐、茅、归"等人的文学活动，可发现确实存在一个以王慎中、唐顺之、茅坤等人为核心成员的作家派别，归有光也应当属于这个派别，然以"唐宋派"名之欠妥当。

明李开先撰《遵岩王参政传》《明史·王慎中传》皆载王慎中初追随前

① 张梦新《茅坤研究》，北京：中华书局，2001 年版（下同，不注），第 53—54 页。

② 贝京《归有光研究》，北京：商务印书馆，2008 年版（下同，不注）。

③ 何天杰《归有光非唐宋派考论》，《华南师范大学学报》2005 年第 3 期。

七子，模拟史、汉，后悟欧、曾之妙转而推举唐宋诸家文；李开先撰《荆川唐都御史传》《康王王唐四子补传》云顺之初亦仿效前七子，及遇王慎中而受其影响，从而背离前七子而推崇唐宋文；《明史·茅坤传》谓茅坤善古文，最心折顺之，顺之编选《文编》于唐、宋人独取韩、柳、欧、三苏、曾、王八家，茅坤因而编选《唐宋八大家文钞》；归有光散文文从字顺，平淡自然，颇有唐宋八家之风。以上这些见诸史传的记载，俱是"王、唐、茅、归"推崇唐宋文的明证，不可否认。近代学者即以此为根据，将以"王、唐、茅、归"为基本成员的作家派别作为"前七子"的对立面而命名为"唐宋派"。然这种做法未免牵强，似有以全概偏及以偏概全与以表象代本源之嫌。

一、以全概偏及以偏概全

推尊唐宋文尤其是唐宋八家文是自南宋以来就有的传统，游国恩主编《中国文学史》云："嘉靖间，继承南宋以来推尊韩、柳、欧、曾、王、苏古文的既成传统……"①明代推崇唐宋古文也并非始自"王、唐、茅、归"等人，而是自明初始文坛对于唐宋文即倍加称赏。明太祖朱元璋就很称赞欧、苏文章：

> 朕阅宋书，见尚文之美，崇儒之道廓焉。且当时诸儒，皆本贤之德，所以辅景运三百有奇。未尝文辱君命，事体滞行。可见文华君子之贤，君子行文之盛。今特仿宋制，以诸殿阁之名，礼今之儒。必欲近侍之有补，民同宋乐，文并欧、苏。②

明太祖的提倡对文坛崇尚起了推波助澜的作用，所谓上有所好，下必甚焉，明初众多馆阁文臣文宗唐宋。黄佐《翰林记》③卷十九《文体三变》云：

> 国初刘基、宋濂在馆阁，文字以韩、柳、欧、苏为宗，与方希直皆称名家。永乐中，杨士奇独宗欧阳修，而气焰或不及，一时翕然从之。至于李东阳、程敏政为盛。

---

① 游国恩主编《中国文学史》，第145页。

② （明）姚士观等编校《明太祖文集》卷三《华盖殿大学士刘仲质诰文》，《文渊阁四库全书》本。

③ （明）黄佐《翰林记》，《文渊阁四库全书》本。

《翰林记》卷四《文渊阁进学》云：

永乐三年正月壬子，先是太宗命学士兼右春坊大学士解缙等于新进士中选材质美敏者，俾就文渊阁进学……上谕勉之曰："……为学必造道德之微，必具体用之全，为文必并驱班、马、韩、欧之间。"

明代"开国文臣之首"宋濂赞扬韩、欧、曾、王之文继承周秦文以载道的传统，尤为推崇韩、欧，其《文原》①云：

世之论文有二，曰载道，曰纪事。纪事之文，当本之司马迁、班固，而载道之文，舍《六经》将焉从？虽然，六籍者，本与根也，迁固者，枝与叶也，此近代唐子西之论，而予之所见，则有异于此也。《六经》之外，当以孟子为宗，韩子次之，欧阳子又次之，此则国之通衢，无荆榛之塞，无蛇虎之祸，可以直趋圣贤之大道。去此则曲狭僻径耳，荦确邪蹊耳，胡可行者？

宋濂亦称赏宋文，尤其是三苏，《苏平仲文集序》②云：

古之为文者，未尝相师，郁积于中，摅之于外，而自然成文，其道明也，其事核也，引而伸之，浩然而有余，岂必窃取辞语以为工哉？自秦以下，文莫盛于宋，宋之文莫盛于苏氏。若文公之变化傀伟，文忠公之雄迈奔放，文定公之汪洋秀杰，载籍以来，不可多遇。

门生方孝孺秉承师说，亦推扬宋代诗文，最喜苏轼。他的《谈诗五首》③第二首曰"前宋文章配两周，盛时诗律亦无俦"，《苏太史文集序》④云：

庄周殁，殆二千年得其意以为文者，宋之苏子而已。苏子之于文，犹李白之于诗也，皆至于神者也。

洪武丙辰九年(1376)，朱右编辑唐宋《六先生文集》，又名《唐宋六家文衡》，采录韩、柳、欧阳、曾、王、三苏之作，实为八先生文集。《四库全书总目·唐宋八大家文钞提要》云：

---

① (明)宋濂《文宪集》卷七，《文渊阁四库全书》本(下同，不注)。
② (明)宋濂《文宪集》卷七。
③ (明)方孝孺《逊志斋集》卷二十四，《文渊阁四库全书》本(下同，不注)。
④ (明)方孝孺《逊志斋集》卷十二。

《明史·文苑传》称坤善古文，最心折唐顺之。顺之所著《文编》，唐宋人自韩、柳、欧、三苏、曾、王八家外无所取，故坤选《八大家文钞》。考明初朱右已采录韩、柳、欧阳、曾、王、三苏之作，为《八先生文集》。实远在坤前，然右书今不传，惟坤此集为世所传。

朱右对韩、柳、欧、曾八家推崇备至，《新编六先生文集序》[①]赞曰："六先生之文，备三才之道，适万汇之宜，彝伦之懿，鬼神之情，性命之奥。……上接孟氏之緒……唐称韩、柳，宋称欧、曾、王、苏，六先生之文断断乎足为世准绳。"明人贝琼为朱右《六先生文集》作序《唐宋六家文衡序》[②]，亦极力称赏唐宋韩、欧诸家之文：

盖韩之奇，柳之峻，欧阳之粹，曾之严，王之洁，苏之博，各有其体，以成一家之言，固有不可至者，亦不可不求其至也，六家者虽于道有浅深，皆本诸经为说，铲驳而复纯。

杨荣《欧阳文忠公祠堂重创记》[③]云：

周秦以前，无容论矣。汉自贾、董、马、班诸子以来，七百余年而唐有韩子，又二百余年而宋有欧阳子，其文推韩子以达于孔、孟，一洗唐末五季之陋。当时学者翕然宗之，及今四百年而读其文者，如仰丽天之星斗，莫不为之起敬。

姚夔《刘文介公文集序》[④]云：

古今文章家，无虑数十百，求其有俾于道而不为空言者，汉董仲舒、贾谊、司马子长，唐韩退之，宋欧阳永叔数人而已。

解缙《送刘孝章归庐陵序》[⑤]云：

余少时，先君子教以书……及教以为文，辄举黄文献、公欧阳文公之说，而溯其源于曾、王、欧、苏、柳、韩、班、马、董、贾，先秦以上，极

---

① (明)朱右《白云稿》卷五，《文渊阁四库全书》本。
② (明)贝琼《清江文集》卷二十八，《文渊阁四库全书》本。
③ (明)杨荣《文敏集》卷九，《文渊阁四库全书》本。
④ (明)姚夔《姚文敏公遗稿》，明弘治刻本。
⑤ (明)解缙《文毅集》卷八，《文渊阁四库全书》本。

于六经之奥，未尝自为臆说也。

综上所述，推崇唐宋文在明代前期是一种普遍的现象。至弘治末年，李梦阳、何景明、康海辈倡导“文必秦汉”，文体才稍一变。至嘉靖年间，复有王慎中、唐顺之、茅坤等人重倡唐宋散文创作风格。由此看来，王慎中、唐顺之、茅坤等人只是明代推崇唐宋文众多人中的几位，为何以全概偏独以“唐宋派”称名以他们为主的作家派别，而不称名其他推崇唐宋文的作家群体呢？“唐宋派”之称并不能令他们独特卓立以区别于明代前期其他作家，“唐宋派”一名也就没有标立一个作家流派的意义。

另外，“王、唐、茅、归”等人在推崇唐宋古文的同时，亦无不推崇周、秦、两汉等其他时代的优秀散文。顺之编选《文编》六十四卷，由周迄宋，历代都有文章入选，唐、宋两代只选了韩、柳、欧、曾、王、三苏的文章，这只能说明于唐宋文中，顺之独赏此八家文。若论顺之对于整体唐宋文的态度，它只是《文编》所选先秦、两汉、魏晋、唐宋、五代等历代文章系列其中之一，顺之编选《文编》并没有刻意突出唐宋文的地位。再者，顺之曾编辑《左编》《右编》《文编》《武编》《儒编》《稗编》《诗编》等选本①，涉及范围相当广泛，并不偏重于唐宋文。茅坤编选《唐宋八大家文钞》，此举是持“唐宋派”论者常持的根据。殊不知茅坤除了编选《唐宋八大家文钞》外，他还编选了《史记钞》《汉书钞》《五代史钞》《明名臣经济文钞》等②，《唐宋八大家文钞》不过是茅坤编选的系列选本中的一种。何况编选《唐宋八大家文钞》亦非始于茅坤，明初朱右已辑《八先生文集》。而《唐宋八大家文钞》盛行海内乡里，此并非编者作为，而是读者接受行为，此状况正好说明唐宋文在明代有着广泛的接受基础，不只是王、唐、茅几个人喜好唐宋文。茅坤在《唐宋八大家文钞论例》中既高度评价了司马迁、刘向、班固之文，又称赏了韩、柳、欧、苏；既推崇贾、董、相如、扬雄，又赞许了曾、王、苏氏父子。归有光喜爱《史记》，“以为独有所悟”。

再者，王慎中《寄道原弟书九》③云：

---

① 详见第四章《唐顺之的著述》。

② 参见张梦新《茅坤研究》第四章《茅坤著述考》。

③ (明)王慎中《遵岩集》卷二十四。

"……学《六经》、《史》、《汉》最得旨趣根领者，莫如韩、欧、曾、苏诸名家。"

茅坤《唐宋八大家文钞·昌黎文钞引》[①]云：

魏晋以后，宋、齐、梁、陈，迄于隋、唐之际，孔子六艺之遗，不绝如带矣。昌黎韩退之崛起德、宪之间，溯孟轲、荀卿、贾谊、晁错、董仲舒、司马迁、刘向、扬雄及班椽父子之旨而揣摩之。

《唐宋八大家文钞·柳州文钞引》[②]云：

昌黎之文得诸古六艺及孟轲、扬雄者为多，而柳柳州则间出乎《国语》及《左氏春秋》诸家矣。

王慎中、茅坤俱看到了韩、欧等唐宋文章之源其实在先秦、两汉诸家。归有光喜好太史公文，至于其散文成就，文从字顺、情感真实、风格自然，这是中国自先秦两汉以来就有的散文创作传统，不独唐宋几家散文名家才有此成就。既然"王、唐、茅、归"不仅仅钟情于唐宋文，他们还称赏其他时代的文章而全面继承并博采众家之长，推崇唐宋文只是他们全部文学主张的组成部分，为何以偏概全地冠以他们"唐宋派"之名，而不是"先秦派""两汉派""五代派"等等诸如此类的名称呢？以顺之《文编》编选唐宋八大家文、茅坤编选《唐宋八大家文钞》、归有光的散文成就等为理由，来称名他们为"唐宋派"，实为勉强。

"王、唐、茅、归"等人确有推崇唐宋文的倾向，然而，一方面他们只是明代推举唐宋文大趋势中的一小股力量，另一方面推崇唐宋文也只是他们全部文学主张的一小部分。研究者不能只突出强调此一点而无视其他，以全概偏、以偏概全地称他们为"唐宋派"，皆难以成立。

二、以表象代本源

持"唐宋派"论者还忽略了一点，就是只关注"王、唐、茅、归"等人推崇

---

① (明)茅坤《唐宋八大家文钞》,《文渊阁四库全书》本。

② (明)茅坤《唐宋八大家文钞》。

唐宋文这一现象，而没有深究此现象背后的本源。顺之《答茅鹿门知县二》[①]一文提出“本色论”，并以此为准的高度评价晋陶渊明的诗：“陶彭泽未尝较声律、雕句文，但信手写来，便是宇宙间第一等好诗。”盛赞先秦儒、庄、纵横、名、墨、阴阳诸子文“莫不皆有一段千古不可磨灭之见”，而批判了唐宋文中无“本色”者：

> 唐宋而下，文人莫不语性命、谈治道，满纸炫然，一切自托于儒家，然非其涵养畜聚之素，非真有一段千古不可磨灭之见，而影响剿说，盖头窃尾，如贫人借富人之衣，庄农作大贾之饰，极力装做，丑态尽露，是以精光枵焉，而其言遂不久湮废。然则秦汉而上，虽其老、墨、名、法、杂家之说而犹传，今诸子之书是也。唐宋而下，虽其一切语性命谈治道之说而亦不传，欧阳永叔所见唐四库书目，百不存一焉者是也。

顺之《答王遵岩参政》推许曾巩文、邵雍诗，亦称赞寒山、静节（陶渊明）。可见尊推学习的对象不限于某朝某代，亦不限于某种文体，只要符合“本色论”的作品皆受称赞。符合“本色论”的唐宋八家文得到激赏，不合此论的其他唐宋文在批判之列。王慎中、茅坤在、归有光俱有同于“本色论”的文艺观点。推崇唐宋文表象背后，“王、唐、茅、归”内在的趋同性是“本色论”的文艺观，在以“本色论”作为评价文艺作品优劣的标准方面形成共识，各自创作不同程度地实践了“本色论”。唐宋八家文因为较其他时代、其他作家的作品更符合“本色论”，他们的推崇才更隆重。近代学者因他们推崇唐宋八家文而名之“唐宋派”似乎是一个表象化的误解，后来学者又不断强化这个误解，以致越来越突出他们文宗唐宋的倾向，而无视其他方面和本源。

“唐宋派”针对以李梦阳、何景明为首的前七子“文必秦汉”的文艺观被标立。李、何标举秦汉是复古，王、唐推崇唐宋亦是复古，两者相较，不过是五十步与一百步之别，以复古反复古，有何意义？然若究其实质，并非以复古反复古。贝京博士认为：“学唐宋只是王、唐等人相对于七子派

---

① （明）唐顺之《唐荆川先生文集》卷七。

的特点，而不是他们文学观念与文学创作的实质。”[①]笔者亦持同论。王、唐等人文学观念与文学创作的实质是“本色论”的文艺观。“前七子”倡导“文必秦汉”本是意在师法秦汉古人，结果走上模拟剽窃的文学拟古主义歧路。王、唐等人并非以学唐宋文来反对“前七子”，实质真正与文学拟古主义针锋相对的是“本色论”的文学观念与实践“本色论”的文学创作。唐宋八家文文从字顺，语言自然晓畅，符合“本色论”，相比起诘屈聱牙的秦汉古文，易学好懂，故被拿来作为反对前七子文学拟古主义的具体文体武器。因此，以王、唐等人为基本成员的作家派别被称名为“唐宋派”欠妥。

第四节　“唐宋派”应称为“本色派”

界定一个作家派别，笔者认为该派应该具备这样几个基本特点：成员之间交往密切，同声应气，相互影响呼应；具有共同或特别接近的思想倾向、文学主张；创作风格大体一致或相近。根据这个界定标准，以王、唐等人为成员构成的作家派别姑且可称为“本色派”，基于以下原因：该派主要作家成员交往紧密，在反对“前七子”文学拟古主义方面同声应气；大都浸染王阳明心学思想，共倡“本色论”文艺观，创作上不同程度地实践了“本色论”，阳明心学是“本色论”的思想根源。“本色论”是“本色派”称名的关键，“本色派”有核心成员与外缘成员。

一、交往密切

明嘉靖至万历年间文坛活跃一批作家，著名者有“嘉靖八才子”、茅坤、洪朝选、归有光、蔡汝楠等人，“嘉靖八才子”以王慎中、唐顺之最为著称。此批作家可称为“本色派”，王慎中、唐顺之、茅坤、洪朝选等人为核心成员。

“本色派”核心成员交往紧密，顺之是“粘合剂”。王慎中、茅坤、洪朝选、“嘉靖八才子”成员等皆与顺之过从甚密，其他作家之间亦互有往来，

① 贝京《归有光研究》，第68页。

他们的文集保存大量的交往文字。顺之于嘉靖十一年(1532)在京师初识王慎中,受其影响而文艺思想发生转变,此后终生往来不辍,相互引为知己,《唐荆川先生文集》与《遵岩集》载有他们互赠的书札和诗作,以书切磋文艺,以诗寄托友情。十四年顺之告归,家居宜兴,此时王慎中谪判常州御史,两人时为文酒之会。三十五年顺之专程赴闽,委托王慎中为父有怀公撰写行状——《中顺大夫永州府知府唐有怀公行状》,《唐荆川先生文集序》亦出自王慎中之手。王慎中交游甚广,然"于数人之中,吾所最敬惟毗陵唐荆川"①。顺之的文艺活动对茅坤影响极大,是茅坤最折服之人。茅坤受顺之编撰《文编》的启发而编选《唐宋八大家文钞》,多次致书顺之表述文艺观点。茅坤《白华楼藏稿》收有两篇《复唐荆川司谏书》,是茅坤向顺之阐述文艺思想的重要文献;顺之曾作两篇《答茅鹿门知县》,是考察顺之文学思想的重要文献,具体透彻地阐述"本色论"文艺观。再就是王慎中、唐顺之与洪朝选的交往,洪朝选向来没有得到学者重视,然就其与王、唐等人的交往及其文艺观与文学活动来看,被列入"本色派"理所应当。《巡抚洪芳洲先生朝选》②载:嘉靖二十年(1541)洪朝选就顺之讲学,后又师从王慎中,文学、学术皆受二人影响。顺之寄于洪朝选的信札收入《唐荆川先生文集》达八篇之多,多次阐发"本色论"。据顺之《与洪芳洲书一》③可知,洪朝选有诗文问世即寄给顺之令其品评,顺之即以"本色论"的观点致以批评。王慎中与洪朝选为福建同乡,且有师徒之谊,两人过往非浅,王慎中《与李中溪书三》论其文学及为人:"……吾乡有洪芳洲(洪朝选号芳洲)先生,文词直得韩、欧、曾、王家法,与唐荆川君最相知。其所作,视荆川不啻王深甫之于南丰,张文潜之于东坡,充其所极,当为本朝名家。今行年才逾三十耳,其文学如此。而其为人峻洁忠信,卓然有古独行之操,不以世俗之味锱发乱志,尤为荆川所敬……"

二、同反拟古

他们共同反对"前七子"倡导的文学拟古主义,声气相通,相互呼应。

① (明)王慎中《遵岩集》卷二十《存悼篇》。

② (清)李清馥《闽中理学渊源考》卷六十三。

③ (明)唐顺之《唐荆川先生文集》卷七。

王慎中《与归善叶生》[1]云：

近世俗弊，士无真识，古学不传，淫蛙塞耳。而仆独以孱力振雅调于群聋之间，宜其不为世所悦也。

顺之《与洪芳洲郎中》[2]云：

所示济南生文字，黄口学语，未成其见，固然本无足论。但使吾兄为人所目摄，此亦丰干饶舌之过也。且崆峒强魂，尚尔依草附木，为祟世间，可发一笑耳。

王慎中与顺之俱批评“前七子”为文剽窃古人而无真识己见。顺之指出文章具有原创性的独到见解才能传之久远，翰惠后人，模拟剽窃古人之作即便刻版付梓，亦毫无价值，《答蔡可泉》[3]云：

自古文人，虽其立脚浅浅，然各自有一段精光不可磨灭，开口道得几句千古说不出的说话，是以能与世长久。……兄试观世间糊窗棂、塞瓶瓮，尘灰朽腐，满墙壁间何处不是近时人文集？有谁闲眼睛与之披阅？若此者，可谓之不朽否耶？本无精光，遂尔销歇，理固宜然。设使其人早知分量，将几块木板留却柴烧了，岂不省事？可笑，可笑！

此论正刺中七子及其末流文学拟古主义弊端。茅坤《唐宋八大家文钞原叙》[4]尖锐地指出：

我明弘治、正德间，李梦阳崛起北地，豪隽辐凑，已振诗声，复揭文轨，而曰：吾《左》吾《史》与《汉》矣！已而又曰：吾黄初、建安矣！以予观之，特所谓词林之雄耳，其于古六艺之遗，岂不湛淫涤滥，而互相割裂已乎！

归有光对当时文坛复古风气抨击最为激烈，《与沈敬甫》[5]云：

---

①④ （明）王慎中《遵岩集》卷二十三。
② （明）唐顺之《唐荆川先生文集》卷六。
③ （明）唐顺之《唐荆川先生文集》卷七。
⑤ （明）归有光《震川先生集》卷七，《四部丛刊初编》本（下同，不注）。

仆文何能为古人？但今世相尚以琢句为工，自谓欲追秦、汉，然不过剽窃齐、梁之余，而海内宗之，翕然成风，可谓悼叹耳。

归有光尤其批判“后七子”，《项思尧文集序》①云：

盖今世之所谓文者难言矣。未始为古人之学，而苟得一二妄庸人为之巨子，争附和之以诋排前人。韩文公云：“李杜文章在，光焰万丈长。不知群儿愚，那用故谤伤。蚍蜉撼大树，可笑不自量。”文章至于宋、元诸名家，其力足以追数千载之上而与之颉颃，而世直以蚍蜉撼之，可悲也！毋乃一二妄庸人为之巨子以倡导之欤？

三、共倡本色

“本色派”称名关键在于核心成员的文艺观俱倾向于“本色论”，创作亦不同程度地实践了“本色论”。顺之《答茅鹿门知县》(二)旗帜鲜明地提出：

只就文章家论之，虽其绳墨布置、奇正转折，自有专门师法，至于中一段精神命脉骨髓，则非洗涤心源、独立物表、具今古只(应为“千”)眼者不足以与此。今有两人，其一人心地超然，所谓具千古只眼人也，即使未尝操纸笔呻吟学为文章，但直据胸臆，信手写出，如写家书，虽或疏卤，然绝烟火酸馅习气，便是宇宙间一样绝好文字；其一人犹然尘中人也，虽其专专学为文章，其于所谓绳墨布置则尽是矣，然翻来覆去不过是这几句婆子舌头语，索其所谓真精神与千古不可磨灭之见，绝无有也，则文虽工而不免为下格。此文章本色也。即如以诗为谕，陶彭泽未尝较声律雕句文，但信手写出，便是宇宙间第一等好诗，何则？其本色高也。自有诗以来，其较声律、雕句文，用心最苦而立说最严者，无如沈约，苦却一生精力，使人读其诗，只其捆缚龌龊，满卷累牍，竟不曾道出一两句好话，何则？其本色卑也。本色卑，文不能工也，而况非其本色者哉！

---

① (明)归有光《震川先生集》卷二。

《与洪芳洲书》①阐述：

盖文章稍不自胸中流出，虽若不用别人一字一句，只是别人字句，差处只是别人的差，是处只是别人的是也。若皆自胸中流出，则炉锤在我，金铁尽镕，虽用他人字句，亦是自己字句。

文字工拙在心源。……

近来觉得诗文一事，只是直写胸臆，如谚语所谓开口见喉咙者，使后人读之如真见其面目，瑜瑕俱不容掩，所谓本色，此为上乘文字。

何谓"本色"？本色是指作家真实的、本原的、天然的人格质地，即作家"自我"，通过为文反映出来，表现为文章中的真知灼见、真情实感、真切意境。人品决定文品，以文探人。本色高者，其文格调即高；本色卑者，其文格调亦卑；无本色者，其文最劣。若要写出本色文章，作家就应直写胸臆，意出于己，自然表露，不意矫饰。此为顺之"本色论"的主要观点。其他成员的文艺理论虽无"本色"字眼，却是"本色论"的观点。

王慎中《与江午坡》②提出"其作为文字，法度规矩一不敢背于古，而卒归于自为其言"，郭绍虞诠释"要归于自为其言，故'义'必前人所未发"③，正是意出于己的"本色"论点。王慎中《与项欧东书》(二)进一步阐述"自为其言"并非不能引述他家言语，只要"意出于己所欲言"，即是本色文章，此论与顺之《与洪芳洲》(一)所言文章"若皆自胸中流出，则炉锤在我，金铁尽镕，虽用他人字句，亦是自己字句"观点一致。茅坤《复唐荆川司谏书》④表述了同于"本色论"的观点："为文不必马迁，不必韩愈，亦不必欧、曾，得其神理而随吾所之。""随吾所之"正是为文意出于已，彰显作家主体真面目。归有光《答俞质甫书》⑤云"(为文)出于意之所诚"，《与沈敬甫》云"文字又不是无本源，胸中尽有，不待安排"，都符合"本色论"的要义。洪朝选《方山诗录序》云"然则非言诗之不足以信人，乃其依托假似不出于胸臆肺

① (明)唐顺之《唐荆川先生文集》卷七。
② (明)王慎中《遵岩集》卷二十三。
③ 郭绍虞《中国文学批评史》，第353页。
④ (明)茅坤《白华楼藏稿》卷一。
⑤ (明)归有光《震川先生集》卷七。

腑之诚,足以起人之疑而为世之病也”。洪朝选认为诗的表达以显示本色、直见面目为旨归,其他方面即使有所不足也无关紧要。他评价《诗经·小雅》中的《十月之交》《雨无正》等篇和楚骚诸篇:“其人之出于刚介直遂,其心之出于愤世嫉俗,而无毫发粉饰蔽护之态集于其间也。”(见《方山诗录序》,《洪芳洲摘稿》卷二)洪朝选的这些论述是对顺之“本色论”的进一步发挥。

凭心而论,“本色派”主要成员的创作实践逊于理论倡导,但也在不同程度上实践了“本色论”。王慎中、茅坤古文成就虽不及唐顺之、归有光,可也有值得称道的本色文章,如王慎中《送程龙峰郡博致仕序》、茅坤《与查近川太常书》等。顺之古文名篇《旸谷吴公传》《任光禄竹溪记》《与雷古和提学》《答茅鹿门知县二》《书〈秦风·蒹葭〉三章后》等等,皆自作者胸中而出,见解独具,情感真挚,信手写来,不假雕饰,钱基博评“上接欧阳修,下开归有光,在有明中叶,屹然为一大宗”①。归有光在“本色派”中古文成就最高,以疏淡风神之笔描写家常琐屑,悼亡念存,情感极挚,意境亲真,恻恻动人之著名篇章如《先妣事略》《归府君墓志铭》《项脊轩志》《寒花葬志》等,钱基博谓“是于太史公深有会处”,“开韩、柳、欧、苏未辟之境者也”②。他们的古文风格不尽相同,然在表现作者“本色”这一点上具有共性。

四、俱浸心学

“本色派”核心成员具有共同的思想基础——阳明心学,这正是“本色论”的思想根源。阳明心学核心论题是“心即理”“致良知”,王阳明认为“吾心”是主宰一切的本源,心外无理,心外无物,心外无事,人对客观世界的看法与认识皆来自“心”。天地间诸事万物,举凡纲常伦理、言行举止、成败荣辱等等,无一不根于吾心而森然毕具、神圣本然地“天理流行”。阳明心学强调主体的主观自觉性与能动性。顺之与王门弟子王畿、罗洪先、徐阶、聂豹、邹守益等荦荦大家过从尤密,从而接受王门心学思想。顺之提出的文学理论“本色论”主张:“文字工拙在心源。”为文意出于己,自然

---

① 钱基博《中国文学史》,第706页。

② 钱基博《中国文学史》,第708—709页。

无矫饰，强调创作主体的独立自觉精神，这正是阳明心学思想在文艺领域的体现。明李开先撰《遵岩王参政传》①云："(王慎中)益得肆力问学，与龙溪王畿讲解王阳明遗说，参以己见，于圣贤奥旨微言，多所契合。"当时王慎中任南京礼部员外郎，王畿任南京兵部主事，王慎中得以从王畿处接触阳明心学。《遵岩王参政传》载王慎中嘉靖十五年(1536)任江西参议："其地乃阳明政教所及之地，故老犹能道其详。仲子则寻陈迹，讲新知，往来白鹿、鹅湖间，公事不废，而士子闻所未闻也。更与双江聂司马(豹)、东廓邹司成(守益)、念庵罗殿撰(洪先)、南野欧阳大宗伯(德)交游讲学。"这些人都是王门大家，王慎中与他们交游讲学，由此更深入地浸润阳明心学。明代中期王学思潮汹涌澎湃，茅坤、洪朝选等人俱程度不同地受到阳明心学的熏染。这便是"本色派"主要成员持"本色论"的共同的思想基础，也是"本色派"主要成员又一共性。

"本色派"的成员构成，前文已论述，王慎中、唐顺之、茅坤、洪朝选等是其核心成员。至于归有光，他与"本色派"的关系就不是那么截然分明了。归有光有两点与"本色派"核心成员一致，一是在反对前、后七子拟古主义文学思潮这点上，还有一点是都标举"本色论"的文艺观。而致命的一点是，归有光与"本色派"核心成员均无交往。归有光与王慎中、唐顺之、茅坤等人年龄相仿，归有光的家乡是江苏昆山，与顺之家乡江苏常州相隔不远，与茅坤家乡浙江归安亦不算太远，何况他与王慎中、唐顺之具有共同的交游魏校，又同为文人士夫，按常理推断，他们应该有交往。然而，就笔者视野所及，尚未发现他们交往的确凿的文字资料。归有光与王、唐等人没有交往与交流，却在反对前、后七子拟古主义与提出"本色论"两点上与他们一致，看来他们是不谋而合，文学倾向自然趋同，原因在于时代使然。没有交往不等于没有相互影响，文坛时代风尚应是相互影响的媒介。那么，就以上所述来看，归有光算不算"本色派"的成员呢？笔者认为，相对于核心成员而言，归有光应算作"本色派"的外缘成员。当然，"本色派"的外缘成员应当有一批作家，并不止归有光一个。但是，限于时间和精力，本书不再对其他外缘成员作深入探讨，留待后考。

---

① (明)李开先《李中麓闲居集》传十。

附录一　唐顺之年谱简编(1507—1560)

明武宗正德二年丁卯(1507)　1岁

唐顺之，字应德，一字义修，号荆川，江苏武进人。

武进唐氏家族。

《毗陵唐氏家谱》"礼"册、"文"册云：其先人始居江苏高邮，后迁至武进。武进始祖为其六世祖唐华甫，宋末人；五世祖唐汝文，做过元筠州提举；高祖唐诚，人称伯成公；曾祖唐衍，其子贵赠征士郎户科给事中；祖父唐贵，弘治廷试二甲第五名，仕为户科给事中，以子唐珤赠奉直大夫；父唐珤，正德庚午举人，历官河南信阳州知州、湖广永州(今湖南零陵县)府知府；子唐鹤征，隆庆辛未进士，仕至南京太常寺少卿。

正德二年丁卯(1507)十月初五，唐顺之生于里地。

明李开先撰《荆川唐都御史传》云"(唐顺之)生则正德丁卯十月初五日"，正德丁卯即正德二年。(《李中麓闲居集》传十)

明武宗正德四年己巳(1509)　3岁

晋江王慎中生。

明王惟中撰《河南布政司参政王先生慎中行状》云："嘉靖辛丑，忽从中报罢……时年才三十三也。"(《国朝献征录》卷九十三)据此推断，嘉靖辛丑(1541)时，王慎中三十三岁，其生年当为正德己巳(1509)。

王慎中，字道思，初号遵岩居士，后号南江，福建晋江人，生于正德四年(1509)，卒于嘉靖三十八年(1559)，终年五十一。十八岁举嘉靖五年进士。官至河南参政，二十年落职归，家居几近二十年，问业者踵至，专力于古文。有《遵岩集》二十五卷、《玩芳堂摘稿》四卷。

明武宗正德五年庚午(1510) 4岁

父唐珤举于乡。

明王慎中撰《中顺大夫永州府知府唐有怀公行状》云:"(唐珤)十六补郡学弟子员,二十八举于乡。"又《中顺大夫永州府知府唐有怀公行状》云:"(唐珤)以疾终,嘉靖三十四年七月初一日也,年七十三。"据此可推正德五年庚午,唐珤二十八岁。

《毗陵唐氏家谱》"文"册《世表·五分》第六世云:"唐珤,行一,字国秀,号有怀。正德庚午举人,仕至湖广永州府知府。有诰命二道。"

唐珤,字国秀,号有怀,人称有怀公。由乡举选信阳知州,仕至永州知府。

明武宗正德七年壬申(1512) 6岁

归安茅顺甫坤生。

明朱赓《鹿门茅公墓志铭》云:"公始生,而李母闻若霹雳声者震而投于床,窃异之。时正德壬申七月壬辰日。"(《朱文懿公文集》卷九)

茅坤,字顺甫,号鹿门,归安(今浙江吴兴县)人。生于正德七年(1512),卒于万历二十九年(1601),终年九十岁。嘉靖十七年举进士。雅好谈兵,曾破广西猺贼,协助胡宗宪抗倭。善古文,最心折唐顺之。编选《唐宋八大家文钞》,盛行海内,乡里小生无不知茅鹿门者。有《白华楼藏稿》。

明武宗正德十一年丙子(1516) 10岁

生而颖异,幼即有志于圣贤之学。发奋读书常至通宵,遍读经史诸书。

明顾宪成撰《郡志传·唐顺之传》云:"唐顺之,字应得,武进人。生而颖异,潜心圣贤之学。"

明王升撰《宜兴县志·寓贤传·唐顺之传》云:"唐顺之,字应得,武进人。……先生生而颖异,少有圣贤之志。"

明冯时可撰《中丞荆川唐先生传》云:"先生讳顺之,字应得,生而甚颖，童时即以圣贤自许，耻为小儒。……读书常彻夕。母任宜人怜其稚弱，辄吹灯令寝。先生椟其灯，俟母寝熟，始发以为常。甫髫已遍经史。”

明欧阳东风撰《晋陵先贤传·明都御史唐荆川先生传》云：“先生名顺之，字应得，武进人。生而颖异，潜心圣贤之学。”

明唐鹤征撰《陈渡阡表》云：“先考生而颖异，童时志已必为圣贤。……读书常彻旦，大母任太宜人怜其稚也，起灭其灯，自是篝灯椟之。俟大母寝熟，始发焉，率以为常，无间寒暑。弗垂髫已遍读诸经史矣。”

明世宗嘉靖元年壬午(1522)　16岁

补郡庠生。

明冯时可撰《中丞荆川唐先生传》云：“(唐顺之)十六入庠。”

明唐鹤征撰《陈渡阡表》云：“(唐顺之)年十六为郡诸生。”

明世宗嘉靖三年甲申(1524)　18岁

大婚，字庄氏。

唐鼎元撰《唐荆川先生年谱》卷一《三年甲申十八岁》云：“有怀公为公授室，娶同邑庄静思公齐女，参政鹤溪公祥女孙。”

明世宗嘉靖七年戊子(1528)　22岁

举应天乡试，以《诗经》科应试，名列第六。

明洪朝选撰《荆川唐公行状》云：“是岁，两京始用部属官同考，《经》房为礼部郎中临海王度。王公乃奇士也，荐其乡友许仁卿为第一，公于许为同经，于是乃得第六。”

明冯时可撰《中丞荆川唐先生传》云：“(唐顺之)十六入庠，戊子举于乡，书第六。”

明唐鹤征撰《陈渡阡表》云：“(唐顺之)年十六为郡诸生，戊子中应天乡试第六。”

明世宗嘉靖八年己丑(1529)　23岁

中会试第一。

明李开先撰《荆川唐都御史传》云:"己丑会试第一名。……会试卷,见者以为前后无比,气平理明,而气符乎理,意深辞雅,而意包乎辞。学者无长幼远近,悉宗其体,如圆不能加于规,方不能加于矩矣。"

明冯时可撰《中丞荆川唐先生传》云:"(唐顺之)己丑举礼闱第一。"

明唐鹤征撰《陈渡阡表》云:"(唐顺之)己丑中会试第一,制义冠昭代。"

《明史·唐顺之传》载:"唐顺之,字应得,武进人……年二十三,举嘉靖八年会试第一。"

拒杨一清,中廷试第四,二甲第一。

明洪朝选撰《荆川唐公行状》云:"……明年中礼部会试第一……时镇江邃庵杨公一清为相公。既首会试,名遂大显,即欲以公为廷试最。遣一乡人夜半来索公策,公与有怀公皆辞之,一夜数往返。杨公怒曰:'其少者无知故若是,老举人亦为此乎?'少者指公也。乡人复以语有怀翁,翁素畏慎,欲与之,公曰:'一殿元何足为人轻重?如进身之初,而即若此,后悔何及?'翁竟弗之强也。杨公于是博访其卷,置之第三,已而为人所易,置之第四。"

明顾宪成撰《郡志传》云:"……弱冠举省试第一。杨公一清奇其才,将以魁廷试。遣客索所对策,不应也。"

明李贽撰《佥都御史唐公传》云:"……嘉靖己丑中礼部试第一,及廷试,邃庵内阁使乡人索试策,欲首擢之。而公以年少筮仕,守己当严,竟不与通,置二甲首。"(《续藏书》卷二十二)

明唐鹤征撰《陈渡阡表》云:"……初举礼闱,润州杨公一清为相,奇其才,将以魁甲榜,令人索所对策,一夕五返。润州怒曰:'我何私?为国求才耳。'时永州翁亦与计偕,因语之曰:'孺子遽与贵人左?毋乃不可乎?'先考曰:'进即拜恩私门,胡以自立?'竟不答。"

杨一清,字应宁,号邃庵,化州城人(祖籍云南安宁)。晚年居丹徒。登成化八年进士。历侍成化、弘治、正德、嘉靖四朝,官至兵部、户部、吏部尚书，武英殿、谨身殿、华盖殿大学士，左柱国，太子太傅，太子太师，两次入阁预机务，后为首辅，官居一品，位极人臣。一清貌寝而性警敏，好谈经济大略，于时政最通练，而性阔大。爱乐贤士大夫，与共功名。杨一清为明朝名臣，多有建树。有《石淙稿》十九卷。

逆张璁。夏四月，选庶吉士。座主张璁、霍韬以杨一清选庶吉士为市恩立党为由，遂出诸庶吉士为他曹，欲独留顺之。唐顺之不肯趋附，璁恨恶，改授唐顺之兵部武选司清吏主事。

明李开先撰《荆川唐都御史传》云："选作庶吉士，一二大臣不相能，遂即罢之。主者犹以二甲前三名制策会经御览，欲各授以检讨，唐子力请同罢，一事而有去留，非体。始进，及能恬退如此。"

明赵时春撰《荆川唐君墓志铭》云："……改翰林庶吉士。柄臣方忌诸吉士，奏罢之。而以主先生会试，欲特留先生。先生坚不可遂，例授兵部武选主事。"

明洪朝选撰《荆川唐公行状》云："……其年考庶吉士，公以御批，故不预考而亦改庶吉士。会阁臣有言诸吉士考选不公，尽出之。而宰臣罗峰张公孚敬以公有御批，独欲留公，公义不可。于是，并授部官，为兵部武选司主事。"

明唐鹤征撰《陈渡阡表》云："……永嘉张公孚敬实主己丑试事，尤器重焉。诸吉士之出也，拟独留之，先考固执不可。"

《明史·唐顺之传》云："唐顺之，字应得，武进人……年二十三，举嘉靖八年会试第一，改庶吉士。座主张璁疾翰林，出诸吉士为他曹，独欲留顺之。固辞，乃调兵部主事。"

张璁，字秉用，号罗峰。后赐名孚敬，字茂恭，永嘉人。正德十六年登进士。嘉靖间大礼仪之争，张璁力迎世宗意，深得宠信。仕至华盖殿大学士。有《张文忠集》。

忘年交毛古庵宪致书唐顺之，贺其高第。

明毛宪《与唐应德》书云："顷闻高第，大为吾常之光，深以为喜。然君之所为，又有大于此者。仰法古人，进德修业为第一流人物，又为吾常千古之光。吾老矣，庸劣无能，敢以望于贤友，何如何如！余琐琐不足道也。奉去《近思录》二册，昔人谓此书为圣学门廷，更望贤者留意，当自有得，千

万珍重。”(《古庵毛先生文集》卷二)

毛宪,字式之,号古庵,武进人。正德六年进士,官刑科给事中,谢病归。人称古庵先生,为唐顺之忘年友。有《古庵毛先生文集》。

结识罗洪先,订为石交。

明李贽撰《佥都御史唐公传》云:“……首则江西罗念庵洪先也。自与罗公见,知其人品甚高,因定为石交。”

罗洪先(1504—1564),字达夫,别号念庵,江西吉水人。自幼端重,有志于圣学。嘉靖八年己丑,举进士第一。授翰林修撰,官至春坊左赞善,罢归。罗洪先为王阳明私淑弟子,以良知为宗,《明儒学案》列入“江右王门学案”。其学凡三变,始致力于践履,中归摄于寂静,晚彻悟于仁体,以“主静”说、“仁体”说和“异端”说最具特色。有《念庵罗先生集》十三卷、念庵文集》二十二卷行世。

明世宗嘉靖九年庚寅(1530)　24岁

其父有怀公授河南信阳州知州,六上春官不第,遂谒吏部选,授是官。

明王慎中撰《中顺大夫永州府知府唐有怀公行状》云:“凡六举会试不第,就铨得信阳州知州。”

春,疏病告归。

明李贽撰《佥都御史唐公传》云:“以幼时尝竭精神于举业,几成瘵疾,而学问文章未成,恐碌碌仕途无以为终身自立之地。庚寅春,疏病得归。”

明李开先撰《荆川唐都御史传》云:“……选除兵部主事,未久,以僚长卢襄难处,因病告归。”

夏六月,母任宜人卒,随有怀公之行也。

明李开先撰《荆川唐都御史传》云:“母随父之任信阳路,出天津,卒于舟中。”

明吕柟撰《唐母任氏墓志铭》云:“任生成化辛丑十一月二十四日,卒嘉靖庚寅六月六日。随信阳行,一痢疾卒于天津舟中,享年五十岁。”(《泾野先生文集》卷二十六)

明程松溪撰《祭唐太夫人文》云:“呜呼! 古人有言,观妇于夫,惟有怀公……亦有言,观母于子,惟我应德……将之信阳,危疾遽罹。”(《程文恭

公遗稿》卷十六）

明世宗嘉靖十年辛卯(1531)　25岁

家居丁母忧，居丧甚谨。

明洪朝选撰《荆川唐公行状》云："当丧任宜人时，有怀翁赴信阳任。诸弟幼，公独居家理丧事。自念无以报亲，惟有竭力营葬可以用情。而家素窘，虽治丧事，细若丝枱之类，尚无所取也，乃满壁书'志士不忘沟壑'语以其上以自励。"

明毛宪《与唐应德书》云："仆尝叹世变日下，古道日靡，凡时皆然，而丧礼尤甚。恒思少挽颓风，而德菲力薄，垂老无能为也。每与令尊甫言之，至长太息而不能已。顷闻贤者居丧甚谨，深有古意，已出人一头地，更望终始如礼，为世道幸。"(《古庵毛先生文集》卷二)

明世宗嘉靖十一年壬辰(1532)　26岁

春三月，葬母任宜人于殷塔村。吕柟作《唐母任氏墓志铭》。

明吕柟撰《唐母任氏墓志铭》云："应德将卜壬辰年三月十一日，归窆于殷塔村新阡。"(《泾野先生文集》卷二十六)

秋九月，服阕，无赴官意。以有怀公命，乃束装赴京。改吏部稽勋主事，调考功主事。

明李贽撰《佥都御史唐公传》云："服阕，无赴官意，以有怀公教，乃束装。壬辰，改稽勋主事，调考功。"(《续藏书》卷二十二)

结识王慎中，引为知己。诗文创作受王慎中影响，发生改变。

《答王南江提学》云："仆自入官，得请见于当世大夫，盖三年，而后见兄。一见则骇然异之，而兄亦过以仆为知己。夫兄雄俊之文，博辩之才，迈往之气，无一人不知之，而独谓仆为知己者，岂仆之知兄止于世人所知而已也？抑亦有不止于世人所知而已也。"(《唐荆川先生文集》卷五)

明李开先撰《荆川唐都御史传》云："(唐顺之)素爱崆峒诗文，篇篇成诵，且一一仿效之。及遇王遵岩，告以自有正法妙意，何必雄豪亢硬也。唐子已有将变之机，闻此如决江河，沛然莫之能御矣。故癸巳以后之作，别是一机轴。有高出今人者，有可比古人者，未尝不多遵岩之功也。"(《李

中麓闲居集》传十)

王畿举进士,寓京师,唐顺之与晤,得闻阳明之学。

《明儒学案》卷十二《浙中王门学案·郎中王龙溪先生畿》云:"丙戌试期不欲往,文成曰:'吾非以一第为子荣也,顾吾之学疑信者半,子之京师,可以发明耳。'先生乃行,中会试。时当国者不说学,先生谓钱绪山曰:'此岂吾与子仕之时也?'皆不廷试而归。……壬辰廷对,授南京职方主事。"

明李贽撰《荆川唐公传》云:"罗峰(张璁)相公改各属官为翰林,部中首举公为编修,校对累朝实录。……时则王龙溪以阳明先生高第寓京师,公一见之,尽叩阳明之说,始得圣贤中庸之道矣。"(《续藏书》卷二十二)

《吏部郎中林东城墓志铭》云:"君为主事,是时缙绅之士以讲学会京师者数十人,其聪明解悟能发挥师说者,则多推山阴王君汝中。"(《唐荆川先生文集》卷十四)

王畿(1498—1583),字汝中,号龙溪,浙江山阴人。弱冠举于乡,嘉靖二年癸未下第,归而受业于王守仁,为王守仁同郡宗人,浙中王门首席人物,为阳明学派最得其宗者。五年丙戌举进士,不廷试而归。十一年壬辰,始廷对,授南京职方主事,不久以病归。此后,居林下四十余年,以讲学为务,学者称其龙溪先生。跌宕自喜,笃于自信,事有小过不足累。万历癸未六月七日卒,年八十六。其学术宗阳明"致良知"之学,援禅理入心学而不讳言,重在求真,赋予王学诸多新意,突破王学固有的藩篱。《明儒学案》中黄宗羲将其列入"浙中王门学案"。有《龙溪王先生全集》二十卷、《龙溪语录》八卷行世。

明世宗嘉靖十二年癸巳(1533)　27岁

于京师结交缙绅。时高叔嗣、王慎中、华察、孟洋、江以达、曾汴、屠应埈、陈束、任瀚、熊过、李开先、皇甫涍、皇甫汸诸名士咸官京师,唐顺之与之游。时以唐顺之、王慎中、陈束、任瀚、熊过、李开先、赵时春、吕高为八才子,即"嘉靖八才子"。

明李开先撰《吕江峰集叙》云:"古有建安七子,大历十才子,今嘉靖十年后更有'八才子'之称。八人者,迁转忧居,聚散不常,而相间不过数年,其久者亦止八九年而已,不知天下何以同有此称。详其所作,任忠斋以奇警，熊南沙以简古，唐荆川以明畅，而陈后冈之精细，王遵岩之委曲，赵浚谷之雄浑，各随其材力。吕江峰独以雅致擅名，七子所长果是不可及。但任失之靡丽，熊失之悭涩，唐失之软弱，而失之深晦者陈，失之疏荡与缠纠者乃赵与王也。吕亦自谓有方板之失，其短处自不可掩。……惟余兼有七病素无一长，亦幸得厕名于其间。”(《李中麓闲居集》“序文五”)

清钱谦益《列朝诗集小传》丁集上《吕少卿高》云：“嘉靖初，朝士有所谓八才子者：晋江王慎中道思、毗陵唐顺之应德、富顺熊过叔仁、慈溪陈束约之、南充任瀚少海、章丘李开先伯华、平凉赵时春景仁，而山甫亦与焉。”

《明史·王慎中传》云：“王慎中，字道思，晋江人。四岁能诵诗，十八举嘉靖五年进士，授户部主事，寻改礼部祠祭司。时四方名士，唐顺之、陈束、李开先、赵时春、任瀚、熊过、屠应埈、华察、陆铨、江以达、曾忭辈，咸在曹部，慎中与之讲习，学大进。”

《明史·文苑传》云：“时有‘嘉靖八才子’之称，谓(陈束)束及王慎中、唐顺之、赵时春、熊过、任瀚、李开先、吕高也。”

陈束，字约之，号后冈，浙江鄞县人。嘉靖八年进士，选庶吉士，授编修，出为湖广佥事，分巡辰、沅，迁福建提学副使，改河南提学副使，卒于官，年三十三。有《陈后冈诗集》一卷、《文集》一卷。

吕高，字山甫，号江峰，江苏丹徒人。嘉靖八年进士，授户部主事，改兵部，历郎中，出为山东提学副使，转行太仆少卿，以大计罢归。有《江峰漫稿》。

李开先，字伯华，号中麓，山东章丘人，人称“中麓子”。嘉靖八年进士，官至太常少卿，罢归。有《李中麓闲居集》十二卷。

熊过，字叔仁，号南沙，四川富顺人。嘉靖八年进士，累官祠祭郎中，坐事贬秩，复除名为民。有《熊南沙文集》八卷。

任瀚，字少海，号忠斋，四川南充人。嘉靖八年进士，改庶吉士未上，授吏部主事，屡迁考功郎中，补春坊司直，兼翰林简讨。有《逸稿》六卷。

赵时春，字景仁，号浚谷，甘肃平凉人。嘉靖五年丙戌会试第一，官至佥都御史，巡抚山西。有《赵浚谷集》十六卷。

高叔嗣，字子业，号苏门山人，祥符人。嘉靖二年癸未进士，累官湖广按察使。卒官，年三十有七。其诗初受知于李梦阳，然摆脱窠臼，为诗清新婉约,自抒性情,不宗其说。有《苏门集》八卷。

华察,字子潜,号鸿山,无锡人。嘉靖五年进士,历任兵部郎中、翰林修撰、试读学士。有《岩居稿》八卷。

孟洋,字望之,一字有涯,河南信阳人。弘治乙丑进士,官至监察御史。有《孟有涯集》十七卷。

江以达,字子顺,号午坡,贵溪人。嘉靖五年进士,累官至湖广副使,为楚藩所构,削籍。有《江午坡集》四卷。

屠应埈,字文升,号渐山,平湖人,刑部尚书勋子也。举嘉靖五年进士,由郎中改翰林,官至右谕德。有《兰晖堂集》四卷。

皇甫汸,字子循,号柏泉,长洲人。嘉靖八年己丑进士。历任工部郎中、南京吏部稽勋郎中、云南按察使佥事,以大计免官。其诗初宗少陵,继而出入魏晋六朝,当弘、正之后,畅迪功之流风,矫北地之积习,与兄冲、涍,弟濂俱有才名,时称"皇甫四杰"。有《皇甫司勋集》六十卷。

皇甫涍,字子安,号少玄,长洲人。嘉靖十一年进士,官至浙江按察佥事。其为诗,初受李梦阳熏染,后病其蹊径,专意建安,特工五言。有《皇甫少玄集》。

调为翰林编修,校累朝实录。

《明史·唐顺之传》云:"(嘉靖)十二年秋,诏选朝官为翰林,乃改顺之编修,校累朝实录。"

明世宗嘉靖十三年甲午(1534)　28 岁

官翰林,校累朝实录。

创作诗歌,凡九十五首。雍容典雅,有初唐气象。

《唐荆川先生文集》卷一第一首诗《游西山碧云寺作得悦字》下注"此下系翰林时作",凡九十五首。其中典型篇章有《冬至南郊》《奉天殿庆成侍宴》《朝谒长陵》《奉命分祀孔庙作》《咏天坛梅花》《同院寮观阁中芍药作》《南苑》《午日庭宴》《和陈编修约之禁中雪诗二首》等。

春二月,吕高奉命募兵辽东,唐顺之作《从军行送吕兵曹募兵辽海》(《唐荆川先生文集》卷一)。

《世宗实录》卷一百六十云:"(嘉靖十三年二月)癸酉,兵部以大同乱卒未平，人有虏警，请差给事中六人，兵部司官六人，分诣各边招募勇敢，以壮军实。上从部议，命给事中常序等往，又招兵部募兵，宜为实边久计。”

明李开先撰《江峰吕提学传》云：“调转兵部武选司主事，值大同戍卒再称乱，敕往辽阳募兵。”（《李中麓闲居集》传十）

明陈束作《从军行送吕武部募兵》（《陈后冈诗集》）。皇甫涍作《辽阳行送吕思抑募兵》（《皇甫少玄集》卷十四）。

夏，与李中溪、熊南沙、任少海、王湛泉谒陵并往观长城。

明李中溪《游银山铁壁记》云：“嘉靖甲午夏谒陵，同熊南沙、任少海、唐荆川、王湛泉既竣事，约往观长城。”（《李中溪集》卷八）

李元阳，字仁甫，号中溪，别号逸民，云南太和人。嘉靖五年进士，官监察御史。倜傥有奇节，工文章。有《李中溪集》。

王与龄，字受甫，号湛泉，山西乡宁人。嘉靖八年进士，授苏州府推官，入为户部主事，升吏部文选郎中，因触忤严嵩，罢归。

冬，王慎中以礼部验封司员外郎谪判常州，唐顺之、陈束、李开先、吴檄、吕高、熊过、张元孝、李遂饯于海甸。

明王慎中撰《中顺大夫永州府知府唐有怀公行状》云：“（嘉靖）甲午冬，某由吏部郎中谪判常州，应德亦削籍翰林编修籍，还里。”（《遵岩集》卷十七）

明李开先撰《游海甸诗序》云：“王遵岩慎中，年十八岁举进士，负时名，颇能违众自立，久为当国者所不悦。历官吏部司封郎，为张方山衍庆以副都请封其父参政君继，虽父子同品，前此刘编修春，封其父御史君规，杨主事子器，封其父通判君禄，张罗峰不以为例也。票拟获谴，谪判毗陵。将行，叮嘱同志饯别海甸，夙闻其胜，而未尝一游，过此则终身或无复见期。于是武选吴皖山檄、吕江峰高、熊南沙过、翰林唐荆川顺之、陈后冈束、礼部张少室元孝、李克斋遂，及予共八人焉。以嘉靖乙未三月望日，出阜城门。”（《李中麓闲居集》序文六）

笔者按：李开先《游海甸诗序》云饯别之日为“嘉靖乙未三月望日”，当为误。唐鼎元撰《明唐荆川先生年谱》以此次饯别众人的行踪为证，多方考证，此次饯别当为嘉靖甲午冬。此处不再重复考证，可参见唐鼎元撰

《明唐荆川先生年谱》。

吴檄，桐城人。嘉靖八年进士，历官兵部武选郎中、湖广参议。

张元孝，河南汝阳人，嘉靖二年进士。

李遂，字邦良，号克斋、罗山，丰城人。嘉靖五年进士，官至右佥都御史、南京参赞尚书。

省父有怀公于信阳，时其父唐珤任信阳知州。

《唐荆川先生文集》卷一作于官翰林时期的诗作有《观中州进贺长至表笺恭述时寓信阳》，可推知唐顺之官翰林时曾往信阳省父，时其父唐珤任信阳知州。

明世宗嘉靖十四年乙未(1535)　29岁

任翰林编修。与高叔嗣游。

明高叔嗣《栗陈州诗序》云："乙未岁，朝京师，翰林编修唐君应德语余曰：道甫诗可传，复诵其伯氏仁甫，尤长歌诗。"(《苏门集》卷五)

作《谢病赠别高参政子业》(《唐荆川先生文集》卷一)，送别高叔嗣复归山西参政任。

春二月，实录校完，称病告归。张璁拟旨，以吏部主事罢归，永不起用。

《世宗实录》卷一七二云："(嘉靖十四年二月)己酉，翰林院编修唐顺之疏请回籍养病，上曰：顺之方改吏职，又属校对《训录》，何辄以疾请？令以原职致仕，永不起用。"

明洪朝选撰《荆川唐公行状》云："公常以学问文章未成，意常思归。会同校《累朝宝训》将完，心不欲受升赏，族子音会试期近，意避考官，复上章告病。是时罗峰张公柄国。张公故敬公，常欲引公自近，而公每有远嫌意。僚友之衔公者，遂倡言公养病在远嫌以激张公。张公果怒，使人以危言动公，而留其疏不下，促公供职。公曰：'吾谢病疏上，即此足不可以出户限矣，岂有复出供职之理。且祸福有定数，既告复出，何以为人？'张公怒不已，遂取旨以原职吏部主事致仕，永不许起用。公浩然以为得遂己意，无几微忤色。"

明李开先撰《荆川唐都御史传》云："居官尚节，概而持己，厉廉隅兼，且议论英发。人虽有忌之者，然而颇服其才。称其公不至，不能容其。罗峰张国老虽会试举主，恶其不相亲近，有庆贺事，远投拜简，跃马径过其门。因其上疏养病，则票一旨云：'唐顺之方改吏职，有见校对《训录》，乃辄告病，着以原职致仕去，不许起用。'报出，士夫骇之，而唐子安之，曾无愠色。"（《李中麓闲居集》传十）

春三月，浩然南归。会陈束出为湖广佥事，分巡辰沅，因与联舟出京。

途中作《泊淮上作》（《唐荆川先生文集》卷一），陈束作《泊淮答唐应德》相赠（《陈后冈诗集》）。

明张时彻撰《河南按察副使陈公束传》云："时当道被皇帝隆遇，朝士咸奔走之。约之独不面，每岁时上寿，不得已望门投刺，辄驰马过之。当道衔之入骨，积不能容，乃注湖广佥事。……约之乃终不乐居，上书乞骸骨，其略曰：'臣僻在海隅，无所比算。不悟徼时之幸，遭逢希阔，屡晋清班，从侍华毂，首尾盖七年，而外迁今官。'"（《陈后冈文集》卷首）

归乡，客居宜兴，收纳学生。

《普安州判杭君墓表》云："乙未岁，余罢官归，客宜兴。"（《唐荆川先生文集》卷十六）

《答王南江提学》云："仆今年寓居阳羡，挈妻子以行，有一二童子相与讲章句。"（《唐荆川先生文集》卷五）

明世宗嘉靖十四年乙未(1535)春至十七年戊戌(1538)　29～32岁　前家居

十五年丙申(1536)，家居。

王慎中来访，送至丹阳。

唐顺之作《丹阳别王道思三首》，见于《唐荆川先生文集》卷一"前家居时作"。

夏五月，王艮偕王畿至武进访唐顺之。

明董燧撰《王心斋年谱》载："嘉靖十五年丙申夏五月，（艮）会王龙溪畿金山，访唐顺之武进。"

王艮，字汝止，号心斋，泰州人。出身于世代卤户之家。从王守仁学，开创泰州学派。学者称其心斋先生。有《王心斋全集》。

养病荆溪，万古斋登门拜访，订交论学，且遣其子万士安、万士和从唐顺之游。

《万古斋公传》云："嘉靖丙申，余(唐顺之)始识公(万古斋)于宜兴，公因遣二子从余游。"(《唐荆川先生文集》卷十六)

《祭万古斋文》云："庚寅之岁，余客阳羡，公来顾余，实始识面。……绸缪往复，逾四五年。"(《唐荆川先生文集》卷十三)

笔者按：此文"庚寅之岁"当为讹误，嘉靖庚寅为嘉靖九年，而唐顺之与万古斋初识于嘉靖十五年丙申。

万士和撰《先考古斋翁行略》云："(万古斋)素慕荆川先生为人，时先生方以少年拔出流俗……先考将就见之。先生适养疴来荆溪，即踵门求谒，不觉警服，率安、和从学焉。每一会晤，必有激发，恨相见之晚。然论书辞、谈道理，必反复质正，不为苟同。归家则进不肖辈曰：先生非特博极群书，而志趣高迈，造诣精深，如凤凰翔于千仞，又如白璧无瑕，真当世人豪也。汝辈能学其万一，则吾愿毕矣。"(《万文恭公摘集》卷九)

万吉，字克修，号古斋，宜兴人。理学之士，自少读经史，守先儒成说甚严，尤笃信程、朱之学。平生卓然自立，雅有志于古之贤人君子，不肯为流俗人。以贡为桐庐训导，未几恳乞致仕归。

万士和，字思节，号履庵。举嘉靖二十年辛丑进士，累官拜礼部尚书。万历初，以刚直忤张居正，谢病归。有《万文恭公摘集》十二卷。

卜居阳羡山，潜心于圣贤之学。

《与王尧衢书》云："春来卜居阳羡，此中山水绝清，无车马迎送之烦。出门则从二三子登山临水，归来闭门食饮寝梦。尚有余闲，复稍从事于问学。然诗文六艺与博杂记问，昔尝强力好之，近始觉其羊枣昌歜之嗜，不足饥饱千人，非古人切问近思之义。于是取程朱诸先生之书，降心而读焉。初未尝觉其好也，读之半月矣，乃知其旨味隽咏，字字发明古圣贤之蕴，凡天地间至精至妙之理，更无一闲句闲语。所恨资性蒙迷，不能深思力践于其言焉耳。然一心好之，固不敢复夺焉。此类之书，皆近世英敏材辨之士以为老生烂语，至束阁不肯观。虽其苦心敝精于文字间，而竟不免老而无所闻，有可痛者。仆之自陈其愚，盖过不知量，亦欲执事同所嗜好也，何如何如?"(《唐荆川先生文集》卷五)

前家居时期创作诗歌，凡七十七首。风格一变而为闲适恬淡。

《唐荆川先生文集》卷一第九十五首诗后为《村居二首》，其下注“此下系前家居时作”，至卷一末，凡七十七首。

明李开先撰《荆川唐都御史传》云：“唐子既抵墟里，鸡犬柴门，依依桑梓，谢却业缘，便有终焉之计矣。诗文更进一格，以其侍从庆成朝堂雍容之作，而为村樵渔父歌咏太平之词。”

明世宗嘉靖十八年己亥(1539)　33岁

春二月，册立太子东宫，妙选宫僚。

《明史·礼志八》云：“嘉靖十八年二月册东宫，帝诣南郊告上帝，诣太庙告皇祖，自北郊及列圣宗庙以下皆遣官。”

夏言、顾鼎臣举陆深、崔铣、王教、罗洪先、唐顺之、黄佐等三十七人，皆天下明儒(《世宗实录》卷二二一)。

初，唐顺之未得推举，及再举，起为右春坊右司谏。

明李开先撰《荆川唐都御史传》云：“会起废，兼补东宫员，缺十余人，而唐子不与焉。东井左镒言之内阁：‘失唐殊不惬众望。’已而内旨不允，再推，因而及之，得为右春坊右司谏，其实乃予言之东井，而东井言之内阁。”(《李中麓闲居集》传十)

明洪朝选撰《荆川唐公行状》云：“庚子东宫建，有旨选僚属，而宰臣徇私意受请寄为奸，一时预选者皆其私人，物论大哗。于是吏科给事中周琉等、南京广东道杨逢等论罢之，再选，乃得公。而一时知名士如洗马今宰相存斋徐公阶、司直郎黄公佐、赞善罗公洪先、洗马邹公守益、校书郎赵公时春、清纪郎周公鈇咸被登进，而公为右春坊右司谏兼翰林院编修。士大夫相贺以为得人。”

明赵时春撰《荆川唐君墓志铭》云：“庚子立东宫，召为编修兼右春坊司谏，江西吉水罗念庵为赞善。”

笔者按：太子册立在嘉靖十八年己亥，洪朝选与赵时春俱言在庚子(嘉靖十九年)，皆误。

闻复官，作《闻复官报寄京师友人》、《代柬寄京中旧游》。

《闻复官报寄京师友人》云：“姓名不复挂朝参，鱼鸟由来性所耽。篋里符经都已废，山中药草渐能谙。疏狂自分三宜黜，懒病其如七不堪。深谢故人推毂意，莫将阳羡比终南。”（《唐荆川先生文集》卷一）

《代柬寄京中旧游》云：“莫须弹铗叹无鱼，自爱山东构草庐。雨后乱蛙生敝灶，秋深落叶伴闲居。身随老圃偏能惯，论学潜夫愧不如。故人休讶无相讯，中散从来懒作书。”（《唐荆川先生文集》卷一）

自壬辰、乙未、丙申、丁酉，东南诸郡连岁饥，百姓不能具食，或剥树皮食之。唐顺之作《赠吕竹屿通判还郡序》，论救灾事宜。

文曰：“今之为蠲灾之说者，余知之矣。……章丘吕君判于吾常，以督税为司者也。君操履修洁，馈遗一无所受，可谓嚼然不涅于缁，其才精于勾稽，胥吏不能欺也。而窥其志，盖若不欲以茧丝为功者。岂古所谓抚字于催科者？非耶。己亥之岁，将入京师，既成事将返郡，求余言以赠。”（《唐荆川先生文集》卷十一）

吕应期，号竹屿，山东章丘人。嘉靖十六年任常州通判，摄无锡令。

秋七月，唐顺之应春坊命，赴都。与邹守益驰书罗洪先，相约偕行。罗公后至，唐顺之与邹公先渡江。

明罗洪先撰《冬游记》云：“嘉靖己亥，余当赴宫僚命，邹东廓、唐荆川再书催余，有联舟约。……闰七月十八日登舟，十月二日始抵镇江，闻二兄既远去，不相待。王龙溪在南京邀会，龙溪语间极赞荆川近来造诣迥别处。……已而，论及诗文，龙溪曰：‘荆川近捐得下，纵彼终日执笔，总是轻。念庵纵终年不作，总是重。余初不肯服，已而自察，果然。’……二十九日谒唐有怀翁，语次每虑荆川过高不近人情处，余应曰：‘在令郎不可有，在今世不可无。然令郎煞用功，终当消去，无过虑。’”（《念庵文集》卷五）

邹守益，字谦之，号东廓，学者称东廓先生，江西安福人。正德六年会试第一，廷试第三，授翰林编修，官至国子监祭酒。嘉靖四十一年卒，年七十二。谥文庄。师事王守仁，其学识和德行，深为其师所称许，为王学正宗嫡传。有《东廓邹先生文集》十二卷。

会许论于京师，为其作《西峪草堂记》。

文曰：“灵宝，陕洛之冲也。环而山者以数十，而西原独当其僻处。……许君廷议，游而乐之，乃即峪口作草堂于其上。……己亥岁，予

见许君于京师。……一日,与余论草堂之胜,且曰:'吾将去而休于此矣。'"(《唐荆川先生文集》卷十二)

许论,字廷议,号嘿斋,河南灵宝人。嘉靖五年进士,官至兵部尚书。有《嘿斋集》。

在京,与邹守益、徐阶、罗洪先、赵时春、毛介川、张浮峰、胡宗宪等相从讲学。

明耿定向撰《东廓邹先生传》云:"己亥,世宗将建储,太宰许举旨,简宫僚。先生(邹守益)以誉望召入,为司经洗马。……时与徐文贞(徐阶)、罗文恭(罗洪先)、赵浚谷(赵时春)、唐荆川(唐顺之)相资切,侍御毛介川恺、张浮峰、胡梅林咸从之游。士类兴起甚众。"(《耿天台先生文集》卷十四)

明世宗嘉靖十九年庚子(1540)　34岁

在京,与罗洪先、赵时春相从尤密,时有"三翰林"之称。

明耿定向撰《先进遗风》云:"罗念庵官春坊,与其友唐荆川、赵竣谷居相比。荆川语念庵之学,辄倾诚叹服。而浚谷生西北,未悉也。一日,浚谷邀念庵出游,属其内子谒罗夫人,瞰室中,故启一箧,一无所有,乃曰:'罗公内外皦然如此。'由是三公交好浸密,日相期许以天下自任,中外咸称异之,曰'三翰林'。"

与邹守益、赵时春等人应诏议薛瑄从祀。唐顺之作《故礼部左侍郎薛瑄从祀议》。

《世宗实录》卷二三五云:"(嘉靖十九年三月)先是,御史杨瞻、樊得仁奏故礼部侍郎薛瑄国朝大儒,宜从祀文庙。诏下儒臣议。时尚书霍韬、侍郎张邦奇、詹事陆深、少詹事孙承恩、祭酒王教、学士张治、詹事府丞胡世忠、庶子杨维杰、谕德龚用卿、屠应埈、洗马徐阶、邹守益、中允李学诗、秦鸣夏、闵如霖、司直谢少南、吕怀、编修兼校书王同祖、赵时春、编修兼司谏唐顺之、黄佐、侍讲胡经二十三人,议宜祀。庶子董承叙、赞善浦应麒议宜缓;赞善兼检讨郭希颜以瑄无著述功,议不必祀;给事中丁湛等请从众议之多者。……上曰:圣贤道学不明,士趋流俗,朕深有感。薛瑄能自振起,诚可嘉尚,但公论久而后定,宜俟将来。"

《故礼部左侍郎薛瑄从祀议》云:“陛下懋建皇极,身作君师,惠然留意理学之臣,博采于庶官之论,欲以定祀典而彰潜德,甚盛心也。夫瑄之为人,诸臣论之详矣,臣可无说也。臣请折衷之祀典,以答明诏,可乎?……谓其为圣门之羽翼也,复何疑乎?此瑄之可附于祀典者,一也。……是则瑄其我朝理学之一辟也,比之濂洛倡道于宋,虽其所自得或有深浅,而功则并之,此瑄之可附于祀典者二也。……所谓特祀以为先师者也,奚不可哉?此瑄之可附于祀典者,三也。……我朝之能尊师道而作人材者莫如瑄,其亦近乎乐祖瞽宗之义否耶?此瑄之可附于祀典者,四也。……”(《唐荆川外集》卷一)。

薛瑄,字德温,号敬轩,山西河津人。永乐十九年举进士,官至礼部右侍郎,兼翰林院学士,入阁参予机务。理学家,河东学派的缔造者。天顺八年卒,年七十六。谥文清。有《薛文清集》二十四卷。

邹守益擢太常寺少卿,掌南京翰林院,唐顺之作《送邹东郭掌南院》。

明王时槐撰《东廓邹先生守益传》云:“寻上薛文清从祀议,升太常少卿兼侍读学士,掌南院。”(《国朝献征录》卷七十四)

《送邹东郭掌南院》云:“最怜江左风流地,暂作周南太史公。通籍总称鸾掖吏,分曹独向凤台东。香携汉署沾新绶,花近秦淮瞰故宫。此去谈经门下客,几人相对坐春风。”(《唐荆川先生文集》卷二)

冬十二月,唐顺之与罗洪先、赵时春等联名疏请来岁朝正后,皇太子出御文华殿,受群臣朝贺。疏入,世宗怒,三人并免为民。

《世宗实录》卷二四四云:“(嘉靖十九年十二月)赞善罗洪先、司谏唐顺之、司经局校书赵时春各疏请来岁云日朝贺,礼成,请皇太子出御文华殿,受文武百官及朝觐官员朝贺。礼部覆洪先等言,谬妄不识大体。上曰:‘朕方疾后,未全平复,遂欲储贰临朝,是必君父不能起者。罗洪先等狂悖浮躁不道,姑从宽,俱黜为民。’”

明李开先撰《荆川唐都御史传》云:“(唐顺之)名既高而心愈下,年渐长而操更严。同罗念庵、赵浚谷上封章请朝东宫,因以激上之怒,以为意在刺朕。阁臣又有身首异处不足偿责,揭帖事势似不可测矣。予为之多方求救,如崔京山等不遗余力。因召见,言及之圣心,本无他意。留二十余日,始批下,俱夺职为民。”(《李中麓闲居集》传十)

《封孺人庄氏墓志铭》云："庚子冬，余（唐顺之）以狂谬倏罪者二十七日。"（《唐荆川先生文集》卷十五）

《明史·罗洪先传》云："（嘉靖）十八年简宫僚，（罗洪先）召拜春坊左赞善。明年冬，与司谏唐顺之、校书赵时春疏请来岁朝正后皇太子出御文华殿，受群臣朝贺。时帝数称疾不视朝，讳言储贰临朝事。见洪先等疏大怒，曰：'是料朕必不起也。'降手诏百余言切责之，遂除三人名。"

明世宗嘉靖二十年辛丑（1541） 35岁

春正月，唐顺之携妻庄孺人出都，与罗洪先各买小艇联发，返乡。及赵时春别于彰义门，赵公作《别罗达夫唐应德》（唐鼎元撰《明唐荆川先生年谱》卷二）。

诗曰："彰义门前官道柳，到时凋谢发时回。荣枯自是寻常事，闲逐春风归去来。"（《赵浚谷集》卷二）

作《吏部郎中薛西原墓志铭》。

《吏部郎中薛西原墓志铭》云："嘉靖中，先生在吏部，历考功司郎中而罢。后十八年，辛丑正月九日以病卒于家，年五十有三。……无子。而伯兄兰有一子曰存。先生与兰友爱甚，其没也，兰为之经纪其丧，将葬先生于亳城南先茔之次。而缄其遗书，请铭于余。"（《唐荆川先生文集》卷十四）

薛蕙，字君采，号西原。亳州人。正德甲戌举进士，授刑部主事，病免起为刑部主事，以才调吏部主事，历考功司郎中而罢。有《西原集》二卷。

冬十月，作《萧孺人墓志铭》，并复书黄正色。

《萧孺人墓志铭》云："嘉靖已亥冬，南京浙江道御史臣正色奏言扈从章圣梓宫诸贵人不法事。……已而御史得罪。……孺人携诸子仓皇南归，且忧不测，遂病。闻戍辽报，稍解之。久之，竟以忧病死，辛丑六月十日也，年三十有九。……孺人葬以卒之岁十月某日，墓在某所。将葬，士尚自沈阳以状来请铭。"（《唐荆川先生文集》卷十五）

《寄黄士尚》云："近来，应酬文字每不敢作，而年嫂志文则不敢辞。盖以昭天子之宽仁，而发海外孤臣心事之一二焉，非特为应酬故也。"（《唐荆川先生文集》卷五）

黄正色，字士尚，号斗南，无锡人。嘉靖八年进士，官南京监察御史，因弹劾中官，得罪下狱，谪戍辽东三十年。隆庆初召还，迁南京太仆寺卿。万历四年卒，年七十六。有《辽阳稿》。

冬十一月，作《吏部郎中林东城墓志铭》。

《吏部郎中林东城墓志铭》云："呜呼！吾友东城林君……嘉靖辛丑十一月二十日，以吏部文选司郎中卒于京师，年四十有四。……君之友陆位等状君之行，来请铭。……君讳春，字子仁，始号方城，以其先福建福清县方城里人，后改东城。……自君几世而上有讳闰者始自福清，以从戎隶泰州守御所，故君为泰州人。……戊子，举乡试，壬辰，举会试第一，登进士第，选户部广西司主事，调礼部主客司主事，又自礼部调吏部文选司主事。"（《唐荆川先生文集》卷十四）

明世宗嘉靖二十一年壬寅（1542） 36岁

家居，卜筑阳羡山中。

秋七月，夏言罢官，作《答夏桂洲相公》慰之。

《明史·夏言传》谓："（嘉靖二十一年六月）言因谢恩乞骸骨，语极哀。疏留八日，会七月朔日食既，下手诏曰：'日食过分，正坐下慢上之咎，其落言职闲住。'"

《答夏桂洲相公》云："伏惟明公去相之微意，所以励不可夺之节，立天下廉耻之坊，而有裨于圣明之治者，盖亦多矣。……人皆谓明公进而当轴以济时也，某谓明公退而高尚以济时也。虽然明公与国为体，恐未能忘江湖之忧，而圣主眷怀耆旧，亦恐不能得久遂东山之卧耳。"（《唐荆川先生文集》卷九）

秋七月，作《赠徐爱杏山人诗》（《唐荆川先生文集》卷三）

《赠徐爱杏山人诗序》云："壬寅秋七月，余偶识山人于锡山。……会山人来求余诗，而吾友静思、武陵二君皆介为之，请率尔赋此，且序以见余意，而诗次句用《南史》事云。"

秋八月，长姑杨母唐孺人卒，十二月葬，作《杨母唐孺人墓志铭》。

《杨母唐孺人墓志铭》云："唐孺人者，余大父给事中曾可公之女，余父永州知府有怀翁之姊，余顺之之姑，知冠县晋斋公讳溢之妇，太学生东墅君讳墉之妻。……孺人茕茕遭两丧，哀恸积瘠而痼。晚年又遭叔父丧，恸而又病。病少间，瘠又作，遂不起，嘉靖壬寅八月初四日也，年六十有三。……葬以十二月十五日，墓在袁塘之原，合于东墅君之兆。将葬，壻瑫既为之状，而顺之乃铭。"（《唐荆川先生文集》卷十五）

业师叶包庵六十寿诞，集同门为师做寿，并作《叶包庵先生寿序》。

《叶包庵先生寿序》云："嘉靖壬寅之岁，先生年六十，门生若干人相与谋赠先生以言。……今吾包庵先生……顺之碌碌在弟子中……然则先生之寿固远矣，若乃寿先生于年齿间，不其未欤？众曰然，请以为先生寿。"（《唐荆川先生文集》卷十一）

明世宗嘉靖二十二年癸卯(1543)　37岁

家居。

夏四月，为茅坤父母作《茅处士妻李孺人合葬墓志铭》。

《茅处士妻李孺人合葬墓志铭》云："茅处士者，进士坤之父也。坤为青阳知县数月，有声，而奔处士之丧以归，归而又丧其母李。李之丧距处士丧，仅三十五日。而处士丧之日，则嘉靖庚子八月二十二日也。其三年癸卯四月十二日，乃合葬于唐家村之原。……间尝语坤曰：'即吾死，谁当铭我者？'坤跪而请曰：'唐司谏乎？'处士喜曰：'可矣。'故其卒也，坤为之来请铭。"（《唐荆川先生文集》卷十五）

秋，赴归安，劝茅坤任丹徒令。

《丹徒纪事》云："壬寅服阕，癸卯秋始及谒选补丹徒。"（《茅鹿门先生文集》卷二十九）

《丹徒纪事》云："丹徒绾江而县，颇冲疲。予时以哭先人之丧过瘠，病怔忡，日怖死，业欲毁檄矣。友人唐司谏过予强之，且曰：'君非死病也，君特耗心血而怖耳。……丹徒多名医，君姑之官而医，医不效，投牒自免未晚也。'予以明年二月之官。"

秋，送弟正之赴乡试，作《癸卯送仲弟正之赴试》(《唐荆川先生文集》卷三)。

忘年友魏校病逝。作《与王北涯苏州》，致书苏州知府王廷，托以魏校后事。

《与王北涯苏州三》云:“请教之私,积于隔岁,会使节不在郡中,我怀耿耿。遂往候庄渠先生之疾,不谓此翁捐馆三日矣。……窃惟吾兄以正直自持,人或以为落落。而宦迹所至,则西原、庄渠两公独为相知。两公立心操行,卓然共为一世伟人。其死而无后,亦复相同。西原之死也,吾兄为之悉力经纪其后事,有如骨肉,是以同志中,皆推吾兄之高谊。今之所以处庄渠者,岂异西原哉!”(《唐荆川先生文集》卷六)

据张慧剑《明清江苏文人年表》:魏校卒于嘉靖二十二年,年六十一。

王廷,字子正,号南岷,又号北涯。南充人。嘉靖十一年进士,历官户部主事、亳州判官、苏州知府、左都御史。

作《答洪芳洲主事书》《与王湛泉文选书》《与郑淡泉文选书》《与叶东园御史书》,并见《唐荆川先生文集》(《明唐荆川先生年谱》卷二)。

明世宗嘉靖二十三年甲辰(1544)　38岁

家居。

夏五月,归无锡王氏妹卒,编修王懋中立道妻。作《王冢妇唐孺人墓志铭》。

《王冢妇唐孺人墓志铭》云:“孺人姓唐氏,常之武进人,户科给事中曾可公之孙,永州守有怀翁之女,礼部郎中无锡王君九岩之妇,编修王懋中立道之妻,而余顺之之妹也。……呜呼!悲矣。孺人卒于嘉靖甲辰五月二十一日。……懋中既述孺人之行为状矣,而余为之铭。”(《唐荆川先生文集》卷十五)

秋七月,探视万吉疾,别后七日万吉卒,作《祭万古斋文》(《唐荆川先生文集》卷十三)。

《万古斋公传》谓:“病且亟,余往候之,气已征矣,犹披衣端坐,作拱揖状。……是卒之前七日也。卒时为嘉靖甲辰七月二十日年,六十有三。”(《唐荆川先生文集》卷十六)

与茅坤书信往来,切磋文艺。

茅坤有《复唐荆川司谏书》两篇(《白华楼藏稿》卷一),唐顺之有《答茅鹿门知县》两篇(《唐荆川先生文集》卷七)。

按:唐顺之称茅坤为“知县”,可知两人交往于茅坤任知县期内。嘉靖十九年茅坤任青阳令，此时两人尚无交往。嘉靖二十三年二月赴丹徒知县任，嘉靖二十四年调任礼部。故两人书信往复当在此年。

作《赠熊南沙郡悴入贺万寿节》三首。

《相国张公文集序》："嘉靖甲辰秋，过以圻内吏称贺阙下。"（《熊南沙文集》卷二）

明世宗嘉靖二十四年乙巳(1545)　39岁

家居。

翁万达任兵部右侍郎兼右佥都御史，总督宣大、保定军务，致书唐顺之，商讨边事。唐顺之复两书《答翁东崖总制》，议论边防事务，索宣大与三关地图，并作《塞下曲》十八首相赠。

明邹守愚《资善大夫兵部尚书东涯翁公万达行状》云："（嘉靖）甲辰春二月，擢右副都御史巡陕西。……十二月，擢兵部右侍郎兼右佥都御史，总督宣大、保定军务，兼理粮饷。乙巳春，公至。"（明焦竑《国朝献征录》卷三十九）

《答翁东崖总制一》云："三晋连被残破，丑虏之患一二百年所未有。盖有非常之患，而后求非常之材，有非常之材，而后立非常之功，公固其人也。岂特一时扫荡廓清，将来数百年长城保障之计，实于公赖之矣。……宣大与三关地图，敢求见寄为惠。"（《唐荆川先生文集》卷八）

《答翁东崖总制二》云："读来教，并所寄边图，忽如置身于塞垣鼓鼙之间，而听鸣剑抵掌之雄谈也，甚慰甚慰。"（《唐荆川先生文集》卷八）

《塞下曲赠翁东崖侍郎总制十八首》，第二首曰："三晋连年苦被兵，九重拊髀忆豪英。诏书更不从中御，万里长城一委卿。"（《唐荆川先生文集》卷三）

翁万达，字仁夫，号东涯，潮州揭阳人。嘉靖五年进士，官至兵部尚书。

夏四月，作《刑部郎中唐嘿庵墓志铭》。

《刑部郎中唐嘿庵墓志铭》云："嘉靖乙巳三月二十九日，刑部郎中嘿庵唐君卒于南京之官舍。贫不能具棺殓，尚书及诸寮赙之钱若干，乃棺以还其家。而知县茅君又赙之钱为葬具。茅君又将因邑诸生之请为之，请

于上司而祀君于乡贤祠。”(《唐荆川先生文集》卷十四)

唐侃,字廷直,号嘿庵,丹徒人。正德癸酉举人,选为永丰知县,官至南京刑部郎中。

夏六月,次姑吴母唐孺人卒,作《吴母唐孺人墓志铭》。

《吴母唐孺人墓志铭》云:“孺人之卒也,以岁祲避寇城郭,痢疾五十日卒,嘉靖乙巳七月廿有六日也,享年六十。……孺人同母三人,余父永州守有怀翁其一人也,姊一人。……盖有怀翁三岁而遭二同母之丧,哀之而不忍铭也,谓顺之曰:‘小子铭之。’”(《唐荆川先生文集》卷十五)

明世宗嘉靖二十五年丙午(1546)　40岁

家居。

春,罗洪先访戚南玄至毗陵,与王龙溪、唐荆川、万鹿园、陈明水、吕沃洲等聚讲。

《刑科都给事中南玄戚君墓志铭》云:“丙午春,念庵再访君。君送至毗陵,因与予及荆川、鹿园、陈明水、吕沃洲,复为旬日之聚。是秋,君送子入试。时永康程松溪为南祭酒,永丰吕巾石为司业。请君寓南雍,率博士弟子数百人,聚讲旬余。……一时士大夫传为盛事。”(《龙溪王先生全集》卷二十)

夏四月,溧阳史恭甫以工代赈,改造田亩,唐顺之作《救荒滁记》。

《救荒滁记》云:“嘉靖癸卯至乙巳,东南荐饥。溧阳史君恭甫,既三捐谷七千五百石,以助公家之赈,而饥者犹不给也。……君既隐民之饥,则计之曰:‘古盖有兴役以救饥者,吾试行之。’……乃度滁之东南隅,广长各三百五十丈,可潴可防,测水以准而强焉。遂请于官,募民兴工。……自乙巳八月至明年四月毕工。……计所全活若干人,共垦田四百余亩。……因更名其滁曰“救荒滁”,以其邑人进士缪君所为纪实来请记。”(《唐荆川先生文集》卷十二)

冬十二月,作《信丰训导殷君墓志铭》。

《信丰训导殷君墓志铭》云:“翁姓殷氏,讳佐,字时衡,号龙岩,无锡人也。……翁为人貌伟,少魁岸倜傥,自负至老而其气不衰。……年八十有二而病卒,卒之日嘉靖乙巳九月十六日也。……且以翁卒之明年十二月

一日，启先嫡母之兆，合葬于舜柯山祖茔之次。且与余善，故翁之葬也，且来请铭。”（《唐荆川先生文集》卷十四）

明世宗嘉靖二十六年丁未（1547） 41岁

家居。

春，以病客荆溪，同杭子宣登龙池，作《题龙池庵三首》《赠庵中老僧》（《唐荆川先生文集》卷三）。

《赠庵中老僧》跋云：“嘉靖丁未春，余以病客荆溪，遂同杭子宣登龙池。僧居嵌岩中，如鸟巢。梯其门以登。值二老僧相对煨笋，遂以笋供余二人。因留宿，与老僧坐至夜分，谈说楞严因缘事。老僧意甚朴野可爱也。”

夏六月，弟妇王氏卒，作《弟妇王氏墓志铭》。

《弟妇王氏墓志铭》云：“弟妇姓王氏，尚书文肃公之曾孙女，应天府经历横山文炳之女，余父永州守有怀翁之中妇，余弟郡学生正之之妻也。……其卒以嘉靖丁未六月初五日，年二十有九。”（《唐荆川先生文集》卷十五）

明世宗嘉靖二十七年戊申（1548） 42岁

家居。

春二月，作《瘗河壖枯骨志》。江南连年大旱，道殣充斥，与弟正之、褚生滔醵金收瘗其骨于天宁寺，并志之。

《瘗河壖枯骨志》云：“自癸卯至乙巳，东南荐饥，流尸顺河而下，多于河中之船。逮水落不能浮尸，尸遂积迭河壖。……坎之以嘉靖戊申春二月。是掩骼埋胔之时也。”（《唐荆川先生文集》卷十七）

秋七月，与褚生滔泛小船如陈渡，临流歌啸，渺然有千里江湖之思，因作《书秦风蒹葭三章后》。

《书秦风蒹葭三章后》云：“嘉靖戊申秋七月廿五日，夜雷雨大作，万艘震荡。平明开霁，则河水增高四五尺矣。余与褚生泛小舠如陈渡，临流歌啸，渺然有千里江湖之思，因咏《秦风·蒹葭》三章。”（《唐荆川先生文集》卷十七）

冬十一月,妻封孺人庄氏卒,作《封孺人庄氏墓志铭》。

《封孺人庄氏墓志铭》云:"孺人病,逾三年,嘉靖戊申冬十一月二日而卒,年四十有一。……孺人庄氏,河间守鹤溪公之女孙,静思翁之女,永州守有怀翁之妇,其夫余顺之也。……葬以卒之年十二月十九日。祔于姑任宜人之墓。"(《唐荆川先生文集》卷十五)

作《辞宜兴诸友为亡妻举奠》。

《辞宜兴诸友为亡妻举奠》云:"一麟自宜兴来,乃闻诸友复欲醵金为奠且杀牲,靡费于所有用所必受,犹尚不可,况施于所必无用,所必不敢受,其谓之何如?诸友以为情有未尽,但至日临葬,此亦足矣。"(《唐荆川先生文集》卷七)

明世宗嘉靖二十八年己酉(1549) 43岁

家居。

秋八月,送两弟唐正之、唐立之赴乡试,作诗《己酉送两弟正之、立之赴试》。

《己酉送两弟正之、立之赴试》云:"秋水芙蓉映绿衫,殷勤送尔到江潭。人能鸣世惭三凤,家有遗经是二南。文入妙来无过熟,书从疑处更须参。远游他日看之子,下泽款段吾已堪。"(《唐荆川先生文集》卷三)

秋八月,钱塘观潮,作诗《己酉八月十八日观潮作》。

《己酉八月十八日观潮作》云:"秋空忽尔色黯黪,万窍怒号山震荡。……昔人说此已愈疾,何况临流恣疏放。"(《唐荆川先生文集》卷二)

无锡安如石刻《唐荆川先生文集》,王慎中作序。此为《唐荆川先生文集》十二卷本(嘉靖本)之祖本。

本论文第四章《唐顺之的著述》云:"《唐荆川先生文集》十二卷,明嘉靖二十八年(1549)安如石刻本,前有王慎中所作序。"

作诗《小集为人所刻》。

《小集为人所刻》云:"文学从来本不长,隐居辞说半猖狂。徒令后世能疑孟,只觉前身似姓庄。玄白何分终覆瓿,谷臧奚事总亡羊。从今已息谈天口,只著农桑一两章。"(《唐荆川先生文集》卷三)

明世宗嘉靖二十九年庚戌(1550)　44岁

家居。

秋八月,俺答犯京师,唐顺之屡欲奋身勤王,寻解严,未行。

明顾宪成撰《郡志传·唐顺之传》云:“庚戌,虏薄都城,人情汹汹,(唐顺之)屡欲奋身勤王,幸寻解严。”

徐阶荐唐顺之、赵时春。赵时春复为兵部主事,唐顺之未出。

明赵时春《荆川唐君墓志铭》云:“庚戌,胡寇郊甸,徐公荐先生及余。余复为兵部主事。后五年,先生亦复兵部主事。”(《浚谷先生集》卷十三)

明世宗嘉靖三十年辛亥(1551)　45岁

家居。

夏四月,白洛原卒,作《祭白洛原文》(《唐荆川先生文集》卷十三)。

徐阶《尚宝司司丞致仕洛原白君墓志铭》云:“按状:君讳悦,字贞夫,别号洛原。……辛亥三月,升江西按察司佥事。病,未能诣。……诏仍以尚宝致其仕。……急命治行,而病已剧。四月二十日,竟卒。”(《世经堂集》卷十六)

明世宗嘉靖三十一年壬子(1552)　46岁

家居。

春二月,父有怀翁七十寿辰,王慎中、徐阶并为寿文。

明王慎中《寄寿唐有怀先生序》云:“某于是益有慕于唐有怀公矣。公毗陵世家,代有显人,非有泥涂之辱起家。守信阳州,复守永州府,得千里之地而长治之。……行年七十,而貌愉悦聪明,有加于昔。”(《遵岩集》卷十一)

徐阶《贺有怀先生唐公七十序》云:“今年二月十有二日,为有怀翁先生唐公七十之辰。”(《世经堂集》卷十三)

明世宗嘉靖三十二年癸丑(1553)　47岁

家居。

春,闰三月,汪直勾结倭寇大举入侵,蔽洋而至,浙东西、大江南北濒海数千里同时告警。寇入内地三月余,苏、松、宁、绍诸州县被焚掠者二十余处。唐顺之尝至姑苏,见倭寇戟婴儿为戏,遂痛心疾首,誓不与之俱生。

《明通鉴》卷六十云:"(嘉靖三十二年闰三月)甲戌,海贼汪直纠群盗,勾集各岛倭夷,大举入寇,连舰百余艘,蔽海而至,自台、宁、嘉、湖,以及苏、松,至于淮北,滨海数千里,同时告警。……倭自闰三月登岸,至六月中,温、台、宁、绍、杭、嘉、苏、湖、扬、淮十郡各州县卫所,被其攻破焚掠者,凡二十余。留内地三月,饱而去。"

明焦竑《荆川公传论》云:"始岛夷躏姑苏,戟婴儿为戏。公一见痛心疾首,愤不与之俱生。"(唐鼎元《明唐荆川先生年谱·附录》)

夏四月,罗念庵、邹东廓应胡宗宪之邀,会宿武林。唐一庵、王龙溪、唐荆川、方湛一及邹、罗又会于当湖,即"当湖会"。

《沈太史全集》所收《淇林馆钞·湖上读书堆六先生会语》叶三十二上云:"嘉靖癸丑夏四月既望,念庵罗先生自北还,道经浙河,东廓邹先生赴梅林胡公之招,馆与武林之间。于是一庵唐先生、龙溪王先生、荆川唐先生、黄州湛一方先生,与邹、罗二先生咸会于我当湖,将纵观海上之胜。明日携同学六七人,过湖上读书堆。因相与论格物之指。"

聂豹与徐阶谋起用唐顺之与罗洪先,未遂。

明姜宝《奉荆川先生书》云:"忽得王掌科疏稿读之,则又以先生之将出而自幸。……迩来间得接遇荐绅先达,若对山林太史、武东杨文选、双江聂本兵诸公,皆谓方今世道,必得经纶大手如先生与念庵先生者,一出而任其责,乃克有济。……疏内欲以职方相处,虽似非宜,部中覆题虽未有明说,然闻周旋委曲,实出诸公至情。"(《姜凤阿文集》卷二)

明罗洪先《与双江公》云:"见论当道欲以军旅物色荆川与生者,极力说阻,恐终不免。……荆川命世之杰也……若生非其伦也……愿执事为我图之也。……去岁与荆川别湖上,论及出处,谓之曰:'兄不可不出,吾则终老山林耳。'荆川不甚许可。"(《念庵文集》卷四)

致书赵时春，抒发牢骚，意志消沉。

《寄赵浚谷二》云："仆多病早衰，年乘五十，齿牙半已摇落。每诵陶潜'世短意恒多，斯人乐久生'之语，辄为一笑。四十岁时，此心已成灰冷。及虏骑入京师，激于臣子大义，不觉热中一番。数年来，此心又渐销歇，盖不待世人弃我，亦自知分量之所定矣。……若今岁不果访兄，则须待三年五十岁之外，作一游方道人见兄耳。"（《唐荆川先生文集》卷八）

明世宗嘉靖三十三年甲寅（1554） 48岁

家居。

万鹿园起为南京都督佥事，过毗陵，与唐顺之议讨贼之策。唐顺之作《赠都督万鹿园四首次思节韵》（《唐荆川先生文集》卷三）。

明王畿《鹿园万公行状》云："甲寅春，复诏起为南京都督佥事。闻嘉兴、苏、松、通、泰诸路贼报甚急……乃变产聚粮，倡集下八山水兵，并僧兵合八百人以进。……我兵众寡不支，遂奔溃。君方督战在后，被流矢中肩。渡河溺水，自分必死，幸而获免。二义儿力战，俱殒于敌。遂裹疮力疾，趋留都。至毗陵，会荆川唐公顺之，谈及时事。"（《龙溪王先生全集》卷二十）

《赠都督万鹿园四首次思节韵》第一首云："几年枯寂学全真，一握兵机运鬼神。骄养义儿皆判死，灰心禅客亦投身。独承利镞生如剩，遍散黄金家益贫。直欲填桥跨沧海，先声万里走波臣。"

尹台由南京国子监祭酒改北，取道游三茅，与唐顺之、唐枢会于镇江。

明胡直《宗伯尹洞山先生台传》云："癸丑冬，升右春坊右喻德兼翰林院侍讲，管坊事。明年，升南祭酒。……甲寅，过家。……遽改北。道三茅……过京口，又朝武进、归安两唐公再订学。"（《国朝献征录》卷三十六）

尹台，字崇基，号洞山，永新人。嘉靖十四年进士，选庶吉士，授编修。官至南京礼部尚书。

明世宗嘉靖三十四年乙卯（1555） 49岁

家居。

春二月，聂豹自兵部尚书致仕归，便道毗陵，访唐顺之。

《明史·七卿年表二》云：嘉靖三十四年，乙卯，（聂）豹二月闲住。

明聂豹《寄罗念庵太史三》云:“囊途间闻殿撰托妻子之楚游,盖已逆知其从情也。及至毗陵,晤荆川而得其细。”(《聂双江先生文集》卷九)

蜀广名将何卿、沈希仪应诏率军赴苏、松海防抗倭,因不谙海道,兵与将不相习,无所作为而被劾,罢而卒。唐顺之作《赠何沈两公归蜀广序》慰之。

《明史·何卿传》云:“何卿,成都卫人,有志操习武事。……(嘉靖)三十三年,倭寇海上,诏卿与沈希仪各率家众赴苏、松军门。明年,充副总兵,总理浙江及苏、松海防。卿,蜀中名将,不谙海道,年已老,兵与将不习,竟不能有所为,为巡抚御史周如斗劾罢,卒。”

《明史·沈希仪传》云:“沈希仪,字唐佐,贵县人,嗣世职为奉议卫指挥使。……倭寇海上,命督川、广兵赴剿。无功,为周如斗劾罢。”

《赠何沈两公归蜀广序》云:“柏村何将军之在蜀,紫江沈将军之在广,以身系两镇安危,国家倚长城者二十年。……顷倭寇起东南,驽帅数蹶事,人人以为非二老将不可,而庙堂亦遂召之。及两将军之来,俯仰诸当路间,则舌若胶噤而不能谋,臂若蜷缩不能展。谋焉而率不见奇,展焉而率不如意,贾勇而来,垂翅而去。何其智于蜀与广而拙于东南也?倭奴恣睢,岂必劲于西番南猺?江海沮洳,岂必险于松茂、牂牁?而利钝顿异。人或以此歉两将军,两将军亦未必不以此自歉。”(《唐荆川先生文集》卷十一)

秋七月,父有怀翁卒,年七十三,葬黄塘祖茔。

明王慎中《中顺大夫永州府知府唐有怀公行状》云:“以疾终,嘉靖三十四年七月初一日也,年七十三。”(《遵岩集》卷十七)

明世宗嘉靖三十五年丙辰(1556)　50岁

居丧。

编选《文编》六十四卷。

《四库全书·文编序》文末署:“嘉靖丙辰夏五月既望,武进唐顺之应德甫书。”

工部侍郎赵文华奉命视师海上,来访唐顺之,商议讨倭计。

《明史·世宗二》云:“(嘉靖三十五年)五月乙丑,命赵文华提督江南、浙江军务。"

明李贽《荆川唐公传》云:"适居有怀公丧,而赵文华者以上命视师海上,来访公,与陈机略。"(《续藏书》卷二十二)

赵文华欲为唐顺之修葺祖坟,唐顺之致书拒之。

《与赵甬江司空》云:"承欲为鄙人修葺先墓,且感且愧!……向已托龙溪恳切转辞,尚恐公之不信我也。故复喋喋,万望即赐停罢。"(《唐荆川先生文集》卷八)

赵文华欲荐唐顺之,避居金坛、武夷,以示终焉之意。

明姜宝《与王荆石阁老六》云:"赵甬江督察时,欲荐之,盖借以为重,而先师不欲也。时尝避居金坛,不与相见。后闻荐不可已,则又避地武夷,以示终焉之意,荐而闻不欲出也。分宜则寄声恐之,云'闻唐荆川欲学吴康斋,视吾辈荐用者为石武清,已难堪至此'。"(《姜凤阿文集》卷三十七)

冬,唐顺之入闽,王龙溪送之,赴武夷山,会王慎中。

《三山丽泽录》云:"……丙辰冬,唐子荆川以乃翁状事入闽,予送入蓝江之上。意予沿途朋类追从,欲密甚迹,遂独赴武夷,会遵岩。"(《龙溪王先生全集》卷一)

明世宗嘉靖三十六年丁巳(1557)　51岁

居丧。

赵文华回京,以边才荐唐顺之。唐顺之因父丧,坚卧不出。

明洪朝选撰《荆川唐公行状》云:"工部侍郎赵公文华……与公又同年进士也,素知公。荐公及今侍郎胡公松于朝,奉旨起公为南京兵部主事。公以有怀翁服未阕,辞不就。又改职方员外郎,坚卧如初。"

明李贽《荆川唐公传》云:"适居有怀公丧,而赵文华者以上命视师海上,来访公,与陈机略。且言非专任梅林胡公,不能平此寇。赵归朝,首荐公,以南部车驾主事起之。寻,升北部职方员外。坚卧不起。"(《续藏书》卷二十二)

按:赵文华嘉靖三十五年十一月疏请回朝,嘉靖三十六年八月被黜为民,病卒。

犹豫出处,商于罗洪先,始决。

明唐鹤征《陈渡阡表》云:"先考晚年之出,初亦犹豫。过浮梁,谋之吉水。吉水力赞其出,大都谓向尝隶名仕籍,此身已非己有,环玦之赐,惟所命尔。获罪君父,幸从宽政,恩至渥也。矧当军旅不得辞难之日得私此身,与征士、处士论进止哉?学力至此,岂犹未破毁誉关耶?先考始决。"

明世宗嘉靖三十七年戊午(1558) 52岁

提学御史周如斗、巡按御史尚维持上疏奉旨催促唐顺之赴任。春三月,赴京就任职方员外郎。未几,升职方郎中。临行,祭告有怀翁。

明李贽撰《荆川唐公传》云:"及巡按、提学二侍御奉旨促行,不得已赴京。升本司郎中。"(《续藏书》卷二十二)

明洪朝选撰《荆川唐公行状》云:"罗公复劝之行,于是勉强就道。至京师,未及,升协司郎中。时嘉靖戊午也。"

《祭有怀府君文》云:"丧期内外,两承朝命。臣子之义,不敢逡巡,谨于三月间赴京。"(《唐荆川先生文集》卷十三)

秋七月,奉敕往蓟镇核兵。

唐鼎元《明唐荆川先生年谱》卷四"三十七年戊午五十二岁"条下"秋七月奉敕往核蓟镇兵额",引有差唐顺之往蓟镇核兵的敕书,时间落为"嘉靖三十七年七月十九日"。

秋九月,还奏蓟镇兵额缺若干,且羸老不能战,因条上蓟镇九事。

《明通鉴》卷六十一云:"(嘉靖三十七年)九月庚寅,郎中唐顺之阅视蓟镇还,言蓟镇两关额兵九万有奇,见卒仅五万七千,又皆羸老。总督王忬、总兵官欧阳安、巡抚马珮,及诸将袁正等,俱宜按治。……是月,唐顺之条上蓟镇兵食九事,其为补兵言者凡六,为筑墙工食及边粮言者凡三。……诏下所司议行之。"

蓟镇核兵事,俱入《北奉使集》。另作塞防诗若干首,如《三屯营阅兵蓟镇总兵开府处》《密云阅兵作》《副总兵马芳芳陷虏中十二年而归在虏中亦称为骁将》《喜峰口观三卫贡马》《古北口观降夷步射复戏马驰射至夜》《登怀柔城》等等(《唐荆川先生文集》卷四)。

冬十月，奉命视师浙直，与胡宗宪协谋抗倭。

《明通鉴》卷六十二云："（嘉靖三十七年）十月己未，命郎中唐顺之视师浙江，与胡宗宪协谋剿倭。"

下海视师，自江阴泛海至刘家河渡，又自嘉兴下海抵蛟门大洋，一昼夜行六七百里，出没惊涛骇浪之中。随行者皆惊愕呕吐，而唐顺之却意气风发，谈笑自如。

明洪朝选《荆川唐公行状》云："乃从江阴泛海至刘家河渡，又自嘉兴下海抵蛟门大洋，一昼夜行六七百里，自夕未有也。从者惊吐成疾，公独夷然。"

明世宗嘉靖三十八年己未(1559)　53岁

春三月，升太仆寺少卿。

明洪朝选《荆川唐公行状》云："己未三月，升太仆寺少卿。"

夏四月，督战崇明，破敌，大捷。升右通政。

明洪朝选《荆川唐公行状》云："未几，春汛急，乃自登海舟督诸将，泊崇明沙。……我兵舟舰始连亘海岸。贼见，惊曰：'江南自来无此备也。'俱往江北登岸。公复督诸将击贼，诸将感义奋勇，凡犁沉贼船十三只，得首级百二十颗，衣器无算，余贼登三沙。人谓自苏、松用兵以来，未有此捷也。"

江北告急，唐顺之赴江北之急，败贼于姚家荡。驻军庙湾，追击余敌。

明洪朝选《荆川唐公行状》云："是时，江北告急，督府以庐镗往援。公留镗往三沙，而身赴江北之急。时贼虽败于姚家荡，而众千余尚聚庙湾，势猖炽。四月二十九日，公发淮安驻马逻，去贼巢七十里而军。"

秋七月，进击三沙倭贼，失利。唐顺之亲自跃马布阵，冲至阵前。因久居海舟，暑月蒸热，积劳得疾，还太仓。

明李贽《荆川唐公传》云："居海中二月，竟以盐卤之故，腹疾增遽，方回太仓调遣狼兵。"（《续藏书》卷二十二）

秋九月，升右淮扬佥都御史，代李遂巡抚凤阳。

明洪朝选《荆川唐公行状》云："九月，升淮扬都御史，代李公遂。"

明世宗嘉靖三十九年庚申(1560)　54岁

巡抚凤阳,赈济饥民。

明李贽《荆川唐公传》云:“值岁歉,请于朝,得余盐银而万两以赈。又自捐俸金,令有司以次捐俸易米,散各镇,为粥,以食饥民。”(《续藏书》卷二十二)

春三月,至京口,病益剧,犹下海。

明李贽《荆川唐公传》云:“三月二十一日,登焦山,望三沙,叹曰:‘吾第一枭将。使吾病而不能展其能,奈何!然使一病都堂居海中,则诸将无敢不下海。诸将能下海,则敌人自多气也。’”(《续藏书》卷二十二)

春,会王畿于维扬。

《维扬晤语》云:“荆川唐子开府维扬,邀先生(王畿)往会。时已有病,遇春汛,日坐治堂,命将遣师,为海防之计。一日退食,笑谓先生曰:‘公看我与老师之学有相契否?’先生曰:‘予之力量固自不同,若说良知,还未致得在。’荆川曰:‘我平生佩服阳明之教,满口所说,满纸所写,那些不是良知?公岂欺我耶!’先生笑曰:‘难道不是良知,只未致得真良知,未免搀和。’”(《龙溪王先生全集》卷一)

夏四月一日,乘舟巡视通、泰,逝于舟中。

明洪朝选撰《荆川唐公行状》云:“三月,疾稍愈,复巡历泰州。……四月朔,疾将革,时妹婿上舍左君蒸、侄孙解元唐君一麐在侧,曰病不甚重,幸尚可支也。……日将晡,命取新席,置之平地,移卧。少顷,整衣起,坐而绝。”

附录二 唐顺之传记资料目录

1. (明)洪朝选《明都察院右佥都御史巡抚凤阳等处地方提督军务前右春坊右司谏兼翰林院编修荆川唐公行状》

2. (明)赵时春《佥都御使荆川唐君墓志铭》

3. (明)罗洪先《祭唐荆川文》

4. (明)王畿《祭唐荆川墓文》

5. (明)李开先《荆川唐都御史传》

6. (明)唐鹤征《陈渡阡表》

7. (明)顾宪成《郡志传·唐顺之传》

8. (明)冯时可《中丞荆川唐先生传》

9. (明)欧阳东风《明都御史唐荆川先生传》

10. (明)王升《宜兴县志·寓贤传·唐顺之传》

11. (明)李贽《荆川唐公传》

12. (明)王士骐《荆川公公论》

13. (明)焦竑《荆川公传论》

14. (明)王兆云《皇明词林人物考》卷七

15. (明)何乔远《名山藏》卷七六

16. (清)黄宗羲《襄文唐荆川先生顺之》

17. (清)钱谦益《列朝诗集小传》丁集上

18. (清)张廷玉等《明史·唐顺之传》

19. 唐肯总纂《毗陵唐氏家谱》

20. 唐鼎元《重撰唐公荆川传》

21. 唐鼎元《明唐荆川先生年谱》

参考文献与征引书目

一、古籍(1912年以前的文献)

(一)(明)唐顺之著述(刻本及影印本)

1.《荆川集》十二卷,明嘉靖二十八年(1549)安如石刻本。

2.《荆川集》十二卷,明嘉靖三十二年(1553)书林叶氏宝山堂刻本。

3.《荆川集》十二卷,《续文集》六卷,《南奉使集》二卷,《北奉使集》一卷,《敕命》二卷,《部札》一卷,金陵书林薛氏据明嘉靖三十四年(1555)至三十八年(1559)金陵书林薛氏刻本之重修本。

4.《荆川集》十二卷,明唐国达刻本。

5.《荆川集》十七卷,明万历元年(1573)纯白斋刻本。

6.《荆川集》十八卷,清康熙五十一年(1712)唐执玉刻本。

7.《荆川集》十八卷,清光绪乙未(1895)盛宣怀刻本。

8.《荆川集》十二卷,《补遗》五卷,《外集》三卷,清光绪甲辰(1904)江阴缪荃孙主金陵书局刻本。

9.《唐荆川传稿》不分卷,清光绪十八年(1892)无锡唐氏刻本。

10.《荆川公佚文》一卷,唐鼎元辑《武进唐氏所著书》收录,1948年铅印本。

11.《唐中丞集》一卷,明俞宪辑《盛明百家诗》前编收录,明隆庆五年(1571)序刊本。

12.《唐荆川先生集选》六卷,明张汝瑚辑《明八大家集》收录,清康熙刻本。

13.《唐荆川文选》二卷,清刘肇虞选评《元明八大家古文选》收录,清乾隆二十九年(1764)步月楼刊本。

14.《唐荆川先生文选》七卷,清李祖陶选《金元明八大家文选》收录,清道光二十五年(1845)刻本。

15.《唐荆川集》不分卷,范鼎辑《广理学备考》第三函收录,清道光五年(1825)洪洞张恢等修补刊印康熙中五经堂本。

16.《唐荆川集》,林纾选编《林氏选评名家文集》收录,商务印书馆1924年印行。

17.《文编》六十四卷,明嘉靖三十五年(1556)刻本。

18.《文编》六十四卷,明天启元年(1621)刻本。

19.《唐宋八大家文格》五卷,日本文久三年(1863)刻本。

20.《唐宋八大家文格纂评》五卷,日本明治十一年(1878)刻本。

21.《类编草堂诗馀》四卷,明万历十二年(1584)书林张东川刻本。

22.《集古评释西山真先生文章正宗》二十四卷,明万历四十六年(1618)野计斋刻本。

23.《左氏始末》十二卷,明嘉靖四十一年(1562)唐正之、唐立之刻本。

24.《左氏始末》十二卷,明万历四十二年(1614)刻本。

25.《史纂左编》一百四十二卷,明嘉靖四十年(1561)新安胡宗宪刻本。

26.《史纂左编》一百四十二卷,明万历刻本。

27.《右编》四十卷,明万历三十三年(1605)南京国子监刻本。

28.《新刊翰林考正纲目点音资治通鉴节安会成》,明万历四十三年(1615)敬贤书堂余氏刻本。

29.《新刊翰林考正纲目批点音释少微节要通鉴大全、外纪、续编》,明万历书林张大业刻本。

30.《武编》十卷,明万历刻本。

31.《武编》十卷,清木活字本。

32.《兵垣四编》五卷,明天启元年(1621)苕上闵氏刊朱墨印本。

33.《明唐荆川草书诗稿真迹》十五页,上海艺苑真赏社影印本。

34.《稗编》一百二十卷,明万历九年(1581)文霞阁刻本。

(二) 其他古籍(刻本及影印本)

35. (明)吴讷《文章辨体》,明天顺八年(1464)刊本。

36. (明)姚夔《姚文敏公遗稿》,明弘治刻本。

37. (明)孟洋《孟有涯集》,明嘉靖十七年(1538)王廷相刻本。

38. (明)吕柟《泾野先生文集》,明嘉靖三十四年(1555)于德昌刻本。

39. (明)毛宪《古庵先生文集》,明嘉靖四十一年(1562)毛欣刻本。

40. (明)李开先《李中麓闲居集》,明嘉靖至隆庆间刻本。

41. (明)罗洪先《念庵罗先生集》,明嘉靖四十二年(1563)刘玠刻本。

42. (明)聂豹《聂双江先生文集》,明嘉靖四十三年(1564)吴凤瑞刻隆庆六年(1572)印本。

43. (明)欧阳德《欧阳南野先生文集》,明嘉靖刻本。

44. (明)皇甫汸《皇甫司勋集》,明万历二年(1574)刻本。

45. (明)茅坤《唐宋八大家文钞》,明万历七年(1579)刻本。

46. (明)赵时春《赵浚谷诗集》《文集》,明万历八年(1580)周鉴刻本。

47. (明)洪朝选《洪芳洲集》,《盛明百家诗》前编,明嘉靖至万历刻本。

48. (明)程文德《程文恭公遗稿》,明万历十二年(1584)程光裕刻本。

49. (明)胡松《胡庄肃公文集》,明万历十三年(1585)胡梗刻本.

50. (明)徐阶《世经堂集》,明万历徐氏刻本。

51. (明)王畿《龙溪王先生全集》,明万历十五年(1587)萧良榦刻本。

52. (明)陈束《陈后冈集》,明万历十九年(1591)林可成刻本。

53. (明)万士和《万文恭公摘集》,明万历二十年(1592)万氏素履斋刻本。

54. (明)耿定向《耿天台文集》,明万历二十六年(1598)刘元卿刻本。

55. (明)王立道《具茨集》,明万历三十三年(1605)王化弘嘉乐堂刻本。

56. (明)姜宝《姜凤阿文集》,明万历刻本。

57. (明)王世懋《王奉常集》,明万历刻本。

58. (明)徐师曾《文体明辨》,明万历建阳游榕铜活字印本。

59.（明）茅坤《白华楼藏稿》《续稿》《吟稿》，明万历间递刻本。

60.（明）熊过《熊南沙文集》，明泰昌元(1620)熊胤衡刻本。

61.（明）朱赓《朱文懿公文集》，明天启刻本。

62.（明）李贽《李温陵集》，明刻本。

63.（明）邹守益《东廓邹先生文集》，清刻本。

64.（明）宋濂《文宪集》，《文渊阁四库全书》本，上海：上海古籍出版社，1987 年版。

65.（明）姚士观等编校《明太祖文集》，《文渊阁四库全书》本，上海：上海古籍出版社，1987 年版。

66.（明）贝琼《清江文集》，《文渊阁四库全书》本，上海：上海古籍出版社，1987 年版。

67.（明）杨荣《文敏集》，《文渊阁四库全书》本，上海：上海古籍出版社，1987 年版。

68.（明）解缙《文毅集》，《文渊阁四库全书》本，上海：上海古籍出版社，1987 年版。

69.（明）方孝孺《逊志斋集》，《文渊阁四库全书》本，上海：上海古籍，1987 年版。

70.（明）朱右《白云稿》，《文渊阁四库全书》本，上海：上海古籍出版社，1987 年版。

71.（明）黄佐《翰林记》，《文渊阁四库全书》本，上海：上海古籍出版社，1987 年版。

72.（明）王慎中《遵岩集》，《文渊阁四库全书》本，上海：上海古籍出版社，1987 年版。

73.（明）高叔嗣《苏门集》，《文渊阁四库全书》本，上海：上海古籍出版社，1987 年版。

74.（明）罗洪先《念庵文集》，《文渊阁四库全书》本，上海：上海古籍出版社，1987 年版。

75.（明）胡直《衡庐精舍藏稿》，《文渊阁四库全书》本，上海：上海古籍出版社，1987 年版。

76.（明）陈献章《陈白沙集》，《文渊阁四库全书》本，上海：上海古籍出版社,1987年版。

77.(明)王世贞《弇州四部稿》,《文渊阁四库全书》本,上海:上海古籍出版社,1987年版。

78.(明)王世贞《弇州续稿》,《文渊阁四库全书》本,上海:上海古籍出版社,1987年版。

79.(明)归有光《震川先生集》,《四部丛刊初编》本。

80.(清)周亮工《赖古堂集》,康熙本。

81.(清)蔡世远《二希堂文集》,乾隆二十二(1757)年重刊本。

82.(清)黄宗羲《南雷文定》,《续修四库全书》第1397册,上海:上海古籍出版社,2002年版。

83.(清)李清馥《闽中理学渊源考》,《文渊阁四库全书》本,上海:上海古籍出版社,1987年版。

84.(清)雷鋐《读书偶记》,《文渊阁四库全书》本,上海古籍出版社1987年版。

85.(清)储大文《存研楼文集》,《文渊阁四库全书》本,上海:上海古籍出版社,1987年版。

86.(清)方苞《方望溪先生全集》,清咸丰元年(1851)戴均衡刊本。

87.(清)方苞《钦定四书文》,《文渊阁四库全书》本,上海:上海古籍出版社,1987年版。

88.(清)陈廷敬《午亭文编》,《文渊阁四库全书》本,上海:上海古籍出版社,1987年版。

89.(清)盛康汇辑《常州先哲遗书》,清光绪二十三年(1897)刻本。

(三)其他古籍(整理本)

90.《孟子》,杨伯峻译注,北京:中华书局,2005年版。

91.(南北朝梁)刘勰《文心雕龙》,周振甫注,北京:人民文学出版社,1981年版。

92.(宋)王应麟《辞学指南》,《玉海》(第六册)卷二百四,上海:上海古籍出版社,1992年版。

93.(明)王世贞《艺苑卮言》,罗仲鼎校注,济南:齐鲁书社,1992

年版。

94. (明)李攀龙《沧溟先生集》,包敬弟标校,上海:上海古籍出版社,1992 年版。

95. (明)袁宏道《袁宏道集笺校》,上海:上海古籍出版社,1981 年版。

96. (明)袁宗道《白苏斋类集》,钱伯城标点,上海:上海古籍出版社,1989 年版。

97. (明)艾南英《天佣子集》,台北:艺文印书馆股份有限公司,1980 年版。

98. (清)钱谦益《列朝诗集小传》,上海:上海古籍出版社,1983 年版。

99. (清)朱彝尊《明诗综》,北京:中华书局,2007 年版。

100. (清)黄宗羲《明文海》,北京:中华书局,1987 年版。

101. (清)黄宗羲《明儒学案》,沈芝盈点校,北京:中华书局,2008 年版。

102. (清)吴伟业《吴梅村全集》,上海:上海古籍出版社,2006 年版。

103. (清)张廷玉等撰《明史》(点校本),北京:中华书局,1974 年版。

104. (清)纪昀等撰《钦定四库全书总目》(整理本),四库全书研究所整理,北京:中华书局,1997 年版。

105. (清)徐继畬《徐继畬集》,长治:山西高校联合出版社,1995 年版。

106. (清)黄虞稷《千顷堂书目》,上海:上海古籍出版社,1990 年版。

107. (清)陈田《明诗纪事》,上海:上海古籍出版社,1993 年版。

108. (清)赵翼《瓯北诗话》,霍松林、胡主佑校点,北京:人民文学出版社,1963 年版。

109. (清)姚鼐《古文辞类纂》,胡士明、李祚唐标校,上海:上海古籍出版社,1998 年版。

二、今人著述(1912 年以后的文献)

(一) 专著

110. 唐鼎元《唐氏先世著述目录》,1931 年排印本。

111. 唐鼎元《明唐荆川先生年谱》,1939 年铅印本。

112. 唐肯《毗陵唐氏家谱》26 册,1948 年铅印本。

113. 吴金娥《唐荆川先生研究》,台北:台湾文津出版社,1986 年版。

114. 上海图书馆编《中国丛书综录》,上海:上海古籍出版社,1982 年版。

115. 王重民《中国古籍善本书目提要》,上海:上海古籍出版社,1983 年版。

116. 中国古籍善本书目编辑委员会编《中国古籍善本书目》,上海:上海古籍出版社,1996 年版。

117. 张君炎《中国文学文献学》,南昌:江西人民出版社,1986 年版。

118. 张仁忠《明清简史 1368—1840》,北京:北京大学出版社,1995 年版。

119. 白寿彝总主编《中国通史》(明代部分),上海:上海人民出版社,1997 年版。

120. 樊树志《晚明史》,上海:复旦大学出版社,2003 年版。

121. 张学智《明代哲学史》,北京:北京大学出版社,2000 年版。

122. 万朝林《明朝文化》,南京:南京出版社,2006 年版。

123. 冯天瑜《明清文化史札记》,上海:上海人民出版社,2006 年版。

124. 南炳文、何孝荣《明代文化研究》,北京:人民出版社,2006 年版。

125. 余英时《士与中国文化》,上海:上海人民出版社,2003 年版。

126. 陈鼓应等主编《明清实学简史》,北京:北京社会科学文献出版社,1994 年版。

127. 侯外庐主编《宋明理学史》,北京:北京人民出版社,1997 年版。

128. 鲍世斌《明代王学研究》,成都:巴蜀书社,2004 年版。

129. 王天有《明代国家机构研究》,北京:北京大学出版社,1992 年版。

130. 关文发、颜广文《明代政治制度研究》,北京:中国社会科学出版社,1995 年版。

131. 谭天星《明代内阁政治》,北京:中国社会科学出版社,1996 年版。

132. 孙福喜《中国古代皇家礼仪》，西安：陕西人民出版社，2004年版。

133. 赵子富《明代学校与科举制度研究》，北京：燕山出版社，1995年版。

134. 黄明光《明代科举制度研究》，桂林：广西师范大学出版社，2000年版。

135. 王凯旋《明代科举制度考论》，北京：中国社会科学出版社，2005年版。

136. 吴仁安《明清江南望族与社会经济文化》，上海：上海人民出版社，2001年版。

137. 陈宝良《明代儒学生员与地方社会》，北京：中国社会科学出版社，2005年版。

138. 陈江《明代中后期的江南社会与社会生活》，上海：上海社会科学出版社，2006年版。

139. 徐林《明代中晚期江南士人社会交往研究》，上海：上海古籍出版社，2006年版。

140. 樊树志《明清江南市镇探微》，上海：复旦大学出版社，1990年版。

141. 叶树声、余敏辉《明清江南私人刻书史略》，合肥：安徽大学出版社，2000年版。

142. 夏咸淳《情与理的碰撞——明代士林心史》，保定：河北大学出版社，2001年版。

143. 史小君《复古与新变——明代文人心态史》，石家庄：河北教育出版社，2001年版。

144. 刘晓东《明代士人生存状态研究》，长春：吉林文史出版社，2002年版。

145. 左东岭《王学与中晚明士人心态》，北京：人民文学出版社，2000年版。

146. 罗宗强《明代后期士人心态研究》，天津：南开大学出版社，2006年版。

147. 吴震《明代中晚期讲学运动系年》,上海:学林出版社,2003年版。

148. 陈时龙《明代中晚期讲学运动》,上海:复旦大学出版社,2005年版。

149. 台湾"中央图书馆"编《明人传记资料索引》(影印本),海口:中华出版社,1987年版。

150. 张慧剑《明清江苏文人年表》,上海:上海古籍出版社,1986年版。

151. 崔建英辑订《明别集版本志》,北京:中华书局,2006年版。

152. 陈建华《中国江浙地区十四至十六世纪社会意识与文学》,上海:学林出版社,1992年版。

153. 谢无量《中国大文学史》,影印1918年中华书局本,郑州:中州古籍出版社,1992年版。

154. 郑振铎《插图本中国文学史》,上海:上海人民出版社,2005年版。

155. 陈柱《中国散文史》,影印1937年本,北京:商务印书馆,1998年版。

156. 钱基博《中国文学史》,上海:东方出版中心,2008年版。

157. 林庚《中国文学简史》,北京:北京大学出版社,1995年版。

158. 刘大杰《中国文学发展史》(修订版),上海:复旦大学出版社,2006年版。

159. 游国恩《中国文学史》,北京:人民文学出版社,2004年版。

160. 郭预衡《中国古代文学史》,上海:上海古籍出版社,1998年版。

161. 袁行霈《中国文学史》,北京:高等教育出版社,1999年版。

162. 章培恒、骆玉明《中国文学史》,上海:复旦大学出版社,1996年版。

163. 徐朔方、孙秋克《明代文学史》,杭州:浙江大学出版社,2006年版。

164. 袁世硕、张可礼《中国文学史》,北京:中国人民大学出版社,2006年版。

165. 董乃斌、钱理群《彩色插图本中国文学史》，贵阳：贵州文学出版社，2004年版。

166. 吴志达《明清文学史》（明代卷），武汉：武汉大学出版社，1991年版。

167. 郭英德《中国古代文学史》，成都：四川人民出版社，2003年版。

168. 李修生《中国文学史纲要》，北京：北京大学出版社，1987年版。

169. 邬国平、王镇远《清代文学批评史》，上海：上海古籍出版社，1995年版。

170. 张涤云《中国诗歌通论》，杭州：浙江大学出版社，2006年版。

171. 龙榆生《中国史诗》，南京：江苏文艺出版社，2008年版。

172. 龙榆生《中国韵文史》，上海：上海古籍出版社，2002年版。

173. 木斋《中国古代诗歌流变》，北京：京华出版社，1998年版。

174. 郑家治《古代诗歌史论》，成都：巴蜀书社，2003年版。

175. 张松如主编，庄严、章铸著《中国诗歌美学史》，长春：吉林大学出版社，1994年版。

176. 陈向春《中国古典诗歌主题研究》，北京：高等教育出版社，2008年版。

177. 戴武军《中国古代文人人生方式与诗学特色》，广州：广东人民出版社，2006年版。

178. 王凯《自然的神韵——道家精神与山水田园诗》，北京：人民出版社，2006年版。

179. 鄢化志《中国古代杂体诗通论》，北京：北京大学出版社，2001年版。

180. 木斋、张爱东、郭淑云《中国古代诗人的仕隐情结》，北京：京华出版社，2001年版。

181. 张国风《传统的困窘——中国古典诗歌本体论诠释》，北京：商务印书馆，1999年版。

182. 李元洛《诗美学》，南京：江苏文艺出版社，1987年版。

183. 刘化兵《士风与诗风的演进——明成化至正德前期士人与诗派》，北京：社会科学出版社，2007年版。

184. 左东岭《明代诗学与心学》,北京:学苑出版社,2002 年版。

185. 黄刚《边塞诗论稿》,合肥:黄山书社,1996 年版。

186. 褚斌杰《中国古代文体概论》,北京:北京大学出版社,1990 年版。

187. 陈柱《中国散文史》,上海:上海书店,1984 年版。

188. 郭预衡《中国散文史》,上海:上海古籍出版社,1986 年版。

189. 谭家健《中国古代散文史稿》,重庆:重庆出版社,2006 年版。

190. 刘衍《中国古代散文史论稿》,海口:南方出版社,2000 年版。

191. 刘振东《中国古代散文发展史》,郑州:中州古籍出版社,1991 年版。

192. 张梦新《中国散文发展史》,杭州:杭州大学出版社,1996 年版。

193. 周明《中国古代散文艺术》,南京:江苏教育出版社,1994 年版。

194. 熊礼汇《中国古代散文艺术史论》,武汉:湖北人民出版社,2005 年版。

195. 傅德岷《散文艺术论》,重庆:重庆出版社,1988 年版。

196. 熊礼汇《明清散文流派论》,武汉:武汉大学出版社,2003 年版。

197. 陈必祥《古代散文文体概论》,郑州:河南人民出版社,1986 年版。

198. 陈飞《中国古代散文研究》,福州:福建人民出版社,2005 年版。

199. 韩兆琦《中国传记文学史》,石家庄:河北教育出版社,1992 年版。

200. 陈兰村《中国传记文学发展史》,北京:北京语文出版社,1999 年版。

201. 王凯符《八股文概说》,北京:中华书局,2002 年版。

202. 龚笃清《明代八股文史探》,长沙:湖南人民出版社,2005 年版。

203. 周新曙《明清八股文鉴赏》,武汉:湖北人民出版社,2008 年版。

204. 林纾《春觉斋论文》,北京:人民文学出版社,1959 年版。

205. 蔡景康《明代文论选》,北京:人民文学出版社,1993 年版。

206. 邓绍基、史铁良《明代文学研究》,北京:北京出版社,2001 年版。

207. 郑利华《明代中期文学演进与城市形态》,上海:复旦大学出版社，1995 年版。

208. 方志远《明代城市与市民文学》，北京：中华书局，2004 年版。

209. 张德建《明代山人文学研究》，长沙：湖南人民出版社，2005 年版。

210. 李玫《明清之际苏州作家群研究》，北京：中国社会科学出版社，2000 年版。

211. 廖可斌《明代文学复古运动研究》，北京：商务印书馆，2008 年版。

212. 陈书录《明代诗文的演变》，南京：江苏教育出版社，1996 年版。

213. 陈书录《明代前后七子研究》，南昌：江西人民出版社，2005 年版。

214. 冯小禄《明代诗文论争研究》，昆明：云南人民出版社，2006 年版。

215. 宋克夫、韩晓《心学与文学论稿——明代嘉靖万历时期文学概观》，北京：中国社会科学出版社，2002 年版。

216. 钟林斌、李文禄《中国古代文学流派研究丛书》，沈阳：辽宁大学出版社，1999 年版。

217. 王英志《性灵派研究》，沈阳：辽宁大学出版社，1998 年版。

218. 黄毅《明代"唐宋派"研究》，上海：上海古籍出版社，2008 年版。

219. 张梦新《茅坤研究》，北京：中华书局，2001 年版。

220. 贝京《归有光研究》，北京：商务印书馆，2008 年版。

221. 唐明邦《邵雍评传》，南京：南京大学出版社，1998 年版。

222. 何善蒙《隐逸诗人：寒山传》，杭州：浙江人民出版社，2006 年版。

223. 项楚《寒山诗注》，北京：中华书局，2001 年版。

（二）论文

224. 夏崇璞《明代复古派与唐宋文派之潮流》，《学衡》杂志 1922 年第9 期。

225. 廖可斌《唐宋派与阳明心学》，《文学遗产》1996 年第 3 期。

226. 马美信《唐顺之诗文的艺术成就》，《中国典籍与文化》1997 年第

1期。

227. 左东岭《从本色派到童心说—明代性灵文学思想的流变》,《社会科学战线》2000 年第 6 期。

228. 宋克夫《论唐顺之的学术思想》,《华侨大学学报》2003 年第 4 期。

229. 宋克夫《论唐顺之的天机说》,《湖北大学学报》2004 年第 2 期。

230. 贝京《唐顺之本色论重析》,《浙江学刊》2005 年第 3 期。

231. 赵园《关于唐顺之晚岁之出》,《南通大学学报》2005 年第 3 期。

232. 向燕南《"技艺与德岂可分两事":唐顺之之实学及其转向的思想史意义》,《西南师范大学学报》2006 年第 3 期。

233. 黄毅《归有光是唐宋派作家吗?》,《中国典籍与文化》1997 年第 1 期。

234. 熊礼汇《唐宋派新论》,《文学评论》2000 年第 3 期。

235. 周群《论王畿对唐宋派文学思想的影响》,《齐鲁学刊》2000 年第 3 期。

236. 夏咸淳《〈唐宋八大家文钞〉与明代唐宋派》,《天府新论》2002 年第 3 期。

237. 付琼《徐渭与秦汉派唐宋派关系重估》,《中州学刊》2003 年第 2 期。

238. 宋克夫《唐宋派考论》,《湖北大学学报》2005 年第 3 期。

239. 贝京《唐宋派称名论略》,《求索》2005 年第 4 期。

240. 何天杰《归有光非唐宋派考论》,《华南师范大学学报》2005 年第 3 期。

241. 雍繁星《阳明心学与唐宋派》,《首都师范大学学报》2006 年第 1 期。

242. 宋克夫《徐渭与唐宋派》,《文学遗产》2006 年第 2 期。

243. 冯小禄《唐宋派和前七子派关系原论》,《上海交通大学学报》2006 年第 5 期。

244. 刘尊举《唐宋派的分化、演变及其流派属性问题》,《文学评论》2008 年第 1 期。

245. 谭家健《"散文"源流小考》,《北京师范大学学报》1985 年第 4 期。

246. 韩兆琦《中国古代传记文学略论》,《北京师范大学学报》1997 年第 4 期。

247. 马茂军《中国古代散文概念研究》,第五界中国古代散文研究国际研讨会会议论文,2005 年 7 月,武汉大学、湖北教育学院和中国古典散文学会联合举办。

后　记

拙著《唐顺之研究》是在我博士学位论文的基础上修订而成，现即将付梓。

2007年，我考入上海师范大学李时人教授的门下，师从先生攻读古代文学博士。先生早年治小说，颇有建树，成果甚丰。后应中华书局之邀，先生负责撰写《中国古代作家大辞典》明代卷，遂转为研究明代作家。我的博士论文选题《唐顺之研究》即是在先生的宏大研究课题框架下选定的。选题确定之后，撰写论文的过程中，得到先生的悉心指导。先生的指导，我感触最深的有两点：一是一定要查阅运用第一手材料，尤其是古籍刻本，务必亲眼所见，方可下笔撰文；二是研究作家，最大可能做到客观对待，不要主观拔高研究对象。我谨遵先生的教诲，查阅了五百多种古今文献，经过筛选抽剥，做到了运用第一手材料撰写博士论文，亦基本做到了客观论述研究对象。三年如一日，心无旁骛，撰成28万字的论文《唐顺之研究》。时隔六年，我对博士学位论文做了修订，删减了一些繁冗的文字，对几种较为模糊的文献重新考证，增加了新的材料，订正了少量错误，对诗文作品做了新的研究，论证了部分新观点，修订而成目前24万余字的《唐顺之研究》。

撰写论文及修改论文，最大的困难是文献资料查阅之难。记得有位同仁曾经表述查找资料之难："上穷碧落下黄泉。"可怕的是："两处茫茫皆不见。"不怕跋山涉水，不怕饥渴劳顿，就怕明知道所需要的资料存在何处，就是不让查阅。仁慈者让读者在藏地看，不让复印，不许拍照，更不能带出；再仁慈者让读者复印拍照，可是只让复制三分之一，并且价格高得令人咋舌。查找资料之艰辛，几有欲哭无泪之状，内心的苦怨无以言表。虽然《唐顺之研究》就要出版了，但是"唐顺之研究"还在继续，尚有很多文献资料需要查阅，而且多是善本，还有不少藏在海外，资料搜集之路仍是雄关漫道！

先做好眼前事，就是将《唐顺之研究》认真修改，交付出版社出版。在此感谢凤凰出版社的吴琼师妹，师妹严谨细致，为本书的出版付出很多。

张慧琼

2016年6月于周师园静笃斋